Electronic Commerce

Grundlagen und Technik für die Erschließung
elektronischer Märkte

von
Professor J. Anton Illik
Fachhochschule Furtwangen

2., vollständig überarbeitete Auflage

Oldenbourg Verlag München Wien

Über den Autor:
Studium der Informatik und Wirtschaftswissenschaften an der Technischen Universität München. Arbeitsschwerpunkte waren im Bereich der Informatik Software-Engineering, Netzwerke, Compiler- und Betriebssystembau. Im Bereich der Wirtschaftswissenschaften bildeten Betriebswirtschaft und Marketing den Mittelpunkt. Diplom in Informatik. Neun Jahre Entwickler, Berater und Account Manager bei der Münchener Softlab GmbH. 1987 Gründung der Ambit Informatik GmbH in München. Fünfzehn Jahre Geschäftsführer des Informatik-Hauses. 1992 Berufung als Professor für Wirtschaftsinformatik an die FH nach Furtwangen. 1996 Gründung des Steinbeis-Transferzentrums Online-Marketing und elektronische Märkte in Furtwangen. Arbeitsschwerpunkte liegen heute im Umfeld Software-Engineering sowie Electronic Business & Electronic Commerce.
Zurzeit Studienleiter des Diplom-Studiengangs „Wirtschaftsinformatik" und Prodekan des Fachbereichs Wirtschaftsinformatik an der FH Furtwangen. Herausgeber der Zeitung „Enterprise meets Future"; Mitherausgeber der Zeitschrift „Wirtschaftsinformatik".

Die Deutsche Bibliothek - CIP-Einheitsaufnahme

Illik, Johann Anton:
Electronic commerce : Grundlagen und Technik für die Erschließung elektronischer Märkte / von J. Anton Illik. – 2., vollst. überarb. Aufl.. - München ; Wien : Oldenbourg, 2002
   ISBN 3-486-25479-0

© 2002 Oldenbourg Wissenschaftsverlag GmbH
Rosenheimer Straße 145, D-81671 München
Telefon: (089) 45051-0
www.oldenbourg-verlag.de

Lektorat: Irmela Wedler
Satz: LE-TeX Jelonek, Schmidt & Vöckler GbR
Herstellung: Rainer Hartl
Umschlagkonzeption: Kraxenberger Kommunikationshaus, München
Gedruckt auf säure- und chlorfreiem Papier
Druck: R. Oldenbourg Graphische Betriebe Druckerei GmbH

Vorwort

Mit diesem Werk richten wir uns an alle Interessierten aus Wirtschaft und Technik, die sich für die zukunftsträchtigen technischen und betriebswirtschaftlichen Entwicklung in den Bereichen Electronic Commerce und E-Business interessieren und diese mitformen möchten. Wir richten uns insbesondere an die Studierenden im Umfeld der Informatik und Wirtschaftswissenschaften, die durch die Assimilation der aktuellen Vorgänge und deren konstruktive Umsetzung die besten Möglichkeiten haben, unsere Zukunft mitzuprägen. Letztlich ist das Buch aus der Furtwanger „E-Business"-Vorlesung im Fachbereich Wirtschaftsinformatik entstanden. Der Inhalt eines Semester spiegeln sich in der Anordnung der Kapitel wider.

Für wen ist das Buch?

Mehrere Träume verweben sich unter der Bezeichnung „Electronic Commerce" zur Business-Chance, gestützt auf Telekommunikation und Informatik. Manager und Kaufleute fasziniert die Idee des fortwährenden Pulsschlags marktlicher Betriebsamkeit: es gibt keine Down-Zeiten, keinen Ladenschluss. Selbst wenn alle Mitarbeiter und Marktteilnehmer ihre physischen Lokationen verlassen haben, handeln die Computersysteme weiter. Bestellungen gehen ein, Verfügbarkeiten werden geprüft, Lieferungen automatisch avisiert, Rechnungen und Gutschriften validiert und ausgetauscht. Neben Händlern, Käufern und Verkäufern agieren Software-Agenten weltweit und sorgen für das Matching von Angebot und Nachfrage. Koordinatoren virtueller Gemeinschaften sorgen im Netz für die optimale Befriedigung von Kundenwünschen. Netz-Broker sichten Angebote, fassen diese zusammen und stellen sie gebündelt im Online-Schaufenster ihrer Virtual Community, dem mächtigen Club der Konsumenten, zur Verfügung. Die vernetzten Kunden werden sich darüber hinaus gegenseitig mit weiteren Informationen ausstatten. Märkte scheinen sich umzudrehen, die Geschäftsmacht geht tendenziell auf die Kunden über. Soweit der Traum von „König Kunde".

Globale Ökonomie ohne regionale Begrenzung

Was sich für den König Kunden als gelobtes Land darstellt, wird für die Wirtschaft, für die kleinen und mittelständischen Unternehmen, genauso wie für Großkonzerne und Global Player, zum entscheidenden Wirtschaftsfaktor: Der Einsatz moderner Telematik (d. h. die Kombination von Telekommunikation und Informatik) bringt mit den Internet-Kommunikationsstrukturen die notwendige Nähe zu Lieferanten, Partnern und Auftraggebern, um durch eine effiziente Kooperation die Wertschöpfungsketten optimal integrieren zu können. Wer das Netz nicht nutzt, droht abgehängt zu werden, hat kaum Chancen, den immer schärfer werdenden Wettbewerb erfolgreich zu bestehen.

Telematik als Wettbewerbsfaktor

Was vor einigen Jahren noch kaum vorstellbar war, ist heute bereits greifbare Wirklichkeit. Nahezu alle Geschäftsprozesse werden zunehmend über Computernetze und Internet abgewickelt. Sind es heute noch hauptsächlich die Boombranchen – Tele-

Geschäftsprozesse ohne Medienbruch

kommunikation, Informationstechnik, Medien, Entertainment (kurz TIME-Branchen genannt), aber auch der Beratungssektor – und die Großkonzerne, die das Internet und Electronic Commerce nutzen, um ihre Geschäftsprozesse medienbruchfrei abzuwickeln, so wird das rasch weitere Kreise ziehen, denn die Geschäftspartner der Innovatoren haben nur noch Chancen, wenn sie sich über das Internet mit einbinden lassen, wenn sie „online" mitspielen können.

Aus oben genannten Gründen wird daher zukünftig jedes Unternehmen – eher als vermutet – moderne Telematik, E-Commerce und Internet in allen Geschäftsprozessen einsetzen müssen. Dies bedeutet beispielsweise:

- **Informationsgewinnung** über das Internet. Wettbewerbsvorteile können schon im internetbasierten Beschaffungsmarketing fundiert werden, angefangen durch die Nutzung von Newsgroups, über Recherchen in Online-Datenbanken bis hin zur Konsultation der Online-Daten von Lieferanten.

- **Verhandlung** und **Vertragsabschluss** lassen sich durch Online-Auktionen und den Transfer der „Papiere" in ihrer digitalen Form beschleunigen und durch den Einsatz digitaler Zertifikate sicherer abwickeln. Das Tracking und Tracing der aus- und eingehenden Lieferungen schließt sich medienbruchlos an.

- Die **Produktentwicklung** erfolgt online und global, gemäß dem Prinzip „following the sun" – im Verbund globaler Partner mit integrierten Wertschöpfungsketten wird 24 Stunden, rund um die Uhr, am Vorhaben gearbeitet. Entfernung und Zeitverschiebung spielen keine Rolle.

- **Absatzmarketing** und **Auftragsbeschaffung** erfolgen zunehmend in der Cyberwelt durch die Nutzung internetbasierter Ausschreibungsdatenbanken und Branchendatenbanken mit Data-Mining-Möglichkeiten.

- **Kundenkommunikation** über Breitbandstrecken mit Bild-, Plan- und Dokumentenübertragung.

- Verbesserung der **unternehmensinternen Kommunikation** mit Wissens-Managementsystemen sowie vieles, an das wir heute noch gar nicht denken, wird morgen mit Sicherheit auf der Basis eines breitbandigen Internet kommen und vernetzte Business Intelligence wahr werden lassen.

Wie aber sind Unternehmen, ihre Mitarbeiter und vor allem die Führungseliten, die Manager auf diese Entwicklung vorbereitet? Sind die klassischen Business-Strategien geeignet, um dieser Entwicklung dynamisch und zeitnah folgen zu können? Verfügen Unternehmen über ausreichendes „Know-how" in diesem Bereich?

Woher – wohin?   Wie sieht die innere Logik, der „rote Faden" im Aufbau des Buches aus? Das Werk spannt einen Bogen über die zwei tragenden Säulen „Wirtschaft" und „Informatik". Wir beginnen im Kapitel 1 mit einer allgemeinen Einschätzung der Bedeutung des Information Superhighways für die Zukunft der Wirtschaft.

Nach diesen einführenden Kapiteln steigen wir in die systematische Darstellung ein. *Elektronische* Verschiedene Ausprägungen elektronischer Märkte werden im Kapitel 2 vorgestellt *Märkte und* und typische Eigenschaften durchleuchtet. Märkte sind durch eine ausgeprägte Dy- *Wirtschaftskreis-* namik gekennzeichnet: Mit dieser Dynamik setzen wir uns im Kapitel 3 auseinander. *läufe* Kapitel 2 und 3 sensibilisieren für die elektronischen Märkten innewohnenden Strukturen.

Haben wir uns bisher das Rüstzeug für die Kategorisierung und Einschätzung elek- *Marketing und* tronischer Märkte erarbeitet, so befassen sich Kapitel 4 und 5 mit den Möglichkeiten *Electronic* des Marketings und des Electronic Customer Care mit Portalen und Communities im *Customer Care* multimedialen Umfeld des Internet. Neben der aktiven Ansprache des Zielpublikums liefern Portale und Communities zeitgleich auch die Möglichkeit seine (potenziellen) Kunden genauer kennenzulernen.

Kapitel 6, 7 und 8 sind den Kernthemen allen Wirtschaftens, dem Einkaufen, dem *Einkauf, Verkauf* Verkaufen und dem Handel gewidmet. Der Reiz des digitalen Wirtschaftens ist nicht *und Handel* nur in seinen Potenzialen zur Effizienzsteigerung und Kosteneinsparung begründet, sondern vor allem auch dadurch, dass sich prinzipiell neue Möglichkeiten der interventionslosen Wertschöpfungsketten-Integration ergeben.

In Kapitel 9 wird deutlich, dass mit der Möglichkeit über das Internet nicht nur *Zum* Güter und Dienstleistungen zu beziehen, sondern diese auch digital zu bezahlen, *elektronischen* das Potenzial der traditionellen Medien drastisch überboten wird: Internet ist nicht *Markt gehört* nur Medium, es ist vielmehr der elektronische Markt, in dem eben alle Schritte *elektronisches* marktlicher Transaktionen bis hin zur Bezahlung ausgeführt werden können. *Geld*

Nachdem der Nachweis erbracht wurde, dass Internet als elektronischer Markt gese- *Wege in den* hen werden muss, beschäftigt uns in Kapitel 11 die Frage, welche Anschlussmöglich- *elektronischen* keiten ins Internet führen. Hier stellen wir verschiedene technische Alternativen vor, *Markt* die im Wesentlichen von der Frage geleitet sind, wie konsequent das Unternehmen in dem elektronischen Markt Internet integriert werden soll. Kapitel 12 verfolgt die Idee, das Unternehmen durch die Fortsetzung des Internet im firmeninternen Rahmen, also durch ein Intranet, für die Herausforderungen der Zukunft fit zu machen.

Die Akzeptanz elektronischer Märkte hängt in hohem Maße davon ab, wie sicher *Sicherheit in* sich Anbieter und Konsumenten fühlen. Kapitel 12 erläutert, was es auf sich hat *elektronischen* mit der Sicherheit in elektronischen Märkten. Ganz entscheidend hierbei ist die *Märkten* Feststellung: Technische Mittel alleine reichen nicht aus! Von essentieller Bedeutung ist ein tragfähiges organisatorisches Sicherheitskonzept.

Kapitel 13 skizziert kurz die im Internet als Ergänzung zum Buch angebotenen In- *Der* formationen. Die online verfügbaren Inhalte und Einrichtungen auf der Support-Site *Online-Anhang* www.oldenbourg.de/verlag/aktuelles/download.htm bzw. www.university-web.de/ *im Internet* illik/ec2002 liefern Vertiefungen und Aktualisierungen, sowie ein Diskussionsforum und andere Community-Einrichtungen zum Thema.

Abgeschlossen wird das Werk mit je einem umfassenden Glossar und Register.

Hinweis

Im Buch werden mehrere hundert Links als Beispiele und Quellangaben genannt. Alle Links wurden vor der Manuskriptabgabe nochmals überprüft. Trotzdem ist es möglich, dass nach der Drucklegung der ein oder andere Link ins Leere verweist. So ist das Internet – einzelne Seiten oder ganze Sites können blitzartig umziehen, die Adresse ändern oder aufgelöst werden. In solchen Fällen empfehlen wir dem Leser die Benutzung einer guten Suchmaschine, um verlagerte Sites, oder ggf. adäquate „Ersatzsites" selbst zu orten.

Eine Zusammenfassung der Links aus dem Buch ist auf der Buch-Support-Site www.oldenbourg.de/verlag/aktuelles/download.htm bzw. www.university-web.de/illik/ec2002 zu finden.

Zum Dank

Teile des Buches sind aus Vorlesungen, Seminaren und Projekt-Workshops für Studierende der Studiengänge Wirtschaftsinformatik und Communication Engineering an der Fachhochschule Furtwangen hervorgegangen. Neben Vorlesungsmaterialien sind Arbeits- und Forschungsergebnisse der _IMRI Internet Marketing Research Gruppe_, des _Steinbeis-Transferzentrums OMEM Online-Marketing und Elektronische Märkte_ und der Firma _Ambit Informatik GmbH_ eingeflossen. An all die hochmotivierten Mitarbeiter, Studenten und Diskussionspartner geht unser Dank. Von besonderem Wert waren die Ergebnisse der Seminar- und Diplomarbeiten zu allen Themen dieses Buches. Im Bereich Sicherheit wirkten mit Rolf Haas und Holger Ziegelbauer, im Bereich der elektronischen Märkte Bernd Malek und Marc Roher. Beiträge aus dem Umfeld elektronischer Zahlungsmittel kamen von Andrea Himmelspach und Stephanie Kieninger. Weitere Diskussionsbeiträge kamen von Nancy Exner (e-Supply-Chain), Andrea Ruh (e-Marketing), Melanie Gutmann (e-Procurement), Frank Banner und Markus Förster (e-Portale), Markus Ganter und Johannes Bogenschütz (WAP-Technologie und Internet-Trading).

Unser Dank geht auch an die ungenannten Korrekturleser aus dem Kreis meiner Studenten, Kollegen und Freunde. Besonderer Dank geht auch an alle Auftraggeber, für die wir digitale Präsenzen im Internet und Intranets bauen durften und somit wertvollste Erfahrungen sammeln konnten. Ohne die Kommunikation mit zahlreichen Ansprechpartnern aus der Wirtschaft wäre dies nicht möglich gewesen, Dank auch ihnen. Last but not least bedanken wir uns bei unseren Lektoren Irmela Wedler und Angelika Sperlich für ihre kompetenten Vorschläge und wertvollen Ideen. Ganz wichtig ist mir der Dank an Annette Peuse-Rink und meine Frau Cordula, denn ohne ihre engagierte Mitarbeit wäre das Buch nicht zustande gekommen.

Furtwangen   J. Anton Illik

Feedback und Kritik gehen an illik@ambit.de

Internet-Support-Site:
http://www.oldenbourg.de/verlag/aktuelles/download.htm bzw.
http://www.university-web.de/illik/ec2002

Inhalt

1   Rückgrat der Weltwirtschaft: das Internet

Der Computer ist längst von der Hilfseinrichtung, die einem lästige und zeitraubende *Rolle des* Arbeit abnimmt, zur existenznotwendigen Maschine mutiert, die den Herzschlag der *Computers* Wirtschaft bestimmt. Längere Computerausfallzeiten können den Firmenzusammenbruch bedeuten: Nichts geht mehr in der Produktion, der Überblick im Lager geht verloren, Bestellungen können nicht abgewickelt werden und Rechnungen lassen sich nicht schreiben.

Aber nicht nur die Apparatur an sich ist unentbehrlich, sondern auch das was sie *Information ist* speichert, transformiert, berechnet und wieder ausgibt: Information ist Macht, In- *Produktionsfak-* formation lässt sich in Wettbewerbsvorteil umrechnen, Information ist längst zum *tor* Produktionsfaktor geworden. Ohne Information und ohne Wissen zu sein, bedeutet mittlerweile „nicht mitwirtschaften" zu können.

Die richtige Information zur richtigen Zeit ist notwendige Grundlage für die richtige *Geschwindigkeit* operative, taktische und strategische Unternehmensentscheidung im richtigen Mo- *ist Qualität* ment. Geschwindigkeit und Qualität, zwei unabhängige Dimensionen, werden aber nicht nur bei der Entscheidungsfindung gerne miteinander verknüpft: Der Kunde möchte sofort wissen, ob und gegebenenfalls wann die gewünschte Ware lieferbar ist.

Bei immer enger werdendem Zeittakt, bei immer schneller werdendem Pulsschlag *Erkundungs-* der Wirtschaft ist es entscheidend, sein Metier zu beherrschen und auch genau zu *kompetenz* wissen, wo Wissen und alle anderen Produktionsfaktoren zu finden und zu beziehen sind. Erkundungskompetenz macht Märkte transparent. Solchermaßen transparente Märkte sind aber ab einer gewissen Taktfrequenz nur per Computer möglich: Sich rasch ändernde Informationen lassen sich nur bedingt über ein traditionelles Printmedium transportieren. Und last but not least: Wer mühelos lokalisierbar ist, muss schließlich auch erreichbar sein, rund um die Uhr und von überall her. Wer im internationalen, ja selbst im europäischen oder auch nur innerdeutschen Geschäftsleben nicht global erreichbar ist, lebt hinter dem Mond . . . und dort wird nur selten jemand gesucht, um mit ihm Geschäfte zu machen!

Nur die totale Vernetzung lässt die Welt zum Dorf werden und ermöglicht uns *Totale* die Kommunikationsdichte, die uns letztlich auch Partnerschaft und Verbundenheit *Vernetzung* suggeriert. Wir sind von Netzen abhängig – heute so intensiv wie eh und je!

1.1   Netze waren schon immer bedeutsam

Historische Netze

In grauer Vorzeit waren es Euphrat und Tigris als kulturinitiierendes Flussnetz, in dem man die Wiege der Menschheit wähnt. Später, in der Antike, wurden die Römer groß, wieder mit Netzen: Mit dem ersten machtpolitisch und wirtschaftlich bedeutsamen Wegenetz – alle Wege führten nach Rom. Im Mittelalter blühten Handel und Städte dort, wo das Wegenetz erfolgreich erweitert wurde: Seiden- und Salzstraßen seien hier als Beispiele genannt. Im Industriezeitalter kurbelte der Bau weiterer Transportnetze die Wirtschaft an: Schienen- und Straßennetze begannen das Land zu überziehen. Damit war gleichzeitig die Basis gelegt, um Fahrzeug- und Maschinenbau zur Blüte zu treiben und Arbeit und Brot für die Massen zu sichern.

Globale Datennetze sind von existentieller Bedeutung

Und heute? Die heutigen globalen Datennetze, letztlich auch das Internet, entsprechen den Wegenetzen, den Seiden- und Salzstraßen des Mittelalters. Ein Anfang ist gemacht – aber die Datennetze sind noch keine wirklichen Daten-Autobahnen im Sinne von breitbandigen Information Superhighways. Investitionsbedarf ist gegeben, denn die Bedeutung der globalen Datennetze wird stetig und auch immer rascher zunehmen! Datennetzanalphabeten werden in wirtschaftlicher Bedeutungslosigkeit versinken und verarmen.

1.2   Der Information Superhighway

Datennetze müssen digital und breitbandig sein

Der größte Teil des Datenverkehrs läuft heute über Telefonleitungen. Die Analogtechnik setzt aber der Datenübertragungsmenge pro Sekunde im Telefonnetz enge Grenzen. Digitalisierung und Glasfaserkabel sprengen diese Grenzen und sorgen für eine schnellere Datenübertragung. Auf diese Befreiung aus den analogen Fesseln zielt auch die Initiative des ehemaligen amerikanischen Vizepräsidenten Al Gore.

Datennetze beflügeln die Fantasie

Zustände wie zu Zeiten des Goldrausches herrschen, seit der von Al Gore geprägte Begriff „Information Superhighway" Furore machte, und er das Internet als dessen Basis proklamierte.

Infrastruktur ist notwendig

In der Diskussion um den Information Superhighway geht es auch um die Schaffung einer Infrastruktur. Genauso werden aber auch potenzieller Nutzen und politische und wirtschaftliche Vorteile diskutiert.

Die Angst

Den Industrienationen sitzt die Angst im Nacken. Die einmal erreichte wirtschaftliche Vormachtstellung gegenüber den Ländern der zweiten bis vierten Welt beginnt zu schwinden. Weshalb? Vormals unterentwickelte Länder holen eben genau diesen Vorsprung mit rasender Geschwindigkeit auf und machen partielle Unzulänglichkeiten und Kompetenzschwächen durch eine andere Geisteshaltung und Arbeitsamkeit mehr als wett. Ganze Industriezweige wie zum Beispiel die Textilindustrie sind bereits abgewandert. Liegt die Zukunft also in der Hand von China und Indien? Hier bietet die Informationstechnologie Chancen. Es müssen sich die alten Industrienationen zu Informationsgesellschaften wandeln und auf die Überholspur der Datenautobahn ausscheren.

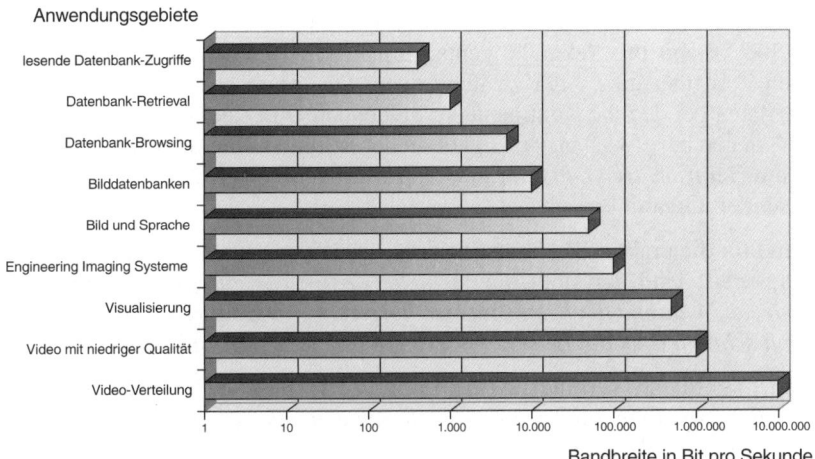

Anwendungsgebiete

- lesende Datenbank-Zugriffe
- Datenbank-Retrieval
- Datenbank-Browsing
- Bilddatenbanken
- Bild und Sprache
- Engineering Imaging Systeme
- Visualisierung
- Video mit niedriger Qualität
- Video-Verteilung

Bandbreite in Bit pro Sekunde

Abb. 1.1: *Benötigte Bandbreiten*

Wo konkret liegen die Nutzenpotenziale des Information Superhighway? Anwendungsgebiete tun sich mannigfaltig auf. Telearbeit, Fernlernen, Unterhaltung mit Video on demand und interaktivem TV, die Tele-Medizin und das Joint-Engineering seien hier nur als Beispiele genannt. Dies alles dürfte hinsichtlich der wirtschaftlichen Auswirkungen übertroffen werden vom Potenzial des Internet, weltweit als virtueller Marktplatz zu dienen. All diese innovativen Arbeits-, Kommunikations- und Marktformen lassen sich auf dem Information Superhighway darstellen, selbst wenn es heute noch bandbreitenbedingte Leistungsengpässe (siehe Abb. 1.1) gibt.

Nutzenpotenzial des Information Superhighway

1.3 Das entfesselte Netz

Wir sind der Überzeugung, dass diese Engpässe temporärer Natur sind. Wenn wir im Folgenden über den Information Superhighway und damit auch über das Internet sprechen, werden wir das vor dem Hintergrund eines „entfesselten" Netzes im Sinne von Al Gore tun. Die niedrige Netzbandbreite von heute ist morgen passee. Möglichkeiten, die heute nur ansatzweise existieren, wie beispielsweise breitbandige Weitverkehrsnetze, werden wir prinziell als gegeben ansehen. Die Implementierung ist praktisch nur noch Formsache, die von Politikern und Managern auf den Weg gebracht werden muss. Der Marktdruck auf die Telekommunikationsgesellschaften und das technische Potenzial ist längst vorhanden. Negroponte [33] schreibt:

Engpässe sind temporärer Natur

„Die Kapazität ist nahezu unbegrenzt. Wir wissen tatsächlich nicht genau, wieviele Bits pro Sekunde durch ein Glasfaserkabel geschickt werden können. Neueste Forschungsergebnisse erlauben die Vermutung, dass sich etwa 1000 Milliarden Bits pro Sekunde (1 Terabit) übertragen lassen ... Bei einer Datenübertragung in dieser Geschwindigkeit ist Glasfaser in der Lage, gleichzeitig eine Million Fernsehkanäle zu übertragen."

Genügend Bandbreite

Bandbreite im
Überfluss

Andere Labors beziffern die theoretische Übertragungskapazität eines Glasfaserhär-chens mit 300 Terabit pro Sekunde, genug, um fünf Milliarden Telefongespräche zur gleichen Zeit über eine Ader zu übertragen. Die heute erreichbaren Übertra-gungskapazitäten bei den die Kontinente verbindenden Unterseekabeln der „Dritten Generation" liegen bei etwa 8 bis 40 Gigabit in der Sekunde. Im Labor für Glasfaser-forschung am *Heinrich-Hertz-Institut* in Berlin werden bereits Datendurchsätze von mehreren hundert Gigabit erreicht.

Entscheidend für die praktische Nutzbarkeit solcher Übertragungskapazitäten ist der Übertragungspreis. Und der sinkt rapide: *„Die Kosten für ein Kabel bleiben auf gleichem Niveau, während die Kapazität sich derzeit alle drei Jahre verdreifacht: Sie wächst somit schneller als die Leistung neuer Mikropozessoren."* [Spiegel 19/1997]

Kontinente
wachsen
zusammen . . .

Auch das die Kontinente verbindende Angebot an Unterseekabeln nimmt kontinu-ierlich zu. *„Bis zum Jahr 2002 werden nach Schätzungen der KMI Corporation, einer US-Firma, die alle Kabelprojekte auf Erden beobachtet, 632.000 Kilometer Untersee-Glasfaserkabel in Betrieb sein, doppelt so viel wie im Augenblick"* [Spie-gel 19/1997]. Ende der 90er Jahre laufen mindestens vier Unterseekabel-Projekte gleichzeitig:

- Bei Land's End im britischen Cornwall sinkt das Kabel des *Flag*-Projekts (*Fi-beroptic link around the globe*) in den Atlantik, um nach 28.000 km mit zwei Enden in Miura und Ninomiya in Japan in Anlandestationen zweier konkurrie-render Telekommunikationsunternehmen zu enden. Gestartet wurde das 1,25-Milliarden-EURO-Projekt Ende der 80er Jahre von *Gulf Associates*, nachdem eine Marktuntersuchung der *KMI Corporation* die Erkenntnis zu Tage förderte, dass es zwar Übertragungskapazitäten für je ca. 200.000 Telefongespräche zwi-schen USA und Europa einerseits und USA und Asien andererseits gab, aber nur eine magere Kapazität für 20.000 Telefonate zwischen Europa und Asien. *Flag* arbeitet mit einer Übertragungsrate von acht Gigabit pro Sekunde.

- Im Jahr 1998 ging *SeaMeWe3* ans Netz [Spiegel 19/1997]. Die Kabelstre-cke von *SeaMeWe3* (Southeast Asia, Middle East, Western Europe) erstreckt sich über 38.000 km von West-Europa bis Australien und arbeitet mit einem Datendurchsatz von 10 Gigabit pro Sekunde.

- Ebenfalls im Jahr 1998 ging das technisch ehrgeizigste Unterseekabel in Be-trieb: Das *Atlantic Crossing Cable* transportiert zwischen Long Island in den USA und Westerland auf Sylt pro Sekunde 40 Gigabit, genug um 625.000 Telefonate gleichzeitig führen zu können.

- Das *Africa One*-Kabel, als Ring mit 40.000 Kilometern um ganz Afrika gelegt, wird den Kontinent aus seiner informationstechnischen Isolation befreien.

. . . schneller
als geplant

Die Datenübertragungskapazität zwischen Europa und Amerika nahm allein in den Jahren von 1998 bis 2001 um das 25fache, zwischen Amerika und Asien um das 44fache zu. Ein 20-Jahres-Mietvertrag für eine 155-Megabit-Leitung über den At-lantik, wie sie die *Deutsche Telekom* benutzt, kostete 1998 acht Millionen Dollar. Anfang 2002 ist die Strecke für 350000 Dollar zu haben – das ist ein Preisverfall von

Abb. 1.2: *Africa One [Spiegel Nr. 8, 21.02.2000]*

96 Prozent. Dieser Preisverfall macht den globalen Netzbetreibern grosse Probleme. Im Februar 2002 meldete *Global Crossing* Konkurs an. Für das weltweite Netz aus der Konkursmasse interessierte sich der Honkonger Mischkonzern *Hutchison Whampoa* und bot 750 Millionen Dollar – fünf Prozent der Summe, die Global Crossing in den Netzaufbau investierte.

Während das *Flag*-Projekt von einer Gruppe iranischer Exilmillionäre auf den Weg gebracht wurde, wird das *Atlantic Crossing Cable* von einer privaten amerikanischen Investorengruppe finanziert. Nur beim *SeaMeWe3* spielt die *Deutsche Telekom* am Rande eine Rolle. Interessant in diesem Zusammenhang ist die Tatsache, dass im Jahr 1998 die *Deutsche Telekom* ihr volkswirtschaftlich schädliches Monopol verloren hat und den neuen Telekom-Mitbewerbern mit diesen Kabeln Anschlüsse an das internationale Telefonnetz zur Verfügung stehen. Damit sind die Chancen gut, dass sich Wettbewerber etablieren und der Kunde sich für den servicestärksten Anbieter mit dem günstigsten Preis-Leistungsverhältnis entscheiden kann.

Wettbewerb lässt die Kommunikationspreise sinken

Für die Wettbewerber gilt es allerdings, noch das Problem der „letzten 100 Meter" zu lösen: Die Glasfaserstränge reichen in vielen Fällen nicht bis in die Haushalte zu den einzelnen Internet- oder Telefonnutzern. Die Infrastruktur der *Deutschen Telekom* kommt für die Mitbewerber kaum in Betracht. Aus Sicherheitsgründen erscheint ein von der Telekom unabhängiger Zugang zum Kunden erstrebenswert. Ein Teil der Mitbewerber versucht, die Faserlücke mit Funk zu schließen.

Das 100-Meter-Problem

1.4   Zusammenfassung und Ausblick

Netze waren schon immer bedeutsam für die Entwicklung von Zivilisation und Kultur. Haben ursprünglich Fluss-, Wege- und Transportnetze die Kreativität von Kulturen beflügelt und herausgefordert, so sind es heute Datennetze, die für Weiterentwicklung und Sicherung des Wohlstandes stehen. Demand Pull oder Technology Push treiben Firmen zur Innovation. Der Technology Push wird maßgeblich durch die Disziplinen Informatik, Telekommunikation und der Verbindung aus beiden, der Telematik, realisiert. Der Demand Pull läuft über das hohe Nutzenpotenzial des Information Superhighways: Telearbeit, Fernlernen, Unterhaltung mit Video on demand und interaktivem TV, die Tele-Medizin, die Telekooperation und das Joint-Engineering werden als Beispiele genannt. Weit voneinander entfernte Orte, Firmen und Börsen werden durch das Internet zusammengeschnürt zu jenem legendären globalen Dorf, in dem der geografische Abstand nichts mehr bedeutet und elektronische Märkte 24 Stunden pro Tag in Betrieb sind.

2   Elektronische Märkte

Sind elektronische Märkte eine Erfindung der Internethype der ausklingenden neunziger Jahre? Man könnte es meinen. Tatsächlich jedoch reichen die Wurzeln bis in die Jahre um 1970 zurück. Doch lassen Sie uns systematisch vorgehen. In diesem Kapitel setzen wir uns mit der Bildung des Begriffs „Elektronischer Markt" auseinander, nehmen Abgrenzungen zu ähnlichen Begriffen und Konzepten vor und skizzieren die historischen Vorläuferdienste elektronischer Märkte.

Ein Volkswirt definiert nach Kotler den Begriff des Marktes wie folgt:

„Ein Markt ist gleichbedeutend mit der Gesamtheit der Käufer und Anbieter, die   *Definition:*
an tatsächlichen oder potenziellen, mit einem gewissen Gut bzw. einer gewissen   *Markt*
*Dienstleistung zusammenhängenden **Transaktionen** beteiligt sind. So besteht z. B.*
der Markt für alkoholfreie Getränke aus den Anbietern, wie Coca-Cola, Pepsi-Cola
und Seven-Up, sowie aus allen Konsumenten, die alkoholfreie Getränke verbrauchen.
*Der Volkswirt versucht die Struktur, den Ablauf und die Leistung des Marktes zu beschreiben. Die Beschreibung der **Marktstruktur** befaßt sich mit der Zahl und der*
Größenverteilung der Anbieter und Käufer, dem Ausmaß der Produktdifferenzierung
*und den Einstiegsbarrieren. Die Beschreibung des **Ablaufs** des Marktgeschehens befaßt sich damit, wie die Unternehmen ihre Produktionsentwicklungs-, Preisbildungs-,*
*Verkaufs- und Werbepolitik festlegen. Die Beschreibung der **Marktleistung** umfaßt*
den Grad der Effizienz und der Innovation der beteiligten Unternehmen sowie ihre
wichtigsten Verkaufs- und Gewinnergebnisse" [135 f].

„Markt" wird also verstanden als ein Ort, an dem Transaktionen im volkswirtschaft-   *Die Transaktion*
lichen Sinne abgewickelt werden. Der Volkswirt versteht unter einer Transaktion den
Güteraustausch zwischen autonomen Individuen. Getauscht werden dabei Dienstleistungen und Produkte gegen Zahlungsmittel. Ein wesentlicher Aspekt der Transaktion
ist die Freiwilligkeit: Diese kommt genau dann zustande, wenn sich beide Transaktionspartner vom Gütertausch einen Nutzen versprechen. Für die Nutzenbewertung
ist die zentrale Determinante der Güterpreis. Der Verkäufer sieht in aller Regel einen
Nutzen im „Tausch", wenn der erzielte Preis größer der Summe aller Kosten ist, die
im Zusammenhang mit der Herstellung und Vermarktung des Produktes entstehen.
Der Käufer wiederum hat nur dann ein Interesse an der Transaktion, wenn sein durch
den Einsatz des gekauften Gutes entstehender Vorteil größer ist als der für das Gut
bezahlte Preis. Der Preismechanismus ist damit elementares Marktkennzeichen.

Der Begriff „Elektronischer Markt" impliziert nun zusätzlich, dass der so bezeichnete   *Elektronischer*
Markt ein künstliches, eben „elektronisches", genaugenommen digitales Medium ist,   *Markt (I)*
für das aber alle oben festgehaltenen Aussagen zutreffen.

Durch den im ersten Kapitel angesprochenen Übergang von der Industriegesellschaft   *Globales Dorf*
zur Informationsgesellschaft verlieren räumliche Distanzen an Bedeutung. Jeder, der

Zugang zum Netz hat, kann mit jedem anderen Teilnehmer kommunizieren. Dieser Zustand lässt sich mit dem Begriff *Globales Dorf* beschreiben. Daraus ergeben sich spürbare Wettbewerbsveränderungen auf den Weltmärkten. Eine Ausprägung dieser Veränderung ist z. B. das *global sourcing*, aber auch die Bildung neuer Vertriebswege, welche die Vernetzung zur Folge haben. Auf den sich daraus ergebenden Wandel müssen sich jetzt alle Unternehmen einstellen.

Cyberspace

Eine letzte Konsequenz dieser Entwicklung ist der elektronische Markt als abstrakter Ort („Cyberspace") des Tausches.

Abgrenzung des Begriffs „Elektronischer Markt"

Die Interpretation des Begriffes „Elektronischer Markt", betrachtet in seiner Komplexität, ist stellenweise unscharf. Es „[. . .] *zeigen sich auch Abgrenzungsprobleme zu verwandten Begriffen, wie dem strategischen Informationssystem (SIS), dem zwischenbetrieblichen Informationssystem [. . .] (IOS), dem elektronischen Austausch von Geschäftsdaten (Electronic Data Interchange, EDI) und dem elektronischen Handel [. . .]"* [Himberger, 2]. In den folgenden Abschnitten werden wir die Begriffe klären und voneinander abgrenzen.

2.1   Vorläufer elektronischer Märkte

Viewdata, Prestel

Nach dem Start des Farbfernsehens (1967) wurde Anfang der 70er Jahre in England ein System entwickelt, das als *Viewdata* und *Prestel* Bedeutung erlangte. Dieses System ist am ehesten mit Videotext vergleichbar und kann als Vorfahr von modernen Online-Diensten angesehen werden.

Btx

In Deutschland stellte die *Deutsche Bundespost* 1977 in Berlin das neue Kommunikationssystem *Bildschirmtext* der Öffentlichkeit vor. Das Fernsehgerät sollte neben der Übertragung von farbigen, bewegten Bildern mit Begleitton auch als Datensichtgerät dienen. Es gab damals wilde Spekulationen: Man vermutete sogar in *Btx* eine echte Konkurrenz für das Fernsehen.

Videotext

1983 wurden *Btx* und der Fernsehdienst *Videotext* eingeführt. Videotext ist jedoch ausschließlich ein Einwegdienst. Aber auch hier wurden (z. B. vom Fernsehsender *Pro 7*) größere Datenbestände ausgesandt.

Doch zurück zum *Btx*. Der Versandhandel stieg in *Btx* schon in der Versuchsphase ein:

Versandhandel

„*Die vier Versandhäuser mit eigenen Rechneranlagen im System haben bis zum Frühjahr 1982 insgesamt über fünf Millionen EURO Umsatz allein in den Versuchsgebieten Düsseldorf und Berlin durch Bestellungen über Btx erzielen können*" [DIHT, 11].

Btx-Nutzer

Die am Feldversuch beteiligten Banken äußerten sich laut *DIHT* ebenfalls positiv. Im Jahr 1986 gehörten zu den intensiven, professionellen *Btx*-Nutzern: Braune Ware Einzelhandel (Bestelldienste), Genossenschaftsbanken (Homebanking), Kfz-Handel, Kfz-Vermietung, Lebensmittel, Einzelhandel, Reisebüros (Reisebuchungen), Sparkassen (Homebanking), Steuerberater, Tankstellen und Versicherungen.

Dennoch hat es lange gedauert, bis sich *Btx* in größerem Stil durchsetzen konnte: 1986 existierten ca. 60.000 Anschlüsse und Ende 1996 ca. 1,2 Millionen. In der Zwischenzeit wurde *Btx* umbenannt in *T-Online* und zum Internet hin geöffnet, d. h., *T-Online*-Nutzer haben einen direkten Zugang zum World Wide Web, wenn auch bei schlechten Übertragungsgeschwindigkeiten. Umgekehrt ist das *T-Online*-Angebot nicht nutzbar.

Der Hauptgrund für den Misserfolg lag in der von der Bundespost realisierten „um- *Minitel* ständlichen" Bedienung des deutschen *Btx*. Nach demselben, von *IBM* entwickelten Grundkonzept, doch mit einfacherer Benutzerschnittstelle, wurde nahezu zeitgleich in Frankreich von der *France Télécom Minitel* eingeführt. *Minitel* wuchs bedeutend schneller: Bereits Ende der 80er Jahre waren über 6 Millionen Anschlüse zu verzeichnen!

Minitel bestand in der Entwicklungsphase (1979) ursprünglich aus zwei Versuchsprogrammen:

- in Ille & Villaine mit elektronischen Telefonbüchern

- in Velizy in der Nähe von Paris mit kommerziellem Videotext

Für diesen Versuch musste nur ein externer Decoder an ein TV-Gerät angeschlossen *Elektronisches* werden. Das Ziel des Versuchs war die Entwicklung eines elektronischen Telefon- *Telefonbuch* buchs und zusätzlicher Datenaustausch. Das Ergebnis waren unabhängige Server, die im Dialog mit Terminals standen.

Im Jahr 1982 wurde der Minitelvorgänger *Teletel* gelaunched. 1983 kam das elektroni- *Teletel* sche Telefonbuch als neuer, interaktiver Service hinzu. Bis zu diesem Zeitpunkt war die *France Télécom* der einzige Informationsanbieter. Andere Anbieter mussten sich Rechnerleistung und Speicherkapazität bei der *France Télécom* mieten. Dies änderte sich 1984: Das Netz wurde für private Server geöffnet. Flächendeckend ist *Minitel* seit 1985 verfügbar.

Weshalb wurde *Minitel* im Vergleich zum deutschen *Btx* ein Erfolg? Dafür gibt es mehrere Gründe:

- Einfacher Zugriff: Es müssen nur vier Ziffern am Telefon für einen Zugriff gewählt werden.

- Benutzbar auch durch Computerlaien.

- Billig, da keine Gebühr oder Abgaben an die *France Télécom* anfallen

[vergleiche Télecom, 315ff].

2.2   Isolierte, heterogene elektronische Märkte

Die Definition von Beat Schmid ergänzt unsere oben gefasste Beschreibung eines elektronischen Marktes:

Elektronischer
Markt (II)

„*Elektronische Märkte im engeren Sinne sind mit Hilfe der Telematik realisierte Marktplätze, d. h. Mechanismen des marktmäßigen Tausches von Gütern und Leistungen, die alle Phasen der Transaktion unterstützen . . . .Unter elektronischen Märkten im weiteren Sinne sind informationstechnische Systeme zur Unterstützung aller oder einzelner Phasen und Funktionen marktmäßig organisierter Leistungskoordination zu verstehen*" [36].

Kennzeichen
elektronischer
Märkte

Elektronische Märkte (EM) sind dadurch gekennzeichnet, dass Marktpartner unter Verwendung von Informations-, Kommunikations- oder Nachrichtenvermittlungssystemen und Datenbanken Produkte und Leistungen offerieren und austauschen. Marktliche Transaktionen werden mit Hilfe von Telematik abgewickelt.

Edmund Heinen beschreibt eine marktliche Transaktion wie folgt:

Marktliche
Transaktion

„*Bei Transaktionen, die über den Markt abgewickelt werden, handelt es sich i. d. R. um häufig wiederkehrende, eindeutig beschreib- und bewertbare, standardisierte und selten veränderliche Tausch- und Leistungsbeziehungen. Die Leistungen werden aufgrund von wenigen, aber eindeutigen Informationen über Qualität, Menge und Marktpreis bezogen. Besonders ausgeprägt finden sich elektronische Märkte im Bereich des Handels mit standardisierten Finanztiteln (z. B. Deutsche Terminbörse). Aufgabe der Informationstechnologie ist es, kurzfristige kaufvertragliche Vereinbarungen zwischen selbständigen Handlungsträgern zu unterstützen und damit elektronische Makler- bzw. Pooleffekte zu schaffen*" [297].

Isolierte,
heterogene
Systeme

Das Umfeld der von Heinen beschriebenen Transaktion stellt ein heterogenes und isoliertes System dar, das nur zur Unterstützung einzelner Phasen von Transaktionen in speziellen Märkten genutzt werden kann. Der Markt/EM ist:

- Heterogen, da jede Unternehmung intern mit einer eigenen, mit anderen Unternehmungen oft nicht kompatiblen Informations- und Kommunikationstechnologie (Telematik) arbeitet.

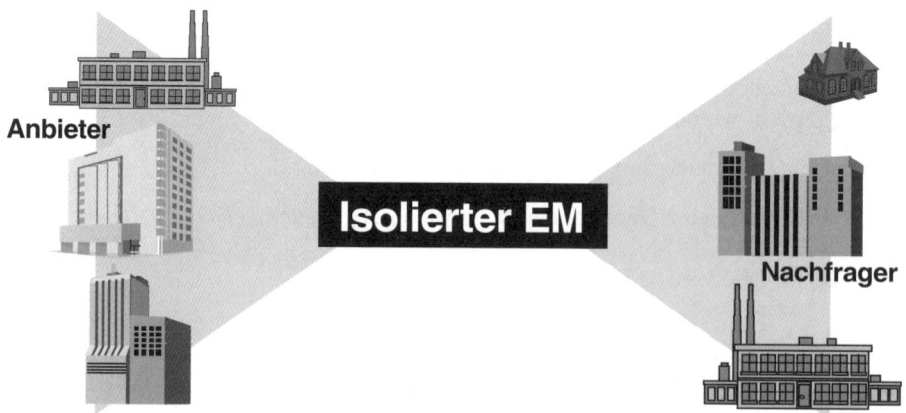

Abb. 2.1: *Isolierter elektronischer Markt*

- Isoliert, da jedes System nur Teilmärkte, wie beispielsweise den Wertpapier-handel damit abdeckt (siehe Abb. 2.1). Zudem sind diese Systeme zueinander heterogen, da hier auch kein gemeinsamer Markt aus den verschiedenen Teil-märkten entsteht.

Solche elektronischen Märkte entstanden ohne eine umfassende betriebs- und volks-wirtschaftliche Sicht auf Märkte und die darin ablaufenden Prozesse. Eine Folge davon sind zahlreiche inkompatible Systeme, die nur einzelne Märkte (Teilmärkte) abdecken und sich nur mit einem großen Aufwand in die innerbetriebliche Telematik integrieren lassen. *Nachteile isolierter Märkte*

Isolierte Märkte, die sich nicht aus anderen Netzen erreichen lassen, sind z. B. in den proprietären Online-Angeboten wie *CompuServe*, *AOL* und *T-Online* zu finden.

2.3 Interorganisationssysteme und Electronic Data Interchange (EDI)

Die *Interorganisationssysteme (IOS)*, auch *zwischenbetrieblich integrierte Informa-tionssysteme (ZBI)* genannt, stellen eine weitere Form organisationsübergreifender Informationsverarbeitung dar. *IOS*-Systeme haben bereits eine 25jährige Entwick-lungsgeschichte: *Organisations-übergreifende Informationsver-arbeitung*

Der Anfang der Entwicklung liegt in den 60er Jahren, als Großunternehmen Daten unternehmensübergreifend von Großrechner zu Großrechner austauschten. Kleinere Unternehmen waren durch die hohen Kosten von dieser Entwicklung ausgeschlossen. *Ausgrenzung durch hohe Kosten*

Erst seit den 80er Jahren können es sich kleinere Unternehmen durch günstigere Hardware leisten, an *IOS*-Systemen teilzunehmen. Entscheidend an der Ausbreitung von *Electronic Data Interchange (EDI)* ist auch die Vereinheitlichung der *EDI*-Verfahren durch die *EDIFACT*-Standards zu Beginn der 80er Jahre [vergleiche Robert Hansen 404]. Weitere Impulse gaben: *Kleinere Firmen ziehen nach*

- preisgünstige und leistungsfähige Mikrocomputer,

- geografische Unabhängigkeit durch tragbare Computer mit integrierten (Funk-) Modems,

- schnellere Datenübertragung mit *ISDN* und Breitband-*ISDN*,

- Aufhebung des Netz- und Telefondienstmonopols der *Deutschen Telekom* und

- das Internet.

Bei Interorganisationssystemen steht die Überbrückung informationsbezogener Schnittstellen zwischen räumlich entfernten Aufgabenträgern im Mittelpunkt. Ab-bildung 2.2 zeigt mögliche und praktizierte Einsatzmöglichkeiten des *IOS*. *Überbrückung*

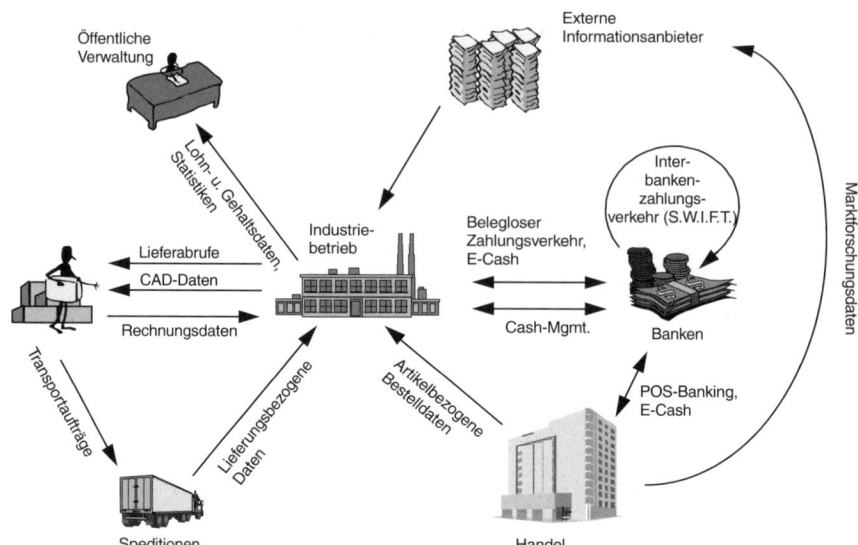

Abb. 2.2: *Einsatz von zwischenbetrieblich integrierten Informationssystemen (ZBI) [vgl. HMD 165, 7]*

Komplexität und Fehleranfällig-keit

In diesem Beispiel muss kein gemeinsamer Carrier für die verschiedenen Märkte gefunden werden. Es werden lediglich die Schnittstellen und Protokolle zu diesen Schnittstellen definiert. Dies erhöht die Komplexität und auch die Fehleranfälligkeit.

EDI

Eine Definition der Protokolle und Schnittstellen ist in *Electronic Data Interchange (EDI)* zu sehen. Darunter versteht man den elektronischen Austausch von struktu-rierten Geschäftsdaten (Bestellungen, Rechnungen, Überweisungen, Zahlungsbedin-gungen, usw.) zwischen Geschäftspartnern in einem festgesetzten Format. Im Prinzip geht es also darum, im Business-to-Business-Bereich die Kommunikation durch den Einsatz standardisierter Nachrichtenformate abzuwickeln. *EDI* ist hierbei der Ober-begriff für unterschiedliche Nachrichtenformate, während *EDIFACT* demgegenüber das weltweit einheitliche Format für alle Geschäftsvorfälle darstellt. Bereits in der De-finition von *EDI* wird vom interventionslosen Austausch von Geschäftsnachrichten zwischen Applikationsprogrammen auf Rechnersystemen ausgegangen. Es werden also, ohne den Eingriff von Benutzern, zwischen verschiedenen Applikationen, die auf verschiedenen, räumlich getrennten Computersystemen laufen, Dokumente und Geschäftsdaten automatisiert ausgetauscht. Der Ansatz erfordert somit die Integration der Telekommunikationsprozesse in die Inhouse-Applikationen der Geschäftspartner.

Beliebige Protokolle

Grundsätzlich lassen sich *EDI*-Daten asynchron (per E-Mail etwa) oder synchron (per Datenübertragung) unter Verwendung beliebiger Protokolle übertragen. Dies erlaubt im Vergleich zu manuellen Verfahren einen rascheren und verlässlicheren Informationsfluss.

EDIFACT

Fatalerweise haben anfänglich fehlende Normen zu einem Wildwuchs von indivi-duellen Insellösungen innerhalb der einzelnen Marktteilnehmergruppen geführt. Um

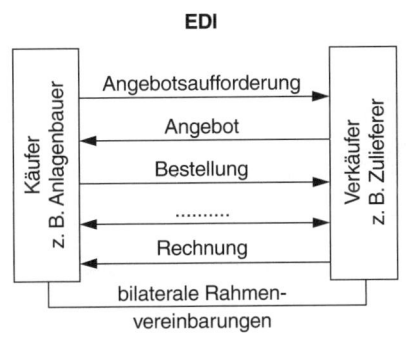

Abb. 2.3: *Abgrenzung EDI und elektronischer Markt [vgl. Schmid/Zbornik, 74]*

dieses Chaos aufzuräumen, wurde, wie bereits oben erwähnt, die Ausarbeitung eines branchenübergreifenden Regelwerkes mit dem Namen *EDIFACT (Electronic Data Interchange for Administration, Commerce and Transport)* beschlossen.

Wie Abb. 2.3 zeigt, steht bei *EDI* die Rationalisierung bestehender Handelsbeziehungen im Mittelpunkt. Elektronische Märkte dagegen haben zusätzlich das Ziel, neue Handelsbeziehungen zu vermitteln. *Grenzen von EDI*

2.4 Integrierte, offene elektronische Märkte

Viele einzelne isolierte Märkte können im Zeichen der Integration und Standardsoftware nicht Ziel eines Marktteilnehmers sein. Es sollte mit einem System möglichst jeder Markt und darin jeder Marktteilnehmer erreicht werden. Einen neueren Ansatz beschreibt Andreas Himberger: *Jeder Markt und Marktteilnehmer muss erreichbar sein*

„Im Gegensatz zu den ‚Vorläufersystemen‘ sollen elektronische Märkte in allen Phasen einer Markttransaktion integrierte Unterstützungs- und Automatisierungsdienste für die Teilnehmer anbieten. Sowohl die Suche nach Marktpartnern, Produkten und weiteren Marktinformationen, wie auch der Vertragsabschluss werden auf diese Weise über Computer realisiert" [1]. *Elektronischer Markt (III)*

Es sollen also alle Teilmärkte erreicht und in den innerbetrieblichen Ablauf integriert werden. Es steht jetzt nicht mehr der elektronische Teilmarkt im Mittelpunkt, sondern das Unternehmen. Dies zeigt sich Abb. 2.4. *Kennzeichen elektronischer Märkte (II)*

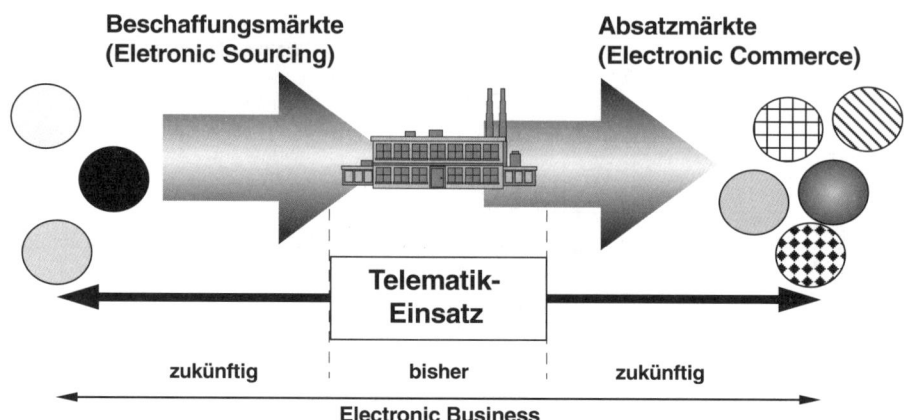

Abb. 2.4: *Überbetrieblicher Telematikeinsatz: eBusiness = eSourcing + eCommerce*

Verbindung externer und interner Telematik

Der bisher innerbetriebliche Telematikeinsatz muss folglich unternehmensübergreifend ausgedehnt werden. Im Idealfall besteht eine homogene Telematik-Infrastruktur vom Erzeuger (*Electronic Sourcing*) bis zum Endverbraucher (*Electronic Commerce*). Dies zeigt, dass bisher kaum eine Anwendung dieser Definition des elektronischen Marktes gerecht wird. Um einer durchgehenden Telematik zu entsprechen, sollte auch ein gemeinsamer Träger (Carrier) gefunden werden, der die externe Telematik mit der internen Telematik verbindet, ohne die Komplexität und somit die Fehleranfälligkeit zu erhöhen. Internet, Intranet und Extranet bieten hier gegenwärtig die besten Voraussetzungen.

2.4.1   Electronic Mall

Elektronische Laden- und Einkaufsstraße

In einer Electronic Mall sollen Angebot und Nachfrage aus den unterschiedlichsten Branchen aufeinandertreffen. Unter dem Begriff Electronic Mall ist eine elektronische Laden- und Einkaufsstraße zu verstehen, die sich primär dem Retail-Geschäft (Handel) widmet. Im Gegensatz zum *EDI* steht der Markt, nicht das einzelne Unternehmen im Mittelpunkt. Es können in einer Mall auch einzelne „Filialen" weiterer Electronic Malls vorhanden sein. Unter einer „Filiale" ist eine Verknüpfung und ein Übergang zu einer anderen vorhandenen elektronischen Laden- und Einkaufsstraße zu verstehen.

Die Architektur von Electronic Malls (siehe Abb. 2.5) besteht nach Beat Schmid aus vier Schichten.

Zweck

Electronic Malls sind im Internet und ansatzweise auch in proprietären Online-Diensten (z. B. *T-Online*, *CompuServe*, *AOL* u. a.) zu finden. Hier erfüllen sie die Aufgabe, das Angebot zu strukturieren und dem Käufer eine Hilfe zu geben, Angebote aus dem weltweiten Angebot herauszufischen.

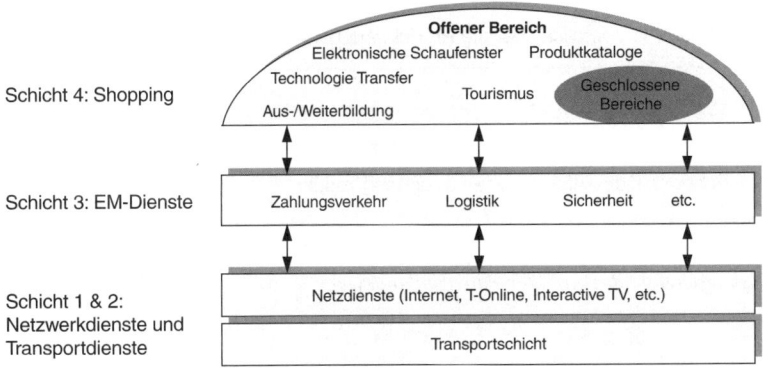

Abb. 2.5: *Electronic Mall [vgl. Beat Schmid, (HMD 185, 64f)]*

2.4.2   Peter Pans Einkaufswelt

Peter Pans Einkaufswelt mag uns als Beispiel einer vereinfachten *statischen* Electronic Mall dienen. Unsere Beispiel-Mall ist ein sehr simples Modell, an dem gezeigt werden soll, wie ein konkreter „Laden" innerhalb einer Electronic Mall strukturiert sein könnte und wie eine Selbstbedienung durch den Internet-Nutzer aussehen kann. *Einfaches Modell*

Geprägt wird die Architektur von *Peter Pans Einkaufswelt* von folgendem Paradigma: Konsumenten ohne konkrete Produktvorstellungen möchten in Warengruppen stöbern. Das virtuelle Regal zu einer Warengruppe soll einen Überblick über die einzelnen angebotenen Waren liefern. In der Übersicht sind die einzelnen Artikel durch ein Bild und eine grobe Charakteristik beschrieben. Wer seinen gesuchten Artikel bereits in der Übersicht erkennt und ordern möchte, ohne vorher eine präzisere Beschreibung oder eine detailliertere bildliche Darstellung gesehen zu haben, kann dies tun. Für Wiederholungskäufer und Stammkunden ist die Darstellung auf der Übersichtsebene hinreichend. Wer mehr Informationen über eine bestimmte Ware haben möchte, kann im nächsten Schritt die vollständigen Informationen über das Produkt einsehen. Beabsichtigt der Interessent das Produkt zu kaufen, so legt er es in einen Einkaufskorb. Will der Interessent das Produkt doch nicht, so kann er es jederzeit wieder aus seinem Einkaufskorb nehmen. Der intelligente Einkaufskorb rechnet natürlich mit und zeigt uns jederzeit den akkumulierten Warenwert an. *Von der Kategorie zum Produkt*

Peter Pans Einkaufswelt ist gezielt spartanisch gehalten. Auf Maßnahmen zur Steigerung des Einkaufserlebnisses, den Einbau von Unterhaltungselementen zur Steigerung der Verweildauer in der Mall und zur Maximierung des Umsatzes wurde bewusst verzichtet, um die Struktur der Mall nicht zu verschleiern. In einer lebendigen Mall dürfen diese Elemente natürlich nicht fehlen! Auch der Einkaufswagen muss letztendlich intelligenter sein als der hier vorgestellte. So sollte der Einkaufswagen mit dem Wunschzettel programmierbar sein und den Käufer zu den gewünschten Gütern und Produktgruppen führen und ihn so nebenbei auch auf Sonderangebote, die in der Interessenssphäre des Kunden liegen, aufmerksam machen, den Kunden auf günstige Finanzierungsmöglichkeiten hinweisen und vieles andere mehr. *Intelligenter Einkaufswagen*

Ebene 1: Überblick über die Produktgruppen
Ebene 2: Überblick über die Produkte einer Produktgruppe
Ebene 3: Detailinformationen über das Produkt

Abb. 2.6: *Das Schichtenmodell von Peter Pans Einkaufswelt*

Ebene 1:
Überblick über
die Produkt-
gruppen

Um dem Einkäufer rasch eine Übersicht der angebotenen Artikel zu ermöglichen, ist in *Peter Pans Einkaufswelt* auf der Empfangsseite links ein Frame vorgesehen, der im Sinne einer Übersicht die angebotenen Warengruppen auflistet. In diesem Fall findet der Interessent die Warengruppen „Schreibgeräte", „Sweatshirts" sowie „Reisen & Urlaub". Bei einem umfangreicheren Warenangebot wird die Übersicht entsprechend länger und nicht mehr nur als lineare Liste angeboten, sondern beispielsweise als Baum: Wird eine Warengruppe angeklickt, so kommen die Untergruppen zum Vorschein.

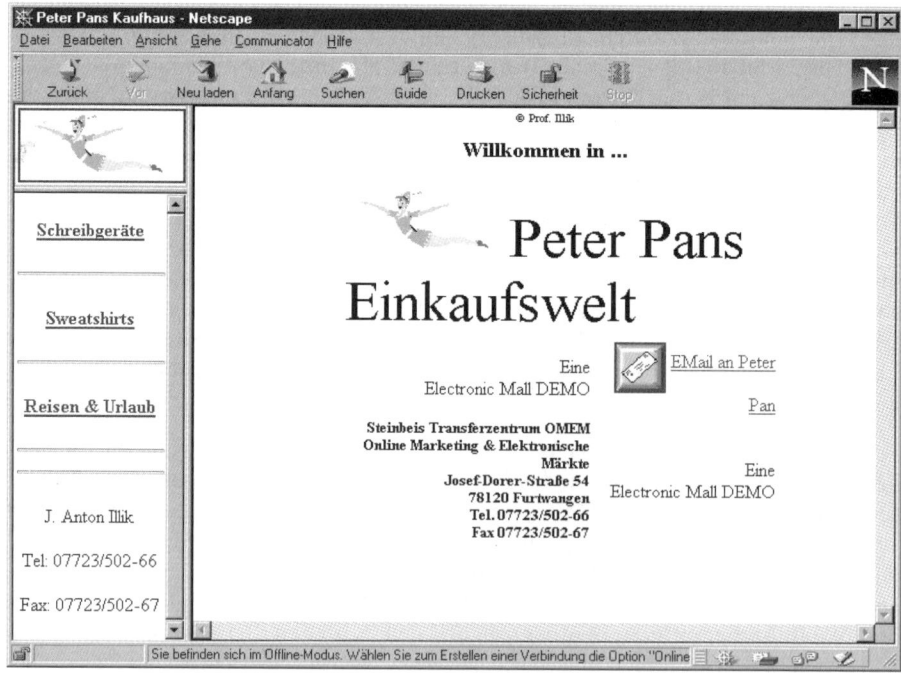

Abb. 2.7: *Peter Pans Einkaufswelt: Überblick über das Warensortiment*

Hat sich der Mall-Besucher für die Warengruppen „Sweatshirt" entschieden und auf den entsprechenden Hyperlink geklickt, so wird ihm die nächste Ebene geöffnet. Die einzelnen Produkte oder Produktgruppen sind hier im Sinne eines Überblicks grob mit ihren wichtigsten Attributen beschrieben. Produktattribute, die der Käufer seinem Bedarf oder Geschmack entsprechend wählen kann, sind als Kontrollkästchen, Options- und Listenfelder gestaltet. Wem die Information über das ausgesuchte Produkt genügt, kann auf dieser Darstellungsebene das Produkt in seinen virtuellen Einkaufskorb legen. Wer mehr Information über seinen Kandidaten haben möchte, klickt auf das Bild oder den Produktnamen, um so auf der nächsten Ebene mit allen erdenklichen Informationen über das selektierte Produkt versorgt zu werden. *Ebene 2: Überblick über die Produkte einer Produktgruppe*

Auf der dritten Ebene sind alle Informationen über das Produkt detailliert zusammengestellt. Neben einer textuellen Beschreibung können hier auch alle multimedialen Möglichkeiten genutzt werden: Photorealistische Darstellung, Video, Erläuterung durch Sprache und Animation können neben objektiven Informationen auch Meinungen von Referenzkunden und Nutzern des Produktes wiedergeben. Anwendungsbeispiele, Verwendungshinweise und andere Service-Informationen können dem Interessenten das Produkt empfehlenswert erscheinen lassen. *Ebene 3: Detail-Informationen über das Produkt*

Abb. 2.8: *Peter Pans Einkaufswelt: ein Überblick über die selektierte Produktgruppe*

*Elektronischer
Katalog schlägt
Print-Katalog*

Eine auf diese Art gestaltete Produktpräsentation ist einem Print-Katalog in jeder Hinsicht um Größenordnungen technisch überlegen. Allein die Fülle der Informationen, die bei Bedarf allen Interessenten zugänglich ist, sprengt die Möglichkeiten eines Print-Katalogs sowohl hinsichtlich der Darstellbarkeit wie auch der Finanzierbarkeit. Ein Print-Katalog veraltet relativ rasch und jede Neuauflage verursacht immense Kosten. Der elektronische Katalog kann stets aktuell gehalten werden, wobei die hierfür notwendigen Investitionen minimal sind.

*Viele Infos für
jeden Einzelnen
– statt wenig
Infos für Viele*

Werden in einem Print-Katalog schon aus technischen Gründen wenige Eigenschaften eines Produkts, die viele Interessenten auf das Produkt neugierig machen sollen, hervorgehoben, so lassen sich jetzt, aufgrund der zur Verfügung stehenden technischen Möglichkeiten, viele Produkteigenschaften, die jeweils für einen (!) Interessenten wichtig sind, herausheben.

*Einzelkunden-
spezifisches
Marketing und
Massen-
Maßanfertigung*

Und letztendlich noch ein herausragendes Merkmal des elektronischen Katalogs der Cyber Mall: Ein Papierkatalog kann für seinen Herausgeber keine Daten über seine Nutzer sammeln! In der Cyber Mall sammeln aber alle virtuellen Regale und der Einkaufswagen Informationen über Interessenten und Kunden. So lässt sich im Sinne eines optimalen, personalisierten Kundenservices das Angebot für jeden einzelnen Kunden optimieren. Auf diese Weise kann in der Verkaufseinrichtung ein individuelles, einzelkundenspezifisches Marketing als Pendant zur Massenmaßanfertigung auf der Produktionsseite etabliert werden.

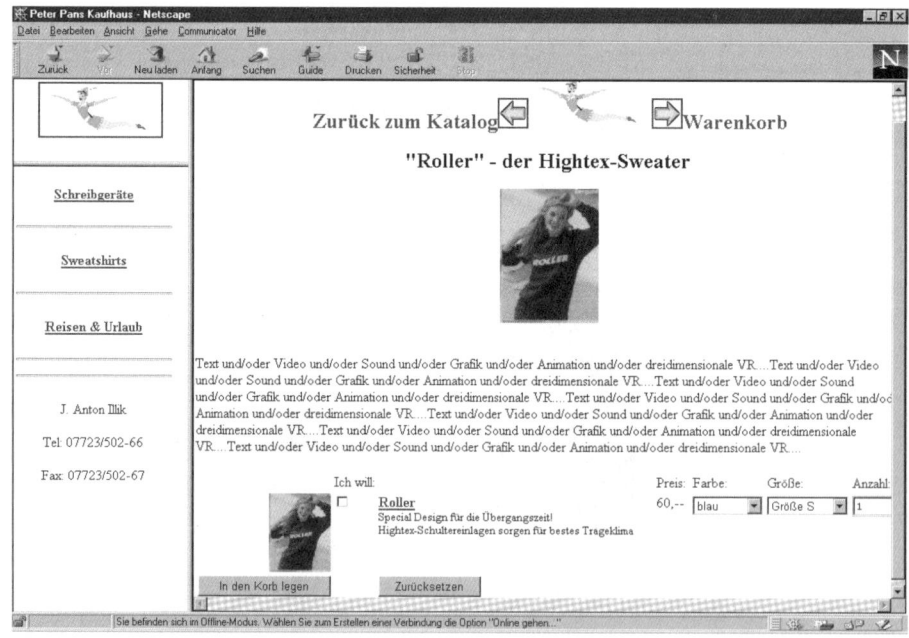

Abb. 2.9: *Peter Pans Einkaufswelt: Eine Artikelbeschreibung*

Abb. 2.10: *Peter Pans Einkaufswelt: ein gefüllter Einkaufskorb*

Auch auf der in Abb. 2.9 gezeigten Ebene findet der Käufer alle Bedienelemente, um den beschriebenen Artikel in seinen Einkaufskorb zu legen. Auf Wunsch kann der Mall-Besucher jederzeit in seinen Einkaufskorb schauen, um beispielsweise zu überprüfen, wie hoch der akkumulierte Warenwert ist.

Der virtuelle Einkaufskorb wird alle ausgesuchten Produkte mit ihren wichtigsten Attributen wie Preis, Stückzahl, Farbe etc. zeigen. Ist der Einkaufskorb hinreichend intelligent, so wird er seinem Benutzer auf Wunsch auch Zwischensummen, aktuelle Liefer- und Zustelltermine und andere Daten nennen. Bei Bedarf kann der Mall-Besucher auch jederzeit einen selektierten Artikel wieder aus dem Einkaufskorb nehmen. Außerdem sollte der Mall-Besucher seinen gefüllten Einkaufskorb auch bis zum nächsten Besuch der Mall stehen lassen können, um vielleicht den Kauf erst Tage später nach reiflicher Überlegung zu tätigen. *Intelligenter Einkaufskorb*

Nach einer Überprüfung des Einkaufswagens kann der Käufer die zusammengestellten Produkte per Knopfdruck ordern. In einem entsprechenden Formular werden alle hierfür notwendigen Daten gesammelt. Wenn der Kunde einverstanden ist, können die für die Zustellung relevanten Daten in der Mall archiviert werden, damit beim nächsten Einkauf eine erneute Erfassung entfallen kann. *Kundendaten mit Erlaubnis archivieren*

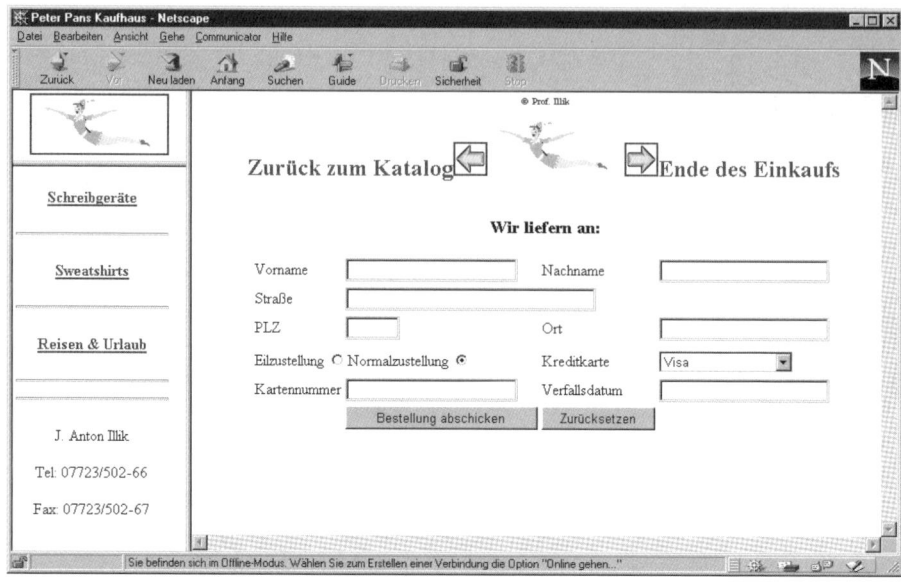

Abb. 2.11: *Peter Pans Einkaufswelt: Kundendaten*

2.5   Zusammenfassung und Ausblick

Die Beziehung zwischen elektronischen Märkten, Electronic Mall, *IOS* und *EDI* wird in Abb. 2.12 dargestellt.

Regionale Electronic Malls

Es ist zu sehen, dass elektronische (Teil-) Märkte auf mehreren regionalen Electronic Malls vertreten sind und dass die regionalen Electronic Malls nur einige Teile der elektronischen Märkte (elektronischer Teilmarkt) abdecken. Ein Grund dafür sind regionale Unterschiede, aber auch unterschiedliche Marketingstrategien und Philosophie der jeweiligen Electronic Malls und der darin vertretenen Unternehmen, die ja einen Teil des Marktes bilden. Die regionalen Unterschiede können in der Mentalität der Marktteilnehmer liegen, aber auch anderen Einflüssen unterliegen. So lässt sich z. B. ein amerikanisches TV-Gerät in Deutschland schlecht verkaufen, weil unter anderem Steckverbindungen und die TV-Signale nicht kompatibel sind.

Über elektronische Märkte kann zusammenfassend festgestellt werden:

Neue Zusammensetzungen

Elektronische Märkte sind nicht ausschließlich als eine direkte Übertragung konventioneller Handelstransaktionen auf ein elektronisches Informations- und Kommunikationssystem zu verstehen. Vielmehr können völlig neue Zusammensetzungen bisheriger Branchen oder Marktteilnehmergruppen entstehen.

Ein globaler, dynamischer elektronischer Markt unterscheidet sich also wesentlich von den bisher realisierten Anwendungen. Es kann nur erahnt werden, was für ein Potenzial sich für jeden Marktteilnehmer aus dieser Entwicklung ergibt.

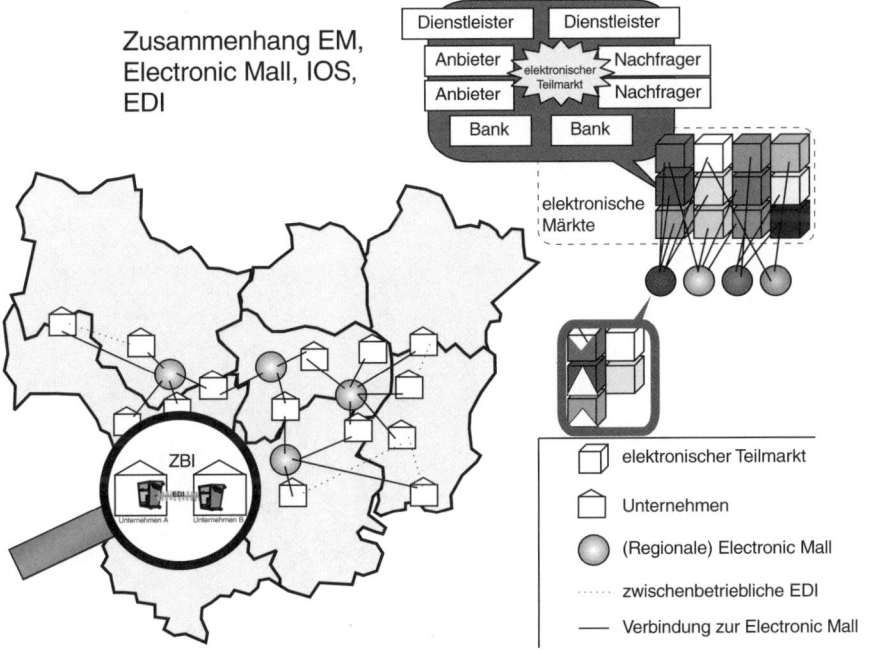

Abb. 2.12: *Zusammenhang EM, IOS und EDI*

Die Frage ist nur, wer entscheidet über die Zusammensetzung? Wenn das die Elec- *Innovative*
tronic Mall tut, dann haben wir es mit einem *statischen elektronischen Markt* tun, *Möglichkeiten*
der vergleichbar mit einem konventionellen Einkaufszentrum ist: Der Kunde kann *(Hypermarkets)*
beim Besuch des Einkaufszentrums dieses nicht „umkonfigurieren". Er muss mit
dem vorlieb nehmen, was er vorfindet, bzw. wie er es vorfindet. Unabhängig von seinen persönlichen Präferenzen wird dem Kaufhausbesucher mehr oder minder stets
das gleiche Angebotsszenario angeboten. Anders im *dynamischen, individualisierten elektronischen Markt*. Hier wird speziell für jeden Besucher des Marktes eine
personenspezifische Marktzusammensetzung dynamisch erzeugt. Und in diesem Fall
soll die Geografie eben genau keine Rolle mehr spielen. *Hypermarkets* sind globale, dynamische Electronic Malls, die sich am persönlichen Interesse des Besuchers
orientieren.

3 Elektronische Wirtschaftskreisläufe

Es gibt verschiedene Sichtweisen auf das Phänomen „Markt". Bei einer *marketingorientierten* Sicht besteht der Markt aus *„allen potenziellen Kunden mit einem bestimmten Bedürfnis oder Wunsch, die willens und fähig sind, durch einen Austauschprozeß das Bedürfnis oder den Wunsch zu befriedigen"* [Kotler/Bliemel, 13].

Marketingorientierte Sicht

Die *betriebswirtschaftliche* Sicht ist eine eher subjektive Sicht aus dem Blickwinkel der einzelnen Unternehmung. Das Unternehmen als Akteur im Markt nimmt einerseits die Rolle des Anbieters und andererseits auch gleichzeitig die Rolle des Nachfragers wahr. Dementsprechend wird von *Absatz-* und *Beschaffungsmärkten* gesprochen.

Betriebswirtschaftliche Sicht

Eine *volkswirtschaftliche* Betrachtung sieht den Markt als Ort des Austausches von Gütern und Leistungen. Oder weiter gefasst, als Ort des Aufeinandertreffens von Angeboten und Nachfragen. Letztere Sichtweise lässt schon vermuten, dass „Markt" nicht unbedingt ein geografischer Ort sein muss. Siebert [94] spricht vom Markt als *gedanklichem Ort* des Zusammentreffens von Angebot und Nachfrage.

Volkswirtschaftliche Sicht

Wir bleiben in der Folge im Wesentlichen bei der volkswirtschaftlichen Sicht und wollen darüber diskutieren, wie mit der Verschiebung der Einrichtung „Markt" in den abstrakten Ort „Cyberspace" die Marktelemente betroffen sind, wie sie sich als Elemente eines jetzt elektronischen Marktes darstellen. Dabei werden wir auch auf eine *ablauf-* und *kommunikationsorientierte* Betrachtung des Marktes einschwenken müssen, um den operativen Tätigkeiten der Marktteilnehmer im Hinblick auf die Transaktionsabwicklung gerecht zu werden.

Ablauf- und kommunikationsorientierte Sicht

3.1 Ein elementares Marktmodell

Das Konzept der Wirtschaftskreisläufe ist nicht neu und im Prinzip beschäftigt sich jeder einführende Text der Volkswirtschaftslehre damit [vergleiche beispielsweise Baßeler, Heinrich und Koch, 60]. Die Idee der Kreisläufe geht bis auf F. Quesnay zurück, der schon 1758 einen solchen Wirtschaftskreislauf für das damalige Frankreich vorgelegt hat. Karl Marx hat diese Idee im letzten Jahrhundert auf die Industriegesellschaft angepasst. Die Kreislauftheorie stellt die Basis der volkswirtschaftlichen Gesamtrechnung [vergleiche z. B. Krelle] dar.

Wirtschaftskreisläufe

Abbildung 3.1 stellt den Prototyp des Wirtschaftskreislaufs, den einfachen Wirtschaftskreislauf, dar. Dieser zeigt eine Volkswirtschaft, die auf das Allernötigste reduziert ist. An Sektoren gibt es nur Unternehmen ganz allgemein sowie private

Einfacher Wirtschaftskreislauf

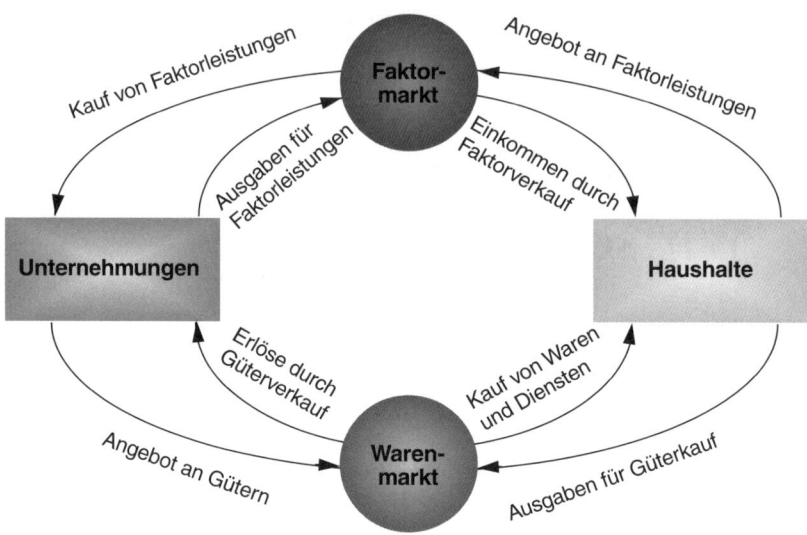

Abb. 3.1: *Einfacher Wirtschaftskreislauf*

Haushaltungen. Eine genauere Aufschlüsselung der Unternehmen in Landwirtschaft, Handel usw. erfolgt in diesem Modell nicht. Das Schema des einfachen Wirtschaftskreislaufs dient dazu, das Prinzip zu veranschaulichen. Ganz gleich, wie komplex ein solches Schema des Wirtschaftskreislaufs ausgearbeitet wird, er bleibt letztendlich immer ein Modell. Ein Modell ist stets eine Vereinfachung, abstrahiert von Größe und Komplexität.

*Produktions-
faktoren*

Die Haushalte verfügen über alle volkswirtschaftlichen Produktionsfaktoren wie Arbeit, Boden und Kapital, die sie den Unternehmen zur Produktion zur Verfügung stellen, wofür sie entsprechend entlohnt werden. Die Gesamtheit aller Güter und Gelder bleibt im Modell immer konstant.

*Elemente des
Kreislaufs*

Franz Haslinger beschreibt die Elemente von Wirtschaftskreisläufen:

- *Ökonomische Aktivitäten. Ökonomische Aktivitäten sind alle Tätigkeiten, die direkt oder indirekt darauf abzielen, eine Befriedigung von Bedürfnissen durch Güter zu ermöglichen. Grundsätzlich lassen sich vier Arten von ökonomischen Aktivitäten unterscheiden:*
  a) Einkommensschaffung durch Produktion von Gütern
  b) Einkommensverwendung durch Verbrauch von Gütern
  c) Einkommensverwendung durch Vermögensbildung
  d) Einkommensübertragung durch Kreditgewährung bzw. Kreditaufnahme.

- *Wirtschaftssubjekte. Wirtschaftssubjekte sind die kleinsten organisatorischen Einheiten, die über die Durchführung ökonomischer Aktivitäten entscheiden.*

- *Objekte. Wirtschafts-Objekte oder Gegenstände aller ökonomischen Aktivitäten sind Güter, Faktorleistungen und Forderungen.*

- **Transaktionen.** *Die Wirtschaftsobjekte gehen durch Transaktionen von einem Wirtschaftssubjekt auf ein anderes über.*

- **Bewertung.** *Jeder Transaktion kann in eindeutiger Weise ein bestimmter, in Geldeinheiten ausgedrückter, Geldwert zugeordnet werden.*

- **Datierung.** *Für jede Transaktion kann eindeutig bestimmt werden, ob sie in eine zuvor festgelegte Rechnungsperiode fällt oder nicht.*

- **Lokalisierung.** *Für jede Transaktion kann eindeutig bestimmt werden, ob sie innerhalb einer bestimmten Volkswirtschaft stattfand und dieser somit zugerechnet werden kann oder nicht* [8 ff].

Das Schema des Wirtschaftskreislaufs stellt eine solide Basis dar, auf der eine Analyse elektronischer Märkte durchgeführt werden kann. Die Ströme zwischen den einzelnen Elementen des Wirtschaftskreislaufs können somit dahingehend untersucht werden, welche Änderungen sie im Kontext elektronischer Märkte erfahren. Weiterhin lässt sich diskutieren, ob eine solche Umsetzung vielleicht möglich, aber nicht zweckmäßig ist. Uns interessiert also im Folgenden die Abbildung der statischen und dynamischen Elemente eines elementaren Wirtschaftskreislaufmodells in den Kontext eines elektronischen, digitalen Marktes. *Basis für die Analyse*

3.2 Struktur der Wirtschaftskreisläufe

Von besonderem Interesse ist die Abbildbarkeit von Objekten auf elektronische Märkte, sind das doch die Güter und Leistungen, die über den elektronischen Markt ausgetauscht werden sollen. Wir erachten folgende Klassifizierung von Gütern in Bezug auf elektronische Märkte für hilfreich: *Abbildbarkeit von Objekten*

- **Digitale Güter:** Diese haben keinerlei physischen Anteil. Sie existieren nur in digitalisierter Form. Eine Abfrage einer Online-Datenbank ist beispielsweise ein digitales Gut, solange der Kunde nicht spezielle menschliche Unterweisung in deren Anwendung oder sonstige Beratungsleistungen erhält. Digitale Güter werden in der Regel elektronisch gehandelt. Eine Abwicklung über physische Medien, wie etwa Papier (z. B. der Ausdruck einer Anbieterliste) ist prinzipiell möglich. Jedoch leidet die Effizienz darunter.

- **Semi-digitale Güter:** Bei semi-digitalen Gütern besteht der Hauptteil des Gutes aus Digitalem. Zusätzlich werden vom Anbieter jedoch Zusatzleistungen erbracht, wie z. B. Beratung oder Schulung, die auf der physischen Anwesenheit eines Individuums basieren. Semi-digitale Güter sind auch elektronisch übertragbar (jedenfalls das eigentliche Gut). Somit steht einem elektronischen Handel nichts im Wege. Selbst bestimmte physische Anteile können digitalisiert werden. Die oben beispielhaft erwähnte Beratung und das Training können über E-Mail oder über eine Videokonferenz abgewickelt werden.

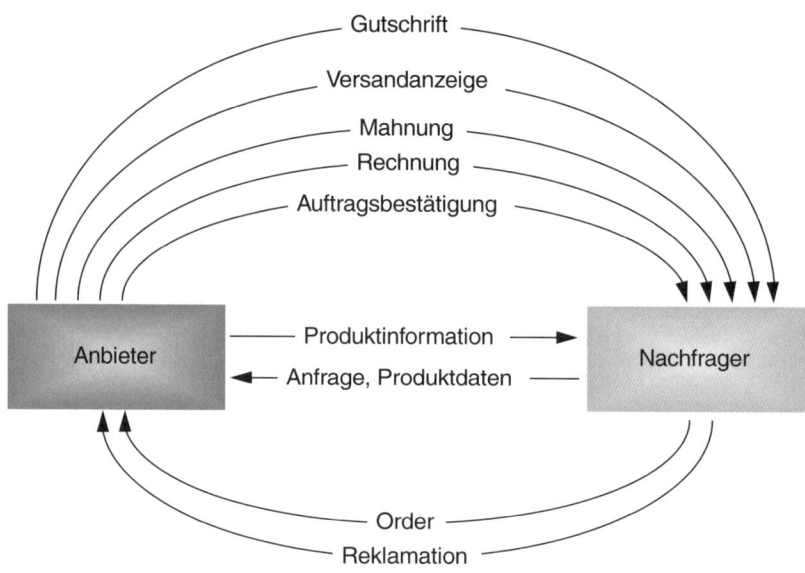

Abb. 3.2: *Informationsflüsse*

- **Semi-physische Güter:** Bei semi-physischen Gütern besteht der Hauptteil des Gutes aus physischen Bestandteilen. Ein Baguette ist nicht digitalisierbar. Was jedoch sehr wohl digitalisierbar ist, ist die Bestellung eines Baguettes oder dessen Versandanzeige. Um sinnvolle Aussagen machen zu können, müssen somit nicht nur die reinen Flüsse von Gütern betrachtet werden, sondern auch die Informationsflüsse einer Transaktion. Im Verlaufe der Abwicklung eines Geschäftes fallen eine ganze Reihe von Informationsflüssen an (siehe Abb. 3.2). Ein wirklich vollständiger elektronischer Handel ist bei semi-physischen Gütern nicht möglich. Allenfalls die zugehörigen Informationsflüsse können telematisch abgedeckt werden.

- **Physische Güter:** Diese Güter haben keinerlei digitalen Anteil. Es ist jedoch anzumerken, dass eine Unterscheidung zwischen semi-physischem und physischem Gut marktabhängig ist. Ein Apfel ist semi-physisch, wenn er in elektronischen Märkten gehandelt wird. Ist ein physisches Gut nicht digitalisierbar (wie unser Apfel), so kann aus ihm maximal ein semi-physisches Gut gemacht werden.

- **Non-digitale Güter:** Wir bezeichnen so zusammenfassend die physischen, die semi-physischen und die semi-digitalen Güter.

Geld   Ein Gut ist von besonderer Wichtigkeit für das Funktionieren eines elektronischen Wirtschaftskreislaufs: das allgemein gültige Tauschmittel – Geld. Im Sinne unserer obigen Güterklassifikation ist Geld ein digitales Gut, wenn auch besondere charakteristische Eigenschaften von ihm erwartet werden. Geldflüsse können generell in digitaler Form abgewickelt werden, wie Informationsflüsse auch. Wir werden diesen Sachverhalt in einem späteren Kapitel weitergehend ausleuchten.

Selbst Wirtschaftssubjekte sind prinzipiell auf elektronische Märkte abbildbar. Sie können als Stellvertreter echter Wirtschaftssubjekte mit anderen physisch realen oder elektronischen Wirtschafts-Subjekten interagieren. Einen Ansatz hinsichtlich elektronischer Wirtschaftssubjekte bietet das *Kasbah System*[1] des *Massachusetts Institute of Technology* (*MIT*). Hier werden Agenten als Stellvertreter realer Subjekte eingesetzt: *Abbildbarkeit von Wirtschafts-Subjekten*

„*Kasbah* is a Web site where users go to buy and sell things. They do this by creating buying and selling agents, which then interact in the marketplace. Kasbah is thus a multi-agent system. The marketplace is designed to handle any type of agent that supports the appropriate protocol (...), though the current prototype has a single kind of relatively simple buying and selling agents" [Chavez und Maes, 2]. *Kasbah*

Neben den Wirtschaftsobjekten und Wirtschaftssubjekten bleiben als weitere Elemente eines Wirtschaftskreislaufs, die es abzubilden gilt, die *Transaktionen* und deren „Umgebungsparameter" wie die *Datierung* (zeitlicher Kontext) und *Lokalisierung* (räumlicher Kontext). *Abbildbarkeit der Transaktion*

Durch die Transaktion gehen Wirtschaftsobjekte von einem Wirtschaftssubjekt zum anderen über. Ob diese Übertragung selbst innerhalb des elektronischen Marktes erfolgen kann, hängt von der Güterklasse (siehe oben) ab. Flankiert wird die Übertragung aber durch eine Reihe von Informationsflüssen (siehe Abb. 3.2), die selbst geradezu prädestiniert sind für eine Abbildung auf elektronische, digitale Abläufe. Für die übertragenen Güter und Leistungen, wie auch für die Informationsflüsse, lassen sich innerhalb eines elektronischen Marktes Ziel und Quelle (Lokalisierung) und die zugehörigen Zeitpunkte (Datierung) festhalten. Damit ist auch die Abbildbarkeit dieser Elemente von Wirtschaftskreisläufen gegeben. *Abbildbarkeit der Datierung und Lokalisierung*

3.3 Dynamik der Wirtschaftskreisläufe

Eine wichtige Komponente wird vom statischen Kreislaufmodell nicht berücksichtigt: die Dimension Zeit. Ein Modell, das nur die statische Systemstruktur abbildet, besitzt nur eine eingeschränkte Aussagefähigkeit, da Abläufe in der Zeit – die Dynamik – nicht gesehen werden. Die Dynamik der Geschäftsabwicklung kann in vier Phasen eingeteilt werden: die *Informations-*, die *Entscheidungs-*, die *Abwicklungs-* und die *Servicephase*. *Die Zeit-Dimension*

3.3.1 Informationsphase

Die erste Phase ist die Informationsphase. Es müssen zuerst potenzielle Marktpartner identifiziert werden. Je nach Intention muss hierzu entweder Information zur Verfügung gestellt (Anbieter) oder gesucht werden (Nachfrager). Wünschenswert ist *Marktpartner identifizieren*

---

[1] Siehe: http://ecommerce.media.mit.edu/kasbah und
http://agents.www.media.mit.edu/groups/agents/projects

Phase	Funktionen	Informationsaustausch über
Markt-informations-beschaffung	• Informationsbereitstellung, um das Absetzen von Angeboten und Nachfragen zu ermöglichen	• Markt • Allgemeine Produktinformationen • Marktteilnehmer • Branchen • Gesamtwirtschaftliche Rahmeninformationen
Handels-partnersuche	• Zusammenführung von Markt-teilnehmern aufgrund kom-plementärer Angebote und Nachfragen	• Potenzielle Handelspartner • Gezielte Produktinformationen
Partner-informations-beschaffung	• Bereitstellung detaillierter Infor-mationen über konkrete Markt-partner	• Unternehmen • Allgemeine Produkt-informationen • Bonitätsauskunft • Referenzen
Vertrags-aushandlung	• Unterstützung bei der Aushand-lung eines Abschlusses	• Abschlusskonditionen • Vertragsrechtliche Informationen
Transaktions-abwicklung	• Unterstützung bei der Abwick-lung einer Markttransaktion und weiterer Marktdienstleister	• Transportinformationen • Versicherungsinformationen • Finanzinformationen • Weitere zugängliche Märkte
Service	• Steigerung der Kundenbindung durch innovative Services auf In-ternetbasis (Electronic Customer Care)	Zusätzlich zur Kernleistung wer-den hier • Zusatzleistungen und • Serviceleistungen offeriert und nachgefragt

Tabelle 3.1: Informationsflüsse

eine möglichst umfassende Information über alle möglichen Handelspartner. Marcel Schmidt (vgl. Tabelle 3.1) teilt die Informationsphase im Hinblick auf elektronische Märkte in weitere Phasen ein:

- **Marktinformationsbeschaffung.** *In einer ersten Phase beschaffen sich die Teilnehmer an einem bestimmten Markt Informationen über das Marktgesche-hen in der jüngsten Vergangenheit. Aufgrund dieser Informationen können sie die Marktsituation einschätzen und erhalten somit einen Überblick über die Preissituation. Diese Phase hat in allen Märkten eine große Bedeutung, ins-besondere bei elektronischen Börsen bildet diese Funktionalität einen Schwer-punkt.*

- **Marktpartnersuche.** *In der zweiten Phase sind die Kontakte zwischen den Marktteilnehmern mit komplementären Interessen herzustellen. Da die Marktteilnehmer einander in der Regel nicht kennen, bzw. die Zahl potenzieller Marktpartner groß ist, muss dies im Allgemeinen durch eine Vermittlung geschehen. Diese Vermittlungsfunktion kann durch eine zentrale Stelle erbracht werden. Das Vermittlungskriterium sind dabei die Angebote und Nachfragen der Marktteilnehmer.*

- **Partnerinformationsbeschaffung.** *Im Allgemeinen hat der Marktteilnehmer ein Interesse an der Person bzw. an der Institution, mit der er eine Markttransaktion abschließen will. Es ist somit sinnvoll, dass zumindest die Option besteht, von einer externen Stelle Informationen über den Marktpartner zu erhalten.*

Gerade in der Informationsphase bieten elektronische Märkte gravierende charakteristische Unterschiede im Vergleich zu physischen Märkten. Durch die Unabhängigkeit elektronischer Märkte von geografischen Entfernungen nimmt der Einfluss räumlicher Distanz auf die Auswahl des Transakionspartners ab. Michael Maerz hält fest: *„Auf einem konventionellen Markt wird aus verschiedenen Gründen der Transparenz und Auswahlkosten ein Partner gewählt, der sich in räumlicher Nähe befindet. Fallen durch die Nutzung eines elektronischen Marktes diese Transaktionskosten, d. h. alle Kosten, die nicht unmittelbar mit dem erworbenen Produkt verbunden sind, so nähert sich das Marktsystem dem Extremzustand des vollständigen Konkurrenzgleichgewichts"* [8].

Vollständige Markttransparenz

3.3.2 Entscheidungsphase

In der auf die Informationsphase folgenden Entscheidungsphase muss aus den zur Verfügung stehenden potenziellen Marktpartnern der oder die Optimale(n) herausgefunden werden. Von entsprechenden Parametern ausgehend findet ein Matching statt. Präferenzen räumlicher Natur treten, wie oben andiskutiert, gegebenenfalls in den Hintergrund. Zeitliche, sachliche oder persönliche Präferenzen liefern die Auswahlkriterien und sind auch auf einen Automatismus abbildbar, da es sich um einfach formalisierbare Hard-Facts handelt. Schwieriger zu berücksichtigen sind bei einer automatisierten Auswahl die Soft-Facts, die sich häufig nur in der direkten Kommunikation der potenziellen Partner miteinander herauskristallisieren. Eine rein technokratische Entscheidungsphase ist deswegen problematisch.

Marktpartner auswählen

3.3.3 Die Abwicklung

Ist die Partnerwahl getroffen, kann durch Abschluss eines Vertrages, der die Einigung zum Austausch des Gutes oder der Dienstleistung gegen einen bestimmten Preis festhält, volkswirtschaftlich die Transaktion als abgeschlossen betrachtet werden. Betriebswirtschaftlich bleiben diverse operative Abläufe zu erledigen. Lieferanzeigen, Frachtpapiere, Zollformulare, Rechnungen u.s.w. müssen ausgetauscht werden. Für die Phase der Abwicklung werden bereits seit längerer Zeit elektronische Hilfsmittel eingesetzt. Dies ist insbesondere *EDI* mit all seinen Facetten.

Realisierung des Geschäfts

3.3.4   Servicephase: Electronic Customer Care

Der Kunde will
König sein

Durch die rasante Entwicklung der Informations- und Telekommunikationstechnik werden neue Beziehungsformen zwischen Kunden und Lieferanten ermöglicht. In einem zunehmenden Wettbewerb differenzieren sich Unternehmen immer weniger über Produkte und Preise, sondern über die Qualität ihres gesamten Leistungssystems. Das Leistungssystem besteht aus einer Kernleistung (z. B. Computer-Equipment) plus allen Zusatz- und Serviceleistungen, die dem Kunden angeboten werden (z. B. elektronische Konfigurationsunterstützung über das Internet). Der Kunde erfährt dies als umfassende und profilierte Kombination von Produkt- und Dienstleistungen für sein spezielles Problem. Die kontinuierliche Erreichbarkeit des Lieferanten und der permanent mögliche Zugriff auf entsprechende Wissensdatenbasen verdeutlichen den Wandel der Kundenbeziehung und zeigen, dass durch innovative Services Wettbewerbsvorteile generiert werden können. Im den Kapiteln 4 und 5 zeigen wir konkrete Beispiele.

3.4   Partizipation an elektronischen Märkten – Voraussetzungen

3.4.1   Partizipation der Wirtschaftsobjekte

Informations-
klassen

Als Basis haben wir die Systemstatik (Struktur der Wirtschaftskreisläufe) und die Systemdynamik (Dynamik der Wirtschaftskreisläufe). Was bringt uns diese Wirtschaftskreislaufsbetrachtung für die Frage der Teilnahmemöglichkeit von Wirtschaftsobjekten an einem elektronischen Markt konkret? Eine Betrachtung für digitale Güter lohnt nicht, da sie ohnehin in digitaler Form vorliegen und damit für die Teilnahme an elektronischen Märkten prädestiniert sind. Physische Güter werden nach der Definition oben nur in physischen Märkten gehandelt und können somit ebenfalls vernachlässigt werden. Bleiben nur semi-digitale und semi-physische Güter mit ihren substantiellen Informationsanteilen zur Untersuchung. Von Interesse sind Informationen, die eine fruchtbare Wechselbeziehung zwischen den Handelspartnern des elektronischen Marktes ermöglichen. Noah Krähenmann fasst diese in einer Tabelle (siehe Tabelle 3.2) zusammen. Damit liegt eine Auswahl an Informationen vor, die in elektronischen Märkten zu finden sein sollte.

3.4.2   Partizipation der Wirtschaftssubjekte

Teilnahme-
bedingungen

Welche Kriterien gelten für Wirtschaftssubjekte für die Teilnahme an elektronischen Märkten? Unter der Voraussetzung, dass der Marktteilnehmer dasselbe Gut auch auf einem „physischen" Markt handeln könnte, sind folgende Kriterien identifizierbar:

- **Technische Fähigkeit.** Der potenzielle Marktteilnehmer erfüllt die prinzipiellen technischen Voraussetzungen für die Teilnahme am Markt. Er verfügt über die entsprechenden Netzzugänge, Hard- und Software. Die notwendige Ausstattung kann für jeden Markt unterschiedlich sein, wobei sich mit der

Produkt-informationen	Marktteilnehmer-informationen	Informationen über den Markt	Transaktions-status-informationen
• Höchst- und Tiefstpreise • Preisstaffelung • zyklische Preis-schwankungen • Preisstreuung	• Teilnehmerdaten • Adresse etc. • organisatorische Struktur • Ansprechpartner • finanzwirt-schaftliche Informationen • Referenzen	• Marktstruktur • Marktseiten-besetzung • Marktdemografie • Marktorganisation • Marktprozesse	• offene Transak-tionen • Verhandlungs-status • Kontrakt-überwachung • Vollzugs-informationen (Zahlung und Lieferung)
• Produkteigen-schaften, Bezeichnung • genaue Beschreibung (Produkt-spezifikation) • Verwendungs-zweck • Funktionalität • Qualität	• Produktionsdaten • Produktspektrum • Kapazität • Produktions-flexibilität • Liefer-geschwindigkeit • Qualitäts-information	• technische Markt-daten • Marktkapazität • Marktvolumen • Liquidität des Marktes, Markt-tiefe • Volatilität • historische Daten	• historische In-formationen • Transaktions-daten • administrative Daten (Buchhal-tung etc.) • historische Mar-ketingdaten

Tabelle 3.2: *Informationsklassen [vgl. Krähenmann, 157]*

Durchsetzung des Internet als technologische Basis für elektronische Märkte die technischen Zugangsvoraussetzungen vereinheitlichen.

• **Organisatorische Fähigkeit.** Die Teilnahme am elektronischen Markt wird auch organisatorisch umgesetzt. Für die Gestaltung und Präsentation des Ange-bots, für die Pflege von Produkt- und Informationsdatenbasen ist entsprechend ausgebildetes Personal notwendig. Die Kommunikation mit Interessenten und Kunden darf nicht zufällig und gelegentlich erfolgen. Auch hierfür ist ein entsprechender Personaleinsatz unerlässlich.

• **Rechtliche und marktorganisatorische Fähigkeit.** Für elektronische Märkte können spezielle Zugangsvoraussetzungen existieren, die für physische Märkte nicht gelten. Dies kann zum Beispiel eine Zugangsbeschränkung für Anbieter aus einem bestimmten Land zu einem elektronischen Markt sein.

Waren die ersten beiden Punkte Attribute des Wirtschaftssubjekts, so ist diese letzt-genannte Fähigkeit ein Attribut des Marktes.

3.5   Klassifikation elektronischer Märkte

Das Maß der Dinge

Märkte können einem Betrachter wie Vexier-Bilder erscheinen: Je nach Standpunkt und Intention stellt sich der gedankliche Ort des Tausches jeweils anders dar. Schon zu Beginn des Kapitels haben wir erfahren, dass uns Volkswirtschaft, Betriebswirtschaft oder Marketing jeweils andere Sichtweisen bescheren. Wir wollen aber im Folgenden nicht auf diese Wirtschaftsdisziplinen zur Bildung von Markt-Kategorien zurückgreifen, sondern auf das bisher benutzte einfache Wirtschaftskreislaufmodell und seine Elemente. Insbesondere interessiert uns hierbei der Kommunikationsaspekt, sofern er für eine Klassifikation elektronischer Märkte herangezogen werden kann.

Sensibilisierung für besondere Aspekte

Uns geht es dabei nicht um die Erfindung neuer Einteilungen, sondern vielmehr um die Sensibilisierung für einige besondere Aspekte elektronischer Märkte. Welche Aspekte sind beachtenswert, wenn wir elektronische Märkte aus dem Blickwinkel der verschiedenen Wirtschaftssubjekte betrachten? Nachdem sich elektronische Märkte in der virtuellen Welt der Computer und Netze realisieren, stellt sich beispielsweise die Frage nach der Trägerschaft eines Marktsystems. Ein weiteres Kriterium, nach dem sich elektronische Märkte kategorisieren lassen, ist die Grundstruktur der Transaktionsregelung.

Klassifikation über die Wirtschaftsobjekte

Die wichtigste und gebräuchlichste „Messlatte" für die Einteilung von Märkten sind die jeweiligen Waren, also die Wirtschaftsobjekte, die auf dem entsprechenden Markt gehandelt werden. Sissors z. B. klassifiziert nach *generic product class, subclass* und *brand* [17]. Eine Klassifikation der Wirtschaftsobjekte hinsichtlich deren Digitalisierbarkeit ist bereits in Abschn. 3.2 abgehandelt worden. Wir könnten an dieser Stelle elektronische Märkte unterscheiden, die sich an den dort eingeführten Produktkategorien orientieren: also Märkte für digitale Güter, für semi-digitale-Güter, für semi-physische Güter und so weiter. Interessant ist die Betrachtung deswegen, weil man sehr schnell feststellen wird, dass sich die elektronischen Märkte für digitale Produkte vollständig automatisieren lassen, während elektronische Märkte für semi-digitale und semi-physische Produkte von traditionellen Infrastrukturen flankiert werden müssen.

Wir malen das Szenario an dieser Stelle jedoch nicht weiter aus, weil wir in Abschn. 4.4 eingehen.

Unsere nachfolgende Einteilung beruht im Wesentlichen auf den Definitionen Philip Kotlers [137ff] und Marcel Schmids [23ff sowie 52ff].

3.5.1   Klassifikation nach Wirtschafts-Subjekten

Kein Markt ohne Teilnehmer

In dieser Sparte der Marktklassifikation steht der Teilnehmer im Zentrum der Betrachtung. Marktteilnehmer stellen die zentrale Determinante dar, da ohne sie kein Markt existieren kann.

3.5.1.1   Art der Marktteilnehmer

Teilnehmerarten

Konsumenten bestimmen den elektronischen Markt auf eine völlig andere Weise, als in den Fällen, wenn Firmen an einem Markt partizipieren. Weshalb? Kotler stellt je nach Art der Käufer vier grundlegende Arten von Märkten dar [136ff]:

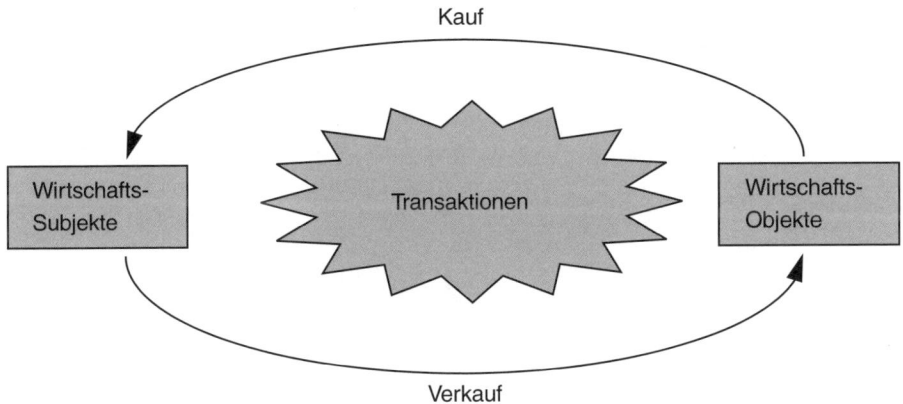

Abb. 3.3: *Kernbereiche der Typologie*

- **Konsumentenmärkte.** *Die Kunden sind private Endabnehmer, die Produkte zur Befriedigung ihrer eigenen persönlichen Bedürfnisse erwerben. Marktbestimmende Fragen sind, was die Konsumenten für Produkte erwerben, wann, wie und warum sie dies tun, wer an der Kaufentscheidung beteiligt ist.*

- **Produzentenmärkte.** *Der Produzentenmarkt wird durch die Intention des Käufers bestimmt, mit dem erworbenen Produkt eine Wertschöpfung zu erreichen.*

- **Wiederverkäufermärkte.** *Wiederverkäufer kaufen ein Produkt ausschließlich zur späteren Veräußerung. Hierunter fällt der ganze Handel.*

- **Märkte der öffentlichen Einrichtungen.** *Ähnlich dem Produzentenmarkt ist die Absicht der Kunden, nur findet keine Wertschöpfung statt. Der Erwerb dient lediglich der Erfüllung der Aufgabe der Institution.*

Intuitiv ist klar, dass für einen Konsumentenmarkt die Informationsfunktion eines Marktes (siehe Abschn. 3.5.2.2), also die frühen Phasen eines Geschäftes, besonders gut abgewickelt werden können. Das Internet bietet hierfür mit seinen verschiedenen Diensten und Protokollen die Standardfunktionalität. Für einen institutionellen Käufer steht oftmals die Abwicklung der Geschäfte im Vordergrund. Bei internetbasierenden elektronischen Märkten kommt hier auf den Implementierer und Betreiber des Marktes entweder ein Entwicklungsaufwand oder eine Investition in geeignete Standardpakete zum Tragen. Auch bei den Wiederverkäufermärkten steht i. d. R. die Abwicklung im Vordergrund. Den entsprechenden Bedürfnissen seiner Kunden muss der Verkäufer natürlich Rechnung tragen. Daraus resultieren unterschiedliche Anforderungen an elektronische Märkte. Abbildung 3.4 fasst die Korrelation zwischen den Kundenarten und der Dynamik des Kreislaufs noch einmal grafisch zusammen. Zu beachten ist hierbei, dass nur Schwerpunkte dargestellt werden sollen.

Korrelation zwischen Marktteilnehmer und Phasen-Schwerpunkten

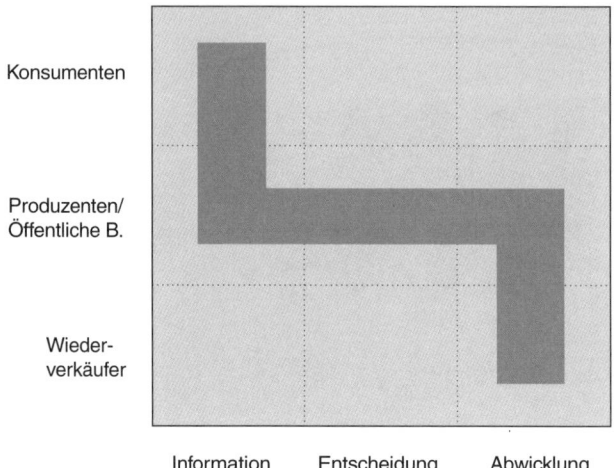

Abb. 3.4: *Phasenschwerpunkte für Kundenarten*

3.5.1.2   Zutrittsmöglichkeiten

Geschlossene, beschränkte und offene Märkte

Zutrittsmöglichkeiten spielen bei elektronischen Märkten eine enorme Rolle. Betriebswirtschaftlich wird hierbei von *geschlossenen, beschränkten* und *offenen* Märkten gesprochen [vergleiche Diller, 172]. Die Kriterien hierfür gelten genauso für elektronische Märkte. Zusätzlich dazu spielen auch die technische Ausstattung bzw. technische Fähigkeiten und die Berücksichtigung oder Verfügbarkeit von Standards große Rollen.

Schnittstellen-kriterien

Hierbei ist es offensichtlich, dass ein potenzieller Marktteilnehmer vom Marktgeschehen ausgeschlossen ist, wenn er nicht die entsprechenden Schnittstellenkriterien erfüllt. Um sich eine Zutrittsmöglichkeit zu einem elektronischen Markt zu schaffen, muss in der Regel eine Schnittstelle zwischen dem innerhalb des Unternehmens eingesetzten Informationssystem und der Marktapplikation, der Anwendung (welche die Verbindung mit dem Markt aufnimmt) implementiert werden.

3.5.1.3   Vollkommenheitsgrad

Ausschließlich elektronische Transaktionen: Vorteile für Nachfrager, Nachteile für Anbieter

Unter der Prämisse, dass jegliche Transaktion in einem Bereich über elektronische Märkte abgewickelt wird, ist ein vollkommener elektronischer Markt (*Totalmarkt*) denkbar, jedoch nicht sehr wahrscheinlich. Eine „unendlich" schnelle Reaktionszeit ist im Rahmen von Computertransaktionen fast erreicht, eine vollkommene Markttransparenz ist gegeben, da alle Anbieter über dasselbe Marktsystem anbieten. Die Frage ist eher, ob eine solche Situation erstrebenswert ist. Für die Nachfrager sicher! Für die meisten Anbieter würde dieses Szenario eher Nachteile bringen, insbesondere, wenn Präferenzen sachlicher, räumlicher oder zeitlicher Art wegfallen. Ein Agieren auf einem solchen Markt würde sich sehr in Richtung Produktdifferenzierung bewegen, da ein Vorteil nur dadurch erreicht werden kann, andere Produkte anzubieten. Kosten- und somit Preisführerschaft kann nur ein Unternehmen haben.

3.5.1.4   Integration

Integration *Verknüpfung von Teilmärkten*bezeichnet den Grad der Verknüpfung von Teilmärkten. Handelt es sich also um einen Markt, auf dem beispielsweise nur bestimmte Güter gehandelt werden und bestehen für diesen Markt Schnittstellen zu anderen Märkten, so dass über diesen Markt auch andere Märkte erreicht werden können, so handelt es sich um einen integrierten Markt.

3.5.2   Klassifikation nach Transaktionen

Auch die Art der Transaktionsabwicklung kann für eine Klassifikation von elektronischen Märkten herangezogen werden.

3.5.2.1   Grundstrukturen der Transaktionsregelung

„Durch Kombination des Ansatzes der technologischen Makrostrukturen von Thomp-   *Fünf*
son und des Ansatzes der Institutionsformen von Williamson baut Hanker Grund-   *Strukturformen*
strukturen der Transaktionsregelung auf. Unter diesen Grundstrukturen sind die fünf   *des Marktes*
Strukturformen, welche als Märkte bezeichnet werden können, im Umfeld der Markt-
organisation und der Marktveranstaltungen interessant, ist doch der Ansatzpunkt
ähnlich, so dass Überschneidungen und Analogien auftreten" [Marcel Schmid, 56f].

Die fünf relevanten Strukturformen sind: der *dezentrale Markt, sequentielle Markt-strukturen,* der *zentrale Markt,* der *proprietäre Markt* und letztendlich der *interne Markt.* Abbildung 3.5 stellt sie grafisch gegenüber.

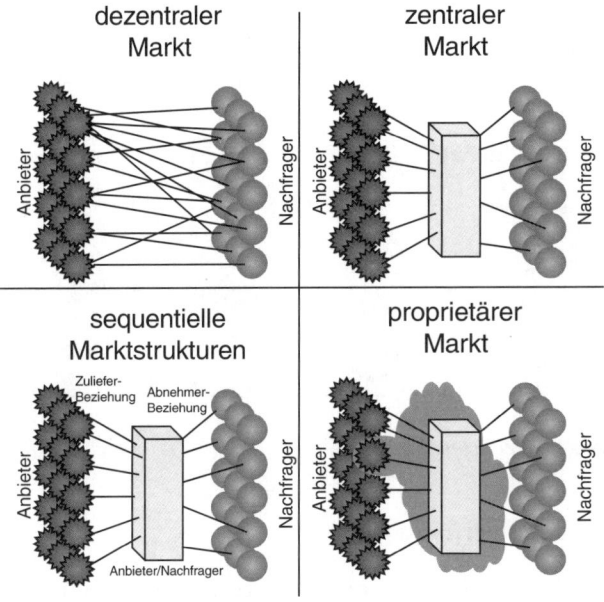

Abb. 3.5: *Grundstruktur der Transaktionsregelung [vgl. Hanker, 348]*

Interne und
proprietäre
Märkte

Der interne Markt beschäftigt sich nur mit unternehmensinternen Phänomenen, ist also hier nicht besonders relevant. Bei einem proprietären Markt ist der Markt fest in der Hand eines einzelnen Anbieters. Er ist zwar kein Monopolist, kann jedoch maßgeblich das ganze Marktgeschehen beeinflussen.

Zentrale,
sequentielle und
dezentrale
Märkte

Der zentrale Markt geht davon aus, dass durch eine Koordinationsinstanz alle Angebote zusammengefasst werden, woraufhin Abschlüsse „zugeteilt" werden. Bei einer sequentiellen Marktstruktur wird davon ausgegangen, dass ein kleiner Kreis von Anbietern und Nachfragern zur Verfügung steht, wobei immer zu den besten Konditionen eingekauft und verkauft wird. Idealtypisch ist ein dezentraler Markt, wobei jeder Anbieter mit jedem Nachfrager Kommunikationskanäle unterhält.

3.5.2.2   Phasenabdeckung

Transaktions-
phasen

Auch die bereits vorgestellten Transaktionsphasen können für eine Klassifizierung von elektronischen Märkten herangezogen werden. Wie weit unterstützt ein gegebener Markt diese Transaktionsphasen, deckt sie also ab? Marcel Schmid gibt hierfür ein Beispiel (siehe Abb. 3.6) und positioniert beispielhaft zwei beliebige elektronische Märkte.

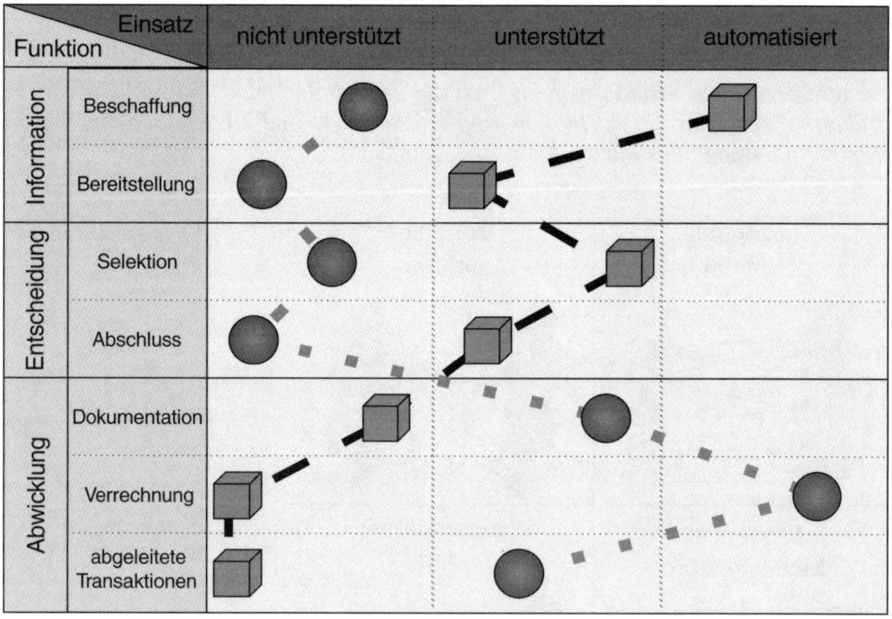

Abb. 3.6: *Phasenabdeckung [vgl. Marcel Schmid 27]*

3.5.3   Weitere Klassifikationsansätze

Klassifikationen nach der Koordinationsfunktion teilen Märkte danach ein, *wie* marktliche Transaktionen abgewickelt werden, jedoch auf der Ebene des Marktes, also unabhängig von konkreten Transaktionen.

3.5.3.1 Standort

Nachdem elektronische Märkte grundsätzlich globale Märkte sind, von welcher Relevanz ist die Lokation, der Ort der Transaktionsabwicklung? Entscheidend wird die Frage, wenn es um die Auslieferung des gehandelten Gutes geht. Digitale Güter lassen sich über das Netz innerhalb kürzester Zeit von jedem beliebigen Lagerort an jeden beliebigen Empfängerort transferieren.

Für digitale Güter gibt es keine Grenzen

Alle anderen Güter, also physische, semi-physische und semi-digitale Güter bestehen ganz oder teilweise aus non-digitalen Elementen, die einer physischen Zustellung bedürfen. Grundsätzlich gilt auch hier: Solange es sich um transportable Güter handelt, sind diese mit Hilfe von Speditionsdienstleistern von nahezu jedem beliebigen Ort an jeden beliebigen Ort transportierbar. Entscheidend kann jedoch die für die Zustellung notwendige Zeitspanne werden, das in Kauf zu nehmende Gefahrenmoment für den Verlust oder die Zerstörung des transportierten Guts. Weitere Determinanten, die sich aus dem Standort des Verkäufers ergeben, sind die mit dem Transport verbundenen Kosten, der Ort der zuständigen Gerichtsbarkeit für den Fall, dass es zu juristischen Auseinandersetzungen kommt (Gerichtsstand) und der Ort der vielleicht notwendigen Servicestation.

Zeit- und Kostentreiber können Grenzen setzen

Genaugenommen betreffen die oben andiskutierten Probleme nicht den Standort des elektronischen Marktes, sondern den Standort von Auslieferungslager und Servicestation, wenn es sich um non-digitale Güter handelt. Was den Gerichtsstand betrifft, so ist dieser in Consumer-Märkten eher von untergeordneter Bedeutung. Im Business-to-Business-Bereich lässt sich hier eine für beide Seiten akzeptable Lösung aushandeln.

Nicht alle Teile des EMs sind standortkritisch

Zusammenfassend lässt sich feststellen, dass der Standort des elektronischen Marktes solange ein beliebiger sein kann, solange er die Marketing-Instrumentalbereiche „Kommunikation" und „Angebot" marktrelevant abdeckt und der Instrumentalbereich „Distribution" im Falle non-digitaler Güter wettbewerbsfähig an den notwendigen Lokationen angesiedelt ist.

Die Distribution ist ggf. ausgelagert

3.5.3.2 Marktformen

Auswirkungen auf einen elektronischen Markt hat auch die schlichte Tatsache, wieviele Anbieter auf dem Markt tätig sind. Hierfür wird in der volkswirtschaftlichen Literatur das *morphologische Marktformenschema* zur Einteilung herangezogen (siehe Tabelle 3.3). Dieses Schema kann auch für eine Klassifizierung herangezogen werden, für welche dieser Marktformen elektronische Märkte überhaupt geeignet sind.

Morphologisches Marktschema

Generell lässt sich aus dieser Tabelle ableiten, dass elektronische Märkte dann besonders gut geeignet sind, wenn mehrere Anbieter oder Nachfrager beteiligt sind. Bei dieser Einteilung handelt es sich natürlich nicht um eine Ausschließlichkeit.

Pluralitätsprinzip

3.5.3.3 Marktseitenverhältnisse

Für den einzelnen Marktteilnehmer stellt sich die Frage: Welche Marktmacht habe ich, welche Marktmacht hat mein Handelspartner? Tietz hat hierfür drei mögliche Konstellationen herausgearbeitet, die in Abb. 3.7 grafisch dargestellt sind.

Marktmacht

Das Marktseitenverhältnis A hat wenige Anbieter, aber viele Nachfrager.

Nachfrager Anbieter	viele	wenige	einer
viele	bilaterales Polypol (Konkurrenz)	Nachfrage-Oligopol	Nachfrage-Monopol
wenige	Anbieter-Oligopol (Oligopson)	Bilaterales Oligopol	Beschränktes Nachfrage-Monopol
einer	Anbieter-Monopol (Monopson)	Beschränktes Anbieter-Monopol	Bilaterales Monopol

Tabelle 3.3: Morphologisches Marktschema

Nachfrager Anbieter	viele	wenige	einer
viele	• Elektronische Märkte	• Elektronische Märkte	• Zwischenbetriebliche Integration
wenige	• Elektronische Märkte	• Elektronische Märkte	• Zwischenbetriebliche Integration • Elektronische Märkte
einer	• Elektronische Märkte • Zwischenbetriebliche Integration	• Elektronische Märkte • Zwischenbetriebliche Integration	• virtuelle Unternehmen

Tabelle 3.4: Positionierung innerhalb eines Marktschemas

Marktseitenverhältnis B stellt das genaue Gegenteil dar. Viele Anbieter existieren, aber die Nachfrageseite ist beschränkt. Im Marktseitenverhältnis C halten sich die Zahlen der Anbieter und Nachfrager in etwa die Waage.

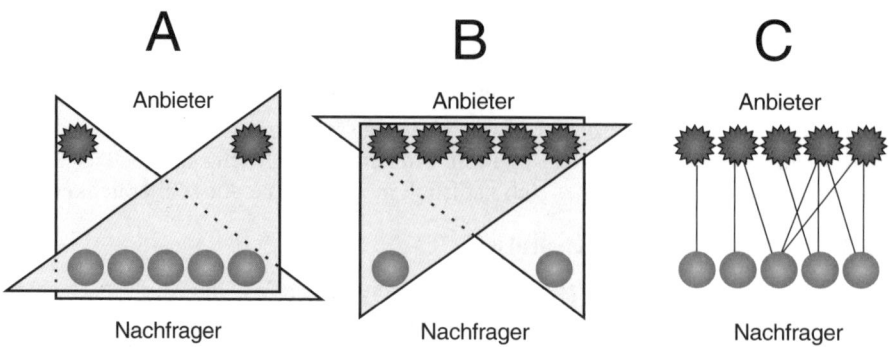

Abb. 3.7: Marktseitenverhältnisse

3.5.3.4 Marktumfang

Auch der Marktumfang spielt für elektronische Märkte eine entscheidende Rolle. *Wahlmöglich-* Insbesondere in der Anfangsphase müssen psychologische Hürden genommen wer- *keiten ziehen* den, um Anbieter und Kunden zur Partizipation bewegen zu können. Welcher Kunde *an* sollte an einem Markt teilnehmen, auf dem er nicht entsprechend seiner Gewohnheiten mehrere Anbieter zur Auswahl hat?

3.5.3.5 Standards

Von enormem Wert und somit ein wichtiges Klassifikationsmerkmal für elektroni- *Standards* sche Märkte sind Standards. Ohne Standards gibt es keine elektronischen Märkte. *befreien und* Angefangen mit dem physischen Zugang beispielsweise über ein Kabel bis zum *beflügeln* Software-Interface zu einem Marktsystem. Stimmt eine Schnittstelle nicht mit dem Gegenstück überein, so kommt es zu einem unüberbrückbaren Gap.

Tabelle 3.5 gibt einen Überblick über einige für elektronische Märkte relevante Standardisierungsbemühungen und bereits existierende Standards. Eine Klassifikation kann somit vorgenommen werden, je nachdem, welche Standards in einem bestimmten Markt unterstützt oder vorausgesetzt werden.

Anwendungsbereich	Beispiele für Standards
Offene Kommunikation	ISO/OSI-Standards, z. B.: MHS, FTAM, TP, DS, TCP/IP Standards, z. B.: Telnet, SMTP, http, XML
EDI-Dokumente	International: UN/EDIFACT; Branchen: SEDAS, VDA, HL-7; National: Tradacoms, ANSI X12
Dokumente	ODA, SGML, HyTime, HTML
Grafikstandards	TIFF, GIF, CGM, JPEG, MPEG, CCITT G4
Produktbeschreibungen	STEP/EXPRESS, IGES, EDIF, IPC
Produktreferenzen	EAN, ISBN, ISSN
Offene verteilte Verarbeitung	künftige ISO/ODP-Standards
Offene Systeme	Standards von OSF, IEEE und X/Open
Datenbankabfragen	CCL, SQL

Tabelle 3.5: Relevante Standards [vgl. Zbornik, 76]

3.5.3.6 Marktveranstaltungen

Wer organisiert überhaupt eine Marktveranstaltung? Hier kann die Initiative ausgehen *Initiatoren von* von *Marktveranstal-*
tungen

- den Anbietern (z. B. Messen),
- den Nachfragern (z. B. Ausschreibungen mit bindenden Angeboten) oder
- einem unabhängigen Veranstalter (z. B. Börsen, Auktionen).

Theisen [60ff] unterscheidet zudem noch, ob bei von Nachfragern und Anbietern *Einer oder* organisierten Marktveranstaltungen ein Unternehmen (einzelbetriebliche Marktver- *mehrere?*

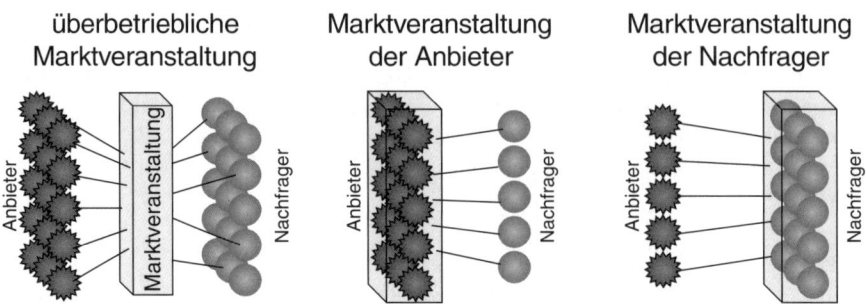

Abb. 3.8: Marktveranstaltungen [vergleiche M. Schmid, 56]

anstaltung) oder mehrere (überbetriebliche Marktveranstaltung) an der Veranstaltung beteiligt sind. Die Abbildung 3.8 gibt einen Überblick.

3.5.3.7   Trägerschaft der Marktsysteme

Institutionelle Trägerschaft

Ein weiteres wichtiges Klassifikationsmerkmal ist der Träger eines elektronischen Marktes. Vergleichbar mit der Bereithaltung eines ausreichend großen freien Platzes in der Mitte einer Ortschaft durch die Kommune muss auch eine Art von virtuellem Marktplatz bereitgehalten werden. Mit einem originären Marktplatz hat dies natürlich nur ansatzweise zu tun, die bereitgestellte Infrastruktur ist ungleich komplexer. Stefan Zbornik stellt Grundmodelle einer Trägerschaft von elektronischen Handelssystemen tabellarisch dar (siehe Abb. 3.9).

3.5.3.8   Kommunikationsmedium

Internet

Welches Medium zur Kommunikation verwendet wird, ist gegenüber den bisherigen Dimensionen ein rein technischer Aspekt. Konkrete Ausprägungen können Netzdienste sein, wie X.25 oder auch Netze, die sich unter Umständen verschiedene solcher Übertragungswege zunutze machen können, z. B. *Geonet* oder das immer wichtiger werdende Internet. Hier wird in der Zukunft ganz klar der Schwerpunkt liegen.

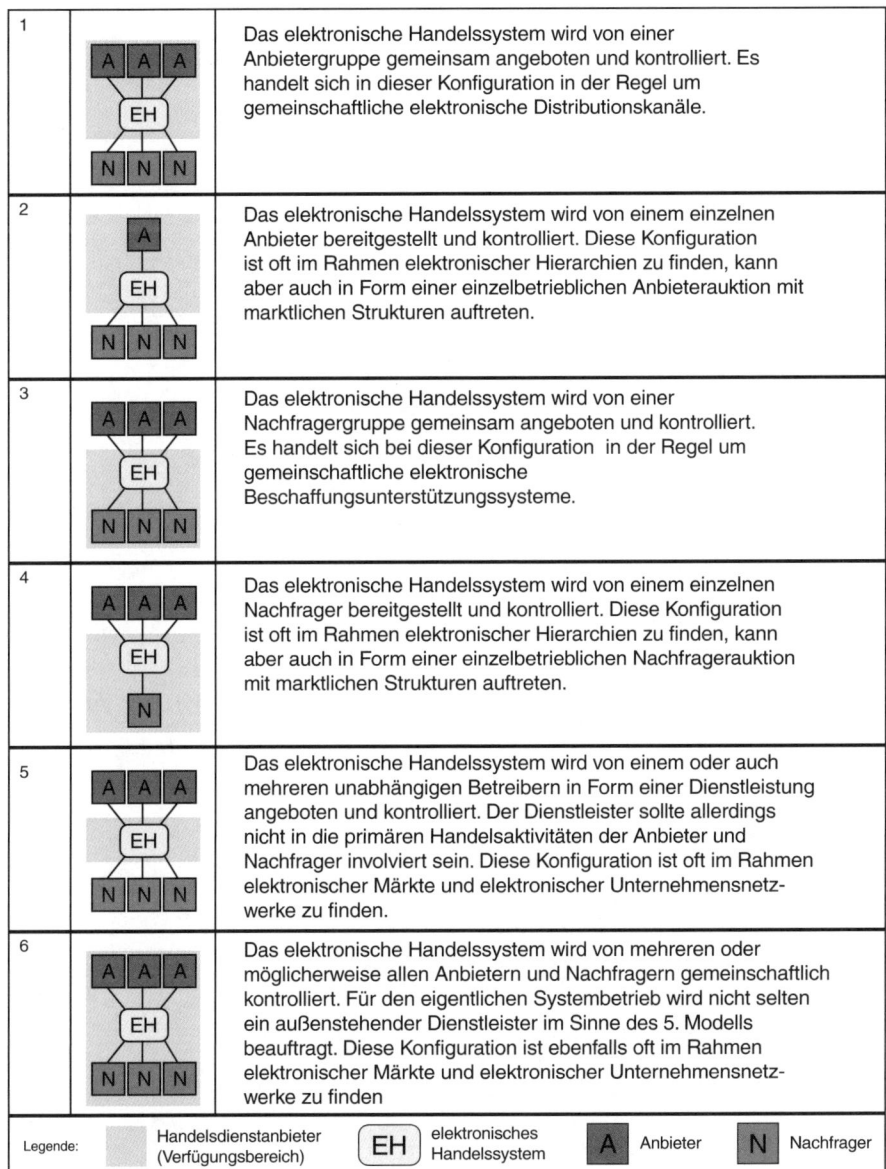

1	Das elektronische Handelssystem wird von einer Anbietergruppe gemeinsam angeboten und kontrolliert. Es handelt sich in dieser Konfiguration in der Regel um gemeinschaftliche elektronische Distributionskanäle.
2	Das elektronische Handelssystem wird von einem einzelnen Anbieter bereitgestellt und kontrolliert. Diese Konfiguration ist oft im Rahmen elektronischer Hierarchien zu finden, kann aber auch in Form einer einzelbetrieblichen Anbieterauktion mit marktlichen Strukturen auftreten.
3	Das elektronische Handelssystem wird von einer Nachfragergruppe gemeinsam angeboten und kontrolliert. Es handelt sich bei dieser Konfiguration in der Regel um gemeinschaftliche elektronische Beschaffungsunterstützungssysteme.
4	Das elektronische Handelssystem wird von einem einzelnen Nachfrager bereitgestellt und kontrolliert. Diese Konfiguration ist oft im Rahmen elektronischer Hierarchien zu finden, kann aber auch in Form einer einzelbetrieblichen Nachfragerauktion mit marktlichen Strukturen auftreten.
5	Das elektronische Handelssystem wird von einem oder auch mehreren unabhängigen Betreibern in Form einer Dienstleistung angeboten und kontrolliert. Der Dienstleister sollte allerdings nicht in die primären Handelsaktivitäten der Anbieter und Nachfrager involviert sein. Diese Konfiguration ist oft im Rahmen elektronischer Märkte und elektronischer Unternehmensnetzwerke zu finden.
6	Das elektronische Handelssystem wird von mehreren oder möglicherweise allen Anbietern und Nachfragern gemeinschaftlich kontrolliert. Für den eigentlichen Systembetrieb wird nicht selten ein außenstehender Dienstleister im Sinne des 5. Modells beauftragt. Diese Konfiguration ist ebenfalls oft im Rahmen elektronischer Märkte und elektronischer Unternehmensnetzwerke zu finden

Legende: ▢ Handelsdienstanbieter (Verfügungsbereich) | **EH** elektronisches Handelssystem | **A** Anbieter | **N** Nachfrager

Abb. 3.9: *Grundmodelle institutioneller Trägerschaft [vgl. Zbornik, 127]*

4 Marketing in elektronischen Märkten

Was ist am Marketing in elektronischen Märkten anders als bei konventionellem Marketing? Was verstehen wir unter konventionellem Marketing? *„Die offizielle Definition lautet: ‚Der Managementprozess, der zur Identifikation und Antizipation von Kundenwünschen dient und auf einträgliche Art und Weise zur Zufriedenstellung der Konsumenten führt.' Da sich auch Nonprofit-Organisationen des Marketings bedienen können, sollte die Definition erweitert werden: ‚Alle von Individuen oder Organisationen durchgeführten Aktivitäten, ob profitorientiert oder nicht, die einen Tausch ermöglichen, erleichtern oder propagieren, der zur Zufriedenheit beider beteiligten Parteien erfolgt.'*

Vom konventionellen Marketing zum Hypermarketing

Prabhu Guptara, Autor des Standardwerkes ‚The Basic Arts of Marketing' (Hutchinson, London 1988) fasst sechs Aktivitäten unter dem Begriff Marketing zusammen:

1. *Identifizierung der vorhandenen und potenziellen Verbraucherbedürfnisse. (Bei jeder Definition von Marketing ist die Betonung der Befriedigung von Kundenwünschen ein zentraler Punkt.)*

2. *Festlegung der besten Vermarktungsstrategie eines Produkts.*

3. *Absicherung der effizientesten Methode zur Distribution des Produkts.*

4. *Kunden über die Existenz der Produkte informieren und sie vom Kauf dieser Produkte überzeugen.*

5. *Festlegung der Verkaufspreise.*

6. *Sicherstellung, dass der Kundendienst bestimmte Qualiätsstandards erfüllt.*
   [Hindle/Thomas]

Marketing in elektronischen Märkten verfolgt tendenziell die von Hindle/Thomas und Guptara skizzierte Zielrichtung. Inwieweit sich spezielle Aspekte aus der Besonderheit des Marketing-Raumes, dem Internet, ergeben, soll in diesem Kapitel untersucht werden.

Neuer Marketing-Raum

4.1 Interfusion statt Marketing

Können jetzt elektronische Märkte mit denselben Marketing-Tools bearbeitet werden wie traditionelle „nicht-virtuelle" Märkte? Wer Gerd Gerken folgt, sagt: „nein".

Marketing ist überholt

Weshalb? Gerken geht davon aus, dass Marketing an sich in seiner jetzigen Form überholt ist und nennt vier zentrale Tendenzen [115]:

- **Ökologisierung.** *Das Umfeld bestimmt die Spielregeln des Marketings in Zukunft mehr als das Verkaufen.*

- **Turbulenz.** *Das Fließen wird zum Prinzip des Marketings. Dadurch lösen sich die Strategien auf.*

- **Arrangement.** *Die neue Macht der Konsumenten macht nur denjenigen erfolgreich, der sich mit dieser Macht optimal arrangieren kann, also falsche Macht aufgibt.*

- **Interaktion.** *Die Konsumenten erhalten eigene Medien und zwingen dadurch die Unternehmen zu einer permanenten und glaubwürdigen Interaktion.*

Neue Dimensionen durch Interaktion: Interfusion statt Marketing

Weshalb betreffen diese Trends jetzt in ganz besonderem Maße ein Handeln auf elektronischen Märkten? Die Antwort ist offensichtlich: Die Interaktion macht's. Interaktion ist in elektronischen Märkten in Echtzeit möglich, was das Marketing in völlig neue Dimensionen erhebt. Dies kommt einer unglaublichen Beschleunigung gleich, die mit traditionellem Marketing kaum abzudecken ist. Als Lösung bietet Gerken *Interfusion* an, die das Marketing ersetzen soll. Er gibt fünf Grundprinzipien für Interfusion an, die er aus den beiden Dimensionen „Beteiligung des Kommunikators" und „Ent-Anonymisierung des Kommunikators" [135] aufschlüsselt [134ff]:

1. Abkehr von der Manipulation. *Um das klassische, lineare Marketing überwinden zu können, ist es erforderlich, dass man sich von der alten Branchenideologie der linearen Aktion, d. h., dem „alleinigen Vorrecht auf Manipulation", trennt.*

2. Neue Machtverteilung per Dialog. *Um sich vom bisherigen Marketing zur Interfusion weiterzuentwickeln, ist es erforderlich, dass man sich von der Aktion zur Interaktion entwickelt und das auch gefühlsmäßig. Das bedeutet, dass man als Marketingmanager bereit ist, eine Neuverteilung der kommunikativen Macht (. . .) voll und ganz zu akzeptieren. (. . .)*

3. Teilnahme garantiert Fließen. *Das Schlüsselwort für die Interfusion heißt Teilnahme. Nur durch praktizierte Teilnahme kann man mit den Geschehnissen mitfließen und mit der Zappeligkeit des Umfeldes mitzappeln.*

4. Teilnahme garantiert Glaubwürdigkeit. *Nur durch Teilnahme kann der Kommunikator an Glaubwürdigkeit gewinnen, weil er durch Teilnahme aus dem Feld der Distanz und der Anonymität herausgeht und sich als reale Persönlichkeit in den Prozess selbst einbringt. Interfusion kann nicht funktionieren zwischen wirklichen Menschen und Gruppen und anonymen Communiqués. Interfusion wird immer ein Austausch zwischen echten Menschen und echten Gruppen sein, so wie es zaghaft beim Szenen-Sponsoring beginnt.*

5. Jeder lernt von jedem. *Interfusion ist ein wechselseitiger Prozess, der alle Teilnehmer wechselseitig beeinflusst. Alle lernen gemeinsam. Aus einem Interfusions-Prozess kommt man immer anders heraus, als man hineingegangen ist.*

uit

:

en

Angesichts des dramatischen Wandels im Bereich der Kommunikation – mit Hilfe von World Wide Web beispielsweise ist jeder Internet-Nutzer ein potenzieller Publizist – wird das Monopol der Meinungsindustrie und der Großkonzerne ins Wanken geraten! Damit wird auch die bisher als Einbahnstraße ausgelegte Marketingkommunikation einen Paradigmenwechsel erfahren. Marketingkommunikation wird zum echten Dialog. Im Web dargestellte Präsentationen und Veröffentlichungen können im Vergleich zu Darstellungen in den Printmedien erheblich leichter erwidert werden, sei es begeistert oder ablehnend. Mehr als heute werden die Netnutzer ihre Macht erkennen und sich entsprechend in *Communities* formieren. Die virtuellen Communities stellen nicht nur ein virtuelles Sozialgefüge dar, sie repräsentieren auch eine fulminante Kaufkraft. John Hagel schätzt die Zukunft wie folgt ein: *„Mit dem Aufkommen virtueller Communities in Online-Netzen vollzieht sich eine bislang einzigartige Verlagerung der Macht von den Waren- und Dienstleistungsanbietern auf die Käufer. Anbieter, die diesen Machttransfer verstehen und ihn nutzen, können durch außergewöhnliche Kundenloyalität und eindrucksvolle Erträge belohnt werden. Aber nur jene Anbieter, denen es gelingt, schnell und energisch virtuelle Communities zu formen, werden letztlich gewinnen und vorne bleiben".*

4.2 Fundamentale Strategien, Meta-Trends und Mega-Trends

Bleibt immer noch die Frage, wie die Angelegenheit strategisch überhaupt anzugehen ist? Voraussetzung ist zunächst einmal eine Beobachtung des „Marktes". Nachdem elektronische Märkte primär durch Technologie getriggert sind (*technology-push*), empfiehlt sich ein Monitoring der Technologie und des Umfeldes. Dies muss selbstverständlich in Abhängigkeit der von Unternehmensstrategie vonstatten gehen. Eine Unternehmung muss für sich festgelegt haben, wann es für sie sinnvoll ist, auf einen Technologiezug aufzuspringen. In Abhängigkeit von eben dieser Strategie kann das in einer der vier in Abb. 4.1 dargestellten Phasen erfolgen.

Technologie-Monitoring

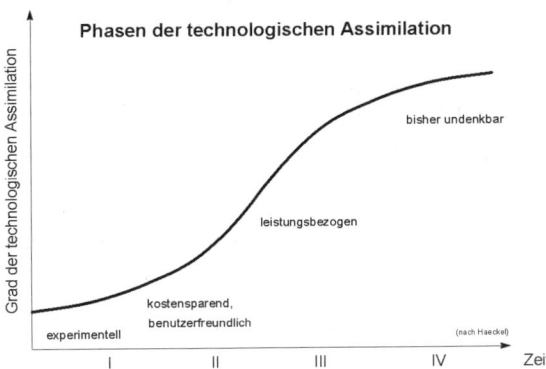

Abb. 4.1: *Phasen einer technologischen Assimilation [vgl. Haeckel, 293]*

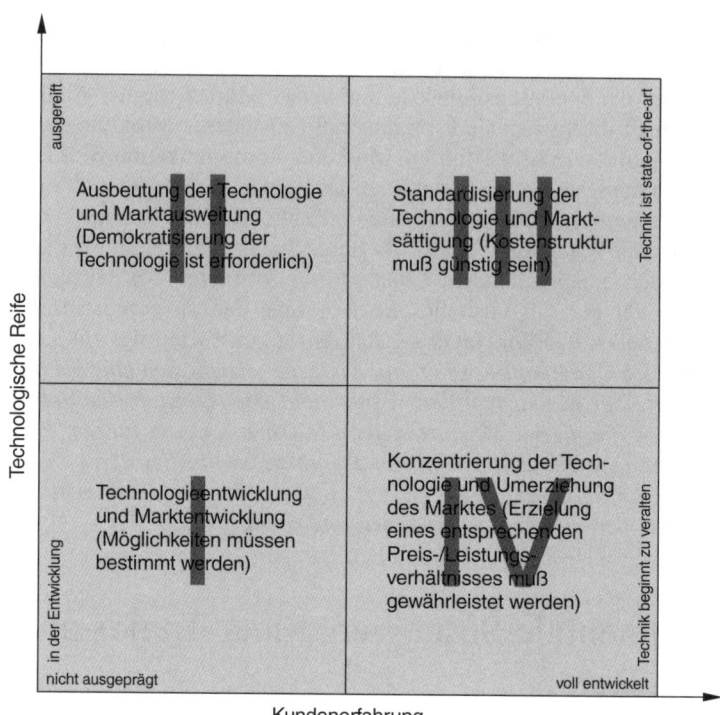

*Phasen der
Technologie und
ihre Assimilation*
Ist eine Technologie in ihrer experimentellen Phase, so werden sich nur wenige Unternehmen dafür interessieren (*Early-Adopters*), da die Möglichkeiten noch nicht klar abgesteckt sind und die Technologie noch nicht ausgereift ist. Investitionen bergen ein hohes Risiko. Später, wenn eine Technologie quasi Produktionsreife erlangt hat, kann sie breit eingesetzt werden. Dies praktizieren auch viele Unternehmen, weil sie sich dadurch eine Kosteneinsparung erhoffen. Sie beginnen, das eigentliche Potenzial in einem leistungsbezogenen Einsatz zu erkennen und setzen die Technologie dementsprechend ein. Dies kommt zuerst einer Nutzung und später einer organisatorischen Umsetzung gleich. Bei manchen Technologien kommt es zu einer vierten Phase, in der sich mit einem Mal zuvor ungeahnte Potenziale erschließen lassen [vergleiche Haeckel, 295ff].

*Strategisches
Portfolio*
Doch wie soll nun konkret vorgegangen werden? John Cady stellt ein strategisches Portfolio auf (siehe Abb. 4.2), das sich zwar auf Marketingstrategien für Unternehmen der Informationsindustrie bezieht; es muss jedoch nur anders gelesen werden, um Nutznießer dieser Technologie wertvolle Informationen zu liefern.

*Einflüsse aus
dem Umfeld*
Wichtig bei einer solchen strategischen Positionierung bleibt das Umfeld. Chorafas stellt für den Bankensektor drei Hauptfragen [230]:

- *Können wir es uns leisten, Geld in partielle, kurzsichtige Modifizierung eines papiergestützten Zahlungsverkehrssystems zu stecken, wenn die Welt mit so großer Geschwindigkeit auf Satellitenverbindungen, interaktive Arbeitsplatzrechner und elektronische Post zusteuert?*

- *Können wir es uns leisten, unsere ohnehin knappen Mittel für, sagen wir, fünf bis sieben Jahre abzuzweigen, um ein bereits überholtes System zu modifizieren, während unsere Mitbewerber bereits lernen, wie man die Elektronik zur Verbesserung der Dienstleistungen für die Kunden einsetzt?*

- *Ist es vernünftig, in Veränderungen mit geringer Rendite zu investieren und sehr rentable Gelegenheiten, die sich mit neuen Wegen, wie z. B. Expertensystemen bieten, beiseite zu lassen?*

Es zeigt sich, dass selten ein Weg daran vorbei führt, mit der Konkurrenz technologisch gleichzuziehen, wenn das Umfeld in eine Technologie einsteigt. Im Bezug auf elektronische Märkte stellt sich jedoch nicht nur das Technologieproblem. Der Name sagt es bereits überdeutlich: Es geht um Märkte. Dies können völlig neue Märkte sein, indem sich Kundensegmente öffnen, die bisher z. B. aus räumlichen Gegebenheiten unerreichbar waren. Genauso kann eine Verlagerung von konventionellen Märkten in Richtung elektronische Märkte stattfinden. Ist ein Markt erst einmal elektronifiziert, sind Unternehmen, die konventionell anbieten, chancenlos. Potenzielle Käufer nehmen sie gar nicht mehr wahr. *(Neue Märkte und Verlagerung von Märkten)*

Die Vermaschung von technischem Know-how und Marketing-Zielen ist durchaus problematisch. Sofern entsprechendes Inhouse-Knowledge nicht vorhanden ist, muss es in Form neuer Manpower oder Knowledgeware (z. B. in Form von Unternehmensberatungen) erst erworben werden. Dies bedingt einen nicht unerheblichen Zeitaufwand. *(Marketing-Ziele und technisches Know how)*

Der Marketier fragt sich jetzt: Was kann ich denn in Zukunft konkret erwarten? Wie muss ich meinen Bereich konkret ausrichten, um auf der Höhe der Zeit zu bleiben? Jörn-Axel Meyer gibt hierauf die Antwort. Aus einem 128 Thesen bzw. Trends umfassenden Katalog hat er sieben Meta-Trends herausgefiltert. Was sind überhaupt Meta-Trends? Gerken definiert: *(Was tun, um Schritt zu halten?)*

„Mega-Trends können durch ihre Kraft beschrieben werden, Meta-Trends durch ihre Komplexität und Grundsätzlichkeit. Meta-Trends liegen deshalb auf einer höheren Ebene. Es sind sozusagen Über-Trends, also komplexe Trend-Kombinationen, die Grundsätzliches in einer Sozio-Sphäre oder im Business verändern oder innovieren" [1989, 16]. *(Mega-Trends)*

Wie sehen nun diese Meyerschen Meta-Trends aus und was haben sie mit elektronischen Märkten zu tun? Die Meta-Trends sind im Einzelnen [vergleiche Meyer, 156ff]: *(Meta-Trends)*

- **Schnelleres Marketing.** *Generell ist in der Gesellschaft eine allgemeine Beschleunigung festzustellen. Kafka spricht bereits von einer globalen Beschleunigungskrise. Die Bedeutung für das Marketing ist evident: Reaktionszeiten müssen verkürzt werden. Im Vordergrund muss eine Beschleunigung der*

Marketing-Prozesse stehen. Elektronische Märkte spielen hierbei eine wichtige Rolle. Der elektronische Markt ist omnipräsent. Marktbedingte Reaktionszeiten sind kaum noch vorhanden, Schnittstellen von Papier zu elektronischem Medium (auch heute oftmals noch mit Online-Datenerfassung gehandhabt) fallen weg.

- **Genaueres Marketing.** *Marktobjekte und Marktsubjekte werden genauer unter die Lupe genommen. Hierfür sind insbesondere genaue Datenbasen nötig. Database-Marketing kann hierbei wertvolle Dienste leisten. In Kombination mit elektronischen Marktsystemen entsteht ein durchgängiges, integriertes System, dem es möglich ist, exakte Analysen, Trendermittlungen und vieles mehr zu liefern.*

- **Intelligenteres Marketing.** *„Weg vom Einheitsbrei“ lautet die Devise. Es stellt „weniger schematisierte und stärker einfallsorientierte Aktivitäten und Problemlösungen in den Vordergrund“ [Meyer, 173]. Elektronische Märkte und E-Commerce-Systeme beginnen hierfür Tools zur Verfügung zu stellen. Die Integration von Expertensystemen in E-Commerce- und Marktapplikationen kann ein automatisiertes, situativ reagierendes System erzeugen, das nur minimale Interaktion benötigt.*

- **Multiinformationelles Marketing.** *Textuelle Daten stehen nicht mehr alleine da, sondern werden ergänzt durch Bilder, Musik oder Videosequenzen. Multimedia ist seit Jahr und Tag ein Schlagwort in aller Munde. Elektronische Märkte sind der „Endzustand“ dieser Tendenz – ökonomisch gesehen. Die Meinungen über die Relevanz weichen jedoch stark voneinander ab. Abbildung 4.3 zeigt dies deutlich, indem nur zwei Prognosen (eine von Ovum, die andere von Prognos, beide aus dem Jahre 1993) gegenübergestellt werden. Für das Jahr 2000 ergibt sich schon eine Abweichung von über 2,25 Milliarden EURO.*

- **Vernetztes Marketing.** *Hiermit ist die Verwandlung der Ökonomie in Richtung eines vernetzten Systems zu verstehen. Dies ist ein Kernaspekt elektronischer Märkte.*

- **Visualisiertes Marketing.** *In zunehmender Weise gewinnen bildliche Informationen an Wichtigkeit. Dieser Trend ist für elektronische Märkte nur im Hinblick auf entsprechende Übertragungswege von Relevanz; vom multiinformationellen Meta-Trend ist es kaum abgrenzbar.*

- **Emotionales bzw. kreatives Marketing.** *Hier wird eine zunehmende „emotionale Erkaltung“ der westlichen Industriegesellschaften für das Marketing nutzbar gemacht. Es „ist diese Entwicklung in gewissen Grenzen ein Gegentrend zur ungehemmten Verbreitung des Computers in allen Bereichen des Marketing“ [Meyer, 201].*

Herausforderung annehmen

Es ist offensichtlich: Die Herausforderungen für die Jahrtausendwende sind gewaltig und mannigfaltig. Ein Verschlafen der Entwicklung hätte mit Sicherheit katastrophale Folgen.

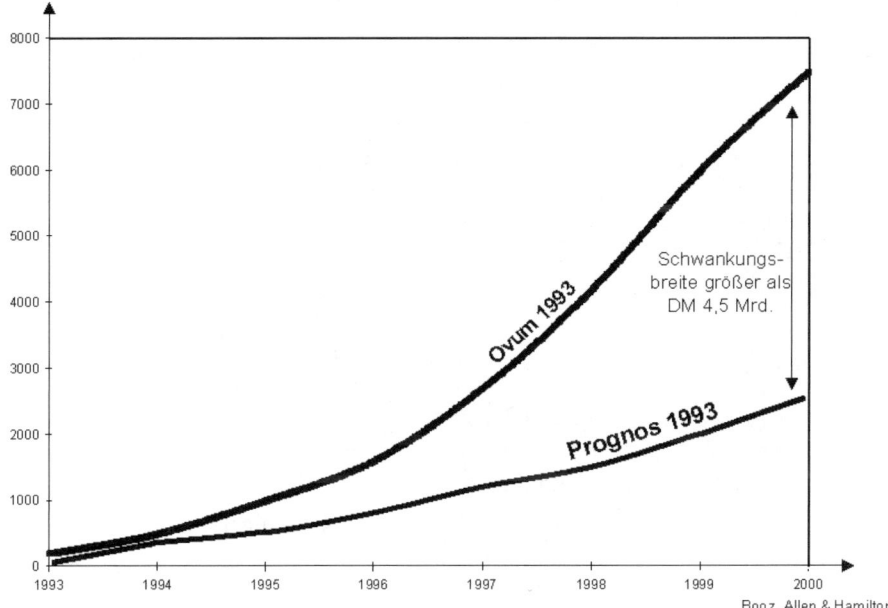

Abb. 4.3: *Prognosen für PC-gestützte Multimedia-Endeinrichtungen in Europa [vgl. Booz, Allen und Hamilton, 41]*

4.3 Das Marketing-Instrumentarium

Der Marketing-Mix ist Grundlage jeden marketingtechnischen Handelns, jedenfalls *Marketing-Mix* sollte es so sein. Jochen Becker führt aus:

„*Angesichts der Vielzahl von Marketinginstrumenten bzw. ihrer mannigfachen Dif-* *Daueraufgabe* *ferenzierungs- und Modifikationsmöglichkeiten, handelt es sich bei dem Marketing-* *mix um eine sehr komplexe Aufgabe. Die Gestaltung des Marketingmix stellt in* *diesem Sinne die Unternehmensführung vor eine der grundlegendsten Koordinati-* *onsaufgaben des Unternehmens überhaupt. Sie ist darüber hinaus angesichts der* *zunehmenden Dynamik der Märkte quasi zu einer Daueraufgabe geworden*" [460].

Für elektronische Märkte noch grundlegender ist die Frage: Ist ein elektronischer *Markt oder* Markt tatsächlich ein Markt an sich oder ist es ein Marketing-Instrument? Beides *Marketing-* trifft zu, wie wir in der Folge sehen werden. *Instrument*

Nachdem heute die überwiegende Zahl der Unternehmen nicht originär auf elektro- *Instrumental-* nischen Märkten anbietet, kann immer davon ausgegangen werden, dass für diese *bereiche des* konventionellen Unternehmen ein elektronischer Markt entweder ein *zusätzlicher* *Marketings* *Markt* ist (Produkte werden dort zusätzlich zum herkömmlichen Markt angeboten)

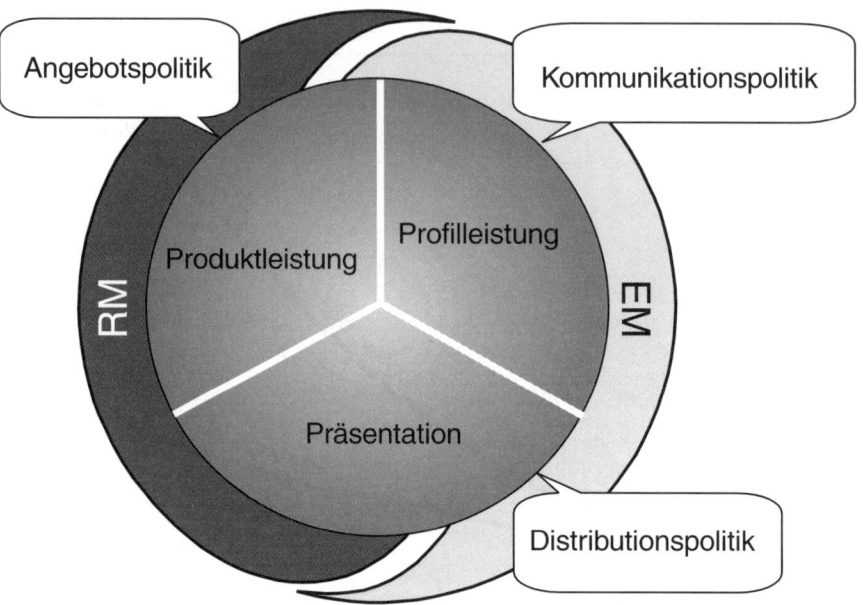

Abb. 4.4: *Instrumentalbereiche des Marketings in elektronischen und realen Märkten [vgl. auch Becker, 464]*

oder es sich um einen *Substitutmarkt* handelt (der Markt ersetzt einen Realmarkt). Für Firmen, die ausschließlich in einem elektronischen Markt im Internet ihren virtuellen Verkaufsraum haben, ist der elektronische Markt natürlich der Markt schlechthin!

Die Abb. 4.4 stellt die drei *Instrumentalbereiche* des Marketings (den *Marketing-Mix*) unter Berücksichtigung der elektronischen Märkte nach Becker dar. Nachdem elektronischer und realer Markt bearbeitet werden müssen, können die Instrumentarien aller drei Bereiche auf grundsätzlich zwei verschiedene Weisen genutzt werden:

- **Parallele Strategie**: Ein Marketing-Instrument wird in beiden Märkten eingesetzt.

- **Ergänzende Strategie**: Ein Marketing-Instrument wird in beiden Märkten eingesetzt, aber auf unterschiedliche Weise, da die Zielgruppen voneinander abweichen und die technischen Realisierungsmöglichkeiten sich unterscheiden können. Das Gesamt-Marketing setzt sich dann zusammen aus dem *Cyber-Marketing* (auch: *Online-Marketing*) mit dem für elektronische Märkte adäquaten Instrumentarium und dem Real-World-Marketing mit seinem Instrumentarium für orthodoxe Medien.

- **Substituierende Strategie**: Ein Marketing-Instrument wird nur in einem der beiden Märkte eingesetzt, da vermutet wird, dass es eine Überschneidung der beiden Märkte gibt, oder da sich eine Umsetzung der Strategie technisch nicht realisieren lässt.

Diese Strategien können sowohl auf der Ebene der *Instrumentalbereiche* als auch auf *Basisleistungen*
Ebene der *konkreten Instrumente* kombiniert werden. Was ist nun konkret unter den
Instrumentalbereichen zu verstehen und welche Instrumente umfassen sie? Jeweils
einen Instrumentalbereich bilden die *Angebotspolitik*, die *Kommunikationspolitik* und
die *Distributionspolitik*. Entgegen anderer Vier-Sektoren-Modelle packt Becker die
Preispolitik zur Angebotspolitik. Für jeden dieser Sektoren geht Becker von drei
Basisleistungen aus. Wir gehen im Folgenden detaillierter darauf ein.

4.3.1 Angebotspolitik

Die Angebotspolitik nennt Becker das „Herz des Marketings". Kernstück sind die *in-* *Produkt- und*
nere und *äußere Produktgestaltung*. Auf der Metaebene ist hier noch die *Programm-* *Programm-*
gestaltung besonders wichtig. Die Frage: „Was für Produkte biete ich überhaupt *gestaltung*
an?", steht hier im Vordergrund. Forschung, Entwicklung und Genehmigungsver-
fahren verschlingen immer größere Investitionssummen. Gleichzeitig werden die
Produktzyklen immer kürzer. Um mit einer Neuentwicklung wirtschaftlich erfolgreich zu sein, müssen alle Produktfaktoren stimmen. Dazu gehören auch Kriterien
wie Time-to-Market, Verpackung, Design, Garantie, Serviceleistungen und – von
zentraler Bedeutung – die *Preisgestaltung*.

Der *Preis* ist im Gegensatz zu manch anderen 4er-Systematiken kein eigener Sektor, *Preis und*
sondern ist auch in der Produktleistung enthalten. Als Grund nennt Becker, dass der *Zahlungs-*
„*Preiswettbewerb heute in hohem Maße von einem vielfältigen Qualitätswettbewerb* *bedingungen*
überlagert wird" [463] und dass eine isolierte Preisbetrachtung kaum möglich ist.
Neben optimaler Gestaltung der Produktbestandteile wirkt eine Firma auch durch
Preise und Zahlungsbedingungen auf den Kunden ein. Das Aufgabenfeld dieses Bereichs geht weit über die Kalkulation des niedrigsten Preises hinaus. Bei Prestige- und
Statusprodukten kann es gerade ein hoher Preis sein, der den Kaufimpuls auslöst. Bei
anderen Produkten besteht die Möglichkeit, mit diversen Finanzierungsmöglichkeiten
wie Leasing, Ratenkauf oder Kundenkarte zu arbeiten. Von zunehmender Bedeutung
werden hier auch elektronische Zahlungsmittel sein, das sog. *Cyber Money*. Es ist
ein idealer Baustein in den automatisierten Transaktionssequenzen elektronischer
Märkte.

4.3.2 Distributionspolitik

Auch die strategischen Entscheidungen für bestimmte Vertriebssysteme und -kanäle *Distribution*
fallen in das Aufgabengebiet des modernen Marketings. Die Entscheidung, ob über
Groß-, Einzelhandel, direkt per Telefon, über das Internet oder andere (Online-)
Medien verkauft werden soll, hat für ein Unternehmen weitreichende Bedeutung und
Konsequenzen. Zu den Marketingaufgaben gehört schließlich noch die Überprüfung
sämtlicher getroffener Entscheidungen aus den genannten Bereichen auf ihren Erfolg. Bei Bedarf sind geeignete Steuerungsaktivitäten zu veranlassen. Innerhalb des
Elektronischen Marktes (EM) ist nochmals eine spezifische, EM-typische Distribu-
tionspolitik zu diskutieren. Eine Frage kann hier beispielsweise sein, ob als Internet-
Repräsentanz ein eigenständiges elektronisches Kaufhaus eröffnet werden soll, oder
ob man sich mit seinem Cyber-Shop einer größeren Agglomeration im Sinne eines

elektronischen Einkaufszentrums mit zahlreichen angeschlossenen eigenständigen Verkaufseinheiten anschließt.

Zur Gestaltung der Distributionspolitik stehen im Wesentlichen drei Basisinstrumente zur Verfügung:

- **Absatzwege:** Hier wird zwischen direkten und indirekten Absatzwegen unterschieden. Bei indirekten Absatzwegen ist zwischen Hersteller und Kunde ein Absatzmittler geschaltet, der bei direkten Absatzwegen wegfällt. Weiter führt Becker aus, dass zwischen einer *selektiven*, *exklusiven* oder *intensiven* Distribution unterschieden werden muss. Die exklusive Distributionspolitik beschränkt sich auf einen einzigen Partner, die selektive wählt mehrere aus; die intensive Distributionspolitik versucht sich an allen potenziellen Abnehmern.

- **Absatzorganisation:** Hier geht es um die Organisation der inner- oder außerbetrieblichen Absatzmittler. Unsere materiellen oder digitalen Güter können wir in eigenen netzbasierenden Verkaufseinrichtungen anbieten. Eine Alternative ist die Integration unserer Produkte in die Angebotspalette freier Netzkaufhäuser. Für die Anbindung solcher Netzkaufhäuser an unsere Infrastruktur stehen uns unterschiedliche Facetten der Anbindung von der losen Kopplung bis zur umfassenden Integration zur Verfügung.

- **Absatzlogistik:** Die Organisation der Auslieferung steht hier im Vordergrund. Insbesondere die Liefergeschwindigkeit steht bei vielen Kunden heute ganz oben auf der „Wunschliste". Digitale Güter können aus dem elektronischen Kaufhaus direkt über das Netz in den Computer des Käufers geladen werden. Materielle Güter können beispielsweise über bewährte Dienstleister wie *UPS* oder *Federal Express* innerhalb kürzester Zeit zugestellt werden.

4.3.3   Kommunikationspolitik

Das Sprachrohr des Marketings ist die Kommunikationspolitik und diese nutzt die Basisinstrumente *Werbung*, *Verkaufsförderung* und *Public Relations* (Unternehmenskommunikation).

Werbung

„Das für die Angebotsprofilierung verantwortliche Basisinstrument stellt die Werbung dar. Sie zielt auf eine ziel- und marktadäquate Verhaltenssteuerung tatsächlicher und potenzieller Abnehmer speziell über sog. Massenkommunikationsmittel (Streumedien). Ihre Hauptaufgabe besteht darin, für die Produkte (Leistungen) des Unternehmens am Markt einen möglichst hohen Bekanntheitsgrad sowie – je nach gewählter Marketingstrategie – ein möglichst unverwechselbares Image aufzubauen" [Becker, 469].

Virtuelle Produktwelten suggerieren bestimmte Eigenschaften und sollen dem Produkt einen eigenen Charakter geben. Insgesamt wird damit beabsichtigt, dass der Kunde durch Werbung und PR eine positive Einstellung zum Produkt und seinem Hersteller entwickelt und sich in konkreten Kaufsituationen an deren Botschaft erinnert.

Verkaufs-förderung

Verkaufsförderung ist ähnlich gelagert wie die Werbung: Sie ist produktzentriert und spannt durch eine entsprechende Hervorhebung einiger Produktattribute einen

Impulsraum auf, der – entsprechend konditioniert – Interessenten zum Kauf „zwingt". Im Unterschied zur Werbung findet die Verkaufsförderung in unmittelbarer Nähe des zu verkaufenden Produkts statt.

Heben *Werbung* und *Verkaufsförderung* Produkte oder Produktgruppen hervor, stellt *Public Relations* das gesamte Unternehmen dar. Zur Unternehmenskommunikation gehören auch Verkaufsförderung und persönlicher Verkauf. Erstere hat immer das Ziel, den Verkauf von Produkten und Dienstleistungen kurzfristig zu erhöhen, sei es durch Sonderangebote, Preisausschreiben oder Verkäuferwettbewerbe. Persönlicher Verkauf soll Kunden im direkten Gespräch mit dem Verkäufer von Leistungen eines Produkts oder Unternehmens überzeugen. Dieses Marketing-Instrument wird vor allem bei erklärungsbedürftigen High-Tech- und Investitionsgütern eingesetzt. *Unternehmenskommunikation und Public Relations*

Um am Markt erfolgreich zu agieren, muss ein Unternehmen die potenziellen Kunden, deren Bedürfnisse und Verhaltensweisen sowie die Mitbewerber möglichst genau kennen. Marktforschung findet vorhandene Informationen, wertet diese aus und erhebt selbst Daten mit angemessenen Verfahren. Somit ist Marktforschung Kommunikation in Richtung Unternehmung. In dieser Beziehung sind elektronische Märkte konkurrenzlos, die Datenerhebung ist eine inhärente Eigenschaft, so dass das Material für eine Auswertung gewissermaßen kostenfrei zur Verfügung gestellt wird. *Marktforschung*

4.4 Der elektronische Marketing-Mix

Wie sind nun elektronische Märkte in einen solchen Marketing-Mix einzuordnen? In elektronischen Märkten kann prinzipiell die gesamte Bandbreite des Marketing-Mix abgebildet werden. Die komplette *Kommunikationspolitik* kann über die in elektronische Märkte eingebauten Kommunikationsdienste abgewickelt werden. Sind digitale, semi-digitale oder semi-physische Güter im Spiel, so kann auch die *Distributionspolitik* komplett oder zumindest partiell über elektronische Märkte abgewickelt werden. Bezüglich der *Angebotspolitik* sind speziell auf das Medium ausgelegte Konfigurationen denkbar. *Abbildung des Marketing-Mix auf die Mittel des elektronischen Marktes*

Im Folgenden stellen wir acht mögliche Marketing-Strategien dar mit aufsteigendem Komplexitätsgrad und zunehmender Kostenintensität: *Marketing-Strategien*

- Online-Werbung,
- Online-Sponsoring,
- Information-Site,
- Online-Katalog,
- Online-Shop,
- Online-Mall,
- Community und
- Portal.

Online-Shops, Online-Malls, Communities und Portale können für sich genommen schon Geschäftszweck sein und gehen bei Internet-Companies inhaltlich über das klassische Marketingkonzept hinaus. Sie sind in der Regel die Business-Idee selbst.

4.5   Online-Werbung

*Den Kunden
aktivieren*

Werbung soll die Aufmerksamkeit auf das Produkt oder die Dienstleistung lenken. Innere Qualitäten, die von „außen" nicht direkt gesehen werden, ziehen keine Aufmerksamkeit auf den potenziellen Umsatzträger. Was in der realen Welt gilt, gilt erst recht im Cyberspace: Bei einer Fülle von etwa einer Milliarde Web-Seiten bedarf es gewisser Anstrengungen, Seiten aus dem Meer der Mitbewerber herausragen zu lassen und den Surfer zum Verweilen zu animieren. Um im Internet mit seinem Angebot dauerhaft bestehen zu können, gilt auch hier die Maxime: Der Kunde muss aktiviert werden. Nur so kommt die Transaktionsfolge in Gang, an deren Ende der abgeschlossene Dienstleistungsvertrag, das verkaufte Produkt steht.

*Über ein
Dutzend
Möglichkeiten*

Welche Möglichkeiten stehen dem Internet-Unternehmer zur Verfügung, die Kunden auf sich, sein Dienstleistungsangebot und seine Produkte aufmerksam zu machen? Wir werden in der Folge mehr als ein Dutzend Möglichkeiten kennenlernen, um auf unser Internet-Angebot aufmerksam zu machen, den potenziellen Kunden zum Besuch unserer Site zu aktivieren. Im Einzelnen gehören dazu:

● E-Mail	● Microsites
● Events	● Unterbrechungswerbung
● Awards	● Comet-Cursor
● Voting	● Online-Spiele
● Werbebanner	● Online-Auktionen
● Newsletter	● Suchmaschinen
● Web-Ringe	● Web-Verzeichnisse
● Bannertauschprogramme	● Web Cards

4.5.1   E-Mail Direktwerbung

*Rechtlich
bedenklich*

Die Möglichkeit, elektronische Post (E-Mail) zu nutzen, ist eine der Hauptursachen für den massiven Zustrom ins Internet. Elektronische Post wird leichter und salopper formuliert als das Papierpendant. Eine DIN-Norm für Geschäftsbriefe lässt sich im Cyberspace mit famoser Leichtigkeit ignorieren, ohne den Empfänger zu verstimmen. Und kaum ist die Nachricht geschrieben, so ist sie auch schon versandt und – wenn es ganz schnell geht – wenige Augenblicke später auch schon für den Empfänger zum Abrufen bereit.

*E-Mail als
Prozessbe-
schleuniger*

Die Entfernung zwischen Absender und Empfänger spielt keine Rolle, ein paar „Hops" mehr oder weniger haben fast keinen Einfluss auf die Laufzeit der elektronischen Post. Elektronische Post ist ein phantastisches Medium für die Kommunikation im Umfeld von E-Commerce und E-Business: Die Prozesse des Informationsaustausches und der Abstimmungen zwischen den Geschäftspartnern lassen sich dramatisch beschleunigen. Was ehemals Stunden und Tage bedurfte, weil es sauber formuliert und geschrieben werden musste, dann kuvertiert, frankiert und zum Postamt gebracht werden wollte, geht nun im Handumdrehen.

Auch im Vergleich zum Fax gibt es gewichtige Vorteile! Die aktuellen E-Mail-Systeme unterstützen nämlich die Ablage und das komfortable Auffinden früher empfangener und abgesandter E-Mails. In den E-Mail-Ordnern der gängigen E-Mail-Clients lassen sich die ausgehende und eingehende Post professionell sortieren. E-Mail-„Schränke" mit mehreren tausend archivierten elektronischen Nachrichten bleiben so über Monate, oder auch über Jahre hinweg übersichtlich und effizient verwendbar.

E-Mail-Ordner sorgen für Übersicht

Ob eine Nachricht per E-Mail an einen Mitarbeiter oder ein ganzes Team, an zehn, hundert oder tausend Empfänger gesendet wird, macht kaum einen Unterschied, es ist letztlich nur das Anklicken einer Option und schon wird in Windeseile an alle Mitglieder einer Datenbasis die Botschaft durch das Netz gejagt. Ist der E-Mail-Versand also die digitale Inkarnation eines Direktmarketing-Traums? Technisch möglich ist das – rechtlich aber sehr bedenklich!

Einzelbrief oder Massenversand: nur einen Mausklick voneinander entfernt

Werbe-E-Mails sind deswegen besonders problematisch, weil der Empfänger vor dem Abrufen der E-Mail vom Server seinem Provider den werbenden Inhalt i. d. R. nicht erkennen kann. Durch das Abrufen entstehen dem Empfänger in aller Regel Kosten für die Netz- oder Telefonverbindung. Schon vorher fallen Kosten an für die Speicherplatznutzung auf dem Server des Providers. Hinzu kommt, dass bei manchen Providern der für die E-Mail zur Verfügung stehende Plattenspeicherplatz limitiert ist: Sobald dieser Platz verbraucht ist, wird keine eingehende E-Mail mehr angenommen. Der vielleicht wichtigste Kommunikationspfad ist bis zum Abholen der ungewünschten Post überlastet.

Schutz des Empfängers

„Die unverlangte Zusendung von Werbe-E-Mails ist in vielen Staaten der USA sowie seit Juli 1999 auch in Österreich unter zum Teil hohen Strafandrohungen verboten. Auch einige deutsche Gerichte hatten sich bereits mit ‚junk mails' zu befassen. So entschieden die Landgerichte Berlin und Traunstein, dass das unerbetene Zusenden von Werbung oder Prospekten per E-Mail einen Wettbewerbsverstoß darstellt und daher unzulässig ist. Nur ganz ausnahmsweise kann Werbematerial per E-Mail zugesandt werden, wenn der Empfänger sich zuvor tatsächlich mit der Zustellung einverstanden erklärt hat oder sein Einverständnis im Rahmen einer bereits bestehenden Geschäftsverbindung vermutet werden kann. Für die Frage der Unzulässigkeit entsprechender Werbemaßnahmen ist es dabei unerheblich, ob der Empfänger eine Privatperson, Freiberufler oder Gewerbetreibender ist [http://www.netlaw.de/newsletter/news9904/E-Mail.htm Netlaw 1997]. Soweit Rechtsanwalt Tobias H. Strömer im Newsletter seiner Kanzlei.

Nur mit Einverständnis

Eine ähnliche Problematik besteht schon seit langem bei Werbung per Telefax oder bei der Telefonakquisition. Auch bei Werbung über diese Medien ist das unaufgeforderte Zusenden nach der Rechtssprechung der obersten Gerichte grundsätzlich nicht erlaubt. Neben dem Kostenargument begründen dies die Gerichte vor allem damit, dass die Teilnehmer wegen der besonderen Funktion von Telefax und Tele-

Analogie zu Telefon- und Faxwerbung

fon ein berechtigtes Interesse an der Freihaltung der Geräte von jeder ungewollten Inanspruchnahme haben. Dieser Standpunkt ist nachvollziehbar, denn wenn der elektronische Postkasten mit „Junk Mail" überfüllt ist, fallen die oben angesprochenen Vorteile des blitzschnellen Mediums in sich zusammen.

Europaweite Regelung?

Allerdings soll an dieser Stelle auch nicht verschwiegen werden, dass noch keine europaweite Regelung existiert! Die Rechtslage für das Versenden von Werbe-E-Mails könnte sich in Zukunft ändern und dem „spaming" damit Tür und Tor öffnen. Denn es muss noch eine EU-Richtlinie, die das Versenden solcher Werbung normalerweise erlaubt, in nationales Recht umgesetzt werden. In welcher Form diese Richtlinie jedoch verwirklicht wird, ist nach wie vor ungeklärt", siehe Tobias H. Strömer: [*http://www.netlaw.de/newsletter/news9904/E-Mail.htm*].

Fragen, dann mailen

Zulässig ist die Direktwerbung per E-Mail, wenn der Versender die Zustimmung des Empfängers eingeholt hat. Auf einer Web-Site kann zu diesem Zweck dem Besucher die Möglichkeit geboten werden, sich als Interessent registrieren zu lassen. Diesem so eingegrenzten und interessierten Publikum können dann in wiederkehrenden Abständen E-Mails mit werblichen Inhalten gesendet werden. Der regelmäßige Versand lässt sich mit geeigneter Software automatisieren, so dass nach dem Einrichten der Direktwerbeaktion die eigentliche Ausführung über Tage und Wochen automatisch abgewickelt wird.

4.5.2   Events

Online-Spiel und Preisausschreiben

Die zentrale Idee des Events ist es, im Strom des Alltäglichen mit Ungewöhnlichem, Einmaligem aufzufallen. Das Ereignis soll auf die Existenz des Produkts, der Dienstleistung oder des gesamten Unternehmens hinweisen. Eine Vielzahl von Aktionen ist denkbar, um die Anzahl der Nutzer einer Web-Site zu erhöhen, zumindest für die Dauer des Events. Zu den klassischen Möglichkeiten gehören hier Online-Spiele (siehe hierzu auch Abschn. 4.5.13) und Preisausschreiben, die wiederum bei hochfrequentierten Web-Veröffentlichungsdiensten wie zum Beispiel gewinnspiele.de (*http://www.gewinnspiele.de*) oder kostenlos.de (*http://www.kostenlos.de*) bekanntgemacht werden.

Event mit Dienstleistung und Produkt verknüpfen

Ob diese Besucher auch tatsächlich zu Käufern oder Stammkunden einer Web-Site werden, ist fraglich. In den meisten Fällen werden die Nutzer direkt zu dem entsprechenden Gewinnspiel und nicht über die Seiten des Anbieters geleitet. Die Wahrscheinlichkeit, dass der Spielbegeisterte noch nebenher etwas kauft, kann durch eine entsprechende Gestaltung der Online-Spiele und Preisausschreiben gesteigert werden. So können z. B. Fragen über die Produkte eines Anbieters in ein Preisausschreiben eingeflochten werden, die den Teilnehmer anregen, sich näher mit dem Angebot auseinanderzusetzen.

Multimediale Web-Events

Andere Event-Möglichkeiten sind durch den Einsatz von Multimedia gegeben. Mit Hilfe der Streaming-Video-Technologie (siehe Online-Anhang) lassen sich beispielsweise Events in der realen Welt auch zu Web-Events umändern, da z. B. eine Live-Übertragung der Aktionärshauptversammlung mit relativ moderatem finanziellen Aufwand machbar ist. Gleichzeitig ist das Ereignis digital archiviert und kann jederzeit von späteren Besuchern der Web-Site im Nachhinein betrachtet werden. Um einer

Abb. 4.5: *Gewinnspiele angeboten unter http://www.gewinnspiele.de*

breiten Masse von Web-Surfern ein „nicht nur dabei, sondern mittendrin"-Erlebnis zu vermitteln muss nicht zwangsweise auf die Streaming-Technologie zurückgegriffen werden.

Noch preiswerter sind Web-Cam-Einrichtungen. Web-Cams distribuieren Einzel-bilder, die dem Betrachter entweder statisch für einen mehr oder weniger langen Zeitraum zur Betrachtung zur Verfügung stehen oder dynamisch in kürzeren Zeitab-ständen (im Sekundenbereich) ins Netz gestellt sich zu einer „Dia-Show" verdichten. Auf diese Weise kann der Internet-Surfer, der potenzielle Kunde, in die Firma, in das Labor, in das Service-Center hineinsehen. Web-Cams haben allen anderen Events gegenüber den Vorteil, dass von ihnen eine permanente Anziehung ausgeht, die den Interessenten immer wieder dazu verlockt, zurückzukommen und zu sehen, was sich geändert hat. Für multimediale Events dieser Art gibt es wiederum spezielle Ver-zeichnisdienste, wie etwa *Yahoo!* (*http://events.yahoo.com*). *Web-Cam*

4.5.3   Awards

Awards sind Auszeichnungen für professionell erstellte Web-Sites, auffallend schlechte oder besonders lustige Seiten. Mittlerweile gibt es Awards für alle mög-lichen Zielrichtungen. Für Werbezwecke lassen sich Awards auf zweierlei Weise nutzen. Der erste Ansatz: Man versucht einen Award mit positiver Ausstrahlung *Sich auszeichnen lassen*

Abb. 4.6: *Der Award-Banner kennzeichnet die ausgezeichnete Web-Site*

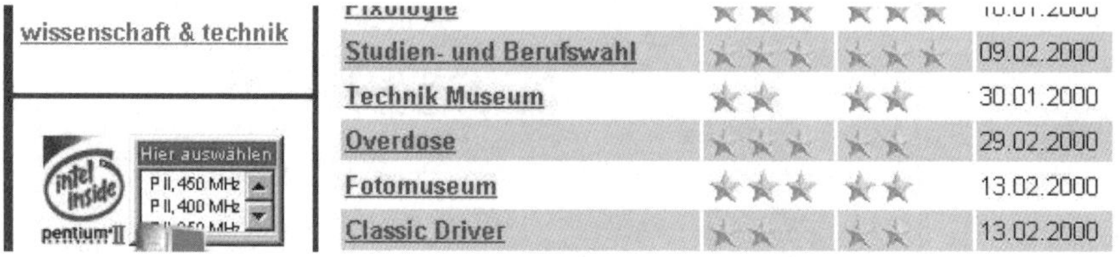

Abb. 4.7: *Webtip vergibt drei bis fünf Sterne als Auszeichnung für gute Seiten*

Abb. 4.8: *Die Awards sind nach Themen geordnet (http://www.webtip.de)*

zu ergattern, kommt dann in die Hitliste des Awardverleihers (z. B. Webtip *http://www.webtip.de/*) und profitiert auf diese Weise von erhöhtem Besucherzustrom. Die ausgezeichnete Seite ist durch einen kleinen Award-Banner gekennzeichnet.

Besonders interessant sind Awards, die als Crossmedia-Versionen neben dem Internet noch in einem Printmedium oder auch in einem Radio- oder Fernsehperiodikum veröffentlicht werden.

Crossmedia-Produzenten

Zu den Crossmedia-Produzenten können vor allem Wirtschafts- und Internet-Magazine gerechnet werden. So wurden beispielsweise die Awards „Web-Company des Monats" bzw. „Web-Company des Jahres" von *Business Online* verliehen (*http://www.business-online.de*). Das zugehörige Printmedium ist das Multimedia-Magazin *Screen Businness Online* des *ACup Verlags* in Hamburg.

Andere auszeichnen

Der zweite Ansatz: Awards für eigene Public Relations-Zwecke zu nutzen, ist die eigene Ausschreibung eines Internet-Awards. Zur Orientierung, für welche Leistungen ein solcher Award verliehen werden kann, sind im Folgenden einige Bewertungskri-

Inhalt der Web-Site

Informationsgehalt der Web-Präsenz

Interaktionsmöglichkeiten

E-Mail-Anbindung

Add-ons (etwa Gewinnspiele)

Sinnvolle Links zu anderen Sites

Business-Nutzen der Web-Präsenz (besonders gewichtet)

Design der Web-Site

Integrativer Bestandteil eines Corporate Identity-Konzepts

Sachgerechter Einsatz von Internet-Technik

Ausgewogenheit von Text und Grafik

Verwendung von Buttons und Frames (Standard- oder Individuallösung)

Strukturierung unter ergonomischen Gesichtspunkten

Durchgängiges Design der gesamten Seite

Funktionsfähigkeit der Links

Performance von Leitseite und Web-Präsenz (besonders gewichtet)

Ladezeiten für grafische Elemente und Bilder (Kompression)

Highlights (Multimediaeinsatz, Events usw.)

Tabelle 4.1: Einige Bewertungskriterien für Award-verdächtige Web-Sites

terien angeführt. Selbstverständlich sollte die eigene Web-Site den Award-Kriterien standhalten.

Rund um die Auschreibung des eigenen Awards lassen sich vielfältige weitere *Tue Gutes und* Marketing-Maßnahmen arrangieren. Dies beginnt bei der begleitenden Pressearbeit *sprich darüber* rund um den Award, geht über die Einträge in die relevanten Suchmaschinen (siehe Abschn. 4.5.16) und Award-Verzeichnisse, siehe Abb. 4.9 (http://www.awards.de), wovon jedoch viele unbrauchbar sind, und umfasst natürlich auch die Online-Events, um auf den Award aufmerksam zu machen.

4.5.4   Voting und Polling

Das Voting ist eine Variante der Award-Idee. Beim Einsatz von Voting wird auf der *Volks-* Web-Site eine Bewertungsmöglichkeit für Besucher integriert. Jeder Nutzer kann sein *abstimmung* Urteil über die betrachtete Seite abgeben. Diese Stimmen landen beim Anbieter dieses Votings, welcher sowohl eine Suchmaschine, als auch ein spezieller Voting-Anbieter („Voting Server") sein kann. Je besser das Urteil ausfällt und je mehr Stimmen eine Web-Site bekommt, desto höher landet die Site in der Topliste des Anbieters.

Neben der globalen Abstimmung über eine Web-Site sind vor allem auch Abstim- *Meinungs-* mungen („Pollings") über frei gewählte Themen interessant. So kann der Web-Site- *umfrage* Hersteller beispielsweise seine Besucher nach gewünschten Features, der momen-

tanen Lieblingsseite usw. befragen. Für die Besucher sind die Pollings deswegen
reizvoll, weil nach der Abstimmung in aller Regel der aktuelle Stand der Befragung
angezeigt wird. Die Nutzung der Voting Server ist in aller Regel solange kostenfrei,
wie man auf dem Voting Pad und im Voting Resultat Werbebanner akzeptiert. Von
Werbebannern freie Votings kosten Monatsbeiträge von einigen Dollar.

Abb. 4.9: Unter Awards.de sind i. d. R. über 1600 Awards gelistet

Voting Server	Webadresse
INTERNATIONAL VOTING CENTER	http://www.internationalvoting.com
Pollit.com FREE Web Polls	http://www.pollit.com
freepolls.com	http://www.freepolls.com

Abb. 4.10: Einige Voting-Server-Anbieter

4.5.5   Branding und Werbebanner

Werbebanner *Banner als Botschafter* sind die klassischen Vertreter des Online-Spon-
sorings. Man platziert die eigenen Firmenlogos, kombiniert mit einer Werbebotschaft
und einem Link auf die eigene Web-Site, auf häufig kontaktierten Webplätzen. Für
diese Banner-Platzierung bezahlt der Werbetreibende eine Anzeigengebühr. Zwei
Ziele lassen sich durch die Schaltung von Bannern erreichen:

- Sie machen den Namen eines Unternehmens allgemein bekannt (der Fachaus-
  druck hierfür ist „branding" oder Markenwerbung) oder

- sie führen Besucher zu einem Web-Angebot, damit diese dort einkaufen oder
  die angebotenen Dienstleistungen in Anspruch nehmen.

Natürlich ist es für den Werbetreibenden ideal, wenn der Kunde auf seinen Banner
klickt und so direkt zu dem eigenen Angebot gelangt. Aber auch wenn der entscheidende Klick nicht erfolgt, kann der Werbebanner trotzdem eine Wirkung erzielen.
Ähnlich wie bei Plakatwerbung prägt sich der Name des werbenden Unternehmens
ein, wenn er oft genug gesehen wird.

Werbebanner werden meist über einen „Tausender Kontaktpreis" (kurz: TKP) abgerechnet. Die Preise für tausend Kontakte (siehe auch Online-Anhang) bewegen sich
derzeit zwischen ca. € 20 und € 200, je nach Werbeplatz.

Bannerwerbung hat einen hohen Stellenwert, und das nicht nur in den USA. Die Gra-   *Banner als*
fik zeigt die Marktanteile bezüglich des Umsatzes einzelner Internet-Werbeformen   *Dauerbrenner*
in den USA im Jahr 1998.

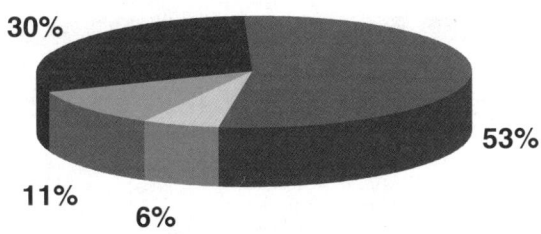

Abb. 4.11: *Marktanteil der Internet-Werbeformen in den USA (1998)*

4.5.6   Keyword Advertising

Begriffe mieten? Eine spezielle Form der Bannerwerbung ist das Keyword Advertising. Hierbei erwirbt der Werbetreibende Rechte auf bestimmte Schlüsselworte (Keywords) bei einer Suchmaschine. Jedesmal, wenn eines der so „gemieteten" Keywords von einem Nutzer der Suchmaschine eingegeben wird, erscheint der Werbebanner des Schlüsselwortbesitzers an oberster Stelle der Site, über allen Suchergebnissen. Auf diese Art und Weise kann die Zielgenauigkeit eines Banners erheblich verbessert werden, da die zielgenaue Ansprache einer definierten Zielgruppe möglich wird.

Diese Art der Werbung wird derzeit meist auf Basis eines TKP abgerechnet. Bei *Yahoo!* liegt der Preis für ein solches gezieltes Werbebanner im Moment bei etwa € 100 (*http://www.yahoo.de/mediadaten/preise.html*)

4.5.7   Newsletter-Werbung

Die Publikation muss einen Mehrwert bieten Eine Ergänzung zur Platzierung von Werbebannern auf Web-Sites ist die Newsletter-Werbung. Hierbei werden Banner oder Annoncen in ausgewählten E-Mail-Newslettern geschaltet. Gelegentlich heißen diese E-Mail-Newsletter auch elektronische Magazine (kurz „Ezines" genannt, als Abkürzung für „Electronic Magazin"). Puritanische Newsletter sind telegrammartige Kurznachrichten zu ausgewählten Themen, wie z. B. Marketing, Design, Sport usw. Gestalterisch anspruchsvollere Ezines basieren auf HTML. Hier ist es notwendig, dass der E-Mail-Client des Empfängers HTML direkt anzeigen kann, sonst ist der Umgang mit dem Newsletter unbequem. Diese Art der Werbung verspricht bessere Click-Through-Rates, da die Anzeige zwischen interessanten Themen platziert ist und der Empfänger des Newsletters die Werbetexte und Banner beim Scrollen mitbekommt. Auch können bei neueren E-Mail-Programmen

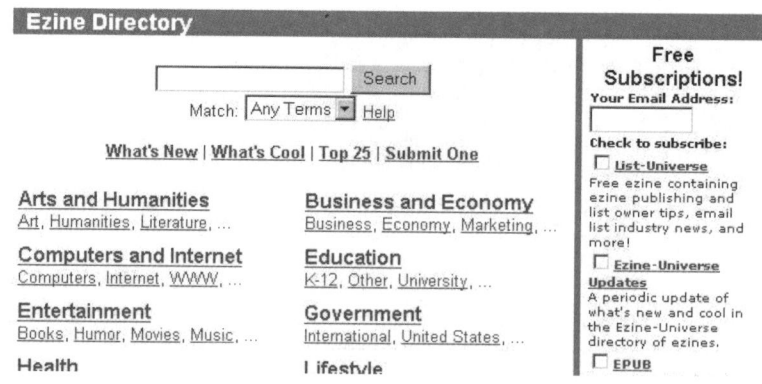

Abb. 4.12: Den richtigen Newsletter findet EzineSeek http://ezineseek.com

die in der Werbung integrierten Hyperlinks direkt angeklickt werden und der Leser kann somit sofort auf das Webangebot des Werbetreibenden gelangen.

Um die geeignete Zielgruppe zu erreichen, ist ein gewisser Aufwand für die Suche nach einem geeigneten Newsletter-Anbieter notwendig. Hilfe bei der Suche nach dem geigneten Newsletter, zumindest für englischsprachige Newsletter, bietet die Site *http://ezineseek.com*.

4.5.8 Web-Ringe

Ein Web-Ring ist ein Zusammenschluss von Seiten zu einem bestimmten Thema. *Gemeinsamkeit* Von jeder Seite eines Web-Rings kann der Besucher einfach auf die vorherige und *verbindet* nächste Seite des Rings gelangen. Die Themen sind zumeist nicht kommerziell, wie etwa ein Web-Ring zum Thema „Pink Floyd".

Zur Integration von kommerziellen Seiten in ein solches Modell gibt es grundsätzlich zwei Möglichkeiten. Zum einen kann der Anbieter einen eigenen Ring aufbauen, was allerdings mit einigen Problemen verbunden ist. Es müssen z. B. die Konkurrenten einbezogen werden. Direkte Vergleiche mit den Mitbewerbern wären dadurch sehr viel einfacher möglich.

Andererseits hat ein Anbieter von kommerziellen Inhalten auch die Möglichkeit, zu seinem Internet-Auftritt eine begleitende Seite mit nicht kommerziellen Themen hinzuzufügen. Diese Seite kann dann problemlos in einen entsprechenden Web-Ring integriert werden. Viele Surfer werden somit in die unmittelbare Nähe der eigentlichen kommerziellen Seite gelockt. Mit geschickter Werbung auf der eigenen Ringseite sollte es nicht mehr allzu schwierig sein, potenzielle Käufer zu erreichen.

Hier eine Adressauswahl verschiedener Web-Ringe:

Star Trek	http://hem1.passagen.se/top/
Deutscher Comic Ring	http://members.aol.com/holgi3/ring.html
German Hip Hop Ring	http://www.ghhr.de/

Tabelle 4.2: *Einige Web-Ringe*

4.5.9 Bannertauschprogramme

Bei Bannertauschprogrammen werden die Werbeeinblendungen ausgetauscht. Jeder *Werbefläche* Werbebanner, der auf der eigenen Seite erscheint, wird gezählt. Für eine bestimmte *wird mit* Anzahl Einblendungen fremder Banner wird der eigene Werbebanner auf einer an- *Werbefläche* deren Seite gezeigt. *bezahlt*

Eine große Gefahr von Bannertauschprogrammen liegt darin, dass als Grundvoraussetzung die eigene Web-Site für Werbung von Dritten freigegeben werden muss. Zum einen können gerade mühsam gewonnene Nutzer durch die vielen Werbebanner abgeschreckt werden, zum anderen ist es nur sehr schwer zu kontrollieren, für welche Art von Angebot Werbung betrieben wird.

Einige Adressen von Bannertauschprogrammen:

Sponsorpool	http://www.sponsorpool.net
Hotlinks	http://www.hotlinks.de
Bannerpromotion	http://www.bannerpromotion.com

Tabelle 4.3: *Einige Bannertauschprogramme*

4.5.10   Microsites

Die Microsite ist nur über Banner erreichbar

Wird ein potenzieller Kunde ohne Zwischenstationen von einem Werbebanner auf die Homepage geführt, verschenkt der Anbieter eine Möglichkeit zur Kontaktaufnahme. Wird eine Seite dazwischengeschaltet, kann der Besucher direkt angesprochen werden, je nachdem von welcher Bannerwerbung er zu dem Anbieter gekommen ist. Desweiteren kann er gezielt zu den beworbenen Produkten geleitet werden. Wird diese Zwischenseite zu einer eigenen, kleinen, aktionsbezogenen Web-Site ausgebaut, dann wird sie als sogenannte „Microsite" bezeichnet. Der Nutzer kann entweder etwas später auf die eigentlichen Web-Sites umgeleitet werden oder ganz auf den Microsites bleiben.

4.5.11   Unterbrecherwerbung

Mit Vorsicht zu genießen

Die Unterbrecherwerbung zählt zu den Exoten in der Internet-Werbung. Sie wird auch als „Adbreak" bezeichnet. Bei dieser Werbeform wird eine bildschirmfüllende Seite als Werbeunterbrechung dazwischengeschaltet. Die Koordination hierfür übernimmt der Proxy[1]. Sobald sich die Werbeseite vollständig aufgebaut hat, kann der Nutzer sie schließen und somit an die von ihm eigentlich gewünschten Informationen gelangen.

Als Bezahlungsarten kommen hier sowohl Festpreise als auch die Abrechnung nach Anzahl der Seitenabrufe oder Anzahl der Klicks auf einen Button bzw. Banner in Frage. Die Unterbrecherwerbung wird beispielsweise bei *Germany.net* praktiziert.

Klein aber fein

Der Comet-Cursor ist eine junge Werbeform. Hierbei handelt es sich um eine Rich-Media-Anwendung, die dem herkömmlichen Pfeil-Cursor zu neuen Funktionen und vor allem zu einem neuen Look verhilft. Bei dieser von dem amerikanischen Unternehmen *Comet Systems* entwickelten Werbeform wird der Cursor optisch angepasst (*www.cometsystems.com*). Diese Technologie kann sowohl auf Werbebannern als auch auf gesamten Web-Sites eingesetzt werden. Das Ziel liegt darin, eine interaktive Verbindung zwischen dem Besucher und dem angebotenen Produkt aufzubauen.

---

[1]Proxy: Server, der von einem Internet Service Provider betrieben wird und Seiten aus dem Internet zwischenspeichert. Der Proxy soll die Geschwindigkeit erhöhen und das Internet entlasten

4.5.12 Comet-Cursor

Gelangt ein Surfer das erste Mal auf einen Werbeplatz, auf welchem die Comet- *Download*
Cursor-Technologie eingesetzt wird, so wird er zu einem einmaligen Download eines *notwendig*
Miniprogramms aufgefordert, um die angebotene Werbeform nutzen zu können.
Dieses kleine Programm ist an den Browser des Nutzers gekoppelt und bereits nach
wenigen Sekunden einsatzbereit. Nach dieser Installation reagiert bzw. verändert sich
der Cursor, sobald er auf einen entsprechenden Werbeplatz gerät. Hierbei sind viel-
seitige Veränderungen möglich, z. B. kann der Cursor eine produkt- oder markenver-
wandte Form annehmen oder er kann Zusatzinformationen wie etwa durchlaufende
Börsenkurse o. ä. anbieten. Zum Einsatz kommen die Comet-Cursor vor allem im
Zusammenhang mit Werbebannern. Auch bei Seitenanimationen und Spielen ist der
Einsatz möglich.

Die Werbebanner scheinen jedoch der effektivste Ort für den Einsatz einer solchen *Comet-Cursor*
Technologie zu sein, denn laut einer Studie des *Millward Brown IntelliQuest*[2] in den *locken*
USA können die Click-Through-Raten von Bannern mit Comet-Cursor-Technologie
um bis zu 97% steigen und die Erinnerungsrate an das Produkt bzw. die Marke
sogar bis 222%. Seit August 1998 wurden bereits 2,5 Mio. User dieser Werbeform
verzeichnet. Dies deutet darauf hin, dass es sich bei den Comet-Cursorn um ein
potenzielles Erfolgsmittel handelt.[3]

In Abb. 4.13 wird ein Beispiel für den Einsatz von Comet-Cursorn gezeigt. Die
Homepage der *M&M* Süßwaren, auf welcher sich der Cursor in das angebotene
Produkt, ein *M&M*, verwandelt.

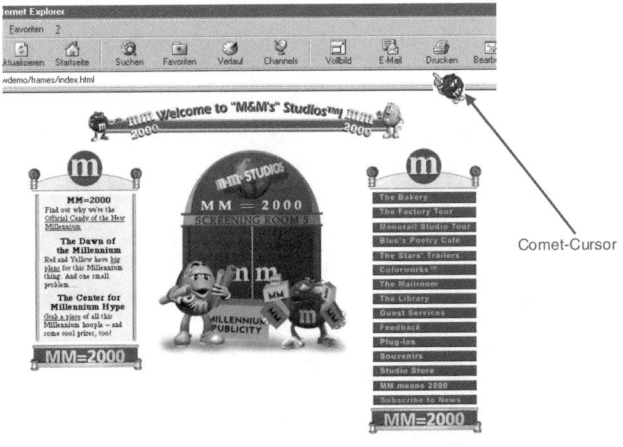

Comet-Cursor

Abb. 4.13: *Comet-Cursor M&Ms*

---

[2] http://www.intelliquest.com
[3] http://www.werbeformen.de

4.5.13   Online-Spiele

Entertainments mit emotionaler Wirkung?

Das Internet bietet dem Surfer spannende und unterhaltsame Angebote. Entertainments mit hoher emotionaler Wirkung sind kaum zu finden. Im Vordergrund steht die Information. Das Downloaden und Surfen ist allerdings oft noch unerträglich langsam. Der Surfer wird überwiegend mit textlastigen und trockenen Inhalten konfrontiert, die in den meisten Fällen nur eine lineare Dramaturgie besitzen. Ein weiterer Aspekt ist das Allein-Surfen vor dem PC, bei dem keine Gruppenstimmung aufkommt.

Die folgende Grafik zeigt, welche Verbesserungen im Rahmen der Online-Werbung durch den Einsatz von Online-Spielen erreicht werden können [Gaigl 1999].

Online-Spiele in den Marketing-Mix

Spiele im Internet verbreiten sich rasant. Von einfachen Java-Applets[4] über interaktive Spiele bis hin zu Spielen mit verschiedenen Partnern über das Netz ist inzwischen alles vertreten. Bis heute wurde die Werbewirksamkeit dieser Online-Spiele weitgehend unterschätzt. Durch eine Thematisierung der Spiele können bestimmte Zielgruppen durchaus direkt angesprochen werden. Gute Online-Spiele sollten ein Bestandteil des Marketing-Mix sein. Sie eignen sich gut für die Förderung der eigenen Web-Site.

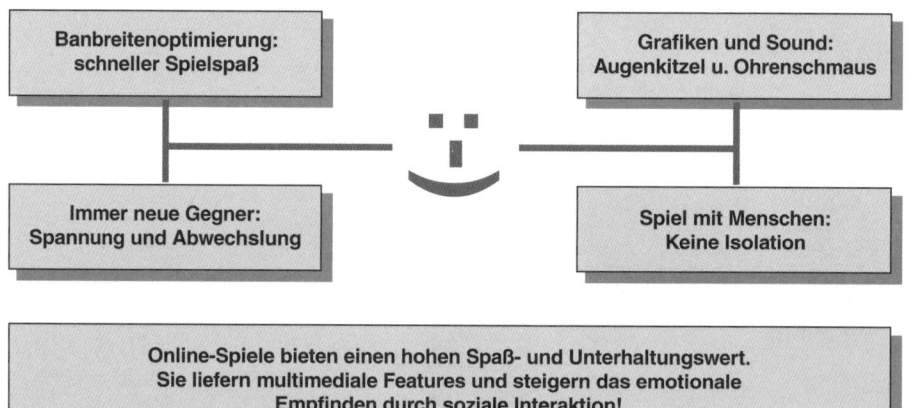

Abb. 4.14: *Reiz von Online-Spielen*

---

[4]Java-Applet: In Java programmierte Programmdatei, die im Browser ausgeführt wird. Ein Applet ist plattformunabhängig.

Abb. 4.15: *Ziele von Online-Spielen*

Die folgenden Ziele können mit Online-Spielen erreicht werden:

Zum einen besteht die Möglichkeit, sich als Sponsor eines Online-Spiels zu betätigen. *Spiele sponsern*
Hierbei werden bereits vorhandene Spieleanbieter unterstützt, und im Gegenzug
werden die dort verweilenden Spieler auf das Angebot des Sponsors aufmerksam
gemacht.

Eine andere Möglichkeit ist die Entwicklung eines eigenen Spiels. Vorteilhaft ist *Eigene Spiele*
hierbei, dass das Spiel an die eigenen Angebote angepasst werden kann und somit eine *entwickeln*
vollständige Integration in den eigenen Marketing-Mix möglich ist. Die Entwicklung
eines Online-Spiels ist jedoch eine herausfordernde Angelegenheit, die sich nur bei
umfangreichen Auftritten lohnen wird. Falls ein bereits vorhandenes Spiel unterstützt
werden soll, ist zu beachten, dass sich nicht alle im Internet angebotenen Spiele für
werbliche Aktivitäten eignen. Die folgenden Kriterien sollen einen Anhaltspunkt für
die Auswahl eines Online-Spiels darstellen:

- Kein oder lediglich ein geringer Download sollte nötig sein
- Keine Installation von Programmen auf dem PC des Spielers
- Ansprechende grafische Oberfläche
- Multi-User-Fähigkeit des Spiels
- Spielbarkeit auch ohne Spielpartner gegen den Computer
- Wegen geringerer Erklärungsbedürftigkeit besser klassische Spiele
- Spielanreize wie Gewinne oder Zusatz-Level schaffen
- Erhalt des Spielstands bei Abbruch und über mehrere Sitzungen hinweg
- Aufrechterhaltung der Spannung durch wechselnde Spielinhalte auch nach längerem Zeitraum
- Passende Diskussionsforen, Mailing-Listen etc. sollten zum Thema angeboten werden.

http://www.ws1willhill.com	Online Sport-Wetten
http://www.online-spiele.org	Deutsches Portal für Online-Spiele
http://f1live.com	Sie managen Ihr eigenes Formel 1-Team
http://www.playsite.com	Spiele von Backgammon bis Roulette

Tabelle 4.4: *Einige Online-Spiele*

4.5.14   Online-Auktionen

Der etwas andere Einkauf

Online-Auktionen sind weit mehr als nur ein Marketing-Gag. Im Web ist dieses Geschäftsmodell bereits etabliert. Das Marktforschungsinstitut *Forrester Research*[5] sagte einen weltweiten Umsatz von mehr als 52 Mio. US-$ über Online-Auktionen voraus. Nicht nur in den USA ist diese Geschäftsform auf dem Vormarsch. Auch das deutsche Online-Auktionshaus *Ricardo*[6] kann seine Erfolge sehen lassen. Das Unternehmen erwartet bis 2005 einen Jahresumsatz von 50 Mio. €.

Das Sortiment wird breiter

Das Sortiment der Online-Auktionshäuser ist inzwischen schon weit gefasst, von aktueller Hardware bis hin zur Last-Minute-Reise wird alles angeboten. Die Palette der zu versteigernden Waren wird noch größer werden, da sich die Profile der Internet-Surfer vom männlichen Technik-Freak hin zu Surfern aller Gesellschaftsschichten verändert. Daraufhin wird neben Soft- und Hardware auch verstärkt Spielzeug oder Kleidung Einzug in die Online-Auktionshäuser halten.

Auktion und Zeit

Ebenso wie verschiedene Inhalte gibt es auch eine Reihe unterschiedlicher Auktionstypen. Es kann zwischen Echtzeit-Auktionen, Langzeit-Auktionen und einmaligen Events unterschieden werden. Innerhalb dieser Auktionen werden entweder Business-to-Consumer- oder Consumer-to-Consumer-Geschäftsbeziehungen unterhalten, beide Varianten gleichzeitig sind ebenfalls denkbar.

Echtzeit-Auktion, Langzeit-Auktion

Bei Echtzeit-Auktionen bieten die Internet-Bieter parallel zu den bei einer realen Versteigerung räumlich anwesenden Bietern. Bei Langzeit-Auktionen vollzieht sich die Auktion innerhalb mehrerer Tage. Der Kunde kann so in aller Ruhe das zu versteigernde Produkt prüfen und selbst ein Angebot abgeben. Er kann verfolgen, wie sich die Auktion entwickelt und bis zum Endtermin sein Gebot erhöhen, sollte dies überboten werden. Diese Art der Online-Auktion wird derzeit von deutschen Unternehmen wie *mediasell*[7] oder *Feininger*[8] angeboten.

Die regelmäßige Auktion

Die dritte Form der Online-Auktionen, die Events, finden immer zu einem bestimmten Zeitpunkt statt. Ein Beispiel für solche Events sind die jeden ersten Donnerstag im Monat stattfindenden Auktionen bei *Lufthansa*[9].

---

[5] http://www.forrester.com
[6] http://www.ricardo.de
[7] http://www.mediasell.de
[8] http://www.feininger.de
[9] http://www.lufthansa.de

Bevor ein Surfer an einer Versteigerung im Internet mitbieten kann, muss er sich zuerst *Zuerst sich* registrieren lassen. Er gibt seinen Namen, Wohnort und die Kreditkartennummer bzw. *registrieren* Rechnungsanschrift an und erhält dann ein Passwort per E-Mail zugesandt. Dieses *lassen* muss vor jeder Teilnahme angegeben werden. Daraufhin erfahren alle Interessierten das Startgebot, welches oftmals dem Ladenpreis entspricht. Alle weiteren Gebote werden umgehend aktualisiert. Eine Erhöhung der Angebote ist bis Auktionsende möglich. Wie bei einer realen, klassischen Auktion erhält derjenige den Zuschlag, der am Ende das höchste Gebot abgegeben hat.

Weitere Online-Auktionsvarianten betrachten wir im Kap. 8.

4.5.15   Public Relations

Mit Public Relations ist in diesem Zusammenhang die positive Nennung des Un- *Nennung in den* ternehmens oder seiner Aktivitäten und Dienstleistungen in Medienerzeugnissen *Medien* (einem Printartikel, einer Rundfunk- oder Fernseh-Nachrichtenmeldung oder auf einer anderen Web-Site) gemeint. Abgesehen von Productplacements in kommerziellen Medienprodukten ist der gewünschte Effekt in aller Regel nicht als bezahlbare Dienstleistung zu haben.

In (Wirtschafts-)Nachrichten und News wird im Allgemeinen nur etwas wirklich *Presse-Web-Site* Berichtenswertes erwähnt. Wettbewerbe, Veranstaltungen oder die Freigabe neuer Produkte können ein guter Anlass für Pressemitteilungen an Wirtschafts- und Fachredaktionen bei Print- oder Online-Medien sein. Für die Pflege der Beziehungen zu den potenziellen Berichterstattern kann wiederum eine speziell für diesen Interessentenkreis eingerichtete Web-Site benutzt werden.

4.5.16   Suchmaschinen

Ein erster Schritt, um potenzielle Kunden auf die eigene Web-Site zu locken, ist si- *Ist die Web-Site* cherlich der Eintrag in eine Suchmaschine. Diese Aufgabe ist nicht zu unterschätzen, *bekannt bei* denn sie erfordert einiges Sachwissen über die Funktionsweise der Suchmaschinen. *Suchmaschinen?* Es gibt zahlreiche Angebote von Dienstleistern, die die Anmeldeprozedur übernehmen. Allerdings sollte Angeboten wie „120 Suchmaschinen für 25 €" o. ä. nicht blind vertraut werden. Die Qualität solcher Anmeldungen reicht oft nicht aus, um die gewünschten Ziele bzw. Positionen in den Suchergebnissen zu erlangen. Eine einmalige gute Anmeldung reicht ebenfalls nicht aus. Vielmehr muss fortlaufend untersucht werden, ob der Internet-Auftritt noch in der Suchmaschine gelistet ist.

Grundsätzlich können zwei Typen von Suchmaschinen unterschieden werden. Zum *Unterschiedliche* einen solche, die einen sogenannten Roboter einsetzen, der automatisch die Infor- *Typen von* mationen der Web-Seiten durchsucht und speichert. Zu diesen „tiefschürfenden" *Suchmaschinen* Suchmaschinen zählen *AltaVista*[10] und *Google*[11]. Zum anderen solche, die Verzeichnisse genannt werden. Hierbei handelt es sich um Themenkataloge. Es werden keine

---

[10]http://www.altavista.com
[11]http://www.google.de

Informationen der Internet-Auftritte ausgewertet. Sie verwenden lediglich die im Anmeldeformular angegebenen Daten. Ein Beispiel hierfür ist *Yahoo!*[12].

Welche Schlüsselwörter beschreiben das Angebot?

Bevor die Web-Sites bei einer Suchmaschine, gleich welcher Art, angemeldet werden können, muss zunächst eine Liste mit Keywords, also Schlüsselwörtern, erstellt werden. Diese müssen den Inhalt des Angebots widerspiegeln. Bei der Zusammenstellung einer solchen Liste ist darauf zu achten, nach welchen Begriffen potenzielle Kunden suchen könnten. Viele Nutzer starten ihre Suche mit recht allgemeinen Begriffen und engen sie erst später ein.

Scharfes Profil

Grundsätzlich können mit Keywords zwei unterschiedliche Strategien verfolgt werden. Mit einer begrenzten, dafür aber sehr speziellen Liste von Schlüsselworten kann für diese Keywords ein hohes Ranking, also ein guter Platz in einer Suchmaschine, erreicht werden. Eine lange und sehr ausführliche Liste erreicht in der Regel eine etwas schlechtere Positionierung.

Im Zusammenhang mit der Auswahl der Keywords sind folgende Punkte zu beachten:

- Wie bereits erwähnt, sollte ein besonderes Augenmerk darauf gelegt werden, was die Nutzer auf einer Web-Site suchen könnten. Hierbei gilt die Devise: „Die Stichworte sind wichtiger als die Tatsachen!" Es ist allerdings nicht möglich, in einer Keyword-Liste Dinge anzugeben, die überhaupt nicht auf eine Web-Site zutreffen. Ein solches Verfahren durchschauen vor allem die tiefschürfenden Suchmaschinen und bestrafen dies mit dem Ausschluss oder einem sehr schlechten Ranking.

- Die Stichworte müssen getestet werden. Hierzu können die Begriffe bei den gewünschten Suchmaschinen eingegeben werden. Ist die Web-Site dann angemeldet, kann unter *http://www.rankthis.com* kostenlos die Position bestimmt werden, an welcher der Internet-Auftritt in einer Suchmaschine bei Eingabe eines bestimmten Stichworts gefunden wird.

- Es sollte bei allen Keywords die Pluralform verwendet werden, da diese automatisch den Singular mit abdeckt.

- Allgemeine Begriffe sollten auf keinen Fall in der Liste der Schlüsselwörter auftreten. Hierzu zählen Begriffe wie „Web", „Internet" oder „Services". Im Zweifelsfall lohnt sich der Versuch, das gewünschte Keyword bei *AltaVista* einzugeben. Sollte die Ausgabe „ignored 19,152,057 services" lauten, ist das Keyword zu allgemein und wird bereits zu häufig verwendet.

- Keywords müssen nicht zwingend aus einzelnen Worten bestehen. Viele User suchen auch nach bekannten Phrasen wie etwa „web site promotion". Kann das Thema der Web-Site durch eine solche Phrase beschrieben werden, so kann diese zusammenhängend im Titel der Seite oder im META TAG (s. u.) verwendet werden.

- Die Web-Seiten müssen für das Durchforstetwerden mit Robots entsprechend gerüstet sein. Eine Platzierung der Keywords in den Web-Sites kann in ver-

---

[12] http://www.yahoo.de

schiedenen Bereichen einer HTML-Seite erfolgen. Hierzu zählen verschiedene Tags im Head-Abschnitt einer HTML-Seite.

- TITLE: Damit ist nicht die erste Überschrift der Seite gemeint, sondern der HTML-Tag <TITLE></TITLE>. Dies ist ein sehr wichtiger Bereich, in dem höchstens ein oder zwei Keywords untergebracht sein sollten. Der Titel sollte nicht übermäßig lang, sondern besser kurz und prägnant sein.

- META-TAGS: Von fast allen Suchmaschinen werden die <META>-Tags einer Seite ausgewertet. Hier können Stichworte angegeben werden, unter denen die Web-Site gelistet werden soll. Neben korrekt geschriebenen Suchbegriffen sollten gleiche, aber fehlerhaft buchstabierte Stichwörter hinzugefügt werden. Die Site wird dann auch bei „Vertippern" gefunden. Jedoch sollte darauf geachtet werden, dass die Suchmaschinen überprüfen, ob Keywords mehrfach vorkommen und ob die Begriffe auch mit dem Inhalt der Seite übereinstimmen. Bei Verstoß wird die Site entweder überhaupt nicht in die Suchmaschine eingetragen oder als Strafe am Ende der Trefferliste aufgeführt. Auf der folgenden Web-Site steht ein kostenloser Test der META-TAGS zur Verfügung: http://www.northernwebs.com/set/setsimjr.html

- DESCRIPTION: Die Description ist sehr wichtig. Hier werden die zwei oder drei Zeilen festgelegt, mit denen der gefundene Link in einer Suchmaschine beschrieben wird. Der Suchende entscheidet aufgrund dieses Eintrags, ob er die Site für nützlich hält oder besser auf eine andere zugreift. In diesem Bereich sollte also nicht das Unternehmen beschrieben werden, sondern es sollten konkrete Auskünfte über die angebotenen Produkte bzw. Dienstleistungen geliefert werden. Außerdem muss bei den meisten Suchmaschinen die Description weniger als 200 Zeichen lang sein, anderenfalls erfolgt eine Bestrafung. Der Meta-Description-Tag kann unter folgender URL getestet werden: *http://www.northernwebs.com/set/setsimjr.html.*

Der Eintrag des Titels, der Meta-Tags sowie der Description in einer Web-Site sehen wie folgt aus:

```
<HEAD>
<TITLE>Titel der Seite</TITLE,>
<META Name="description" CONTENT=" Etwas Interessantes" Key-
   words kommen hier nicht vor. Auf 199 Zeichen begrenzt." >
<META Name="keywords" CONTENT= "Die Keywords, die ganze Lis-
   te, die Worte durch Kommata getrennt">
</HEAD>
<BODY>
```

Wenn möglich, sollten alle Einstiegsseiten bei einer Suchmaschine angemeldet werden. Zwar wird ein Roboter sämtliche Seiten durchsuchen, wenn nur die Toplevel-Page angemeldet ist, allerdings kann dies eine Weile dauern.   *Mehrere Seiten registrieren*

Bei Standardsuchmaschinen, zu denen etwa *Yahoo!* gehört, besteht die Möglichkeit, verschiedene Kategorien auszuwählen, in denen die Web-Site gelistet werden soll.   *Nicht zu tief kategorisieren*

Tools	Produktname	Web-Site
Exploit Information technology	Exploit Submission Wizard	http://www.exploit.net/wizard
Deadlock Design	Promotion Artist	http://deadlock.com/promote/software/artist
Service-Sites		
Submit it!	Submit it	http://www.submit-it.com
Web Master Plan	Web Master Plan	http://www.webmasterplan.com
AddMe	AddMe	http://addme.com

Tabelle 4.5: *Beispiele für Service-Web-Sites und Submission-Tools*

Hierbei sollte auf jeden Fall darauf geachtet werden, dass keine Kategorien mit zu langen Verzweigungen gewählt werden. Auch ist ein Eintrag in mehr als zwei verschiedene Themengebiete bei den meisten Verzeichnissen nicht zu bekommen.

Hilfe beim Eintrag

Generell können die Einträge in Suchmaschinen bzw. Verzeichnisse manuell vorgenommen werden oder mit Hilfe kleiner Programme, den sogenannten Submission-Tools oder auch mittels der zahlreichen ServiceWeb-Sites. Meist ist der Eintrag in eine kleine Zahl von Suchmaschinen kostenlos, für eine umfangreichere Nutzung werden jedoch pro Submission, also pro Eintragung, Gebühren erhoben. In einigen Fällen wird anstatt einer Bezahlung ein Werbebutton mit Link auf den Anbieter verlangt.

In Tabelle 4.5 sind einige Beispiele für Submission Tools und ServiceWeb-Sites angeführt.

Suchmaschinen-futter

Das Wiederholen von einzelnen Wörtern bei der Anmeldung wird von fast allen Suchmaschinen inzwischen erkannt und geahndet. Das Reproduzieren von ganzen Seiten ist jedoch immer noch vielversprechend. Hierzu wird eine ganze Reihe von Web-Sites mit Beschreibung in Titel, Meta-Tags und Inhalt erstellt. Diese Seiten werden dann als „Beiboote" für die eigentliche Web-Site verwendet. Ihre einzige Aufgabe liegt darin, einen Verweis auf das eigentliche Angebot zu liefern. Besonders sinnvoll ist dies, wenn mit einem Angebot unterschiedliche Kunden angesprochen werden sollen. Diese Beiboote können dann als „Suchmaschinenfutter" zielgruppengerecht dargestellt werden.

4.5.17   Web-Verzeichnisse

Das Redaktionsteam sichert die Qualität

In Web-Verzeichnissen werden Web-Sites in verschiedene Kategorien und Unterkategorien eingeteilt. Um diese Kategorisierung zu ermöglichen, bedarf es allerdings redaktioneller Betreuung und manueller Einträge. Für den Nutzer hat diese Form einer Suchmaschine den Vorteil, dass er das Gewünschte in einer Art Suchbaum spezifizieren kann. Hierdurch erhält er weitaus weniger Treffer als bei einer herkömmlichen Suche. Ein weiterer Vorteil liegt darin, dass die Seiten manuell erfasst sind. Der Nutzer erhält folglich keine Suchergebnisse, die nicht zu seinem Thema passen, obwohl diese die entsprechenden Stichworte aufweisen, wie das oft der Fall ist.

Beispiele für solche Web-Verzeichnisse sind - wie bereits erwähnt – *Yahoo!* oder *Web.de*[13] [Köhler 1998].

4.6   Online-Sponsoring

Der Begriff „Online-Sponsoring" ist im Prinzip gleich einzuordnen wie der des „nor- *Schwerpunkt* malen" Sponsoring, nämlich bei Public Relations. Altobelli und Hoffmann erweitern *Public Relations* den Sponsoringbegriff jedoch etwas:

„Der klassische Sponsoringbegriff (Geld gegen Logoplazierung bzw. Nennung des Sponsors) ist für Online-Sponsoring zu eng gefaßt, da der werbliche Charakter bei Marken- und Logoplazierung auf Online-Sites im Vordergrund steht. Online-Sponsoring ist deshalb auch Teil der Absatzwerbung. Der werbliche Charakter zeigt sich auch durch den eingebauten Hyperlink zur eigenen Information-Site des werbetreibenden Unternehmens" [29].

Etabliert hat sich heute im World Wide Web das Online-Sponsoring. Gut besuchte *Logo und Link* Seiten bieten sich an, um dort ein sogenanntes Banner, das ist z. B. das Logo des Sponsors in Briefmarkengröße, aufzunehmen. Das Banner ist dabei als Hyperlink ausgeprägt: Klickt der Interessent auf das Banner, so wird er automatisch auf die Web-Seite des Sponsors geführt. Ist das Interesse geweckt, wird der Web-Surfer im Informations-Angebot des Sponsors stöbern. Prinzipiell ist auch Banner-Platzierung ohne Hyperlink auf eine Sponsoren-Web-Seite denkbar. Zweckmäßig ist das allerdings nicht, da ein Großteil der möglichen Werbeeffizienz mangels Interaktivität und Informations-Unterversorgung wirkungslos verpuffen wird.

Analog zum Real-World-Marketing rechnet sich der Kauf einer Werbefläche auch *Der Besucher-* im Cyberspace nur dann, wenn die Web-Site für die Logo-Platzierung entsprechend *andrang ist* besucht wird und/oder wenn dort die anvisierte Zielgruppe zu finden ist. Niemand *messbar* weiß, wieviele Leser einer Anzeige in einem Printmedium Beachtung schenken oder wieviele Zuschauer die teils lästig empfundene, teure Fernsehwerbung beachten. Im Internet ist es dagegen sehr wohl möglich festzustellen, wieviele Benutzer eine Werbefläche anklicken, um die dahinterliegende Web-Seite auf den persönlichen Computer zu laden. Auf diese Weise lassen sich die für das Sponsoring aufgebrachten Kosten viel direkter zu einem Nutzen in Beziehung bringen.

Die Kosten für eine Web-Werbefläche hängen heute im Wesentlichen von der Be- *Platzierungs-* sucheranzahl der Web-Site ab, auf der die Werbefläche angebracht werden soll. *kosten stehen in* Berühmte und beliebte Web-Sites erzielen sehr hohe Besucherzahlen, die durchaus *Zusammenhang* in die Millionen gehen können. James Martin nennt Beispiele: *„Ein paar Monate* *mit der* *nachdem der Playboy seine Web-Site (www.playboy.com) im Internet eröffnet hatte,* *Besucherzahl* *verzeichnete die Web-Site über drei Millionen Besucher pro Tag. . . . Als IBMs Computer „Deep Blue" den Schachgroßmeister Sacharow herausforderte, besuchten täglich*

---

[13]http://web.de

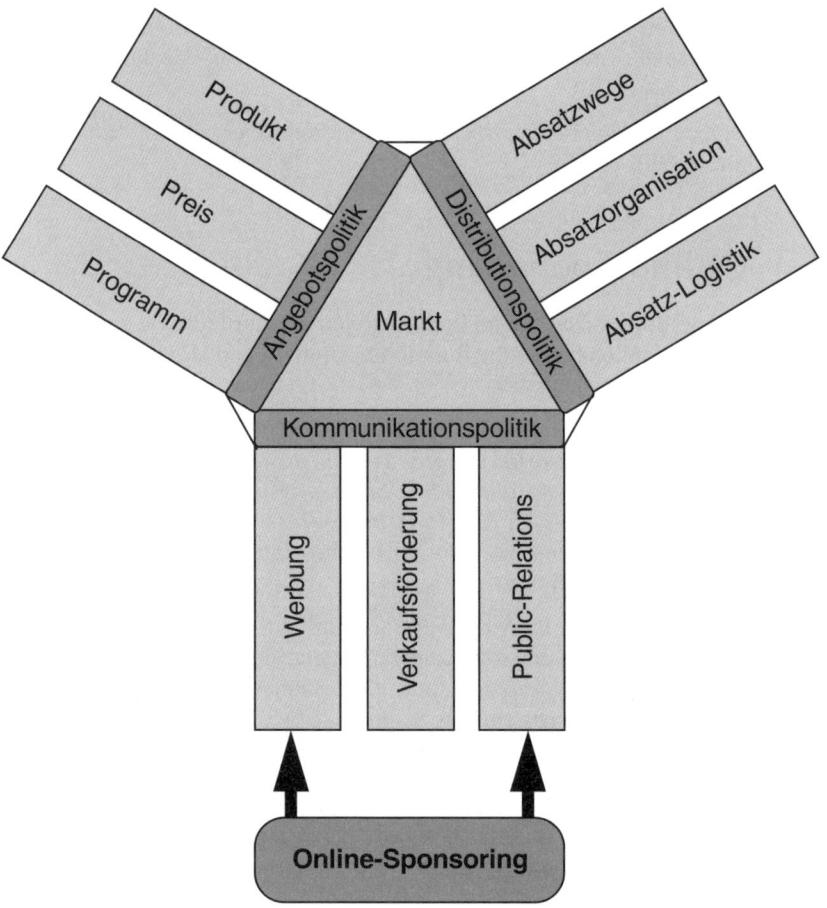

Abb. 4.16: *Online-Sponsoring*

fünf Millionen Menschen das Schachspiel im Internet – eine äußerst differenzierte Marketing-Zielgruppe" [97].

Zum Beispiel HotWired und USA Today

In eine ähnliche Größenordnung bzgl. der Besucherzahlen stoßen die Web-Repräsentanzen der Print-Medien *HotWired* (*hotwired.lycos.com*) und *USA Today* (*www.usatoday.com*). *HotWired* und *USA Today* haben unterschiedliche Preisstrukturen für das Schalten von Werbeflächen auf ihren Web-Seiten. Berechnet *HotWired* Platzierungsgebühren je nach Größe der zu platzierenden Grafik zwischen 30.000 US-Dollar und 100.000 US-Dollar für eine dreimonatige Einschaltung, so hat *USA Today* eine Preisstrukturierung, die sich am Werbeergebnis orientiert! *„USA Today berechnet 20 Dollar je 1000 Kunden, die innerhalb eines Zeitraums von zwei Monaten eine Werbefläche anklicken. Die Sponsoren bezahlen nicht für die Anzahl der Benutzer, die die Web-Site von USA Today besuchen, sondern nur für die Anzahl der Besucher, die zur Web-Site des Inserenten gelockt werden. Damit werden die* *ökonomischen Aspekte der traditonellen Werbung auf den Kopf gestellt. Es ist nur logisch, daß für eine Werbeeinschaltung keine Kosten entstehen, sondern nur, wenn diese Ergebnisse liefert"* [Martin, 97].

Hier noch ein Preis-Beispiel für die Platzierung eines Banners bei dem deutschen Anbieter *Neue Mediengesellschaft Ulm mbH*. Banner können beispielsweise auf der Home-Page *www.suchen.de* oder in einem Suchergebnis geschaltet werden. Diese Suchmaschine ist nach eigener Auskunft das größte deutsche E-Mail-Verzeichnis, in dem der Internet-Benutzer nach Name, Vorname, Firma oder Branche eine E-Mail-Adresse suchen kann. Die Kosten für die Platzierung eines Banners in der Homepage (160 × 55 Pixel) belaufen sich auf ca. 1.800,– €/Monat. Laut Angaben des Verlages erzielt die Home-Page laut Logfile-Protokoll 80.000 Page-Views pro Monat. Die Suchmaschine liefert 120.000 Suchergebnisse pro Monat. In einem solchen Suchergebnis kostet ein Banner mit Link um die 2.500 € pro Monat.

Preis-Beispiel für Banner-Platzierung

Online-Sponsoring lässt sich aber nicht nur im Web realisieren. Mailing-Listen können dazu ebenso genutzt werden. In der sogenannten *Signatur* einer E-Mail können kurze Texte auf den Sponsor verweisen und seine URL bekannt machen. Aber auch per FTP, Gopher, finger und selbst telnet ist Sponsoring machbar. Auf FTP-Servern können Files und Verzeichnisse mit dem Sponsor-Namen angelegt werden. In den Dateien und Verzeichnissen sind entsprechende Inhalte bezüglich des Sponsors enthalten. Gopher-Menüs können sponsor-orientierte Menüinhalte anbieten. Bei finger profitiert der Sponsor durch entsprechende Einträge in den finger-Dateien „*.projects*" und „*.plan*". Bei telnet läuft das Sponsoring über die beim Login automatisch aktivierten login- und startup-Dateien, wie beispielsweise „*.profile*" oder „*.login*" bei Unix-Systemen. Beim Einsatz von Audio, Video und Virtual Reality nimmt das Sponsoring die von Radio und Fernsehen her vertrauten Formen des Sponsorings an.

Sponsoring ist nicht nur im WWW möglich

4.7 Information-Site

Hier wird nicht nur ein Logo oder ein Markenname dargestellt, sondern es werden den Interessierten detaillierte Informationen über ein Unternehmen, seine Produkte, seine Dienstleistungen usw. zum Abruf zur Verfügung gestellt. Auf einer Information-Site ist prinzipiell alles möglich, was über klassische Werbekanäle auch abgedeckt werden kann. Kennzeichnend ist insbesondere die Abdeckung der Informationsphase. Abschluss oder Abwicklung eines Geschäftes ist nicht Bestandteil einer reinen Information-Site; sondern der werbliche Charakter steht ganz klar im Vordergrund. Andererseits sind charakteristische Eigenschaften einer Information-Site inhärenter Bestandteil eines elektronischen Marktes. Die dritte Ebene des weiter oben vorgestellten elektronischen Kaufhauses *Peter Pans Einkaufswelt* ist praktisch die in das Kaufhaus integrierte Information-Site. Für eine Information-Site kommen fast alle Internet-Dienste in Betracht. Da sich die Dienste gegenseitig ergänzen, lässt sich durch den Gesamteinsatz ein facettenreiches Angebotsbündel schnüren:

Schwerpunkt Informationsphase

- **Elektronische Post (E-Mail)**: Zur individuellen Beantwortung von Anfragen aus dem Netz.

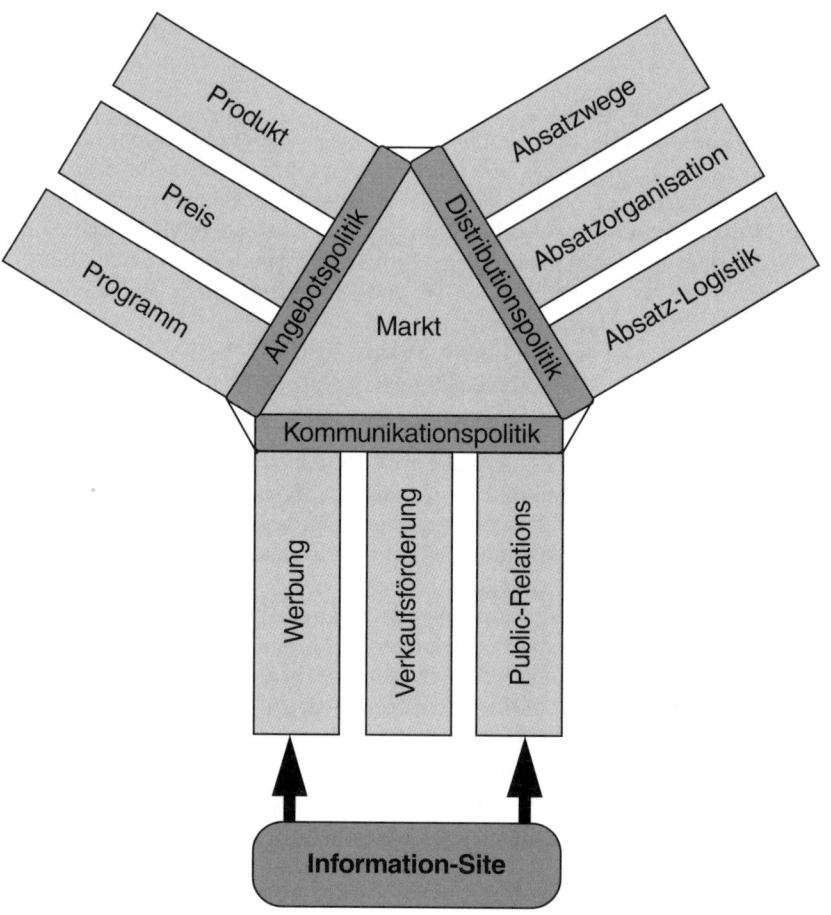

Abb. 4.17: *Information-Site*

- **World Wide Web**: Zur Darstellung verteilter, multimedialer Inhalte mit Interaktionselementen.

- **Finger**: Für Pressemitteilungen und zur Veröffentlichung textorientierter Periodika.

- **Whois**: Darstellung der öffentlichen Firmentelefonliste.

- **FTP, Anonymous FTP**: Zur Lagerung umfangreicher Publikationen, die der Interessent nach dem Download auf seinem Computer betrachtet: Videos, Sounds, Multimedia-Dokumente, technische Handbücher, Kataloge zum Ausdrucken.

- **Mailing-Listen**: Für Rundschreiben an alle, die sich selbst in den Verteiler eingetragen haben, Mitteilung von Preisänderungen, Produktankündigungen, New-Flashs: Wissenswertes kurz & bündig. Hinweise auf Sonderaktionen.

- **News/Usenet**: Für die direkte Kommunikation mit dem Markt. Verschiedene Diskussionsgruppen können zielgruppen-, produkt- und themenspezifisch eingerichtet werden.

- **Gopher**: Zur Lagerung systematisch organisierter und verteilt abgelegter Informationen für Interessenten am Großrechner, die über keine Grafikbildschirme verfügen, denen aber für die Selektion Menüs angeboten werden sollen.

- **Wais**: Zur Lagerung umfangreicher Text- (ASCII, PostScript, HTML) und Binärdateien (GIF, JPEG, u. a.), für die zusätzlich ein Volltext-Suchmechanismus angeboten werden soll.

- **Real Audio**: Zur Übertragung von Ton-, Musik- und Gesprächssequenzen.

- **Real Video**: Zur Übertragung von Video-Sequenzen.

- **Virtual Reality**: Zur Darstellung mulitmedialer, dreidimensionaler Animationen.

Typische Inhalte einer Information-Site, die im Instrumentalbereich Kommunikationspolitik angesiedelt ist: *Typische Inhalte*

- Darstellung von Unternehmensinformationen,

- Darstellung von Produkten & Dienstleistungen,

- stets aktuelle Preislisten, Datenblätter, Spezifikationen,

- Handbücher,

- Produktankündigungen,

- Vorstellung von Unternehmensbereichen, Abteilungen und Mitarbeitern,

- Gewinnspiele: vom einfachen textbasierenden Rätsel bis hin zum multimedial gestalteten Abenteuerspielplatz ist alles möglich,

- Informercial: Unterhaltsame und informative Beiträge anstelle traditioneller, direkt aus dem Print-Bereich übernommener Werbung,

- kostenlose Software, Utilities, nützliche Tools und Programm-Updates,

- Links auf die Web-Pages befreundeter und kooperierender Firmen.

Informationen nur für die eigenen Mitarbeiter, z. B.:

- Online-Verkaufshandbuch,

- interne Preislisten,

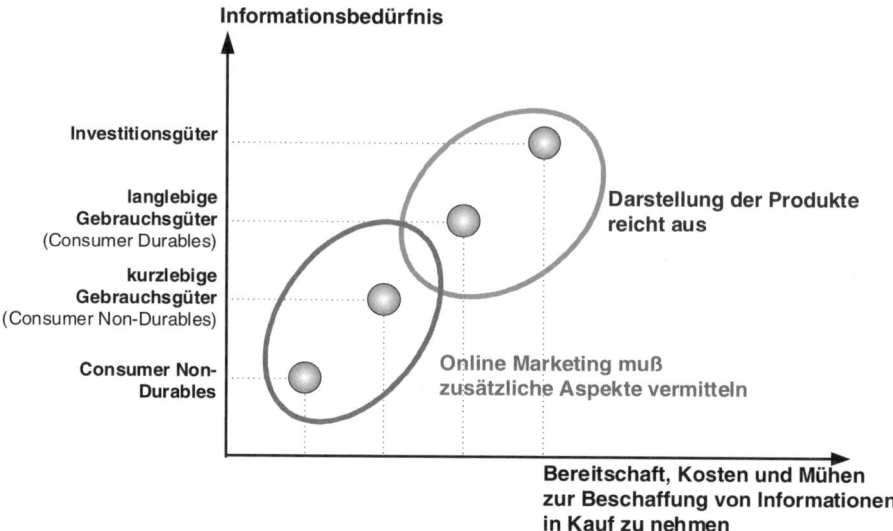

Abb. 4.18: *Informationsbedürfnis und Anreiz, Informationen zu Suchen [vgl. Altobelli und Hoffmann, 46]*

- interaktive Konfigurationshilfen für technische Systeme sowie

- zahlreiche weitere Anwendungen, die organisatorisch im **Intranet** stehen und dem autorisierten Mitarbeiter intern, aber auch aus dem Internet (nach entsprechender Identifizierung) zugänglich sind. Prinzipiell sollte jeder mobile Mitarbeiter jederzeit seine Firma als Information-Site kontaktieren können.

Alle Inhalte lassen sich zielgruppenspezifisch modellieren, so dass bei bestimmten Inhalten ein Mehrfachangebot zweckmäßig sein kann und jede Zielgruppe die für sie relevante Präsentation findet.

Informations-Distributoren Inhalte von Information-Sites, die im Bereich der *Informations-Distribution* angesiedelt sind, wenden sich an spezielle Interessensgruppen. Solche Information-Sites können Reiseziele (*http://www.geo-saison.de/*), Handel mit Options-Scheinen (*www.vwd.de*), Nachrichten (*www.focus.de*), technische Hinweise (*http://www.nickles.de/*), Entertainment (*www.berlin-entertainment.de*), Sportergebnisse (*www.ran.de*), Wetterberichte (*www.tagesschau.de*) und vieles andere publizieren. So gesehen kann eine Information-Site zur Online-Zeitung, zum Online-Magazin ausgebaut werden. Finanziert sich das Online-Magazin aus dem Marketing-Budget der betreibenden Firma oder von Sponsorengeldern, so kann die Information-Site für ihre Nutzer kostenfrei bleiben. Um den Marketing-Nutzen für den Betreiber zu erhöhen kann es sinnvoll sein, den Zugang zur Information-Site zu kontrollieren. Vor dem Zugang kann der Nutzer gebeten werden, freiwillig marketingrelevante Daten über sich in eine Datenbank einzutragen.

	klassische Medien		neue Medien	
	TV	Print	CD-ROM	Internet
Individuelle Selektion von Informationen	+	+	+++	+++
Intensität des Werbekontaktes	++	+	+++	+++
Aktualisierungsmöglichkeit	++	+	+	+++
Permanente Verfügbarkeit von Marketinginformationen	++	+	+	+++
globale Verfügbarkeit	++	+	++	+++
geringe Kostenintensität	++	+	++	+++
direkte Kontrollmöglichkeit	++	+	+	+++
Unaufwendige Optimierungsmöglichkeit	++	+	+	+++
Reichweite	+++	++	+	+

+++ sehr gut ++ gut + zufriedenstellend

Tabelle 4.6: *Werbeträger und ihre spezifischen Vorteile [vgl. Altobelli und Hoffmann, 34]*

4.8   Online-Katalog

In einem Online-Katalog werden die Produkte, normalerweise lediglich ein Ausschnitt der gesamten Produktpalette eines Unternehmens, im Internet dargestellt. Die Produkte werden mit Hilfe von Abbildungen und Textinformationen präsentiert. Der Nutzer kann die Angebote durchblättern oder in den meisten Fällen auch mit Hilfe einer Suchfunktion gezielt nach dem gewünschten Artikel suchen.

Für erklärungsbedürftige Produkte bietet sich die Individualisierung des Kataloges mit Hilfe einer Beratungsfunktion an. Online-Katalogen fehlt in der Regel jegliche Transaktionsfähigkeit.

4.9   Online-Shop

Der Online-Shop ist eine Erweiterung der Information-Site oder des Online-Katalogs mit Transaktionselementen, so dass beispielsweise auch bestellt und ggf. auch über das Internet bezahlt werden kann. Online-Shopping beinhaltet eine Unterstützung der Informationsphase, ja man kann sagen, eine Information-Site ist wesentlicher Bestandteil des Online-Shops. Altobelli und Hoffmann führen aus:

Schwerpunkt Informations- und Abschluss- Phase

„Auch bei der Klassifizierung dieser Online-Marketingform ergibt sich ein Zuordnungsproblem. Online-Shopping umfaßt zum einen Sales-Promotion und Absatzwerbung (Kommunikationspolitik). Zum anderen ist ein Vertrieb von Produkten über den Infohighway Teil der Distributionspolitik. Außerdem kann der Preis von Produkten in Online-Shopping Malls auch den Absatz über klassische Vertriebswege beeinflussen (Preispolitik). Durch den Online-Vertrieb können Daten über den Konsumenten generiert werden, wodurch auch der Bereich der Marketingforschung berührt wird" [29].

Weitere Instrumente im Einsatz

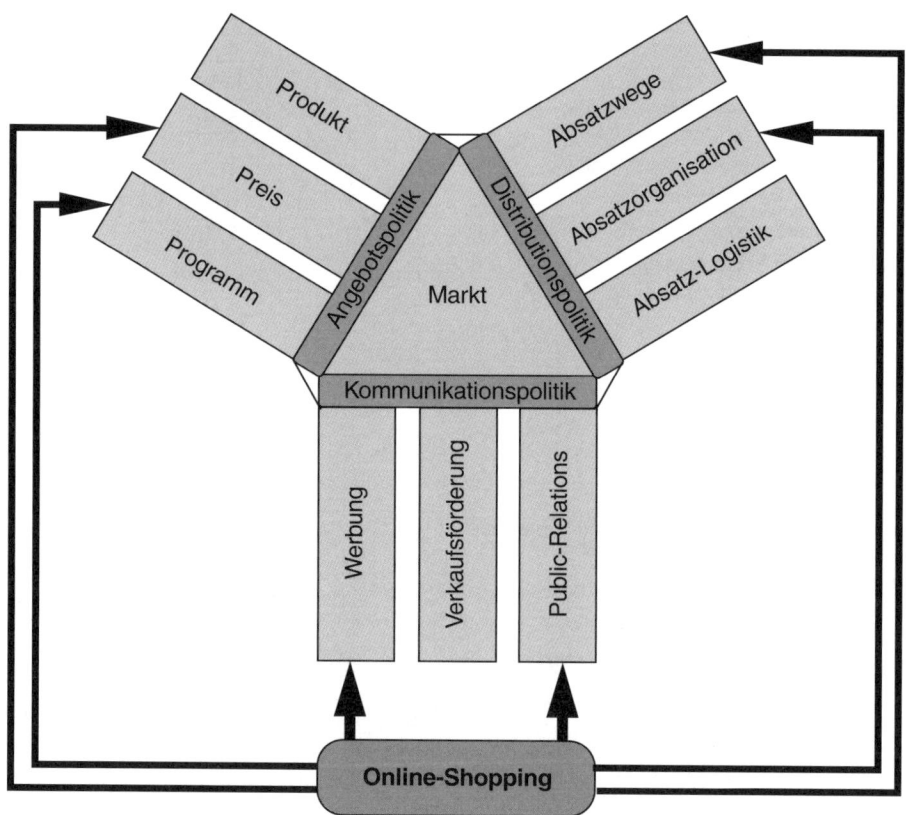

Abb. 4.19: *Online-Shopping mit materiellen Gütern*

Typisches Merkmal: der Einkaufskorb

Zur optimalen Unterstützung der Informationsphase einer Kauftransaktion ist in den Online-Shop eine Information-Site zu integrieren. In *Peter Pans Einkaufswelt* war die dritte Ebene eine Entsprechung zur Information-Site. Die charakteristischen Merkmale eines Online-Shops erhielt *Peter Pans Einkaufswelt* durch den Einkaufskorb (Einkaufswagen) und durch die für die Bestellung notwendigen Bedienelemente.

Dienstleister übernehmen die Zustellung

Peter Pans Einkaufswelt ist ein Online-Shop zum Vertrieb materieller Güter. Die Distributionspolitik fußt aus diesem Grund zu einem guten Teil in der realen Welt, da eine Zustellung der bestellten Waren über das Netz nicht möglich ist. Ein Dienstleister muss die Zustellung übernehmen. Anders sieht es aus, wenn der Online-Shop ausschließlich digitale Güter, z. B. Multimedia-Publikationen, anbietet: Nun kann die Distributionspolitik vollständig netzbasierend sein, weil der Shop jetzt auch den Transport übernehmen kann.

Vollständiger elektronischer Markt

Der Online-Shop mit digitalen Gütern stellt einen vollständig elektronischen Markt dar. Hat das Zukunft? Die übereinstimmende Expertenmeinung: Ja! *Consulting Trust* geht von der unten dargestellten Verteilung aus.

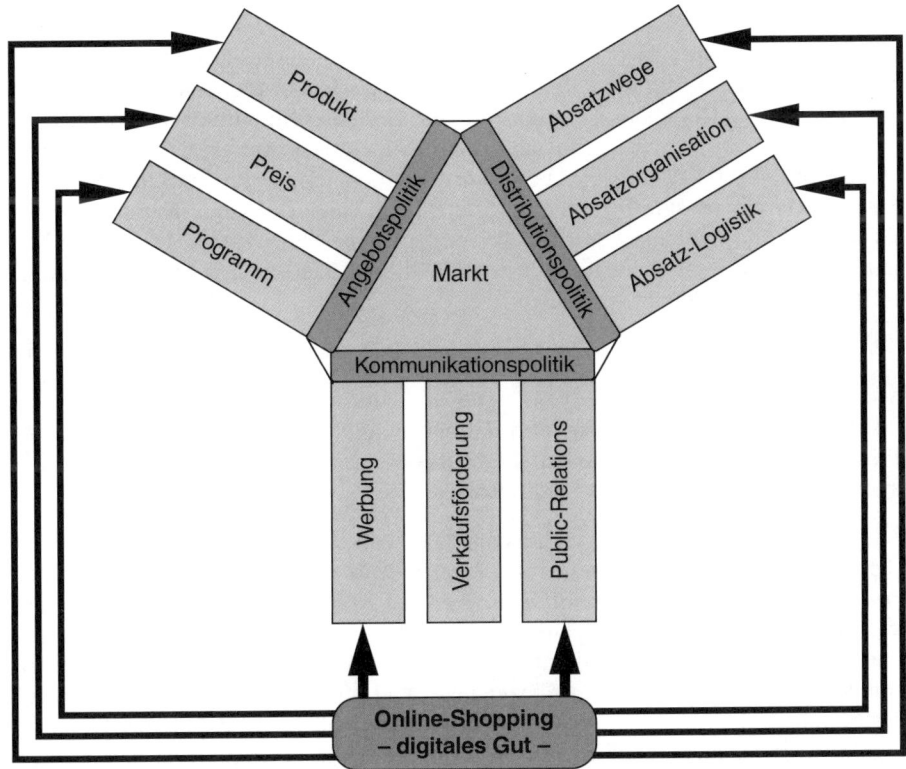

Abb. 4.20: *Online-Shopping mit digitalen Gütern: elektronischer Absatz*

Segment	Mio. DM	Anteil			
		5% Multimedia	25% Multimedia	50% Multimedia	75% Multimedia
Bücher	1.750	Belletristik	Kinderbücher	Lexika, wissensch. Lit.	Telefonbücher
Zeitschriften	2.000	General Interest	Spezial Interest	Fachzeitschrift	Wissensch. Zeitschrift
Firmen-publikationen	3.250	Geschäfts-bericht	Organisations-mittel	Produkt-informationen	Techn. Dokumentation
Zeitungen	3.500	Allgemeines	Nachrichten	Sport	Rubr. Anzeigen
Total	10 Mrd.	Der deutsche Markt für Multimedia Publishing im Jahre 2005 (ohne Video, Spiele und TV/Rundfunk)			

Abb. 4.21: *Multimedia im Jahr 2005 (deutscher Markt) [vgl. Hanser, 48]*

Vom statischen Katalog zum dynamischen Show-Room

In der für die Abdeckung der Informationsphase in den Online-Shop integrierten Information-Site können die schon oben erwähnten Internet-Dienste zum Einsatz kommen. Damit verfügt man über ein breites Register an Möglichkeiten, um unterhaltsame „Show-Rooms" zu implementieren. Bei unserem einfachen Modell *Peter Pans Einkaufswelt* haben wir auf alle Entertainment-Aspekte verzichtet und einzig und allein auf WWW aufgesetzt. So wird verständlich, warum die in *Peter Pans Einkaufswelt* eingebaute Information-Site eher an einen statischen Katalog erinnert als an einen mit dynamischen Effekten aufgepeppten Show-Room. Durch den Einsatz von Virtual Reality, Real Audio und Real Sound lassen sich Show-Rooms mit entsprechendem Erlebniswert bauen.

Erhöhte technische Komplexität

Der Online-Shop geht in mehrerlei Hinsicht technisch über die Information-Site hinaus!

Erstens: Abweichend von einer Information-Site gibt es in *Peter Pans Einkaufswelt* einen *Einkaufskorb*. Dieser Einkaufskorb ist eine eigenständige, nicht in den üblichen Internet-Diensten zu findende Funktionalität.

Die Datenbank ist notwendig

Zweitens: Was der Betrachter nicht sieht, ist eine in die Information-Site eingebaute Datenbank. Vor allem die Ebenen *2: „Überblick über die Produkte einer Produktgruppe"* und „*3: Detailinformationen über das Produkt*" in *Peter Pans Einkaufswelt* ziehen ihre Informationen aus einer Datenbank. Die verbindende Applikations-Software zwischen Datenbank, Information-Site und Einkaufswagen wird als *Merchant-Server* oder *Shopping Cart* bezeichnet. Von der Flexibilität und Funktionalität des Merchant-Servers hängt ab, ob der Online-Shop als komfortabel oder benutzerfeindlich empfunden wird. Ein konkreter Online-Shop wird im Gegensatz zu *Peter Pans Einkaufswelt* den Käufer nicht nur hierarchisch zu den gesuchten Produkten bringen, sondern beispielsweise auch die Option anbieten, die Produkt-Datenbank nach Schlüsselwörtern oder Produktattributen (Preis, Größe, Farbe etc.) zu durchsuchen. Ebenso kann der Käufer von der Software im Sinne eines *Cross-Sellings* automatisch auf Zubehör und verwandte Produkte hingewiesen werden.

Anschluss an Warenwirtschaftssystem

Drittens: Um ein hocheffizientes Cyber-Kaufhaus zu betreiben, muss der Merchant-Server an die betriebswirtschaftliche Software angeschlossen sein. Der Grad der Automatisierung auch in diesem Bereich hängt in hohem Grade davon ab, ob das bestellte Gut als digitales Produkt über das Internet ausgeliefert werden kann oder als materielles Produkt befördert werden muss. Ähnliche Auswirkung hat die Art der Bezahlung: der Einsatz elektronischer Zahlungsmittel vereinfacht die Überwachung und Administration der Geldströme.

Die Akzeptanz entscheidet

Prinzipiell lässt sich über einen Online-Shop alles verkaufen, solange es im Show-Room entsprechend dargestellt werden kann – und wenn sich Käufer für das angebotene Produkt finden! Die Distribution kann bei materiellen Gütern konventionell über einen Dienstleister oder bei digitalen Gütern über das Netz erfolgen. Mehr als die technische Machbarkeit entscheidet die Akzeptanz auf der Kundenseite über Erfolg und Misserfolg des Online-Shops. Elektronische Märkte sind noch zu jung, als dass breitenrelevante Erfahrungen über die Akzeptanz dieses Konzepts von Distant-Selling vorliegen würden. Aus den Erfahrungen mit einem anderen Distant-Selling-Konzept, dem Tele-Shopping, können jedoch Lehren gezogen werden.

Im Februar 1996 konstatierten Müller und Geppert in der Fachzeitschrift *Absatzwirt-* *Tele-Shopping*
schaft:

„Während sich das Tele-Shopping in den USA zunehmender Beliebtheit erfreut,
nutzen hierzulande bislang nur wenige Verbraucher die Möglichkeit mit Hilfe des
(Fernseh-) Bildschirms einzukaufen. Dazu trägt nicht zuletzt bei, dass in erster Linie
Sender wie n-tv, DSF, VOX und RTL2, die nur geringe Marktanteile besitzen, entspre-
chende Sendungen ausstrahlen. Trotz der geringen Reichweite von Tele-Shopping-
Sendungen belief sich der Brutto-Werbeumsatz 1994 auf ca. 350 Mio. DM.“ [88].

Ist Tele-Shopping somit ausschließlich ein Marketing-Clou der Medienbranche oder *Schlüsselfaktoren*
steckt mehr dahinter? Welche Einstellung haben überhaupt die Konsumenten gegen- *für den Erfolg*
über dem Tele-Shopping? Abbildung 4.22 gibt einige Auskünfte über die Sorgen und
Hoffnungen. Müller und Geppert nennen folgende Schlüsselfaktoren für den Erfolg
von Tele-Shopping [92]:

- *„Das Warenangebot muß um renommierte Markenartikel erweitert werden, um*
  das Vertrauen der Konsumenten zu gewinnen.

- *Die Angebote sollen erkennbare Preisvorteile gegenüber dem stationären Han-*
  del aufweisen.

- *Für die Glaubwürdigkeit des Angebots ist eine sachliche Kommunikation*
  des Preises unabdingbar; „Preisbrechersymbole“ fördern nur ein unseriöses
  Image.

- *Sachfremde Anreize, wie Gewinnspiele und Zusatzgeschenke, fördern nicht die*
  Akzeptanz des Teleshoppings. Übermäßig starke werbliche Beeinflussung führt
  eher zur Ablehnung.

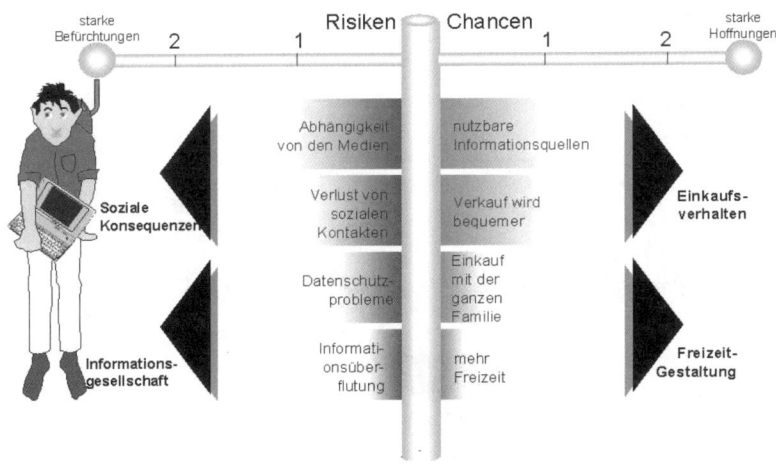

Abb. 4.22: *Einstellung der Verbraucher gegenüber interaktiven Medien [vgl. Müller und*
Geppert, 89]

- *Verbraucher sind für den elektronischen Shopping-Kanal zu gewinnen, wenn sie selbst Akteure sein können. Die Einführung interaktiver Shopping-Systeme mit neuen Möglichkeiten der Warenpräsentation könnte zur Gewinnung neuer Zielgruppen führen.*

- *Aufgrund der Angst gegenüber Neuerungen sollte Teleshopping nicht als eine alternative Vertriebsform gegenüber vertrauten Formen des Einkaufs positioniert werden, sondern als rationelle, bequeme Ergänzung des Versorgungseinkaufs."*

Königsweg nur mit König Kunde   Ein wesentlicher Unterschied zwischen Tele-Shopping und Online-Shopping ist der erheblich höhere Grad an Interaktivität auf der Seite des Online-Shops. Der Erlebniswert ist höher und der Käufer ist auch in stärkerem Maße als beim Tele-Shopping involviert. Sind damit rosige Zeiten für den Absatz über das Internet garantiert? Garantien gibt es mit Sicherheit nicht: Auch neuartige Verkaufsmöglichkeiten müssen von den potenziellen Kunden „abgesegnet" werden – und König Kunde interessiert sich primär für den Nutzen, den er aus dem Angebot zieht.

Kundennutzen   Meyer und Blümelhuber adressieren genau diesen Kundennutzen in ihrem „No-Frills"-Konzept (vergleiche Abb. 4.23)

No-Frills   Als die vier Bausteine des *No-Frills-Konzepts* nennen Meyer und Blümelhuber:

1. „Günstige und faire Preise. *Der Preis ist nach wie vor das A und O. Von steigender Bedeutung ist jedoch, dass die reinen Anschaffungskosten nicht mehr isoliert*

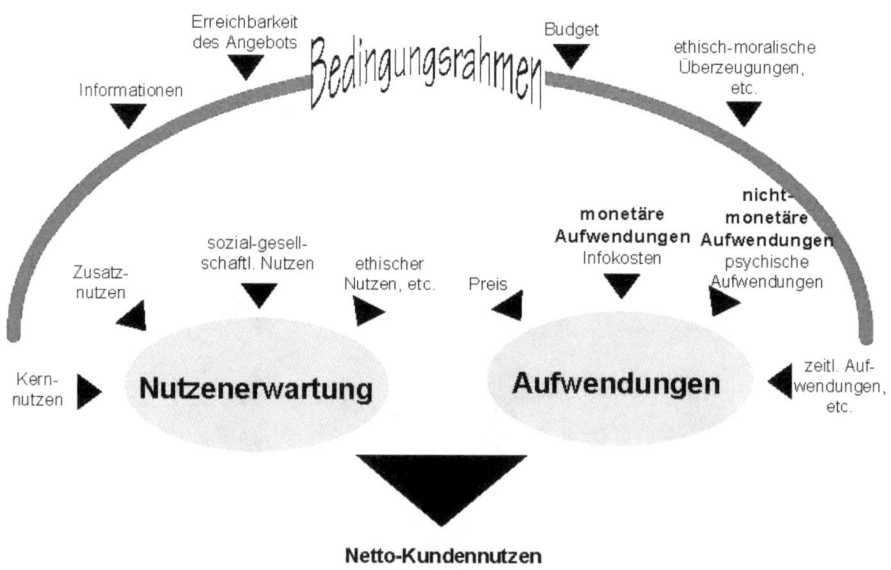

Abb. 4.23: *Netto-Kundennutzen [vgl. Meyer/Blümelhuber, 31]*

betrachtet werden, sondern die vollen Transaktionskosten. Außerdem ist das Preis-Leistungsverhältnis von zunehmender Wichtigkeit.

2. Leaning. *Es muss eine Entrümpelung und Entbündelung von Angebotspaketen stattfinden. Dies kann dadurch erreicht werden, dass Frill-Attribute gestrichen werden und dass die Produkte selbst modularisiert, d. h. in kleinere Teilprodukte zerteilt und so angeboten werden. Potenzialeffizienz und Prozesseffizienz sind zu erreichen. „Neben der vielfach notwendigen Steigerung der mitarbeiterbezogenen Effizienz kann die Potenzialeffizienz auf der Gesamtorganisationsebene dadurch erhöht werden, dass niedrigere Potenzialniveaus zum Einsatz kommen [34]. Bei der Erreichung einer möglichst hohen Prozesseffizienz steht ein hoher Automatisierungs- und Computerisierungsgrad im Vordergrund.“*

3. Hohe Qualität der Kernleistung. *In aller Munde: Qualität als inhärenter Bestandteil jeglicher Leistung. Andere Dimensionen können stets nur in ihrem qualitativen Kontext gesehen werden. Ein schnell geliefertes Produkt minderer, nicht ausreichender Qualität nützt wenig.“*

4. Leistungs- und Preistransparenz. Der Kunde will nicht mehr im Dunklen tappen, wofür er überhaupt bezahlt. Wird für einen Markennamen, also ein Prestigeobjekt, bezahlt oder tatsächlich nur für das Produkt? *„Die Aufgabe, Leistungs- und Preistransparenz zu schaffen, die Bereitstellung von notwendigen, aktuellen und richtigen Informationen über Leistungsprozesse, Angebote und Kosten wird dabei u.E. wieder verstärkt von den Unternehmen wahrgenommen werden (müssen). Gläserne Bündel, transparente Preis-/Leistungs-Kombinationen sind gefordert“* [36].

Wie stellt sich eine Veränderung in Richtung elektronische Märkte den Partizipierenden dar? Walter Brenner visualisiert die Antwort auf diese Frage in Abb. 4.24. Er geht davon aus, dass eine Veränderung der Volkswirtschaft vonstatten gehen wird, wobei eine Elimination des gesamten quartären Sektors erfolgt: Groß- und Einzelhändler verschwinden vielfach von der Bildfläche. Der Begriff *Desintermediation* beschreibt *Elimination des quartären Sektors*

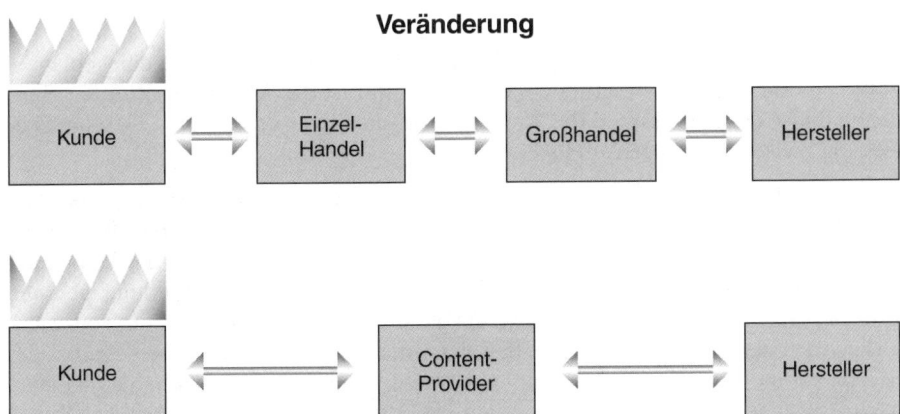

Abb. 4.24: *Multimediales Home-Shopping in der Informationsgesellschaft [vgl. Brenner, 34]*

einen Zustand, in dem Produzenten elektronische Märkte nutzen, um Endverbraucher direkt anzusprechen. Der Direktvertrieb der Industrie wird somit zumindest einen Teil der klassischen Vertriebsaufgaben des Handels übernehmen. Wie weit die Desintermediation tatsächlich fortschreitet, wird sich zeigen. Ein wesentlicher Wettbewerbsvorteil für den Handel, vor allem für den Versandhandel, liegt in der langjährigen Erfahrung bei der Auftragsabwicklung. Ob der Informationsaustausch und der Bestellvorgang über Postkarte, Telefon, Fax oder Internet ablaufen, der Prozess der Auftragsabwicklung mit Integration der verbundenen Auslieferungslogistik wird sich im Wesentlichen kaum ändern.

4.10   Kundenbindung

Customer forever

Es reicht nicht aus, potenzielle Kunden mit den im vorherigen Kapitel erläuterten Maßnahmen zur Kundenaktivierung auf das eigene Angebot zu locken. Die Loyalität der Kunden zu einem Anbieter ist ein mindestens ebenso wichtiger Aspekt in der Geschäftswelt. Unternehmen, die es schaffen, viele Kunden über einen längeren Zeitraum an ihre Angebote zu binden, haben einen entscheidenden Vorteil gegenüber ihren Konkurrenten.

Im Folgenden sollen Maßnahmen erläutert werden, die den Aufbau von langfristigen Beziehungen zwischen dem Unternehmen und seinen Kunden fördern.

4.10.1   Relationship Marketing

Ziel: treuer Kunde

Was Versandhäuser, Buchclubs und Kreditkartenunternehmen schon lange wissen, dass nämlich ein Kunde im Laufe der Zeit um so profitabler wird, je länger er einem Unternehmen die Treue hält, spricht sich zunehmend in anderen Branchen herum. Inzwischen sind die positiven Auswirkungen der Kundenbindung auf den Erfolg eines Unternehmens auch durch empirische Studien belegt.

Ziel: dauerhafte Geschäftsbeziehung

Was wird nun unter „Kundenbindung" verstanden? Kundenbindung heißt, dass eine Geschäftsbeziehung zwischen einem Anbieter und einem Abnehmer langfristig besteht und nicht auf einer zufällig realisierten Transaktion, sondern einer geplanten Folge von mehreren Transaktionen aufbaut. Damit ist das Marketing-Ziel die Kundenbindung, der Aufbau und die Aufrechterhaltung einer dauerhaften Geschäftsbeziehung zwischen Anbieter und Abnehmer.

Kundenbindung: ein komplexes Vorhaben

Die Einstellung des Kunden zu der Geschäftsbeziehung hängt sehr stark von dem Verhalten des Anbieters ab. Auch die Bereitschaft des Abnehmers, diese Beziehung weiterzuführen, ist von der subjektiv beurteilten Qualität der Geschäftsbeziehung zum Anbieter abhängig. Zu solchen Determinanten der Kundenbindung gehören sowohl ökonomische, psychologische als auch soziale Wechselbarrieren sowie natürlich in erster Linie die Zufriedenheit des Kunden. Als Faktoren, die negativ oder bedrohend auf eine Kundenbindung einwirken, können das Bedürfnis des Kunden nach Abwechslung (*variety seeking*) und die Attraktivität von Kokurrenzangeboten genannt werden. Die wichtigen Stellgrößen der Kundenbindung sollen im Folgenden verdeutlicht werden.

Ökonomische Wechselbarrieren	• Kaufanreize des Anbieters
	• Kosten des Anbieterwechsels
Psychologische Wechselbarrieren	• Vertrauen
	• Gemeinsame Werte/Ziele
	• Verbundenheit mit Anbieter/Marke
Soziale Wechselbarrieren	• Meinungen von Bekannten/Freunden etc.
Kundenzufriedenheit	• Zufriedenheit mit bisherigen Leistungen
Attraktivität der Konkurrenzangebote	• Subjektive Beurteilung der Angebote durch den Kunden
Variety Seeking	• Wunsch nach Abwechslung

Tabelle 4.7: *Determinanten der Kundenbindung*

Es gibt auch andere Sichtweisen, nach denen Wechselbarrieren eher kontraproduktiv wirken können, da sie eine dem Kunden aufgezwungene Einschränkung seiner Freiheit darstellen. Dies äußert sich in einem „Nicht-Wechseln-Können" des Kunden anstatt in seiner Verbundenheit zu dem Anbieter. Bei diesen Überlegungen wird allerdings von einer anderen Definition des Begriffs „Wechselbarrieren" ausgegangen, in der diese grundsätzlich eine aufgezwungene Bindung darstellen [Bliemel 1998].

Kundenbindung darf nicht falsch verstanden werden

Was bedeutet nun Relationship Marketing im Einzelnen? Relationship Marketing setzt sich aus vier Grundprinzipien zusammen, die diese Form des Marketings besonders charakterisieren. Die Individualisierung, Interaktion, Integration und Selektion stellen auch die Unterschiede gegenüber dem Massen-Marketing dar.

Die Säulen des Relationship-Marketings

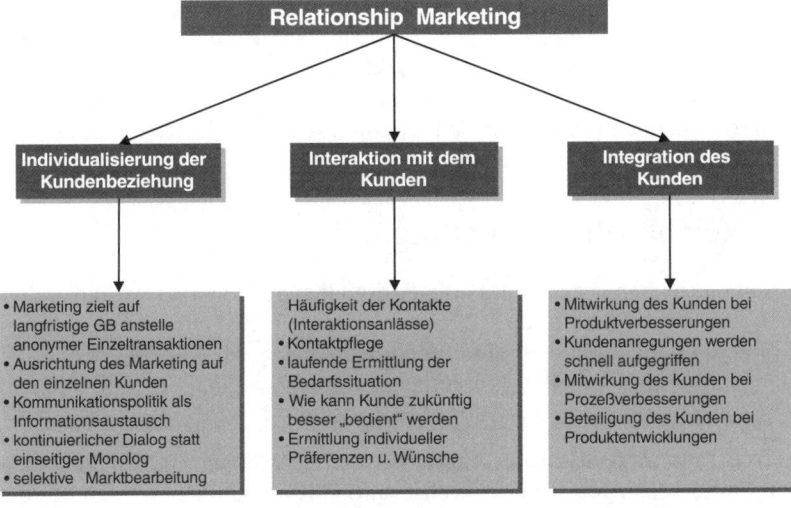

Abb. 4.25: *Kaufgewohnheiten im Internet [vgl. Demmer und Aigner, 49]*

1. Individualisierung der Marktbearbeitung

Einzigartige Beziehung und Kommunikation

Ziel des Beziehungs-Marketings ist es, individuelle und einzigartige Beziehungen zu jedem einzelnen Kunden aufzubauen, die nicht ohne weiteres von einem Konkurrenten imitiert werden können. Diese Beziehungen stellen einen wichtigen Wettbewerbsvorteil dar. Im Blickpunkt der Aktivitäten steht also der einzelne Kunde und nicht wie bisher ein bestimmtes anonymes Marktsegment. Eine wichtige Rolle beim Relationship Marketing spielt die individuelle Kommunikation mit dem Kunden. Der undifferenzierte Monolog wird von einem direkten und individuellen Dialog abgelöst.

2. Interaktion zwischen Anbieter und Kunde

Interaktion heißt miteinander handeln

Die Interaktion bezieht sich hierbei sowohl auf den Austausch von Gütern, also auch von Informationen, Finanzmitteln und sozialen Kontakten. Im Vordergrund steht nicht die einseitige Vermittlung von Produktinformationen an den Kunden, sondern vielmehr das Erkennen von Wünschen, Bedürfnissen des Kunden sowie von Vorschlägen seinerseits, durch Interaktion. Eine „two-way-communication" soll aufgebaut werden.

3. Integration des Kunden

Integration heißt verzahnt handeln

Die Integration des Kunden bezieht sich auf seine Einbeziehung in den Marketing- und Planungsprozess des Anbieters. Ziel dieses Grundgedankens ist eine wechselseitige Anpassung der Prozesse von Anbieter und Abnehmer in einer dauerhaften Geschäftsbeziehung.

4. Selektion und Investition

Den Life Customer Value bestimmen

Nicht alle Kunden sind zu einer dauerhaften Kundenbindung bereit und nicht alle sind für das Unternehmen rentabel. Deshalb ist es entscheidend, unter Effizienzgesichtspunkten die erfolgversprechenden Kunden zu identifizieren. Des Weiteren sind alle Aufwendungen für den Aufbau und die Aufrechterhaltung von Kundenbeziehungen als Investitionen zu betrachten und als solche auf deren Rechtmäßigkeit zu überprüfen. Als Kriterien kommen in diesem Fall lediglich langfristige Betrachtungen wie etwa des „Life Costumer Value"[14] in Frage.

4.10.2   Relationship Marketing online

Alle Register ziehen

Online-Systeme erlauben eine multimediale, digitalisierte, interaktive und individualisierte Informationsübermittlung zwischen dem Anbieter und seinen Kunden. Durch multimediale Interaktion ist eine Individualisierung der Kundenorientierung möglich. Gegenüber traditionellen Marketingaktivitäten ist eine wesentlich höhere produkt- und kundenorientierte Integration zu erreichen.

Vom Monolog zum Dialog

Die Interaktivität gilt als bedeutender Aspekt der Online-Medien. Hier sind die technologischen Voraussetzungen für eine wechselseitige Kommunikation zwischen den

---

[14]mehrperiodige Betrachtung der Ein- und Auszahlungsströme

Marktteilnehmern gegeben. Eine wesentliche Schwachstelle der traditionellen Medien, nämlich die problematische Realisierung einer Dialogabwicklung, kann mit Hilfe der Online-Medien überwunden werden. Es ist nunmehr möglich, mit dem Kunden zu jeder Zeit und an jedem Ort mit erheblich niedrigeren Kostenfaktoren Informationen auszutauschen. Dies ist ein wesentlicher Aspekt auf dem Weg vom einseitigen Monolog hin zum wechselseitigen Dialog, der ein wichtiges Element des Relationship Marketing ist.

Online-Medien bieten grundsätzlich ein höheres Potenzial für eine Individualisierung der Gestaltung der Werbebotschaft. Einerseits kann ein Anbieter dank der Möglichkeit der digitalen Informationsübermittlung auf die anonyme Massenkommunikation verzichten und einzelne gezielte Kontakte zu seinen Kunden herstellen. Zum anderen besteht die verbesserte Möglichkeit, Informationen über den Kunden zu gewinnen und, daraus resultierend, eine Chance auf die Wünsche und Bedürfnisse des Nachfragens effizienter eingehen zu können. *Höheres Individualisierungspotenzial*

Der Kunde kann mit geringem Aufwand über das elektronische Netzwerk in den Wertschöpfungsprozess eingebunden werden. Ziel dieser Integration ist eine für den Nachfrager maßgeschneiderte Leistung, die ganz seinen individuellen Bedürfnissen angepasst ist. Durch die Online-Medien entsteht eine Vielzahl von Möglichkeiten, Leistungen anzubieten, die durch den Kunden angestoßen werden, wie z. B. Online-Banking oder Just-In-Time-Lieferbeziehungen. *Kunden in den Wertschöpfungsprozess einbinden*

Die Determinanten der Kundenbindung können ebenfalls unter dem Gesichtspunkt der Online-Medien differenziert betrachtet werden:

- Als ökonomische Barriere dient der Einsatz transaktionssenkender Effekte durch die elektronische Anbindung des Kunden, wodurch er höhere Wechselkosten zu einem anderen Anbieter hat. Inwiefern psychische Barrieren durch Online-Medien aufgebaut werden können, ist fraglich. Ein Hauptkriterium in diesem Zusammenhang ist der Aufbau von Vertrauen zwischen Anbieter und Abnehmer. Das Vertrauen in die Leistungsfähigkeit sowie das Innovationspotenzial kann mit Hilfe eines professionellen Internet-Auftritts erhöht werden. Durch den Aufbau von User-Foren lässt sich eine soziale Wechselbarriere errichten.

- Im Allgemeinen bietet das Internet gute Voraussetzungen, die Kundenzufriedenheit zu erhöhen. Ein Hauptproblem liegt darin, zu erfahren, ob die Kunden überhaupt unzufrieden sind. Durch die Möglichkeit der online-Reklamation, z. B. per E-Mail, sinkt die Hemmschwelle für den Beschwerdeführenden, und der Anbieter kann dementsprechende Verbesserungen vornehmen. Auch dem Problem der Suche nach Abwechslung auf Seiten des Abnehmers kann entgegengewirkt werden, indem individualisierte Leistungen angeboten werden. Des Weiteren hängt die Attraktivität von Konkurrenzangeboten auch sehr stark von der Attraktivität des eigenen Angebots ab. Bietet der Anbieter seinem Kunden durch seinen Internet-Auftritt einen Kosten- bzw. Nutzenvorteil an, so wird die Entscheidung des Abnehmers meist zugunsten dieses Angebots ausfallen [Link].

4.10.3   Kundenprofile

Profile als Grundlagen der Optimierung

Neben dem Relationship Marketing sind Kundenprofile ein guter Ansatz, um Kunden an das Unternehmen zu binden bzw. deren Loyalität zu gewinnen. In einem Kundenprofil werden Daten über die Kunden einer Web-Site gespeichert und ausgewertet. Die daraus resultierenden Informationen können gewinnbringend für die Umgestaltung oder Anpassung des Internet-Auftritts an die Kundenwünsche und -bedürfnisse eingesetzt werden.

Welche Informationen geben Kunden heraus?

Informationen, die Kunden **herausgeben**, wenn sie dafür einen Mehrwert erhalten	Angabe in %
Hobbys/Interessen	90
Bildung	90
Alter	89
Name	67
Gehalt	29
Kreditkartennummer	4

Tabelle 4.8: *Kundeninformationen [Cyberdialogue (US-Studie) 1998]*

Es können grundsätzlich zwei unterschiedliche Profilarten über Kunden angelegt werden: zum einen ein Nutzungsprofil, zum anderen ein Nutzerprofil.

Nutzungsprofile

Nutzungsprofile können ohne aktives Zutun des Kunden generiert werden. Meldet sich der Kunde einmal im System an, identifiziert er sich also, ist anhand der Log-Dateien sein Weg durch das System nachvollziehbar. Genaue Daten über sein Nutzungsverhalten können generiert werden. Es besteht auch die Möglichkeit, auf die Registrierung des Nutzers zu verzichten, indem Cookies[15] eingesetzt werden. In jedem guten Shop-System wird die Erstellung von Nutzungsprofilen unterstützt. So ist neben dem Weg, den der Besucher durch das Shop-Angebot genommen hat, auch die Zeit ersichtlich, die ein Besucher auf einer bestimmten Produktseite verbracht hat, sowie das Verhältnis zwischen betrachteten und gekauften Produkten.

Mehrwert gegen Daten

Für das Erlangen von Nutzerprofilen ist die Mitarbeit des Nutzers grundlegend. Hier kommen Formulare zum Einsatz, die den Besucher durch mehrere Fragen leiten. Er wird zur Angabe von Hobbys, Bildung, Beruf, Alter o. ä. aufgefordert. Besonders interessant sind in diesem Zusammenhang auch Fragen nach den Interessensgebieten des Nutzers oder seinem allgemeinen Verhalten im Internet. Natürlich ist es nicht ganz einfach, einen Surfer zur Herausgabe solcher Informationen zu veranlassen. Ein in Aussicht gestellter Zusatznutzen, den er durch die Angabe der gewünschten Daten erhält, kann hilfreich sein.

---

[15]Cookies sind kleine Dateien, die der Browser anlegt und pflegt. Auf diese speziellen Dateien hat der Server mit besonderem Befehl Zugriff. Beim nächsten Besuch des Kunden fragt der Server den eigenen Inhalt des Cookies – und nur diesen – wieder ab und erfährt so, ob der Nutzer zum wiederholgen Male anwesend war und welche Einstellungen er bevorzugt.

Einige Anbieter von Software zur Profilgewinnung:

DoubleClick http://www.doubleclick.net	Standardsoftware zur Gewinnung von Profilen und Steuerung von Werbeträgern nach diesen Profilen. Eignet sich vor allem für Betreiber, die selbst Profile verkaufen möchten oder darauf aufbauende Werbeangebote anbieten.
Netperception http://www.netperceptions.com	Neben der Profilgewinnung können mit dieser Software Inhalte zusammengestellt und bestimmten Profilgruppen zugeteilt werden.
SAS http://www.sas.com	SAS bietet mehrere Werkzeuge für die Profilgewinnung an.

Tabelle 4.9: *Profilgewinnung*

4.10.4   Gästebücher

In einem Gästebuch kann sich der Besucher „verewigen", nach dem beliebten Motto „Ich war hier". Er kann Lob und Kritik über die Web-Site anbringen und hat die Möglichkeit, sich mit anderen Besuchern des gleichen Angebots auszutauschen. Gästebücher sind im Internet oftmals frei erhältlich und bedürfen lediglich der Installation und eigenen Gestaltung.

Auch bei Gästebuch-Servern gibt es kostenlose Angebote, bei denen die Server mit Werbung finanziert werden. Dabei werden Bannerwerbungen direkt in die Liste der Gästebeiträge eingeblendet. Hier drei Adressen:

Spin	http://www.spin.de
Last Page	http://www.lpage.com
BeSeen	http://www.beseen.com

Tabelle 4.10: *Gästebücher*

4.10.5   Newsletter

Newsletter sind Informationen, die regelmäßig per E-Mail an Kunden verschickt werden. Dieser Service steht nur Abonnenten zur Verfügung und kann sowohl kostenlos als auch kostenpflichtig sein. Für das serviceorientierte Kunden-Management ist der Newsletter ein sehr geeignetes Tool. Durch diese regelmäßigen E-Mails werden die Kunden mit den neuesten Informationen über das Unternehmen sowie seinen Angeboten versorgt. Es können Events oder Veranstaltungen angekündigt werden und darüber ein vertrauensvolles und langfristiges Verhältnis zwischen dem Unternehmen und seinen Kunden aufgebaut werden. Auch Neukunden können auf der Basis einer solchen Kommunikation gewonnen werden.

Serviceorientiertes Kunden-Management

4.10.6   Mailing-Listen

*Diskussion per
E-Mail*

Mailing-Listen sind „Selbstläufer". Jedes Mitglied einer solchen Liste kann diese mit bestimmten Kommandos selbst steuern. Listen können selbständig ausgewählt, bestellt oder auch abbestellt werden. Durch Senden einer E-Mail an den sogenannten List-Manager (oder Majordomo) kann die Liste an alle Mitglieder verteilt werden. Wie lebhaft eine daraus entstehende Online-Diskussion ist, hängt von der Häufigkeit ab, mit der die Beteiligten ihre Post abholen. Bei mehr als drei bis fünf Beiträgen pro Tag wird es den meisten Nutzern allerdings zuviel. Um dem vorzubeugen kann eine Liste jedoch in speziellere Themen aufgeschlüsselt werden. Mailing-Listen bieten eine aktivere Kommunikationsmöglichkeit mit dem Kunden als Gästebücher. Sie sind aus Kundensicht aber aufdringlicher. Alle Beiträge der Teilnehmer der Mailing-Listen gelangen automatisch per E-Mail zum Veranstalter und können so mühelos verfolgt werden. Die Diskussionen innerhalb der Mailing-Listen verlaufen in aller Regel seriös.

4.10.7   Newsgroups

*Newsgroups
können frei oder
moderiert
betrieben
werden*

Bei den Newsgroups handelt es sich um Diskussionsforen, an denen im Gegensatz zu den Newslettern auch die Kunden aktiv beteiligt sind. Diese können in einer Newsgroup untereinander kommunizieren. Das Unternehmen, welches die Newsgroups einrichtet, kann die Beiträge jederzeit lesen und selbst Bemerkungen online hinzufügen. Auch die Moderation der Kundenbeiträge ist denkbar.

*Multidimen-
sionale
Ziele*

Die Mitarbeiter des Unternehmens, aber auch erfahrene Kunden, können auf diesem Weg Informationen z. B. über den Umgang mit bestimmten Produkten bereitstellen. Im Idealfall entsteht aus der Newsgroup eine loyale Gruppe, eine sogenannte Community. Diese stellt eine positive Mund-zu-Mund-Propaganda für das Unternehmen dar. Eine solche Diskussionsgruppe oder gar Community ist ein entscheidender Beitrag zum angebotenen Kundenservice. Ebenso können Informationen aus den Newsgroups wertvolle Anhaltspunkte für die Optimierung von Produkten oder die Entstehung von innovativen Neuentwicklungen geben. Direkte Werbung wird dagegen in Newsgroups nicht gern gesehen.

4.10.8   Auto-Responder

*Virtuelle
Urlaubs-
vertretung*

Auto-Responder sind eine Art Anrufbeantworter im Internet. Der Absender einer E-Mail erhält auf seine Anfrage eine automatische Antwort, etwa derart: „Ihre Mitteilung ist bei mir eingegangen. Da ich vom 12.12. bis zum 16.12. nicht erreichbar bin, können Sie leider erst nach dem 16.12. mit einer Antwort rechnen. In dringenden Fällen wenden Sie sich daher bitte an Herrn Meier (meier@domain.de) oder Frau Müller (mueller@domain.de). Mit freundlichen Gruessen M. Schulze".

*Informations-
versand auf
Abruf*

Neben dem oben beschriebenen Einsatzzweck können mittels der Auto-Responder auch ganze Informationspakete zusammengestellt werden. Sie transportieren Inhalte, die oft von den Kunden abgefragt werden wie z. B. Produktneuheiten, Werbemöglichkeiten oder Hintergrundinformationen zu verschiedensten Themen. Diese Pakete können mit verschiedenen E-Mail-Adressen verknüpft und so bequem vom Kunden abgerufen werden. Sendet ein Kunde z. B. eine E-Mail an die Adresse produktneuhei-ten@domain.de, so erhält er automatisch die gewünschten Informationen zugesandt. Auf diesem Weg können ebenfalls Kataloge, Preislisten und andere Verkaufsinformationen an die Nutzer versandt werden. Natürlich können auch Statistiken über die von Kunden am häufigsten abgerufenen Daten erstellt und ausgewertet werden.

4.11 Mit dem Phasen-Modell ans Ziel

Bei der Betrachtung des elektronischen Marketing-Mix haben wir eine Zerlegung des Themenbereichs „Marketing" in seine klassischen Funktionalbereiche *Angebotspo-litik*, *Kommunikationspolitik* und *Distributionspolitik* vorgenommen. Diese struktu-relle Zerlegung ist hilfreich, um dedizierte Marketingaspekte herauszuheben und isoliert zu betrachten. Mit einem lebendigen elektronischen Markt, dem technisch perfektionierten Pendant zu *Peter Pans Einkaufswelt*, lassen sich eine ganze Reihe von Zielen aus den einzelnen klassischen Instrumentalbereichen nun zeitgleich mit ein- und demselben Medium – der Electronic Mall – verfolgen. Wir haben gesehen, es gibt alle Möglichkeiten – von der Produktpräsentation über die Veröffentlichung von digitalen Image-Broschüren bis hin zur digitalen Auslieferung und Bezahlung des gekauften digitalen Produkts über das Netz. *Die Grenzen des konventionellen Marketings werden transzendiert*

Die oben betrachteten Marketing-Strategien mit aufsteigendem Komplexitätsgrad und zunehmender Kostenintensität können als Phasen oder Schritte auf dem Weg zum Gesamtziel, der Partizipation an elektronischen Märkten, gesehen werden. Au-genscheinlich wird mit den komplexeren Strategien auch eine höhere Wertschöp-fungsstufe erreicht. Bei der Planung digitaler Marketingaktivitäten ist auf genau diese stufenartige Entwicklung der Wertschöpfung zu achten. So kann jede einzelne *Phasenweise zu höheren Wert-schöpfungsstufen*

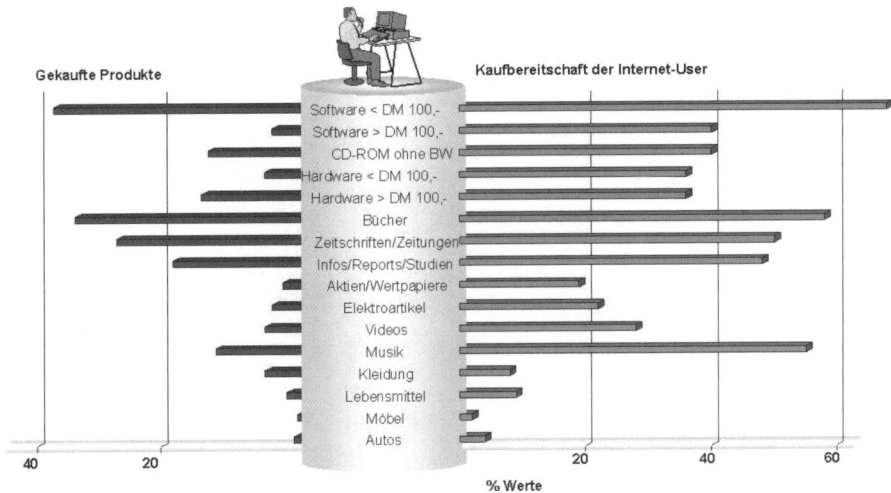

Abb. 4.26: *Kaufgewohnheiten im Internet [vgl. Demmer und Aigner, 49]*

Phase bezüglich ihrer Relevanz für das eigene Unternehmen untersucht werden, um Lerneffekte zu ermöglichen und um Einstiegspunkte für die nächst höhere Wertschöpfungsstufe zu finden.

4.12   Ausblick

Electronic Commerce als Ziel

Mit dem Einbau weiterer Funktionalitäten, wie z. B. der Integration von Stellenangeboten oder etwa dem Anbieten von Planungshilfen für den Außendienstmitarbeiter, werden die Grenzen des Marketings überschritten. In ein elektronisches Kaufhaus lässt sich jede sinnvolle Funktionalität ehemals eigenständiger Applikations-Software einbauen und weltweit einem offenen oder dedizierten, kontrollierten Anwenderkreis zur Verfügung stellen. So kann sich auf ganz natürliche Weise neben der Shopping Mall die dazugehörige Bürokommunikation etablieren. Neben der digitalen Koordination von Marketing, Logistik und Kundendienst sind eine umfassende Anbindung an die Warenwirtschaft, das Controlling und die Finanzbuchhaltung der eigenen Organisation und der externen Partner zu bewältigen. Electronic Commerce wird zum verbindenden Medium aller Marktteilnehmer.

5   Portale und Communities

Portale eröffnen den Zugang zu „Themenwelten". Sie realisieren die Vernetzung von *4C = Context +* zusammengehörigen, themenspezifischen Informationen und die Zusammenfassung *Content +* von Verknüpfungen zu solchen Informationen auf der Benutzerebene (*Context*). Der *Commerce +* Benutzer erhält eine unmittelbare Übersicht über die vorhandenen Informationen und *Community* kann bei Interesse die vollständige Information anfordern (*Content*). Um geschäftliche Transaktionen (*Commerce*) durchzuführen, werden den Kunden und Partnern entweder individualisierte Informationen und relevante Funktionen angeboten oder sie können in Interessengemeinschaften, sogenannten Communities, eingebunden werden.

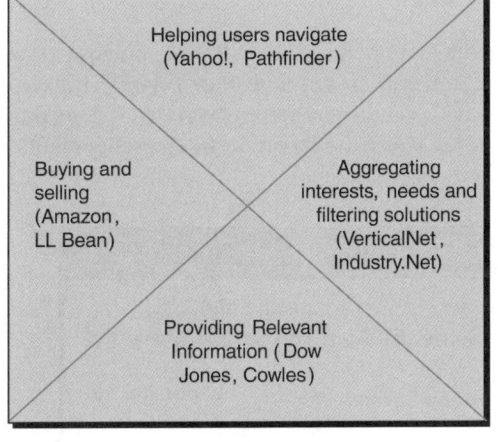

Abb. 5.1: *Portalfundamente*

5.1   Die Portal-Fundamente

5.1.1   Context

Context beschreibt die elementarste Eigenschaft eines Portales, die Vernetzung von *Zusammenfassen,* zusammengehörigen, themenspezifischen Informationen und die Zusammenfassung *was zusammen* von Verknüpfungen auf solche Informationen auf der Benutzerschnittstelle. Die Ver- *gehört* wirklichung des Context kann aus Suchmaschinen, Verzeichnissen sowie weiteren Navigationselementen bestehen; dabei wird der Fokus stets auf einen schnellen und direkten Zugriff auf die Inhalte gelegt.

5.1.2   Content

Deskriptoren und generierte Abstracts

Content beschreibt zum einen Informationen, die direkt auf der Benutzerschnittstelle des Portals präsentiert werden, zum anderen Informationen, die über das Portal zugänglich sind. Um dem Anspruch von Portalen zu genügen, auf ein sehr breites Spektrum an Informationen einen schnellen Zugriff zu bieten, können bei der ersten Art nur Kurzinformationen aufgeführt werden. Das Dilemma aus dem Bedarf nach unmittelbarem Zugriff auf vollständige Informationen und der durch die Quantität an verschiedenen Informationen erzwungenen Verkürzung einzelner Informationen auf der Benutzerschnittstelle kann durch die Generierung von Abstracts mit den zugehörigen Verknüpfungen gelöst werden. So erhält der Benutzer eine unmittelbare Übersicht über die Information und kann bei Interesse die vollständige Information anfordern.

5.1.3   Commerce

Added Value für Kunden und Partner

Im Sinne von Electronic Commerce können Portale eingesetzt werden, um geschäftliche Transaktionen durchzuführen. Für Kunden und Partner kann dabei zielgruppenspezifisch ein Added Value geschaffen werden, indem ihnen individualisierte Informationen angeboten werden oder sie in Interessengemeinschaften, sogenannte Communities, eingebunden werden.

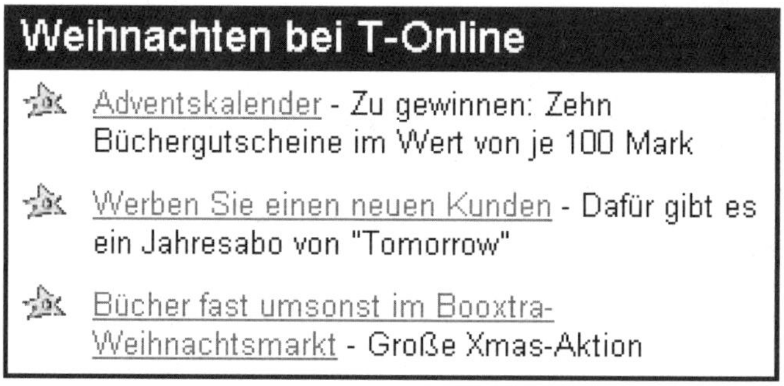

Weihnachten bei T-Online

- Adventskalender - Zu gewinnen: Zehn Büchergutscheine im Wert von je 100 Mark
- Werben Sie einen neuen Kunden - Dafür gibt es ein Jahresabo von "Tomorrow"
- Bücher fast umsonst im Booxtra-Weihnachtsmarkt - Große Xmas-Aktion

Abb. 5.2: Kundenbezogener Electronic Commerce

5.1.4   Community

Eine Interessengemeinschaft kommuniziert.

Virtual Communities, auch kurz Communities genannt, können durch die Ausrichtung von Portalen auf spezifische Informationsbereiche geschaffen werden. Dabei wird diesen Interessengemeinschaften neben den auf sie zugeschnittenen Informationen die Möglichkeit geboten, sich gegenseitig zu kontaktieren und auszutauschen.

Die übliche Kommunikation zwischen dem Benutzer und dem Portal als Benutzer-schnittstelle wird dabei also um die Kommunikation zwischen den verschiedenen Benutzern selbst erweitert. Im Idealfall entwickeln die Benutzer durch die Primär-bindung untereinander eine hohe Sekundärbindung an das Portal.

Goldman Sachs hat die Portal-Fundamente – die „4Cs" – um die Säulen Communi-cation und Connectivity erweitert und spricht damit von einem 6C-Schema[1]

5.1.5 Communication

Der Begriff Communication umfasst zum einen die Technologien, die es Commu-nities ermöglichen, sich untereinander auszutauschen, beispielsweise Newsgroups und Chat-Rooms. Zum anderen spielt natürlich der Gegenstand, das Thema, um das sich die Kommunikation dreht, eine definierende Rolle. Neben community-internen Kommunikationsfunktionen können Portale aber auch die Möglichkeit zur Kommu-nikation mit externen Personen und Gruppen, die nicht Mitglieder der Community sind, eröffnen.

Interne und externe Kommunikation wird unterstützt

Hierfür bietet sich beispielsweise das Instant Messaging an. Es handelt sich dabei um Kommunikation in Echtzeit, grundsätzlich über Text-Chat, aber nicht mit Hilfe eines Chat-Raums, sondern direkt zwischen zwei oder mehreren berechtigten Infor-mationsempfängern.

Instant Messaging

Ein Merkmal von Instant Messaging ist, dass der Server vor allem zur Anmeldung und Adressverwaltung genutzt wird, die Clients aber, anders als bei E-Mail, direkt miteinander kommunizieren. Instant Messaging kann damit ein wichtiges, bediener-freundliches Werkzeug sein, um Community-Mitgliedern den schnellen Informati-onsaustausch auch mit Nichtmitgliedern zu ermöglichen.

Clients kommunizieren direkt miteinander

5.1.6 Connectivity

Goldman Sachs bezieht in die Kategorisierung von Portalen auch Unternehmen mit ein, die die technischen Voraussetzungen für den Informationszugang – Connectiv-ity – anbieten und damit die Schaffung von Portalen anstreben. Als Anbieter der technischen „Eingangstür" zu den Informationen sind diese Unternehmen für die Erweiterung ihrer Geschäftätigkeit in Richtung Portal natürlich prädestiniert.

Zugangsportale

Sowohl Communication als auch Connectivity betreffen nicht konkret die Inhalte von Portalen. So ist zum einen der Bereich Communication eine spezielle Ausprägung des Bereichs Community; zum anderen gliedern manche Connectivity-Anbieter in ihre Geschäftsaktivitäten Portale mit ein und umgekehrt (so zum Beispiel der Portalan-bieter *Lycos* mit dem Internetzugang *Comundo*[2]). Connectivity wird aber nicht durch Portale selbst realisiert. Die Untersuchung der Ausprägungen von Internet-Portalen und Enterprise Information Portalen wird sich daher an den 4Cs orientieren.

Inhalte nicht betroffen

---

[1](6Cs vgl. Goldman Sachs: Internet Portals in Europe, 1999, S. 17)
[2]vgl. http://www.comundo.lycos.de/, Dezember 1999

5.2   Ausprägungen von Portalen

Diese oben beschriebenen Portal-Säulen, die 4Cs, lassen sich – mit fließendem Übergang – auf die Anwendungsgebiete von Portalen abbilden. Hieraus ergibt sich eine Unterteilung in *Publishing Portale* (Content), *Decision Portale* (Context), *Collaboration Portale* (Community) und *Operational Portale* (Commerce).

5.2.1   Publishing Portale (Content)

Wissens-Management

Publishing Portale sind der zentrale Bestandteil eines Wissens-Managements. Der Benutzer kann Informationsresourcen erschließen, die vorher zwar vorhanden, ihm aber nicht zugänglich waren. Das Enterprise Information Portal beinhaltet dabei allerdings in der Regel nicht selbst die Informationen, sondern bietet die Verknüpfungen an.

Zeit- und Orts-unabhängigkeit

Das Wissens-Management basiert auf dem Gedanken, vorhandenes Wissen zeit- und raumunabhängig zur Verfügung zu stellen und nutzbar zu machen. Dabei werden sowohl interne als auch externe Informationen miteinander verbunden.

Wissens-unternehmen

Ziel ist dabei die Bildung eines internen „Wissensunternehmens", das mit hoher Geschwindigkeit immer wieder neue Formen von Wissen beschafft, selbst erzeugt und am Ort des Informationsbedarfs das Wissen kreativ nutzt.

Bestandteile

Publishing Portale fügen sich zusammen aus Workflow, Versionskontrolle, Check-In, Check-Out von Dokumenten sowie Metadatenmanagement.

5.2.2   Decision Portale (Context)

Unterschiedliche Nutzer haben unterschiedliche Informationsbe-dürfnisse

Der Begriff Context ist entscheidend für das Portalkonzept. Neben der übergeordneten Bedeutung von Context, nämlich den Nutzern und Nutzergruppen speziell die benötigten Inhalte, Anwendungen und Kommunikationsmöglichkeiten bereitzustellen, bekommt Context bei Enterprise Information Portalen die Bedeutung, die relevanten und vernetzten Informationen benutzerbezogen zu liefern.

Handlungs- und entscheidungs-orientiert

Während sich Publishing Portale auf *handlungsorientierte* Informationen konzentrieren, liefern Decision Portale *entscheidungsorientierte* Informationen.

Enterprise Information Portale, die entscheidungsorientierte Informationen liefern, können unterteilt werden in:

- Management-Information-Systeme (MIS)
- Decision-Support-Systeme (DSS)
- Executive Information Systeme (EIS).

Management-Information-Systeme lassen sich definieren als

- EDV-gestützte Systeme, die Managern verschiedener Hierarchie-Ebenen erlauben, detaillierte und verdichtete Informationen aus der operativen Datenbasis ohne (aufwendige) Modellbildung und logisch-algorithmische Bearbeitung (Anwendung von anspruchsvollen Methoden) zu extrahieren.

Decision-Support-Systeme hingegen unterstützen das Unternehmensmanagement mit

- Modellen, Methoden und problembezogenen Daten in ihrem Entscheidungsprozess bei der Lösung von Teilaufgaben in eher schlecht strukturierten Entscheidungssituationen.

Executive-Support-Systeme als dritte Ausprägung sind

- rechnergestützte, dialog- und datenorientierte Informationssysteme für das Management mit ausgeprägten Kommunikationselementen, die einzelnen Entscheidungsträgern (oder Gruppen von Entscheidungsträgern) aktuelle entscheidungsrelevante interne und externe Informationen ohne Entscheidungsmodell zur Selektion und Analyse über intuitiv benutzbare und individuell anpassbare Benutzungsoberflächen anbieten.

Die Informationen, die sich aus diesen Systemen ableiten lassen, werden im Idealfall als Bericht im HTML-Format vom Decision Portale angezeigt. Die Berichterstattung erfolgt standardisiert und periodisch und wird bedarfsorientiert entsprechend der Benutzerangaben zusammengestellt.

5.2.3 Collaboration Portale (Community)

Der Begriff Community fasst im Bezug zu Enterprise Information Portale Mitarbeiter, Kunden und Partner zusammen. Der Begriff „Unternehmen" bekommt so die Bedeutung einer Wertschöpfungs-Gemeinschaft. *Wertschöpfungs-gemeinschaft*

Der übergeordnete Begriff, der die Zusammenarbeit (Collaboration) von Mitarbeitern untereinander, der Zusammenarbeit eines Unternehmens mit Partnern und der Eingliederung von Kunden in die Geschäftsprozesse beschreibt, ist Groupwork. *Groupwork*

Die wesentlichen Kriterien von Groupwork, die durch Collaboration Portale unterstützt werden, sind:

- Kommunikation
- Koordination
- Kooperation.

Kommunikation bezeichnet die Übertragung von koordinations- und anwendungsbezogenen Daten[3] (vgl. Burger, 1997, S. 143). Die wesentlichen Elemente der Kommunikationsunterstützung sind dabei E-Mail (asynchron), Dateitransfers (asynchron), gemeinsame Arbeitsbereiche (beispielsweise Chaträume und Instant Messages für virtuelle Besprechungen, beide synchron sowie Diskussionsforen und Beschwerdelisten, asynchron) und multimediale Datenverbindungen für Konferenzsysteme (synchron). *Kommunikation*

Koordination umfasst Terminplanung, Aufgaben-Management sowie als Überschneidung mit den Publishing Portalen, Workflow. Als gruppenbezogene Terminplanung *Koordination*

---

[3]vgl. Burger, 1997, S. 143

bieten Collaboration Portale zum einen Einblick in öffentliche Termine von Gruppenmitgliedern (im Hinblick auf den Kunden beispielsweise auch Erhöhung der Transparenz des Auftragsstatusses) und zum anderen Abstimmungsmechanismen, um Terminüberschneidungen zu verhindern und Termine zu koordinieren. Aufgaben-Management realisiert To-Do-Listen und die Steuerung von Delegationen. Workflow koordiniert die Abfolge von Aufgaben und den damit zusammenhängenden Informationsfluss.

Kooperation   Kooperation wird durch die Mittel der Kommunikation und der Koordination erreicht. Sie beschreibt die Gesamtheit eines Zielerreichungsprozesses in Gruppen, der in unterschiedliche Phasen untergliedert ist. In diesen Phasen arbeiten die Gruppenmitglieder mehr oder weniger eng zusammen. Diese Phasen können durch Collaboration Portale nachgebildet werden. Ergänzend zu Kommunikation und Koordination muss innerhalb der Kooperation Zugang zu einer gemeinsamen Informationsbasis geschaffen werden, siehe Abschn. 5.2.1. Auch die Entwicklung und Bearbeitung von Dokumenten als Informationsträger wird durch Collaboration Portale unterstützt.

5.2.4   Operational Portale (Commerce)

Funktionen für alle Wertschöpfungsstufen   Neben den Informationen sind auch Funktionen in ein Enterprise Information Portal integriert, um interne und externe Transaktionen über das Internet (hier auch: Intranets, Extranets) abzuwickeln und neue E-Business-Prozesse zu initiieren oder vorhandene zu integrieren. Dies betrifft alle Wertschöpfungsstufen sowie die internen und externen Geschäftsprozesse, z. B. in Beschaffung, Forschung und Entwicklung, Produktion oder Marketing/Vertrieb.

Operationale Portale bieten für diese Bereiche Electronic-Commerce-Komponenten wie

- Katalogkomponenten zur Präsentation und zum Angebot von Produkten oder Services (auch interne Produkte und Services als internes Bestellwesen bzw. Electronic Procurement),

- Auftragsmanagement-Komponenten inklusive der Integration in die bestehenden Vertriebs- und Logistiksysteme,

- Zahlungsabwicklungskomponenten,

- Kommunikationskomponenten zur Einbindung strukturierter und unstrukturierter Information.

Weitere Komponenten sind beispielsweise Gehalts- oder, Reisekostenabrechnung bis hin zu Produktionsplanung und -steuerung (PPS).

Kategorisierung erleichtert die Orientierung   Die Unterteilung in Publishing Portal, Decision Portal, Collaboration Portal und Operational Portal liefert lediglich eine Orientierung für den Schwerpunkt eines Enterprise Information Portals. In der Regel enthalten Enterprise Information Portale je nach Einsatzgebiet Komponenten aus verschiedenen Typen der Portale. Im Idealfall vereint ein Enterprise Information Portal alle Typen und wird durch Personalisierung an das jeweilige Einsatzgebiet angepasst. Erfolgt die Einbeziehung von Kunden über das Internet, so geht das Enterprise Information Portal an dieser Stelle in ein Internet Portal für Marketing-Zwecke über.

Im folgenden Kapitel werden beispielhaft einige Einsatzgebiete von Enterprise Information Portalen aufgeführt.

5.3 Einsatzgebiete von Portalen in der Praxis

5.3.1 Office-Management

Für das Office-Management angewandt, erleichtern Enterprise Information Portale den Weg zum papierarmen Büro. Das Enterprise Information Portal vereinfacht auf elektronischem Weg papierbasierte Arbeiten. Über ein Workflow-System werden Arbeitsdokumente nach definierten Prozessen den nachfolgenden Bearbeitern automatisch zugestellt. Arbeitsergebnisse und Aufgaben werden über das Enterprise Information Portal publiziert und können von den berechtigten Personen eingesehen werden. Dies erhöht die Transparenz von Prozessen, der Aufgabenverteilung und der Auslastung einzelner Mitarbeiter.

Mit Workflow zum papierarmen Büro

5.3.2 Vertriebsinformationssysteme

Durch den Einsatz von Web-Technologien kann ein Vertriebsbeauftragter über ein Enterprise Information Portal im Vorfeld mobil auf Kundendaten, Vertriebsinformationen, Preis- und Konditionslisten zugreifen und in der Nachbereitung mobil seine Besuchsberichte speichern. Insgesamt kann der Vertriebsbeauftragte von Unterwegs alle Instrumente nutzen, die ihm im Firmenbüro auch zur Verfügung stehen. Neu eingebrachte Informationen können im Sinne eines Marketing-Information-Systems (MAIS) genutzt und weiterverwertet werden.

Der Vertriebsbeauftragte muss vorrangig beim Kunden sein

5.3.3 Kundenbeziehungs-Management

Mittels des Internet wird den Kunden über das Enterprise Information Portal ein Angebotskatalog zur Verfügung gestellt. Die Kunden erhalten ihren eigenen personalisierbaren Bereich, in welchem kundenspezifische Informationen einsehbar sind. So wird beispielsweise eine Übersicht über den Status der Auftragsabwicklung ermöglicht. Darüber hinaus können kundenspezifische Angebotsaktionen gefahren werden und spezielle Diskussions- und News-Foren unterhalten werden, die durch einen weiteren funktionalen Ausbau sukzessive in Richtung vollständiges Customer Relationship Management vervollständigt werden.

Alles für König Kunde

Über ein Diskussionsforum kann das Unternehmen eine kundenseitige Beschwerdeerfassung realisieren. Dieses kann auch als Support-Instrument genutzt werden, zum einen zwischen dem Unternehmen und den Kunden, zum anderen für die Kunden untereinander durch die Schaffung einer Community.

Endziel: Community

5.3.4   PIM – Personal Information Manager

Das Portal als virtueller Schreibtisch

Über Enterprise Information Portale können Personal Information Manager eingerichtet werden, über welche ein Mitarbeiter administrative Informationen wie Terminkalender, Adressen, Notizen oder Aktivitätenlisten verwaltet. Durch das Abonnement von Informations-Channels werden dem Mitarbeiter außerdem in periodischen Abständen die für ihn relevanten Informationen aus dem allgemeinen Informationsbestand des Unternehmens sowie aus dem Internet zugestellt. Über einen abgetrennten Bereich kann der Mitarbeiter auf aktuelle Projektinformationen zugreifen. Durch die Zentralisierung der Informationen kann der Mitarbeiter diese ortsunabhängig nutzen. Das Enterprise Information Portal wird zum virtuellen Schreibtisch des Mitarbeiters.

5.3.5   Virtuelle Unternehmen

Der Workflow verbindet

Um dem hohen Koordinationsbedarf zwischen den Partnern bei virtuellen Unternehmen zu entsprechen, können Enterprise Information Portale genutzt werden. Dokumente werden anhand von Workflow-Konzepten innerhalb von und zwischen Projektteams transferiert: Dokumentenmanagement bzw. Content-Management ermöglicht eine zeit- und raumunabhängige Zusammenarbeit. Entscheidungsrelevante Informationen können über eine Zugriffsrechtssteuerung dem Partner zugänglich gemacht werden.

6   Elektronischer Einkauf

Das Internet bietet allen Unternehmen, unabhängig von Größe und Standort, viel- *Intgration von* versprechende Perspektiven. Momentan liegt das stärkste Wachstum bei Internet- *Wertschöpfungs-* Anwendungen im Business-to-Business-Bereich. Also genau dort, wo Wertschöp- *ketten* fungsketten mit Hilfe der Internet-Technologie integriert werden können.

Der Internet-Handel ermöglicht sowohl Kunden als auch Lieferanten unmittelbaren *Kostenredu-* Zugriff auf alle relevanten Daten und Informationen. So werden zahlreiche Tätigkei- *zierung und* ten in Einkauf und Logistik vereinfacht und stark beschleunigt. Die Folge: Reduzie- *Prozess-* rung der Kosten und Optimierung der Geschäftsprozesse. *optimierung*

Kaum eines der großen Unternehmen hat sich noch nicht mit der Frage nach dem Preis *Preis einer* einer Einkaufstransaktion auseinander gesetzt und überlegt, ob der Einkauf über das *Einkaufstrans-* Internet, also E-Procurement, nicht eine drastische Kostenreduktion bedeuten kann. *aktion?* Im Mittelpunkt stehen dabei in aller Regel die C-Materialien, auch indirekte Güter oder MRO-Güter (für Maintenance, Repairs and Operations) genannt.

Das schwerpunktmäßige Interesse an E-Procurement im Zusammenhang mit C- *Indirekte Güter* Materialien rührt hauptsächlich daher, dass C-Güter nicht über Stücklisten aufgelöst werden und deswegen auch nicht in den hausüblichen Lieferantenverträgen berück- sichtigt werden. Die indirekten Produkte kauft ein Unternehmen für die eigene Nut- zung oder den eigenen Konsum, sie dienen also nicht dem Weiterverkauf oder der Weiterverarbeitung. Der Bedarf an indirekten Produkten kann bei jedem Mitarbeiter im Unternehmen anfallen.

Direkte Produkte, auch A- und B-Materialien genannt, gehen in das Kerngeschäft des *Direkte Güter* Unternehmens ein. Bei Industrie- und Herstellerunternehmen sind diese Güter für die Weiterverarbeitung bestimmt, bei Handelsunternehmen für den Weiterverkauf.

6.1   E-Procurement

Laut *Forrester* belaufen sich die Verwaltungskosten eines üblichen Einkaufsvorgangs *Bis zu 50%* (Bestellung per Papierformular) für C-Güter auf ca. 142 US-Dollar, nach Untersu- *Einsparung* chungen der Wirtschaftsprüfungs- und -beratungsgesellschaft *KPMG* sind es 88 €. Die *Telekom* hat für sich Kosten zwischen 100 und 120 € pro Einkaufsvorgang eruiert. Laut Untersuchungen sind die Prozesskosten bei amerikanischen Unternehmen mit US-$ 80,– bis US-$ 120,– ähnlich hoch. Setzt man diese Prozesskosten in Relation zum Materialwert für die davon betroffenen Büromaterialien, Hygiene- und Reini- gungsmittel, so ergibt sich ein auffälliges Missverhältnis, das durch den Einsatz von Einkaufsapplikationen auf der Basis des Internet dramatisch verbessert werden soll.

Man kann heute davon ausgehen, dass im Bereich der Beschaffung indirekter Güter die Einsparpotenziale zwischen 20 und 50 Prozent liegen.

Viele Prozessschritte

Ein wesentlicher Effekt des E-Procurement ist dabei die Verbesserung der Beschaffungsprozesse, insbesondere der Bearbeitungs- und Durchlaufzeiten. In zweiter Linie kann mit einer Reduktion der Einkaufskosten durch Bedarfs- und Liefer-Optimierung gerechnet werden. Die Abwicklung des Einkaufs wird in aller Regel durch den produktionsorientierten Beschaffungsprozess der direkten Güter dominiert. Ein solcher Bestellvorgang durchläuft acht Prozessschritte:

1. Die Bedarfsmeldung wird erfasst und

2. anschließend in der Einkaufsabteilung geprüft und genehmigt.

3. Existiert kein entsprechender Rahmenvertrag, so erfolgt eine Lieferantenauswahl und die Weiterleitung der Bestellung an diesen.

4. Nach Lieferung der Ware erfolgt die Verbuchung und

5. die Einlagerung bzw.

6. Verteilung der bestellten Produkte.

7. Der Empfänger überprüft die Ware und leitet die Rechnung an die Rechnungsabteilung zur Überprüfung und Verbuchung weiter.

8. Mit der Zahlungsabwicklung ist der letzte Schritt des Bestellvorgangs getätigt.

Kosten versus Zeit

Durch diesen langwierigen Prozess entstehen lange Durchlaufzeiten. Die Folge: Einzelne Bedarfsträger in den Unternehmen wollen diesen mühsamen Weg vermeiden und nehmen dezentrale Bestellungen über eigene Budgets vor. Dieser Schritt führt allerdings häufig zu Einstandspreisen, die 15 bis 20 Prozent zu hoch liegen, da die einzelnen Fachabteilungen zum einen nicht über alle Sonderkonditionen informiert sind und zum anderen Bedarfsbündelungspotenziale nicht realisiert werden können.

Interventionslose Transaktion

Beim Einsatz einer E-Procurement-Lösung können einige der Prozessschritte entfallen. So erübrigt es sich z. B., dass die Mitarbeiter ihren Bedarf zentral melden und die eingehenden Rechnungen manuell geprüft werden. Vielmehr kann der Bedarf dezentral mit einem Browser erfasst und sofort automatisch überprüft werden. Wenn die Bestellung im vereinbarten Rahmen liegt, werden die Daten unmittelbar in der Enterprise-Resource-Planning-Lösung (ERP) auf Seiten des Bestellers und des Lieferanten ohne Intervention weiterverarbeitet.

Wer pflegt den Produktkatalog?

Die wesentliche Herausforderung bei der Einführung eines E-Procurement-Systems (EPS) liegt darin, dass die zahlreichen Artikel verschiedener Lieferanten in einem, dem Anwender homogen erscheinenden Produktkatalog, präsentiert und verwaltet werden müssen. Die Aktualisierung der Preise, Produkte und Produktbeschreibungen können nur durch den Einsatz standardisierter Lösungen und einer weitreichenden Integration der Zulieferer in den Pflege-, Wartungs- und Update-Prozess sichergestellt werden. Technisch sind drei Integrationsansätze mit jeweils unterschiedlicher Effizienz denkbar (vergleiche auch Abschn. 3.5.3.6):

- anbieterzentrierte EPS-Lösung (supplier centric solution)

- nachfragerzentrierte EPS-Lösung (buyer centric solution)

- mittlerzentrierte EPS-Lösung (broker centric solution).

6.1.1 Sell-Side-Lösung: Anbieterzentriertes Einkaufssystem

Bei der anbieterzentrierten Lösung liegt der Produktkatalog auf der Seite des Anbieters. Hier wird er auch gepflegt und verwaltet. Damit handelt es sich um eine Variante des Online-Shops (siehe Abschn. 4.9). Worin liegt der Unterschied zu einem gewöhnlichen Online-Shop? Zum einen ist der Katalog eine individuelle Einrichtung speziell für jedes einzelne Unternehmen, für das es eine entsprechende vertragliche Vereinbarung gibt. Die Kataloge sind individuell gestaltet, Inhalte und Preise entsprechen den vertraglichen Vereinbarungen. Zum anderen sind die Kataloge nicht öffentlich zugänglich, sondern nur für den jeweiligen Vertragspartner sichtbar. Diese Sell-Side-Kataloge sind allerdings nur in die operativen Systeme der Anbieter integriert und bieten naturgemäß dort auch die größten Effizienzsteigerungen und Kosteneinsparungen.

Individualisierte Online-Shops

Bei den Nachfragern generieren die Sell-Side-Kataloge keine gravierenden operativen und organisatorischen Vorteile, muss der Nachfrager doch im Rahmen des Beschaffungsprozesses mehrere individuelle Sell-Side-Kataloge konsultieren. Diese Vorgehensweise macht nur Sinn, wenn es sich beim gesuchten Gut um ein komplexes Produkt mit hohem Informationsbedarf handelt, dessen Beschaffung im Unternehmen nach wie vor zentral über kompetente Einkäufer erfolgt. So bietet z. B. Dell seinen 5.000 US-Firmenkunden sogenannte *Premier Pages* an, die auf die Einkaufspolitik großer Unternehmen zugeschnitten werden.

Vorteile liegen beim Anbieter

6.1.2 Buy-Side-Lösung: Nachfragerzentriertes Einkaufssystem

Beim nachfragerzentrierten EPS liegen die Kataloge auf der Seite des Einkäufers. Er übernimmt auch das Management, die Wartung und Pflege des Katalogs (Buy-Side-Katalog). Der Nachfrager hat die Kontrolle über den Inhalt, die Struktur und die beteiligten Lieferanten. Zugänglich ist der Katalog ausschließlich im Intranet des Nachfragers. Da nun der Katalog auf der Seite des Käufers liegt, hat dieser die Möglichkeit, mehrere Anbieter und Lieferanten in seinen Katalog zu integrieren. Der Vorteil für den Nachfrager liegt auf der Hand: Jetzt muss er nicht mehr verschiedene individuelle Kataloge konsultieren, sondern hat bei der Multivendor-Lösung nur noch einen Anlaufpunkt.

Multivendor-Katalog oder Multisupplier Katalog

Nachfragezentriertes EPS gestattet nun auf der Käuferseite eine weitgehende Integration des Beschaffungsprozesses in die operativen IT-Systeme, so daß eine ausgelöste und akzeptierte Bestellung im EPS sofort im ERP-System (Enterprise Resource Planning) verbucht werden kann. Der zu bewältigende Aufwand liegt nun an anderer

Vorteile liegen beim Nachfrager

Anbieter	Produkt	URL
Ariba	ORMS	www.ariba.com
Commerce One	BuySite	www.commerceone.com
Hcaly Hudson	eSW/eCOS	www.healy-hudson.com
JBA	e.Purchase	www.jba.de
Netscape	BuyerExpert	www.netscape.com
ORACLE	Strategic Procurement	www.oracle.de
Peoplesoft	eProcurement	www.peoplesoft.com
SAP	BBP Procurement	www.sap-ag.de
JD Edwards	OrderManager	http://www.jdedwards.com/

Tabelle 6.1: *Beispiele von E-Procurement-Systemen*

Stelle: Das Management der Katalog-Daten erfordert eine weitreichende Abstimmung mit allen Lieferanten. Diese haben nun das Problem, ihre Produktinformationen und Preise für verschiedene beschaffende Unternehmen in unterschiedlichen Formaten aufbereiten zu müssen. Letztlich ist dies nur über Standardschnittstellen ökonomisch vertretbar zu realisieren.

BMEcat Ein vielversprechender Standardisierungsversuch für den deutschen Markt bietet das Ende 1999 vom *Bundesverband Materialwirtschaft, Einkauf und Logistik e.V (BMV)* vorgestellte und in Abstimmung mit zahlreichen namhaften Unternehmen entwickelte *BMEcat*. *BMEcat* dient als Austauschformat für die Kataloginformationen zwischen den Lieferanten und den beschaffenden Unternehmen. Wenn die Lieferanten ihre Katalogdaten in das *BMEcat*-Format konvertiert haben, reicht es bei den einkaufenden Unternehmen aus, über eine Importschnittstelle zu verfügen, die alle *BMEcat*-konformen Kataloge unterschiedlicher Lieferanten in das EPS einbindet. *BMEcat* ist vollständig in XML (siehe Online-Anhang) implementiert und damit zukunftssicher als offene Architektur auf dem richtigen Weg. Ob sich *BMEcat* international etablieren kann, ist derzeit nicht absehbar.

Der Aufbau nachfragerorientierter E-Procurement-Lösungen erfolgt mit Hilfe von spezifischen E-Procurement-Systemen, die am Markt angeboten werden (siehe Tabelle 6.1). Die E-Procurement-Systeme werden zwar mit den etablierten Warenwirtschaftssystemen integrativ gekoppelt, agieren aber als eigenständige Anwendungen, d. h. der Anwender wickelt den Einkauf nicht über das Warenwirtschaftssystem ab, sondern eben über das EPS.

6.1.3   Broker-Lösung: Mittlerzentriertes Einkaufssystem

Intermediäre und Broker vermitteln Die bisher vorgestellten asymmetrischen Lösungen, – der Katalog ist entweder beim Verkäufer oder beim Einkäufer angesiedelt –, haben beide den Nachteil, dass Sie keine offenen, generalisierbaren Plattformen darstellen, an die sich weitere Interessenten ankoppeln können. Der Betreiber eines Sell-Side-Katalogs wird andere Anbieter als unerwünschte Wettbewerber sehen und deren Produkte und Dienstleistungen nicht in sein EPS aufnehmen. So gesehen sind Sell-Side-Kataloge und Buy-Side-Kataloge eher zwischenbetriebliche Informationssysteme, kurz: ZBI, vergleiche Abschn. 2.3, und weniger offene Märkte. Die asymmetrischen Lösungen eignen sich, wie EDI, viel eher für die Rationalisierung bestehender Handelsbeziehungen und weniger für die Vermittlung neuer Handelsbeziehungen. Chancen hierfür bieten mittlerzentrierte E-Procurement-Systeme, bei denen ein Intermediär oder Broker als Mittler zwischen Anbietern und Nachfragern agiert.

Der Intermediär oder Broker integriert dabei die Produktdaten einer Vielzahl von *Mehrwert* Lieferanten und bietet für die beschaffenden Unternehmen rasche und effiziente Suchmechanismen. Der Intermediär kann mehr, als zwischen Anbieter und Nachfrager vermitteln. Für beide Kundengruppen sind Mehrwertdienste denkbar. Für die Einkäufer ist eine Einrichtung zur Bedarfsbündelung machbar. Aus der realen Welt sind vergleichbare Einrichtungen als Einkaufsgenossenschaften für Einzel- und Großhändler bekannt.

Ralph Dolmetsch [147] stellt vier Kategorien von Brokersystemen vor:

White Pages: Im Internet finden sich branchenspezifische Interessengruppen. Der *Nachfrager-* *Broker arbeitet Informationen zielgruppenspezifisch auf und bietet diese den einge-* *getrieben: Der* *schriebenen Unternehmen entsprechend ihrem Interessensprofil an. Der Nachfrager* *Einkäufer* *übergibt dem Broker seinen konkreten Bedarf. Der Broker stellt den Anbietern eine* *übergibt den* *Datenbank mit den potenziellen Kunden zur Verfügung. Die Anbieter suchen sich* *Bedarf* *dann aus der Datenbank die geeigneten Anfragen von Einkäufern aus.*

Yellow Pages: Auf dem Internet finden sich eine Reihe von Multi-Supplier-Katalogen *Anbieter-* *für indirekte/MRO-Produkte, die sich insbesondere über die Breite abgedeckter Pro-* *getrieben: der* *duktsegmente und die Detaillierung angebotener Informationen unterscheiden. Ein* *Anbieter* *Anbieter lässt sich von einem Broker kategorisieren oder übergibt dem Broker seinen* *übergibt seinen* *elektronischen Produktkatalog. Die Einkäufer nutzen die Datenbank des Brokers bei* *Katalog* *der Suche nach geeigneten Angeboten.*

	Anbieter	URL
White Pages	Commerce One	http://www.commerceone.com
	Baunetz	http://www.baunetz.de
Yellow Pages	TPN Marketplace	http://www.geis.com/
	ProcureNet	http://www.procurenet.com
Ausschreibungen	TPN Post	http://www.geis.com/
	Mybau	http://www.mybau.com/
Auktionen	Atrada	http://www.atrada.net
	Fastparts	http://www.fastparts.com/

Tabelle 6.2: Beispiele von Broker-Plattformen

	Vorteile	Nachteile
Sell-Side- Lösungen	• Leichte Integration in die DV des Lieferanten • Konsistenz der Daten (Korrektheit, Aktualität) • Problemlose Realisierung für den Lieferanten • Ein System für alle Kunden	• Einkäufer muss alle Lieferanten einzeln aufrufen • Keine Standardisierung, keine Einheitlichkeit • Vergleiche (Produkt, Preis) werden schwierig • Oft keine käuferspezifischen Katalogansichten (z. B. Spezialrabatte) • Höherer Lernaufwand für den Einkäufer
Buy-Side- Lösungen	• Unmittelbarer Zugriff auf mehrere Anbieter möglich • Bessere Kontrolle für das einkaufende Unternehmen • Volle Unterstützung des Bestellprozesses (meist durch Integration mit internem ERP), hohe Einsparpotenziale. • Leichte Suche und Selektion • Ein System für alle Produkte	• Schwierige Integration der Daten unterschiedlicher Lieferanten (Formate, Aktualisierung) • Hoher interner Aufwand für Management der Inhalte und IT-Support • Sehr hohe Kosten, da zusätzliche proprietäre Software nötig ist • Jeder Käufer muss mit jedem Verkäufer individuell vernetzt werden (Hardwareredundanzen)

Tabelle 6.3: *Vergleich und Bewertung verschiedener EPS-Architekturen [vgl. Gutmann]*

Ausschreibungen: *Nachfragergetrieben: fallweise AktionÜber Broker-Plattformen können Unternehmen Ausschreibungen an geeignete Anbieter verschicken. Diese Broker ermöglichen es dem Nachfrager Angebote für Handelswaren, abhängig von der Bestellmenge und der aktuellen Verfügbarkeit, beim Anbieter einzuholen.*

Auktionen: *Anbietergetrieben: fallweise AktionFür dedizierte Branchen und industrielle Interessengruppen versteigern Unternehmen auf Auktionsplattformen Waren, um bspw. Überbestände im Lager abzubauen* (siehe hierzu auch Kap. 8).

Aus der Gegenüberstellung in Tabelle 6.3 wird ersichtlich, dass typische Sell-Side-Lösungen – obwohl heute die häufigste Form des Electronic Commerce – nicht die nötigen Potenziale bieten, die ein Unternehmen sich bei der elektronischen Beschaffung wünscht. Aufgrund der Unzulänglichkeiten wie z. B. dem hohen Aufwand für das Auffinden und Besuchen jeder einzelnen Firma im Internet, den schlechten Vergleichsmöglichkeiten und der praktisch fehlenden Berücksichtigung firmenspezifischer Bedürfnisse und Abläufe wird erwartet, dass reine Sell-Side-Lösungen in Zukunft an Bedeutung verlieren werden.

Größeres Potenzial für die automatisierte Beschaffung von C-Gütern bieten die Buy-Side-Lösungen und die elektronischen Marktplätze bzw. Broker. Für ein Unternehmen liegt die Zukunft in hybriden Ansätzen und es ist vorstellbar, dass ein Unternehmen je nach Anforderung sowohl einen eigenen Katalog führt als auch mit einem Broker zusammenarbeitet.

	Vorteile	Nachteile
Broker/ Elektronische Marktplätze	• Entlastung, da das Management der Inhalte und der Unterhalt des Marktplatzes durch einen externen Anbieter geschieht • Zugriff auf Kataloge mehrerer Anbieter, gute Vergleichsmöglichkeiten • Einfache Wartung der Daten durch die Lieferanten • Firmenspezifische Katalogansichten möglich • Kostengünstig, da keine interne Software, wenig Support und kein Unterhalt nötig sind • Service, kein proprietäres Softwareprodukt • Erhöhte Transparenz und Kompetivität • Möglichkeit zum Zusammenschluss mit anderen Unternehmen: Einkaufsgemeinschaft	• Oft keine Integration mit internem ERP möglich
Anbietergruppe	• Administrative Tätigkeiten können zusammengelegt werden • Ein System für alle Kunden • Bei vertikalem Verbund kann der Kunde verschiedene Produkte erwerben bzw. der Kunde von Firma X kauft auch bei Firma Y ein • Infrastruktur kann gemeinsam genutzt werden • Bei horizontalem Verbund können größere Nachfragekapazitäten (z. B. bei Ausschreibung) bedient werden • Ein System für alle Produkte • Leichte Suche und Selektion	• Direkter Preis- und Qualitätsvergleich möglich • Erst mühsame Angleichung der einzelnen Systeme nötig • Schnittstellen müssen geschaffen werden • Unmittelbarer Zugriff auf mehrere Anbieter möglich • Bei horizontalem Verbund entsteht ein Konkurrenzkampf um die Kunden
Nachfragergruppe	• Einkaufsverbunde erhöhen die eingekauften Mengen, senken die Preise enorm • Infrastruktur kann gemeinsam genutzt werden • Administrative Tätigkeiten können zusammengelegt werden • Ausschreibungen können zusammen getätigt werden	• Erst mühsame Angleichung der einzelnen Systeme nötig • Schnittstellen müssen geschaffen werden • Probleme mit dem Kartellamt möglich

Tabelle 6.3: *(Fortsetzung) Vergleich und Bewertung verschiedener EPS-Architekturen [vgl. Gutmann]*

6.2   Desktop-Purchasing-Systeme

Eine DP-Lösung muss zum einen Beschaffungsvorgänge dezentral gestalten können, zum anderen Funktionalitäten besitzen, um auf komplexe Beschaffungsprozesse angepasst werden zu können. Abbildung 6.1 illustriert diese Grundfunktionalitäten einer internetbasierten ePurchasing-Lösung, die nachfolgend beschrieben werden.

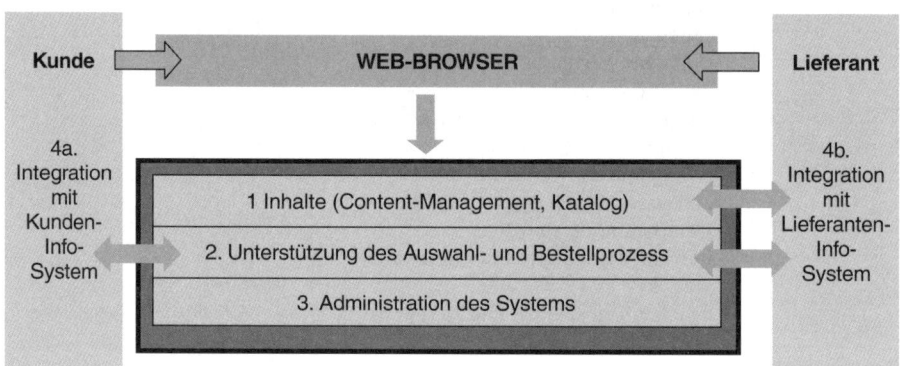

Abb. 6.1: *Funktionsweise einer eProcurement-Lösung*

Der Markt für DP-Systeme ist sehr dynamisch und expandiert stark. Dadurch weist der Markt eine sehr geringe Transparenz auf. Auf den meisten Homepages der System-Anbieter findet man Aussagen wie „Marktführer", „bedeutendster Anbieter" u. ä.

6.2.1   Kategorien der Systeme

Je nach Anbieter gibt es auf dem heutigen Markt verschiedene Ansätze mit unterschiedlicher Leistung und Funktionalität. Diese Ansätze werden im Folgenden dargestellt:

Reine Procurement-Lösungen

Reine Procurement-Lösungen wurden eigens für die automatisierte Bestellung über das Internet designed und entwickelt (siehe z. B. Abschn. 6.2.6). Sie sind sehr schlank und performant und weisen eine Vielzahl von Funktionalitäten zur Beschaffungsunterstützung auf. Angeboten werden Schnittstellen zu den gängigen ERP-Systemen.

ERP-basierte Lösungen

Diese Produkte sind sehr gut in das zugehörige ERP-System integriert (siehe z. B. Abschn. 6.2.5). Sie sind auf den meist proprietären Standards des ERP-Systems entwickelt. Komponenten wie Workflow oder Administration werden in der Regel über die jeweiligen Module des ERP-Systems abgewickelt. Eine solch intensive ERP-Integration kann jedoch eine aufwendige Stammdatenpflege zur Folge haben (weitere Aspekte siehe Abschn. 6.2.7).

Kataloganbieter

Anbieter wie z. B. *Requisite* oder *Harbinger* sind auf Katalogmanagement spezialisiert. Das beschaffende Unternehmen kann die fertigen Kataloge beziehen, die regelmäßig aktualisiert werden. Ganze DPS-Systeme wurden bisher nicht angeboten.

Purchasing-Card

Produkte von Purchasing-Card-Providern (z. B. GZS[1]) haben meist die Beschleunigung des Zahlungseingangs beim Lieferanten oder die Minimierung des Kreditrisikos zum Ziel. Sie sind vor allem im Bereich der Zahlungsabwicklung optimiert. Zumeist erfolgt die Dienstleistung eines Netzbetreibers (z. B. *Telecash*[2]) oder eines Kreditinstitutes.

6.2.2 Systemanforderungen auf Prozessebene

Mit folgenden Funktionalitäten soll ein **DPS** den effektiven Bestellprozess unterstützen:

- **Produktkonfiguration:** Der bestellende Kunde soll die Möglichkeit haben, ein Produkt (z. B. einen PC) nach seinen Wünschen und Bedürfnissen zusammenzustellen und zu konfigurieren. Das System unterstützt die bestellende Person und weist sie im Bedarfsfall darauf hin, dass sie z. B. eine bestimmte Komponente vergessen hat, oder dass gewisse Komponenten nicht zusammengefügt werden können. Für wiederkehrende Bestellungen soll eine Möglichkeit angeboten werden, den Einkaufskorb zu speichern.

- **Produktsuche:** Dem Kunden sollen verschiedene Möglichkeiten der Katalogsuche geboten werden. Meist wird zwischen Suchen nach Schlüsselwörtern, Attributen oder stufenweisem Suchen in Produkthierarchien unterschieden.

- **Produkt-Preis- und Lieferantenvergleiche:** Produkte, die von mehreren Lieferanten angeboten werden, sollen entsprechend den Beschaffungsgrundsätzen des Unternehmens angezeigt werden, d. h. entweder nach aufsteigenden Kosten oder nach Präferenzen/Prioritäten gegenüber bestimmten Lieferanten.

- **Verfügbarkeits- und Preisprüfung:** Durch die Integration der E-Procurement-Lösung mit bestehenden Informationssystemen auf der Lieferantenseite soll es den Kunden ermöglicht werden, in Echtzeit den aktuellen Lagerbestand und damit die Verfügbarkeit beim gewählten Lieferanten sowie den aktuellen Preis zu prüfen.

- **Ausschreibungen und Auktionen:** Für bestimmte Produkte (insbesondere für höherwertige Produkte bzw. Investitionsgüter) soll es dem Kunden möglich sein, seinen Bedarf auszuschreiben, z. B. auf einem Marktplatz, und verschiedene Anbieter offerieren zu lassen. Entscheidungsunterstützungsfunktionen

---

[1] http://www.gzs.de
[2] http://www.telecash.de

(*decision support*) sind hier von Vorteil. Andererseits kann ein Lieferant Restposten an den Meistbietenden verkaufen.

- **Rahmenverträge:** In der Praxis ist es oft so, dass Einkäufer mit ausgewählten Lieferanten für bestimmte Produkte Spezialverträge abgeschlossen haben, welche den Kunden spezielle Konditionen gewähren. Auch bei einer elektronischen Beschaffung muss jeder Bedarfsträger auf dem Bildschirm die im Rahmenvertrag vereinbarten Preise und Konditionen angezeigt bekommen.

- **Bestellanforderung:** Der Besteller wählt die gewünschten Artikel aus und generiert eine Bestellanforderung. Der Kunde nutzt dabei die oben beschriebenen Suchfunktionen (siehe Produktsuche). Es soll zudem möglich sein, Standardbestellungen zu definieren und diese als individuelle Warenkörbe zu speichern.

- **Genehmigungs-Workflow:** Je nach Benutzerprofil des Bestellers und Art der Bestellung (Wert, Volumen, Produkttyp) durchläuft die Bestellanforderung einen elektronisch unterstützten Workflow (z. B. Weiterleitung des Antrags per E-Mail an verschiedene Entscheidungsträger) welcher schließlich zu einer Genehmigung oder einer Ablehnung des Antrags führt.

- **Bestellung:** Nach der Genehmigung soll eine Bestellung generiert und – falls vorgesehen – an das interne Warenwirtschafts- bzw. ERP-System sowie an den Lieferanten übermittelt (bei mehreren betroffenen Lieferanten automatisch gesplittet) werden.

- **Bestellstatus und Tracking-Funktionen:** Der Besteller soll jederzeit einen Überblick über den Stand seiner Bestellanforderung bzw. Bestellung haben. Der interne Stand kann dabei vom System ermittelt werden. Falls die Software direkt mit dem lieferantenseitigen Informationssystem verbunden ist, dann ist auch eine Statusprüfung beim Lieferanten möglich. Sobald die Lieferung unterwegs zum Kunden ist, kann durch den Einsatz von Transportintermediären wie z. B. *UPS* über deren Trackingsysteme der gegenwärtige Standort der Lieferung ermittelt werden.

- **Lieferung und Empfang:** Die Ware soll entweder an den Arbeitsplatz des Bestellers (*desktop receiving*) oder an einen zentralen Wareneingang (*traditional receiving*) geliefert werden und muss in der Software – nach erfolgter Prüfung – als „eingegangen" vermerkt werden.

- **Beschwerde-Management:** Der Kunde soll die Möglichkeit haben, festgestellte Mängel direkt online auf dem System zu melden und so mit dem Lieferanten zu interagieren.

- **Bezahlung und Verbuchung:** Um die Bezahlung elektronisch abzuwickeln, bieten sich verschiedene Möglichkeiten an: Man unterscheidet im Wesentlichen elektronische Sammelrechnungen, Gutschriftverfahren, Lastschriftverfahren oder Purchasing-Cards. Die Verbuchung auf der Kostenstelle kann durch die EP-Lösung vorgenommen werden.

- **Archivierung:** Alle getätigten Bestellungen müssen sowohl für die Kunden als auch für die Lieferanten abrufbar sein. Diese Funktion sollte durch ein Bestellbuch abgedeckt werden.

6.2.3 Administrationsanforderungen eines DPS

Um eine effiziente Administration und Nutzung eines DPS zu ermöglichen, sind folgende Punkte zu berücksichtigen:

- **Benutzerprofile:** In diesem Zusammenhang sind zwei Funktionalitäten von Bedeutung. Erstens sollte es jedem einzelnen Besteller möglich sein, eine personalisierte Darstellung des Katalogs (*User Specific View*) auf seinem Bildschirm zu sehen (d. h. nur diejenigen Produkte, die er zu firmenspezifischen Konditionen bestellen darf). Er soll zudem die Möglichkeit haben, Standardbestellungen zu definieren (individueller Warenkorb). Zweitens sind im Rahmen der Benutzerprofile sämtliche Restriktionen bezüglich Menge, Wert oder Art der zu bestellenden Produkte festzulegen, d. h. es wird bestimmt, was und wieviel der Mitarbeiter bestellen darf.

- **Beschaffungspolitik (*Business Rules*):** Unter diesem Kriterium versteht man sämtliche Richtlinien, die ein Unternehmen im Einkauf verfolgt (z. B. Priorisierung von Lieferanten, Interaktion mit bestehenden Informationssystemen, Bestellung gewisser Produkte nur bei einer bestimmten Firma, nur zu bestimmten Preisen, nur in gewissen Abständen). Diese Richtlinien sollen administrativ pflegbar sein.

- **Sicherheit:** Der Sicherheit ist eine sehr hohe Bedeutung beizumessen. Um die Sicherheit bei der Übertragung der Daten und bei den Finanzierungstransaktionen zu gewährleisten, sollte auf den Einsatz von Verschlüsselungssoftware wie SSL sowie auf digitale Zertifikate und Unterschriften nicht verzichtet werden.

- **Statistik/Reporting:** Durch die ausschließlich elektronische Abwicklung sollten sich Statistiken betreffend Volumen, Wert, Zahl und Auftraggeber der Bestellungen sowie über die Leistungsfähigkeit und Reaktionsfähigkeit der Lieferanten generieren lassen. Eine solche Reporting-Komponente stellt genaue und aktuelle Informationen über die Beschaffung zur Verfügung. Solche Daten waren bisher nur schwer zu erheben.

6.2.4 Interaktion mit bestehenden Informationssystemen

Eine Integration der E-Procurement-Lösung mit den vorhandenen Systemen (ERP-/Warenwirtschaftssystemen/Finanzbuchhaltung) ist aus mehreren Gründen wesentlich:

- Der Kunde erhält bei seiner Suche im Katalog verlässliche und aktuelle Angaben über Lagerbestände (und damit bezüglich Verfügbarkeit), Preise und Lieferfristen der gewünschten Artikel. Dadurch wird die Datenqualität erhöht.

• Daten müssen nicht mehrfach eingegeben werden. Die Verbuchung von elektronischen Rechnungen im internen Buchhaltungssystem sowie deren Verrechnung auf Kostenstellen kann automatisch geschehen. Aufwands- und Arbeitsredundanzen werden vermieden.

Durch eine zu intensive ERP-Integration, z. B. Übernahme von E-Procurement-Prozessen (kurz: EP) in das ERP-System, kann es über die sehr aufwendige Stammdatenpflege zu Performance-Verlusten kommen.

Die Auflistung zeigt, dass EP-Lösungen über eine Vielzahl von Funktionalitäten verfügen müssen, um den Ansprüchen eines Unternehmens gerecht zu werden und Einsparungen zu ermöglichen. In den folgenden Abschnitten werden zwei ausgewählte Standardlösungen anhand einiger in den Abschnitten 6.2.2 und 6.2.3 Administrationsanforderungen eines DPS vorgestellten Kriterien verglichen und bewertet.

6.2.5   Produktbeispiel: mySAP.com

Hohe Investitionsrendite?

SAP wirbt für seine Business-to-Business Procurement-Lösung mit beachtlichen Einsparungen im betrieblichen Einkauf. Es sorgt für maximale Effizienz in der Pflege der Geschäftsbeziehungen zu Lieferanten und trägt so dazu bei, dass die Kaufkraft des Unternehmens optimal ausgeschöpft wird. Wie eine unabhängige Studie von *Grainger Consulting Services* gezeigt hat, können Unternehmen, welche die *mySAP.com*-Beschaffungs-Software einsetzen, mit einer Investitionsrendite von 245 bis 400 Prozent rechnen[3].

mySAP.com konzentriert sich auf das Wissen, das für die geschäftlichen Beziehungen zwischen Firmen relevant ist. Hierzu liefert *SAP* die komplette R/3 Software und das *mySAP.com* Portal, um die Einbeziehung ins Internet zu ermöglichen.

Mehrere Datenbasen

Mit nur einem Lizenzvertrag sollen die *SAP*-Kunden Zugriff auf alle Anwendungen haben, die ihre Mitarbeiter brauchen. Dazu zählen auch Fremdanwendungen aus dem Internet. Im Gegensatz zum bisherigen R/3 hat jetzt jedes *SAP*-Modul, wie z. B. FI, SD, das Business Information Warehouse oder MM, seine eigene Datenbank. Damit können die Module unabhängig voneinander weiterentwickelt und gewartet werden.

Übergeordnetes Bedienmenü

Die Haupteigenschaft des Portals ist, dass von einem übergeordneten Bedienmenü jetzt alle Anwendungen erreicht und bedient werden können und nicht mehr, wie beim bisherigen R/3, das jeweilige Menü in der Anwendung selbst verankert ist.

Im Folgenden werden anhand der Abb. 6.2 die Komponenten von *mySAP*.com erläutert und die B2B-Procurement-Komponente eingeordnet.

mySAP.com Marketplace

SAPMarkets

Am Marktplatz-Portal[4] kann jeder teilnehmen, z. B. ein *SAP*-Kunde, ein Partner oder auch jedes andere Unternehmen. Zu diesem Zweck wurde im März 2000 von *SAP* das Tochterunternehmen **SAPMarkets** gegründet[5]. Der erste Schritt für ein Unternehmen

---

[3]vgl. http://www.ecommercetimes.com/perl/story/1342.html
[4]vgl. http://www.sap.com/solutions/e-commerce/estarter/market.htm
[5]vgl. http://www.sap-ag.de/germany/aboutSAP/press

Abb. 6.2: *Komponenten von MySAP.com*

in Richtung Marktplatz ist es, die eigene Web-Adresse auf dem Marketplace zu präsentieren. Dafür muss sich das Unternehmen im *SAP* Business-Directory auf der *mySAP.com*-Homepage registrieren. Das Business Directory ist eine umfangreiche Datenbank aller registrierten Unternehmen bzw. Anbieter sowie deren Produkte. Der zweite Schritt für das dort registrierte Unternehmen ist es, das eigene Angebot im entsprechenden Marketplace-Menü an der passenden Stelle anzubringen. Daraus kann dann die dritte Stufe resultieren, ein aktives Geschäft über das Internet.

Hier kann bereits das B2B-Procurement greifen. Hat ein Kunde diese *mySAP.com*-Komponente installiert, kann er über das Marktplatz-Portal direkt auf Anbieter-Kataloge zugreifen und dort bestellen. *SAP* will so die Systeme beider Geschäftspartner verbinden und ermöglichen, dass beispielsweise bei einer Bestellung die Daten direkt im System des Anbieters verarbeitet werden und vom Einkäufer jederzeit der Status der Bestellungen im System des Anbieters geprüft werden können. *B2B-Procurement*

Das Marktplatzportal unterstützt zudem noch:

- Angebote einholen
- Bestellanfragen
- sicheres Austauschen von Geschäftsdokumenten und -papieren
- dynamisches Pricing (z. B. Auktionen).

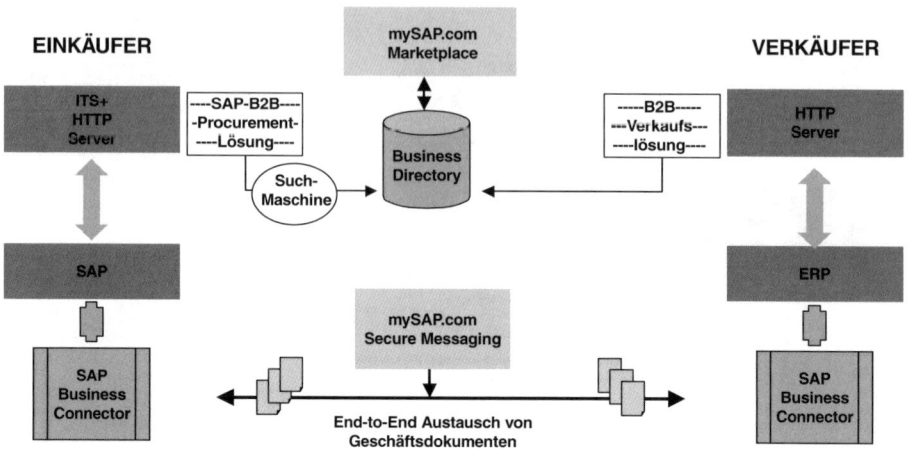

Abb. 6.3: *Technische Komponenten des Marketplace*

Nachfrage- Die *SAP* betont, dass auch konkurrierende Firmen den Marktplatz gemeinsam nut-
bündelung zen können. Gerade in der Beschaffung sollen so durch Großbestellungen die Preise
gesenkt werden. Auf dem Marketplace-Portal will die *SAP* ihre E-Commerce-Anwendungen mit anderen Applikationen des Marktes integrieren und sämtliche Anwendungen zum Download bereitstellen.

SAP Business Über den Marktplatz kann das einkaufende Unternehmen Einsicht in die Produkt-
Directory kataloge des Verkäufers nehmen und gegebenenfalls ein oder mehrere Produkte
auswählen. Um ein bestimmtes Produkt oder einen bestimmten Verkäufer zu finden,
kann eine Suchmaschine verwendet werden, die das passende Ergebnis aus dem *SAP*
Business Directory heraussucht.

SAP-Business- Hat der Einkäufer über den Marktplatz mit Hilfe seiner Procurement-Software das ge-
Connector wünschte Produkt ausgewählt, wird die Bestellung über den *SAP*-Business-Connector
direkt zum Verkäufer (Lieferanten) übermittelt. Im Gegenzug schickt der Verkäufer
eine generierte Eingangsbestätigung. Hat dieser Verkäufer die entsprechende Infrastruktur, so kann der Einkäufer über den Business-Connector den Status seiner
Bestellung jederzeit prüfen.[6]

mySAP.com Workplace

Im Workplace-Portal der *SAP AG* findet jeder User innerhalb seines Unternehmens
alle für seine Rolle relevanten Informationen und Funktionen. Sowohl solche, die
in den *SAP*-Anwendungen enthalten sind, aber auch jene, die über das Internet
angeboten werden.

Alle Anwendungen sollen sich wie Internet-Anwendungen präsentieren. Es gibt eine
einheitliche, einfache Navigation über alle Applikationen hinweg.[7]

---

[6] http://www.sap-ag.de/germany/solutions
[7] vgl. http://www.sap.com/solutions/e-commerce/estarter/work.htm

Weitere Eigenschaften des Workplace-Portals sind:

- Die Benutzerschnittstelle ist der jeweiligen Rolle des Users im Unternehmen angepasst.
- Die Benutzerschnittstelle kann vom User auf seine weiteren Bedürfnisse abgestimmt werden.
- Über den *Single Sign-On* meldet sich der User einmal auf dem Workplace Server an und kann über sein persönliches Workplace-Portal die verschiedenen Applikationen nutzen, ohne sich noch ein weiteres Mal identifizieren zu müssen.
- Laut *SAP* ist die Handhabung user-freundlich. Schulungen entfallen, denn alle Funktionen des Workplace sollen selbsterklärend sein.
- Über den Launchpad kann der User sowohl auf *SAP* als auch auf fremde Applikationen zugreifen.
- Über seine Schnittstelle kann der User im Intranet, Extranet und Internet navigieren.
- Sicherer Online-Zugang für den User von überall aus.
- Drag-and-relate Funktionalität: Der User kann auf ein Objekt klicken und es auf einen Funktionsordner ziehen, z. B. „Bestellung" auf „Status anzeigen", um diese Funktion auszuführen.
- *SAP* garantiert durch den Workplace eine wesentlich höhere Personalproduktivität.

Die aufgelisteten vordefinierten und -konfigurierten Rollen werden von *SAP* mit dem Workplace ausgeliefert:

- User
- Manager Finanzbuchhaltung
- Kreditorenbuchhalter
- Debitorenbuchhalter
- Kostenrechner/Controller
- Vertriebsmanager

- Vertriebsbeauftragter
- Manager Einkauf
- Einkaufsmitarbeiter
- Sekretär/in
- Wareneingangsmitarbeiter
- Geschäftsführer

Weitere Rollen und deren Eigenschaften können angelegt werden.

Die Bereitstellung von Informationen, Diensten oder bestimmten Anwendungen im *MiniApps* Browser-Fenster basiert auf sogenannten *MiniApps*. Je nach Rolle und dessen Präferenzen kann der User über bestimmte MiniApps, die vom Workplace Server verwaltet werden, auf seine Applikationen oder Informationen zugreifen. Die Applikation oder Information kann hierbei auch irgendwo im Web angesiedelt sein, die Quelle wird immer im zugehörigen *MiniApp* festgehalten. Der User bemerkt keinen Unterschied gegenüber der Handhabung der Applikationen, die er aus seinem eigenen ERP-System aufruft.

B2B-Procurement[8]

Offene Katalog-Schnittstelle

Die Lösung der *SAP AG* soll jede Konfigurationsmöglichkeit für Kataloginhalte unterstützen und sowohl Katalog-Software als auch ein Tool zur Erstellung und Bearbeitung der internen und gehosteten Produktdaten zur Verfügung stellen. Durch eine offene, standardisierte Katalogschnittstelle (OCI) kann jeder zusätzliche Katalog angebunden werden. Jeder Anbieter soll seinen Katalog im Web auf einem Marktplatz oder bei einem Broker veröffentlichen können, so dass der Einkauf über *SAP B2B-Procurement* eine Anbindung herstellen kann. Es soll eine bestmögliche Anbindung an die vorhandenen Lieferanten im Markt geboten werden.

Seit Abschluss des Kooperationsvertrags zwischen der *SAP AG* und *Commerce One* am 14.06.2000 ist damit zu rechnen, dass *Commerce One* das bisherige *SAP B2B-Procurement* durch seine fortgeschrittenere Technologie ergänzen bzw. teilweise ersetzen wird.

6.2.6   Produktbeispiel Healy Hudson

Verteilte Informationen bündeln

In vielen verschiedenen Systemen eines Unternehmens finden sich Daten, welche Aussagen über Beschaffungsmuster, Bedarfsprofile und die Performance eines Lieferanten zulassen. Besonders die Daten eines Desktop Purchasing Systems bieten sich dazu an, solche Informationen mit großer Bedeutung für den taktischen und vor allem strategischen Einauf auszuwerten.

eSW und eCOS

Besonders im strategischen Bereich fehlen heute noch Anwendungen, die diese Prozesse unterstützen. Hier greifen die eigens für das Electronic Sourcing entwickelten Softwareprodukte der Firma *Healy Hudson AG eSW (electronic Sourcing Workbench)* und *eCOS (electronic Commerce Ordering System)*.

DPS und Leitstand

eCos entspricht hierbei dem DPS, während *eSW* als „Leitstand" fungiert, der Überblick über das Einkaufsgeschehen schafft und den kommunikativen Entscheidungsprozess unterstützt. *Healy Hudson* realisiert die elektronische Beschaffung mit den Produkten *eSW* und *eCOS* folgendermaßen (siehe Abb. 6.4):[9]

- Aufbau der verschiedenen Warengruppen in einem eigenen Katalog. Dieser enthält unternehmensspezifische Bedarfe und ist damit nachfrageorientiert.

- Klassifizierung und Strukturierung des Katalogs nach gewünschtem Standard.

- Erzeugung des Kataloginhalts (*Content*) durch die *eSW*, die den Kataloginhalt eines Providers gemäß den Bedarfsspezifikationen des Unternehmens filtert und/oder bereits bestehende, qualifizierte Kataloge aus dem Unternehmen oder direkt von Lieferanten übernimmt.

- Die *eSW* unterstützt die Erarbeitung, Übernahme und Speicherung der Bedarfsspezifikationen des Unternehmens sowie die Auswahl der dafür in Frage

---

[8]nach: SAP AG (2000), B2B mit eProcurement 2.0, S. 7
[9]vgl. Healy Hudson AG (1999): Zielmarkt und Produktstrategie, „Buyer Centric Electronic Sourcing", S. 5f

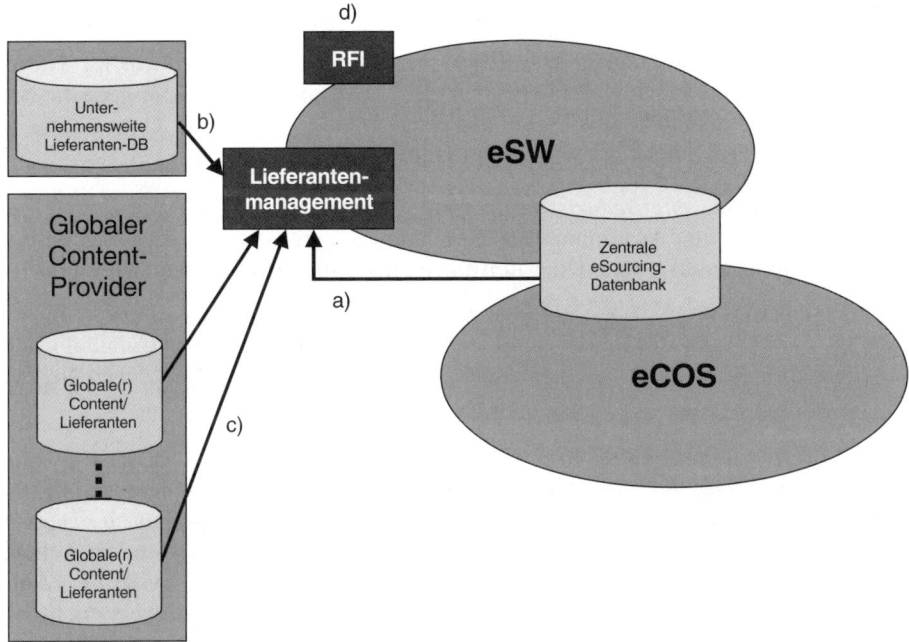

Abb. 6.4: *Healy Hudson Softwareprodukte*[10]

kommenden Lieferanten. Dabei sind sowohl die Bedarfsspezifikationen als auch die geeigneten Lieferanten von globalen Content Providern und Marktplätzen eine wichtige Input-Quelle. Momentan dient die *eSW* hauptsächlich als Ausschreibungsplattform für Waren und Dienstleistungen. Weitere Funktionalitäten sind geplant.

In Abb. 6.4 wird die Lieferantenauswahl nach der Ausschreibung dargestellt:

a) Das Unternehmen fordert dieselben Lieferanten wie bei früheren Ausschreibungen zum Angebot auf.

b) Das Unternehmen fordert eingeführte bevorzugte Lieferanten zum Angebot auf.

c) Eine qualifizierte Auswahl neuer Lieferanten wird einbezogen.

d) Neue Lieferanten können einem Test nach genau definierten Kriterien unterzogen werden (RFI).

Nachfolgend werden die einzelnen Produkte von *Healy Hudson* beschrieben:

---

[10]vgl. Healy Hudson AG (1999): Zielmarkt und Produktstrategie, „Buyer Centric Electronic Sourcing", S. 8

eSW

Die *eSW*[11] ist als weltweite, internetbasierte Ausschreibungsplattform für Waren und Dienstleistungen hauptsächlich für A-, B-, aber auch für C-Güter gedacht. Sie soll mühsame, manuelle Ausschreibungen durch einen effizienten Online-Prozess ersetzen. Der Einkäufer führt drei Schritte mit der *eSW* durch[12].

1. Unternehmensweite Bedarfsspezifikation. Der erste Schritt soll mit einem vom Einkauf moderierten Abstimmungsprozess, in dem unternehmensintern der Bedarf für bestimmte Produkte oder Dienstleistungen determiniert wird, beginnen.

Um Kosten zu sparen, empfiehlt *Healy Hudson*, die elektronische Ausschreibung an der Standardisierung des Bedarfs eines Konzerns auszurichten und eine unnötige und unübersichtliche Produkt- und Lieferantenvielfalt auf den kleinstmöglichen Nenner zu reduzieren.

2. Die Lieferantenauswahl. Nach dieser unternehmensweiten Bedarfsspezifikation führt das *eSW*-System im zweiten Schritt selbständig eine Lieferantenauswahl durch. Zum einen wird der bestehende Lieferantenpool des Bedarfsträgers nach geeigneten Lieferanten durchsucht, zum anderen filtern Suchmaschinen via Internet weitere potenzielle Lieferanten heraus. Anschließend formuliert das *eSW*-System im Auftrag des Bedarfsträgers die Ausschreibungs-Anfrage an die neu erschlossenen und entsprechend qualifizierten Lieferanten.

3. Durchführung und Bewertung der Ausschreibung. Die Lieferanten werden aufgefordert, über das Internet ihre Angebote abzugeben. Dabei entspricht die Eingabemaske, an die sich der Lieferant halten muss, exakt den in der Bedarfsspezifikation definierten Kriterien

Die so ausgefüllten Angebote werden durch die *eSW* ausgewertet und mit Hilfe einer übersichtlichen Preis- und Entscheidungsmatrix dem Bedarfsträger bzw. Einkäufer präsentiert. Diese Darstellung ist so aufgebaut, dass die Preis- und Leistungsunterschiede der einzelnen Lieferanten identifiziert werden können.

Nach Vertragsabschluss kommt das integrative Kreislauf-Konzept von *Healy Hudson* zum Tragen: Neue Produkte oder Dienstleistungen der ausgewählten Lieferanten werden zusammen mit den im Rahmen der *eSW*-Ausschreibung verhandelten Preisen umgehend in den *eCOS*-Katalog eingespeist und sind damit künftig für alle autorisierten Bedarfsträger bzw. Mitarbeiter bestellbar.

Im Vordergrund von *eSW* steht somit die automatische Ausschreibung, die vom Bedarfsmanagement, der geeigneten Lieferantenauswahl, der Ausschreibungsbewertung und -durchführung bis zu den Vertragsverhandlungen reicht.

eCOS

eCOS[13] ist ein DPS, das in Intranets, Extranets und im Internet implementiert wird, um die Möglichkeiten einer modernen Beschaffung umfassend zu nutzen.

---

[11] vgl: Healy Hudson AG (2000): Second-Generation Electronic Sourcing, S. 3f
[12] vgl: http://www.healy-hudson.com/
[13] vgl.: Healy Hudson AG (2000): Second-Generation Electronic Sourcing, S. 3f

eCOS ist als Plattform sowohl für internet-basierte Marktplätze als auch für die *Standardisierte* Bestellabwicklung von Unternehmen geeignet. Der *eCOS*-Katalog ist in Inhalt und *Warengruppen* Struktur individuell gestaltbar, so dass z. B. weltweit standardisierte Warengruppen *verwendbar* verwendet werden können. Zu jedem Beschaffungsobjekt sind alle Detailinformationen verfügbar, die es dem Bedarfsträger, d. h. dem bestellenden Mitarbeiter, ermöglichen, sich vor der Bestellung umfassend zu informieren.

Die Bedarfsanforderung wird über einen Workflow automatisch mit dem Budget *Workflow &* des einzelnen Mitarbeiters verglichen. Das System stellt fest, ob die Bestellung von *Budget* einem Vorgesetzten freigegeben werden muss. Nach der Freigabe wird der Kaufantrag entweder an den Einkauf weitergeleitet oder direkt zum Lieferanten geschickt. Auch durch Rahmenverträge definierte Mindestbestellwerte oder eine zeitliche Bündelung von Bestellungen u. ä. können dabei berücksichtigt werden.

Bestellungen werden automatisch in das Warenwirtschaftssystem des Lieferanten *Anschluss an* eingespielt, konfektioniert und ausgeliefert; dabei wird eine elektronische Rechnung *das Warenwirt-* erzeugt. Diese wiederum geht per E-Mail zurück an *eCOS*, wo auf Wunsch eine *schaftssystem* elektronische Rechnungsprüfung vorgenommen wird.

Healy Hudson kann je nach Anforderung an verschiedenen Stellen des Prozesses Schnittstellen zu Warenwirtschaftssystemen implementieren.

Die Generierung unternehmensspezifischer Bedarfe und Bedarfsmengen und eine damit verbundene Volumenbündelung können vorgenommen werden.

Durch die Kooperation mit Produktanbietern für Zahlungssysteme wie *VISA* oder *GZS* und der *Deutschen Post* für Frachtsysteme werden die Zahlungsvorgänge und der Lieferservice integriert.

Die Software-Produkte von *Healy Hudson* sind mehrsprachen- und mehrwährungsfähig. Betreibt der Lieferant ein Warenwirtschaftssystem, kann der Status der Bestellungen elektronisch abgerufen werden.[14]

Im Gespräch mit *Healy Hudson* konnten folgende besondere Merkmale der Softwareprodukte herausgearbeitet werden:

- *Healy Hudson* hostet nicht nur die Datenbanken, sondern auch die beiden Systeme *eSW* und *eCos* für seine Kunden. Ein Unternehmen, dessen Einkauf ausschreiben oder dessen Mitarbeiter bestellen möchte, loggt sich über das Internet auf dem Server von *Healy Hudson* ein. Jede Datenbank existiert nur einmal für jedes Unternehmen. Zugegriffen wird über verschiedene Sichten, d. h. der Lieferant arbeitet mit derselben Datenbank wie z. B. die Mitarbeiter des Einkaufs. Die Daten werden von allen direkt auf der Datenbank geändert. Dies erhöht die Performance und bringt Einsparungen.

- Der Einkäufer definiert den Standard der auszuschreibenden Produkte. Dies ist besonders bei den A- und B-Gütern von Vorteil, da diese so genau nach Wunsch des bestellenden Unternehmens geliefert werden.

- Die Lieferantendatenbank sieht viele verschiedene Attribute für den einzelnen Lieferanten vor, wie z. B. Qualität, Lieferzeit, Zuverlässigkeit etc. Diese Attribute können mit einer Art Punktesystem unterschiedlich gewichtet werden.

---

[14]vgl: http://www.healy-hudson.com/

Nach einer Ausschreibung werden die Lieferanten nicht nur nach Preis aufgelistet, sondern auch nach der Gewichtung ihrer Attribute. Dies kommt einem *Scoring* und *Benchmarking* nahe.

- Für den einzelnen Lieferanten ist keine Rechnungsprüfung notwendig. Es erfolgt eine Bezahlung auf Gutschriftsbasis oder über eine *Purchasing-Card*.

- Die Produkte sind laut *Healy Hudson* aus einer *aggressive-Sourcing*-Bewegung heraus entstanden, d. h. die Produkte wurden eigens zur Standardisierung des Beschaffungsprozesses entwickelt und optimiert.

6.2.7   SAP B2B-Procurement vs. Healy Hudson eCOS

Im vorliegenden Kapitel wurden sowohl eine ERP-basierte Lösung als auch eine reine Procurement-Lösung beschrieben. Aufgrund der bevorstehenden Änderungen im *SAP*-Umfeld durch die Kooperation mit *Commerce One* wird der Vergleich nicht auf *SAP B2B-Procurement* speziell, sondern auf allgemein ERP-basierte Lösungen bezogen.

Was genau unterscheidet diese beiden Lösungen voneinander?

Sehr gut zu sehen ist, dass große, unbewegliche ERP-basierte Anwendungen im eProcurement wesentliche Nachteile gegenüber einer reinen Procurement-Lösung haben. Welche Nachteile sind dies genau und wie entstehen sie?

- ERP-Systeme sind für die tägliche Nutzung und Abbildung vieler Geschäftsprozesse ausgelegt. Eine Anbindung an das Internet muss „hinzuprogrammiert" werden, d. h. die Entwickler sind nicht frei in der Gestaltung des neuen Systems und müssen sich an z.T. ältere Standards anpassen. Oft entstehen sehr umständliche Komponenten mit schlechter Performance.

SAP B2B-Procurement	Healy Hudson eCOS
praktisch kein Customizing möglich	weitreichendes und schnelles Customizing
keine echte Internet-Architektur, Anbindung über IST	neue Internet-Architektur
ITS läuft nur unter Windows NT	*eCOS* ist durch die Verwendung von Java plattformunabhängig
proprietäre *SAP*-Standards, z. B. ABAP/4	offene Standards, z. B. XML
hohe Kosten für Anpassungen der R/3-Lizenzen	einfache Anpassungen
Integration über ALE	Integration über BAPIs, XML
Katalogzugriff bedeutet Zugriff auf R/3-System	Zugriff auf Backend nur bei echten Transaktionen
time-to-market bei Neuerungen	ausgereiftes Produkt

Tabelle 6.4: Vergleich SAP B2B - Healy Hudson eCOS[15]

- Nutzt ein Mitarbeiter das ERP-System nur dann, wenn er seine Bedarfe bestellt, ist das System zu komplex und die Benutzeroberfläche zu funktionsreich.

- Zentrales Modul der ERP-Systeme ist die Materialwirtschaft. Hier werden alle zu beschaffenden Produkte verwaltet. Sie werden aus der Sicht verschiedener Fachbereiche (z. B. Rechnungsprüfung, Disposition) über eine große Zahl von Angaben beschrieben. Die Verwaltung der Materialien ist hier wesentlich komplexer als in einem reinen Procurement-System. Zudem pflegen viele Unternehmen im ERP-System nur einen Teil der gesamten Produktpalette, die sie bestellen.

ERP-Systeme sind in der Beschaffung eher auf A- und B-Güter ausgelegt. Die Beschaffung von C-Gütern mit ERP-Systemen ist manuell aufwendig, fehleranfällig und teuer.

6.2.8 Vor- und Nachteile von DPS in der Beschaffung

Die Tabelle 6.5 fasst wichtige Vor- und Nachteile des Einsatzes von Desktop Purchasing-Systemen zusammen:

Vorteile von DPS	Nachteile von DPS
• DPS unterstützen die internen Beschaffungsabläufe und reduzieren die Prozesskosten. Änderungen von Kontrakten können zentral gepflegt werden und sind unmittelbar in allen Konzerngesellschaften verfügbar. DPS ermöglichen den Mitarbeitern den einfachen Zugriff auf verhandelte Produkte und aktuelle Informationen und unterstützen den Benutzer bei der Sourcing-Entscheidung • Alle verhandelten Produkte sind unter einer einheitlichen Benutzeroberfläche über eine Anwendung zugänglich, ohne dass der Benutzer verschiedene URLs aufrufen muss • Die Mitarbeiter erhalten Transparenz über den Beschaffungsprozess. Dies führt zu Lagerbestandsreduktionen, Prozess-Reengineering und effizientem Prozess-Management • DPS tragen zum Investitionsschutz von ERP-Systemen und der Intranet-Infrastruktur bei	• DPS unterstützen keine konfigurierbaren Produkte in Katalogen • DPS unterstützen i. d. R. derzeit keine Ausschreibungen • Kosten für das Content-Management fallen beim beschaffenden Unternehmen an • Nicht alle Lieferanten haben einen elektronischen Produktkatalog • Lieferanten liefern Produktdaten teilweise in schlechter Qualtät • DPS machen es weiterhin notwendig, sich mit den Lieferanten über ein Format für elektronische Bestellungen zu einigen

Tabelle 6.5: Vor- und Nachteile von DPS

6.3   Electronic Supply Chain Management

Den gesamten Wertschöpfungs-prozess koordinieren

Unter dem Schlagwort *Supply Chain Management* (*SCM*) wird die Betrachtung der Herstellungsprozesse auf alle beteiligten Partner einer Wertschöpfungskette ausgedehnt, also z. B. auch auf Lieferanten, Logistikunternehmen und verschiedene Dienstleistungsanbieter. Sowohl der Material- als auch der Informationsfluss werden über den gesamten Wertschöpfungsprozess hinweg koordiniert. Die Erweiterung von E-Procurement auf A- und B-Materialien führt zur aktiven Gestaltung der oben beschriebenen Beziehungen. Damit erfährt die integrative Basis der Versorgungskette ihre Fortsetzung im Internet und somit sprechen wir von Electronic Supply Chain Management.

Unternehmens-übergreifende Informations-versorgung

Ziele des SCM sind die Optimierung der gesamten Herstellungskosten und der gesamten Herstellungszeit unter dem Gesichtspunkt, dass alle an der Kette beteiligten Unternehmen insgesamt im Wettbewerb mit anderen Wertschöpfungsketten stehen. Durch das Electronic Supply Chain Management auf Internetbasis lässt sich insbesondere die unternehmensübergreifende Informationsversorgung der beteiligten Partner effizient bewerkstelligen. Wertvolle Informationen für die Steuerung der beteiligten Partner brauchen nun nicht mehr geschätzt zu werden, sondern lassen sich analytisch ermitteln und als faktische Plangrößen nutzen, z. B. die für die zukünftigen Planungsperioden zu erwartenden Auftragseingänge.

SCOR-Model

Im Jahr 1996 gründeten ca. 300 Unternehmen[16] aus verschiedenen Branchen das *Supply Chain Council* (kurz: SCC; http://www.supply-chain.org), um die Grundlagen für eine einheitliche Modellierung in Form des *Supply Chain Operations Reference Model* (SCOR-Modell) zu schaffen. Das Ziel des SCC ist die Schaffung eines „idealen" Modells der Supply Chain. Mit dem SCOR-Modell soll eine einheitliche Beschreibung, Bewertung und Analyse von Supply Chains sowohl firmen- als auch branchenübergreifend möglich sein. Das SCOR-Modell versucht drei Aufgabenbereiche zu „normieren":

1. Die Leistung der Supply Chains bewerten und vergleichen.

2. Die Supply Chains entlang der Logistikkette hinweg gestalten.

3. Den adäquaten Einsatz von Software in der Supply Chain sowie die erforderliche Funktionalität zu bestimmen.

Die Grundidee: fünf Basis-prozesse

Grundidee des SCOR-Modells ist, dass jedes Produktions- und Logistiknetz durch ursprünglich vier grundlegende Basisprozesse beschrieben werden kann. Mit jedem der drei ausführenden Prozesse „Beschaffen" (*source*), „Herstellen" (*make*) und „Liefern" (*deliver*) werden Materialien und Produkte bearbeitet oder transportiert. Durch die Verbindung dieser Prozesse zu einer Kette werden Kunden-Lieferanten-Beziehungen definiert, die durch den vierten Basisprozess, die „Planung" (*plan*), das Angebot und die Nachfrage ausbalancieren. Fasst man alle Ketten zusammen, so erhält man ein Gesamtmodell des Produktions- und Logistiknetzes. In der Version 4.0 des Modells wurde der „Rückgabeprozess" (*return*) neu eingeführt.

---

[16]Ende des Jahres 2000 hatte die Standardisierungsorganisation über 700 Mitglieder.

Die Beschreibung dieser grundlegenden fünf Prozesse in der Supply Chain ist ein Bestandteil des SCOR-Modells. Hinzu kommt die Definition von Kennzahlen für die Leistungsbewertung der Prozesse in der Supply Chain, die die Basis für ein Benchmarking mit anderen Unternehmen oder Supply Chains der gleichen Branche ermöglicht. Für die Grundprozesse wurden von den SCC-Mitgliedern die besten bekannten operativen Vorgehensweisen zum Erreichen einer hohen Leistung, die sogenannten *Best Practices*, erarbeitet und in dem Modell angewandt. Letztendlich wurden vom SCC in dem Modell noch die Anforderungen an die Funktionalität von Softwaresystemen hinzugefügt, die hierzu erforderlich ist.

Weitere SCOR-Leistungen

6.3.1   Umfang der SCOR-Prozesse

Der Basisprozess „Planen: Absatzplanung und -management": In dieser Phase erfolgt die Abstimmung von Resourcen und Bedarfen. Die gesamte Infrastruktur mit der Prozessabwicklung in Beschaffung, Herstellung und Lieferung sowie Rückgaben wird geplant. Regeln werden koordiniert, die Leistung der logistischen Kette geprüft, Daten werden gesammelt, Bestände, Kapitalanlagen, Transport, Planungskonfiguration und die Einhaltung gesetzlicher Bestimmungen werden geprüft. Die logistische Planung wird mit der Finanzplanung abgestimmt.

Planen

Der Basisprozess „Beschaffen: Beschaffung von Produkten aus Lager-, Kundenauftrags- und Projektfertigung": Lieferungen werden geplant, Materialeingang, Materialeingangsprüfung und Materialweiterleitung werden verwaltet, Lieferantenzahlungen werden autorisiert. Nicht vorgegebene Bezugsquellen, z. B. Auftragsproduktionen, werden ausgewählt. Zudem werden die Geschäftsregeln koordiniert, die Leistungen der Lieferanten werden bewertet und die entsprechenden Daten werden gepflegt. Auch die Bestandsführung sowie die Verwaltung von Kapitalanlagen, die Bestimmung der Wareneingangsqualität sowie die Koordination von Import-/Export-Anforderungen und Lieferantenverträgen erfolgen in dieser Phase.

Beschaffen

Der Basisprozess „Herstellen: Produktionsabwicklung für Lager-, Kundenauftrags- und Projektfertigung": Nun erfolgen neben der Terminplanung für die Herstellungsprozesse auch Prüfung, Verpackung, Bereitstellung und Freigabe für die Lieferung. Abschließende Konstruktions- und Entwicklungsaktivitäten für die Projektfertigung werden vorgenommen. Geschäftsregeln werden koordiniert, Leistungen, Daten, Waren in Arbeit, Anlagen und Geräte werden verwaltet. Die Transport- und Produktionsinfrastruktur wird koordiniert und die Einhaltung rechtlicher Bestimmungen bei der Herstellung sichergestellt.

Herstellen

Der Basisprozess „Liefern: Auftrags-, Lager-, Transport- und Installationsmanagement für Produkte aus Lager-, Kundenauftrags- und Projektfertigung": Diese Phase beinhaltet das gesamte Auftragsmanagement von der Bearbeitung der Kundenanfragen und Angebote bis hin zur Streckenplanung für die Lieferung und Auswahl der Spediteure. Auch die Lagerverwaltung von Eingang und Kommissionierung bis zu Verladung und Versand ist im Lieferprozess enthalten. Nach dem Eingang und der Prüfung des Produkts beim Kunden erfolgt gegebenenfalls die Installation. Anschließend werden die Leistungen fakturiert. Zu den weiteren Aufgaben gehört die

Liefern

Koordination von Leistungen, Informationen, Fertigerzeugnisbeständen, Kapitalanlagen, Transport, Produktlebenszyklus sowie Import-/Export-Anforderungen.

Rückgabe   Der Basisprozess „Rückgabe: Rückgabe des Produkts": In dieser Phase werden Prozesse in Verbindung mit der Rückgabe des Produkts abgewickelt. Darüber hinaus werden Serviceleistungen für den Kunden erbracht. Weitere Einzelheiten werden für die SCOR-Version 5.0 ausgearbeitet.

6.3.2   Prozesstypen

Drei Typen   Die oben dargestellten fünf Basistypen werden in drei Prozesstypen eingeteilt. Unterschieden werden die Prozesstypen „Planen" (*planning*), „Ausführen" (*execution*) und „*Ermöglichen*" (*enable*, früher: *infrastructure*).

*Planungs-
prozesse*   In den Planungsprozessen werden Angebot und Nachfrage abgestimmt. Zu den Merkmalen von Planungsprozessen gehören ein konsistenter Planungshorizont und das Auftreten in regelmäßigen periodischen Intervallen. Sie tragen zur Reaktionszeit der Logistikkette bei.

*Ausführungs-
prozesse*   Ausführungsprozesse werden von der geplanten oder tatsächlichen Nachfrage ausgelöst und ändern den Zustand der Produkte. Sie umfassen Terminierung, Sequenzplanung, die Transformation der Güter und die Zuführung der Güter zum nächsten Prozess.

*Ermöglichungs-
prozessen*   Im Rahmen von Ermöglichungsprozessen werden Informationen beziehungsweise Beziehungen vorbereitet, gepflegt oder koordiniert, auf denen Planungs- und Ausführungsprozesse aufbauen.

Soweit zur Theorie; reine SCOR-Implementierungen sind derzeit nicht bekannt. Was aber enthalten praktisch verfügbare SCM-Softwarepakete? Wir stellen im Folgenden die einzelnen Bausteine der *mySAP SCM*-Lösung vor. Dabei geht es uns in erster Linie darum, zu zeigen, welchen Funktionsumfang der Anwender (im Wesentlichen) erwarten kann.

6.3.3   Produktbeispiel mySAP SCM

*Integration der
Logistikketten-
partner*   Das Supply Chain Management bildet gewissermaßen das Rückgrat aller integrierten Handelsprozesse über das Internet. Mit der Applikationssoftware *mySAP SCM* soll die Logistikkette eines Unternehmens mit virtuellen Marktplätzen verschmelzen, um Beschaffungen direkt in die Logistikkette einzubinden. Durchgängige Informations- und Prozessflüsse können sich deshalb über die gesamte Logistikkette erstrecken. Damit ist es Unternehmen und ihren Logistikpartnern möglich, die Planung und Geschäftsabwicklung unternehmensübegreifend zu optimieren. Im Grunde können auf diese Weise integrierte Logistikketten schnell auf sich ändernde Marktbedingungen und Kundenbedürfnisse reagieren und damit eine größere Wertschöpfung für alle Beteiligten der Logistikkette bewirken.

Um diesen Ansprüchen gerecht zu werden, bietet *mySAP SCM* Bausteine um die folgenden Prozesse zu untertützen:

- Zusammenarbeit,
- Strategieplanung,
- taktische Planung,
- Beschaffung,

- Produktion,
- Lieferung,
- Auftragskontrolle,
- Messung der Marktposition.

Die integrierte Zusammenabeit

Mit *Supply Chain Collaboration* werden Prognosen, Aufträge, Bestände, Produktionspläne, Lieferanten- und Kundenzuteilungen sowie Kennzahlen für Unternehmen und ihre Logistikpartner transparent gemacht. Darüber hinaus ermöglicht die integrierte Zusammenarbeit einen offenen und interaktiven Dialog zwischen den Logistikkettenpartnern über das Internet. Möglich wird dadurch eine Verbesserung des Services und die Reduktion der Lagerbestandskosten.
Supply Chain Collaboration

Die Strategieplanung

Mit dem Baustein *Supply Chain Design* sollen Logistikkettenpartner in die Lage versetzt werden, zielgerichtet auf sich verändernde Marktbedingungen – beispielsweise Produkteinführungen – zu reagieren und ihre Logistikkette dann entsprechend anzupassen und neu zu modellieren. Zentrale Aspekte des *Supply Chain Designs* sind die Fragen nach Produktionsstandorten und der Distributionsstrategie.
Supply Chain Design

Der Hauptbestandteil Network Design ergänzt die bisher verfügbaren Module *Supply Chain Management Solution* umd die Möglichkeit der strategischen Planung. Strategische Entscheidungen im Bereiche Standortfindung und -auswahl werden ebenso unterstützt wie Zuordnungsentscheidungen; d. h. es lassen sich Transport- und Lieferbeziehungen koordinieren sowie die Zuordnung von Produkten zu Standorten bestimmen. Darüberhinaus besteht die Möglichkeit, *Supply Chain Design* zur regelmäßigen Evaluierung und Kontrolle schon existierender Supply Chain-Netzwerke einzusetzen. Die Lösung optimiert u. a. wahlweise geografische Entfernungen oder Kosten, jeweils unter Berücksichtigung der Bedarfsstrukturen und der Kapazitäten. Planungsergebnisse können grafisch und tabellarisch in Form von *What-If-Analysen* verglichen werden. Neben der Integration des *mySAP Supply Chain Design* in das *SAP APO*-Umfeld besteht eine enge Verknüpfung mit anderen *mySAP.com*-Komponenten wie *mySAP Business Intelligence*.

Die taktische Planung

Hauptaufgabe des Bausteins *Demand and Supply Planning* ist die Vorhersage der Bedarfe und die Optimierung des Materialflusses entlang der gesamten Logistikkette. Die Absatzplanung beinhaltet einen umfangreichen Katalog von statistischen Prognosemethoden sowie Werkzeuge zur Kausalanalyse, Lebenszyklus-Modellierung und Promotions-Planung. Die Bedarfserfüllung durch die Logistikkette kann unter Berücksichtigung von individuellen Kundenwünschen vom System optimiert werden. Die Berechnung basiert auf Kostenaspekten (für Produktion, Transport, Lager etc.), Restriktionen (hinsichtlich Resourcen, Kapazitäten etc.) und Regeln (z. B. Quotierungen). *Vendor-Managed-Inventory*-Techniken, Sicherheitsbestandsplanungen und Simulationsmöglichkeiten ergänzen die Methodenpalette.
Demand and Supply Planning

Die Beschaffung

Direct Procurement

Der Baustein *Direct Procurement* überwacht das Wiederauffüllen von fremdbezogenen Materialien, die für die Fertigung benötigt werden und unterstützt deren Beschaffung durch Internet-Einkaufsfunktionen. In der Einplanung fremdbeschaffter Aufträge – etwa in der Produktions- und Feinplanung – können die für Wareneingang und Transport vorhandenen Kapazitäten berücksichtigt und die Bestellmenge optimiert werden. Dadurch ist das System in der Lage, automatisch die Bezugsquelle auszuwählen, die rechtzeitig eine ausreichende Warenmenge liefern kann und gleichzeitig Rahmenbedingungen wie Kosten und andere hinterlegte Prioritäten einhält. Falls die bekannten Bezugsquellen eine Bedarfsspitze nicht abdecken, besteht die Möglichkeit, eine Anfrage beziehungsweise Ausschreibung auf einem offenen oder einem geschlossenen Marktplatz im Internet zu starten. Der Lieferant wird genau über die Bedarfs- und Kapazitätssituationen hinsichtlich der abgestimmten Aufträge informiert.

Die Einkaufsfunktionen im Baustein *Collaborative Procurement* ermöglichen es, Planungsergebnisse in enger Zusammenarbeit mit Lieferanten umzusetzen. So wird bspw. ein schnellerer Informationsfluss hinsichtlich der erstellten Lieferplanabrufe realisiert, der es möglich macht, die Durchlaufzeiten zu verkürzen. Hierzu bietet der *Supplier Workplace* einfach bedienbare internetbasierte Funktionen an, mit denen Lieferanten selbst die für ihre Anlieferungen relevanten Informationen abrufen und bestätigen können. Da neben Lieferplanabrufen und Normalbestellungen auch Prozesse für Lohnbearbeitung und Konsignation unterstützt werden, existiert eine hohe Flexibilität bei der Auswahl der Beschaffungsart.

Die Produktion

Produktion

mySAP SCM unterstützt die unterschiedlichen Fertigungsprozesse in den diskreten und prozessorientierten Industrien und macht die Produktion zum integralen Bestandteil der Lieferkette. Dies betrifft die Definition von Produkten und Prozessen sowie deren Planung, Herstellung und die Analyse der Fertigung.

In der Produktionsplanung können unter Berücksichtigung von unterschiedlichen Restriktionen (Resourcen, Material, Abhängigkeiten u. a.) mit Hilfe von Verfahren die Abläufe optimiert werden, um Ziele wie Termineinhaltung, Kundenservice, Resourcenauslastung und Bestandsreduzierung zu erreichen.

mySAP SCM erhebt den Anspruch, verschiedene Industrien wie Automotive, High-Tech, Aerospace & Defense, Chemie/Pharma, Metall, Papier, Nahrungsmittel und deren Fertigungsprozesse wie *Make to Order, Make to Stock, Configure to Order, Engineer to Order* u. a. zu unterstützen. Die enge Integration von kaufmännischen und technischen Anwendungen im Betrieb gestatten es, zeitnah Mengen- und Qualitätsforderungen für die Steuerung der Produktionsprozesse verfügbar zu machen und im Gegenzug unverzüglich Informationen über den Produktionsfortschritt für alle logistischen Prozesse zur Verfügung zu stellen.

Die Lieferung

*Order Fulfillment*beschreibt den Prozess von der Annahme eines Auftrags über die *Order* Auslieferung an den Kunden bis hin zur Faktura. Über das Internet können Liefe- *Fulfillment* ranten, Kunden und Spediteure zum Beispiel beim *Tendering*, *Tracking* und *Proof of Delivery* in die logistischen Abläufe einbezogen werden. Aufträge werden schrift- lich, über das Internet oder telefonisch in einem *Call-Center* entgegengenommen. Hierbei ist es dem Kunden möglich, Auskünfte über die Verfügbarkeit und den Preis des Produkts zu erhalten.

Die Aufgaben der Transportplanung bestehen darin, die Fahrzeugauslastung sowohl für eingehende als auch für ausgehende Transporte zu optimieren, Informationen mit dem Spediteur auszutauschen und sicherzustellen, dass die Waren zum Wunschtermin beim Kunden ankommen.

Nach der Erstellung aller notwendigen Papiere und der Außenhandelsabwicklung erfolgt der physische Transport der Waren zum Kunden. Dabei lässt sich mittels *Tracking* jederzeit kontrollieren, wo sich der Transport momentan befindet und ob er den Kunden planmäßig erreichen wird. Nach Eintreffen der Ware beim Kunden wird die Faktura für den Kunden erstellt und der Spediteur erhält eine Gutschrift für seine Dienstleistung.

Die Auftragskontrolle

Die Aufgabe des Moduls *Supply Chain Event Management* ist es, über alle Pro- *Supply Chain* zesse der Lieferkette und über mehrere Partner hinweg jederzeit Auskunft über den *Event* Auftragsstatus geben zu können und – falls notwendig – rechtzeitig geeignete Maß- *Management* nahmen einzuleiten, sollten Prozesse nicht planmäßig ablaufen.

Die Planung liefert den Sollprozess für die Abwicklung und definiert Meilensteine, die von der Abwicklung in Form von Ereignissen zurückgemeldet werden. Diese Mel- dungen können automatisch in Form von Nachrichten im XML- oder EDI-Format aus den Bearbeitungsschritten erfolgen oder werden mit Technologien wie Daten- funk, *Global-Positioning*-Systemen (GPS), mobilen Computern beziehungsweise Telefon und Internet direkt und zeitnah kommuniziert. Somit wird eine komplett integrierte Übersicht der Prozesse bei unterschiedlichen Partnern in der Lieferkette erzielt, angefangen vom Lieferanten des Lieferanten über die Produktion bis hin zur Auslieferung und den Transport an den Kunden des Kunden. Spediteure und Kurier/Express/Paketdienste können in diesen Informationsfluss einbezogen werden.

Die Informationen aus dem Bearbeitungsfortschritt werden den unterschiedlichen Partnern, die am Prozess beteiligt sind, personalisiert über Internettechnologie zur Verfügung gestellt. Nachdem die Ereignisse eines Prozesses gemeldet wurden, kön- nen Kosten- und Effizienzbetrachtungen anhand von Kennzahlen erfolgen. Zudem lässt sich aus der Historie des Prozessfortschrittes ableiten, wie der Sollprozess für die Zukunft verbessert werden kann.

Messung der Marktposition

Supply Chain Performance Management integriert die Planung und Abwicklung der Logistikkette und *mySAP Business Intelligence* mit einer zeitnahen *Performance-*

Messung und *Benchmarking* der Logistikkette mit Hilfe von Kennzahlen wie Kosten, Anlagen und Zielen. Bei *Performance*-Abweichungen werden die verantwortlichen Planer automatisch alarmiert. Die Definition von Strategien und Zielen anhand von Kennzahlen ermöglicht die Überwachung der Logistikaktivitäten. Durch den Vergleich der eigenen *Performance* mit anderen Branchen kann die eigene Marktposition eingeschätzt und können Ziele gesteckt werden. Mit Hilfe aktueller Kennzahlen und der analytischen Fähigkeit von *mySAP Business Intelligence* lassen sich Bereiche ermitteln, die zu optimieren sind.

Die *SAP* verspricht, dass *mySAP SCM* vollständig mit anderen *mySAP.com*-Anwendungen wie *mySAP Produkt LifeCycle Management, mySAP Business Intelligence, mySAP E-Commerce* und *mySAP Customer Relationship Management* integriert werden kann. Außerdem lässt sich die Lösung mit der Software anderer Anbieter verknüpfen und ermöglicht den Unternehmen auf diese Weise optimal von ihren Investitionen in vorhandene E-Business-Systeme zu profitieren.

7   Elektronischer Verkauf

Für die reine Bereitstellung von Produktinformationen ohne Zahlungsmöglichkeiten und ohne Integration in ein Warenwirtschaftssystem ist ein Web-Server ausreichend. Er stellt somit die einfachste Variante einer Electronic Commerce-Lösung dar. Allerdings ist diese Lösung weit entfernt von einer effizienten automatisierten Lösung! *Der Web-Server allein reicht nicht* Um das E-Commerce-Potenzial auszuschöpfen, benötigen wir ein E-Commerce-System, auch kurz Online-Shop genannt. In aller Regel basiert das professionelle E-Commerce-System auf einer Datenbank. Ein Benutzer hat hierbei lediglich direkten Zugang zum WWW-Server. Über diesen kann er mit dem Online-Shop interagieren. Die erforderlichen Daten werden mit Hilfe der Online-Shop-Software aus der entsprechenden Datenbank bereitgestellt. Die prinzipielle Einbettung eines solchen Online-Shops ist in Abb. 7.1 zu sehen.

Wie der Online-Shop inhaltlich aus der Sicht des Kunden aufgebaut sein könnte, haben wir im Abschn. 2.4.2 gesehen.

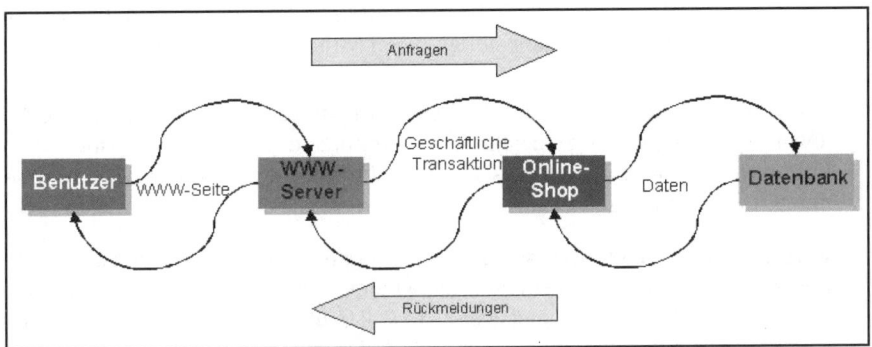

Abb. 7.1: *Der Online-Shop und seine Umgebung*

7.1   Architektur von Online-Shops

Online-Shops stehen im Zentrum einer netzbasierten E-Commerce-Lösung und müssen möglichst zahlreiche Aspekte des Electronic Commerce abdecken, wie z. B. die eigentliche Präsentation der Produkte, Online-Zahlungsverfahren und After-Sales-Aktivitäten bis hin zum *Customer Relationship Management* (CRM). Im Wesentlichen geht es darum, dem Shop-Betreiber die Möglichkeit zu bieten, flexibel die gewünschten Business-Prozesse zu modellieren und zu automatisieren. Dabei muss das Online-Shop-System nicht alle funktionalen Bestandteile selbst mitbringen. *Gewünschte Business-Prozesse modellieren und automatisieren*

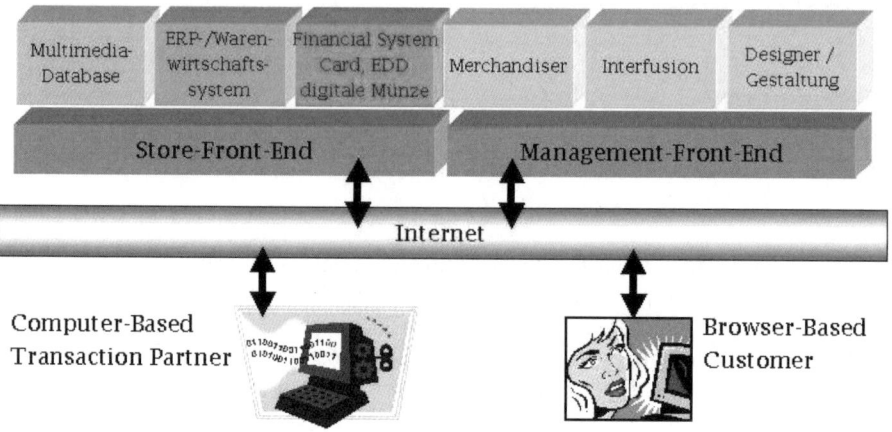

Abb. 7.2: *Logische Architektur eines elementaren Online-Shops*

Entscheidend ist die Möglichkeit, dass die notwendige Funktionalität über addi-
tiv integrierbare Software-Komponenten und entsprechende Schnittstellen nutzbar
gemacht werden kann. Letztlich muss das E-Commerce-System in der Lage sein,
ohne menschliche Intervention mit anderen E-Commerce-Systemen selbständig und
automatisch zu handeln. Die in Abb. 7.2 dargestellten und exemplarisch aufgezählten
Komponenten oder Funktionalitäten stellen einen Mindestumfang dar.

- **Multimedia-Database.** In der Multimedia-Database werden werden alle relevanten Produktdaten gespeichert: beschreibende Texte, Bilder, Videos von
  Produktdemonstrationen in verschiedenen Formaten, gesprochene Käufermei-
  nungen, Empfehlungen u. ä.

- **ERP-/Warenwirtschaftssystem.** Um ein interventionsloses, durchgäniges Online-Shop-System zu implementieren, ist eine Anbindung an die betriebswirtschaftliche Software (beispielsweise *SAP R/3 und mySAP.com* oder die relevante Software von *Oracle* o. ä.) unerlässlich.

- **Financial System.** Diese Schnittstelle erlaubt die Einbindung unterschiedlicher Zahlungssysteme und *Payment*-Protokolle, wie z. B. *HBCI, CyberCash*
  u. ä. (siehe Kap. 9, Online-Anhang).

- **Merchandiser.** Der Merchandiser unterstützt das *Profiling, Logging* und *Tracking* der Besucher, die Produktauswahl und Shopping-Listen. Ferner bietet er
  intelligente Einkaufskörbe und ein umfassendes *Reporting*, das für die Planung
  von Aktionen genutzt werden kann.

- **Interfusion.** Die Interfusionskomponente unterstützt die Realisierung verschiedener Marketing-Ansätze bis hin zum One-to-One-Marketing mit einer
  individualisierten und personalisierten direkten Ansprache der Besucher des
  Online-Shops. Von einem leistungsfähigen System erwartet man, dass hier

ein *Customer Relationship Management* System integriert werden kann (siehe Abschn. 4.1).

- **Designer.** Der Designer dient gewissermaßen der „Schaufenstergestaltung", also der Gestaltung des *Store-Front-Ends*. Mit ihm wird die generelle Shop-Repräsentation modelliert und das Regelsystem für die besucherindividuelle Ansprache entwickelt.

- **Management-Front-End.** Die Interfusions- und Designer-Komponenten sind typische Bestandteile des *Management-Front-Ends* des Online-Shop-Systems. Das gesamte Online-Shop-Management ist browser-basiert von einem beliebigen Ort aus machbar.

- **Computer-Based Transaction Partner.** Um das Online-Shop-System flexibel erweitern zu können, wenn strategische oder operative Business-Allianzen und Kooperationen vereinbart werden, muss es möglich sein, die Partner entsprechend über das Internet einzubinden. Auf diese Weise lassen sich Einzelunternehmen zu virtuellen Unternehmungen und *Extended Enterprises* verknüpfen (Syndikatsbildung).

7.2 Bewertungskriterien für Online-Shops

E-Commerce-Systeme müssen als Mindestfunktionalität neben dem Prozess der *Mindest-* Produktauswahl auch die Konditionsfindung und die eigentliche Abwicklung einer *funtionalität* Transaktion unterstützen. Der tatsächliche Umfang dieser Funktionen kann jedoch für die verschiedensten Anwendungsszenarien erheblich variieren. Was Produkte hier konkret zu bieten haben, kann bezüglich der Eignung für einen Lösungsansatz entscheidend sein.

Im Folgenden wurde ein Kriterienkatalog entworfen, der bei der Auswahl einer E-Commerce-Lösung eine Orientierung bieten soll. Hierbei wurde neben technischen Kriterien auch insbesondere die Unterstützung der einzelnen Phasen einer elektronischen Markttransaktion (Informations-, Vereinbarungs-, Abwicklungs- sowie After-Sales-Phase) bewertet (siehe auch Tabelle 3.1). Hier die wichtigsten Kriterien:

- Unternehmensprofil

- Plattformunterstützung

- Skalierbarkeit

- Ausrichtung und Eignung für spezifische Geschäftsfelder

- Durchgängigkeit der Geschäftsprozessunterstützung

- Sicherheit

- Schnittstellen und Komponenten

- Einführungsunterstützung

7.2.1   Unternehmensprofil

Keine Investition ohne strategische Planung

Der Aufbau einer digitalen Marktpräsenz erfordert hohe finanzielle Investitionen. Bis der Online-Shop in Betrieb genommen werden kann, sind je nach Produkt und Umfang der geplanten Dienste in der Regel einige hunderttausend bis über eine Million € zu investieren. Selbst nach Abschluss der Implementierung der E-Commerce-Lösung sind für die kontinuierliche Pflege und die Sicherstellung der Aktualität der Daten Human Resources einzuplanen. Investitionen in diesem Bereich sind folglich von langfristiger Natur.

Plattformwechsel ist mit erheblichen Kosten verbunden

Da sich im noch relativ jungen Markt der E-Commerce-Lösungen bisher nur wenige produktübergreifende Standards herausgebildet haben, sind die Systeme der verschiedenen Hersteller zum heutigen Zeitpunkt nur schwer miteinander zu verknüpfen. Da ein Plattformwechsel mit erheblichen Kosten verbunden ist, bedingt die Entscheidung für die Plattform eines bestimmten Herstellers eine nicht zu unterschätzende Abhängigkeit von diesem. Bei der Entscheidung für ein E-Commerce-System bzw. für einen Hersteller ist es daher besonders wichtig, auch auf die Zukunftsaussichten des Herstellers und dessen Marktpotenzial zu achten, denn gerade im schnelllebigen Internet-Softwaremarkt sind eine Vielzahl von Start-up-Unternehmen vertreten, die oft nach wenigen Monaten wieder vom Markt verschwunden sind.

Investor Relations

Hier lohnt ein Blick auf die Web-Site des Anbieters: Sofern es sich um eine Aktiengesellschaft handelt, finden sich die gesuchten Finanzinformationen und Quartalsberichte in aller Regel unter der Überschrift „*Investors Relations*". Eine andere Quelle mit aussagekräftigen Informationen über die fragliche Aktiengesellschaft ist der Börseninformationsdienst der Finanz-Company *OnVista* (*www.onvista.de*). Hier sind alle Zahlen zu finden, die für eine Einschätzung notwendig sind.

Eine E-Commerce-Lösung berührt die gesamte IT-Infrastruktur

Ein weiterer wesentlicher Punkt bei der Auswahl der E-Commerce-Lösung ist die Ausnutzung von Integrations- und Synergie-Effekten mit der im Unternehmen bestehenden IT-Landschaft. Um die Vorteile einer elektronischen Geschäftsabwicklung erfolgreich nutzen zu können, ist eine Integration mit bestehenden Systemen zur Auftragsabwicklung, wie z. B. Warenwirtschaftssysteme, Produktdatenbanken oder Auftragsverwaltung, unabdingbar. Für Unternehmen, die in diesem Bereich auf Standardsoftware-Lösungen wie *SAP R/3*, *Baan* oder *Peoplesoft* aufsetzen, bieten sich als E-Commerce-Lösungen vor allem die entsprechenden Erweiterungsmodule der jeweiligen Hersteller für eine genauere Untersuchung an.

7.2.2   Plattformunterstützung

Minimal-architektur

Die gängigen E-Commerce-Lösungen weisen große Unterschiede bezüglich ihrer konkreten Implementierung und der eingesetzten *Middleware*-Technologien auf. Eine gewisse Minimalarchitektur ist jedoch eine sogenannte *Three-Tier*-Architektur, die eine Aufteilung des Gesamtsystems in den Client (Web-Browser) mit entsprechenden Präsentationsdiensten, den Applikations-Server im *Middle-Tier*, der die eigentliche Applikationslogik bereitstellt, sowie ein Datenbank-*Backend*, vorsieht.

Abbildung 7.3 zeigt noch einmal ein Beispiel für eine typische Minimalarchitektur von E-Commerce-Systemen.

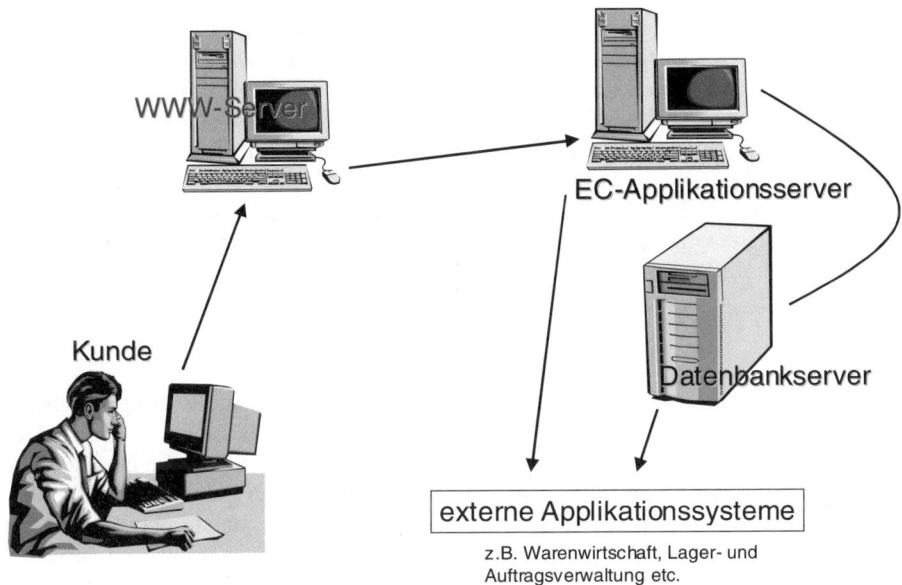

Abb. 7.3: *Logische Architektur typischer E-Commerce-Systeme*

Erhebliche *Offen für heterogene Systemumgebungen?*Unterschiede zeigen sich bei den verschiedenen E-Commerce-Lösungen bezüglich ihrer Offenheit gegenüber anderen Systemen und der Unterstützung heterogener Systemumgebungen. Während vor allem kostengünstige Low-end-Lösungen oft nur auf der Windows-Plattform von *Microsoft* verfügbar sind, weisen High-end-Systeme meist eine ausgeprägte modulare Architektur auf, welche die Verteilung der einzelnen funktionalen Komponenten auf unterschiedliche Betriebssysteme und Datenbanken erlaubt. Generell lässt sich eine Unterscheidung nach den unterstützten Betriebssystemen, Datenbankmanagementsystemen (DBMS) und den unterstützten Standards vornehmen.

Betriebssysteme

Viele der kostengünstigeren und nicht so umfangreichen Lösungen unterstützen lediglich ein auf *Windows NT* basierendes System als Applikations-Server. Die meisten High-end-Systeme sind jedoch unter einer ganzen Reihe von Betriebssystemen verfügbar und unterstützen auch die wichtigsten *UNIX*-Varianten wie *Solaris*, *HP-UX*, *AIX*, *IRIX* oder *TRU UNIX* und *LINUX*. *Low-End und High-End*

Datenbankmanagementsysteme

Bei der Auswahl eines Datenbankmanagementsystems (DBMS) ist darauf zu achten, dass eine relativ unproblematische Anbindung an bereits bestehende Systeme im Unternehmen gewährleistet ist. Besteht die Möglichkeit, als Datenbank der E-Commerce-Plattform auf dasselbe DBMS zurückzugreifen, welches bereits bei anderen operativen Systemen im Betrieb eingesetzt wird, so gestaltet sich eine *ODBC oder nativ?*

Integration der Daten vergleichsweise einfach. Andernfalls ist insbesondere darauf zu achten, dass entsprechende Middleware, welche den Datenaustausch im Replikations- oder Batch-Ladeverfahren ermöglicht, auf dem Markt verfügbar ist. Die meisten unter *Windows NT* angebotenen Plattformen bieten eine Unterstützung der ODBC[1]-Schnittstelle.Dadurch wird die Einbindung beliebiger Datenbanksysteme, sofern für diese ein entsprechender ODBC-Treiber zur Verfügung steht, ermöglicht. Allerdings findet sich bei den *UNIX*-basierten Lösungen eher selten eine solche ODBC-Unterstützung. Statt dessen werden in der *UNIX*-Welt meist sogenannte native Schnittstellen für bestimmte DBMS angeboten, die in der Regel Performancevorteile bieten, jedoch die Datenbankauswahl erheblich einschränken.

Standards

Standards contra Herstellerwillkür

Um den Aufwand einer Funktionserweiterung der E-Commerce-Lösung möglichst gering zu halten, ist bei der Auswahl eines Produkts auf eine möglichst breite Unterstützung von Standards zu achten. Gerade kostengünstige Lösungen ermöglichen in den meisten Fällen keine Anpassung oder Erweiterung der gebotenen Funktionalität. Bei größeren Systemen existiert dieses Problem nicht, da sie über eine große Anzahl von Programmierschnittstellen verfügen. Neben der Unterstützung verschiedener Internet-Standards wie CGI[2] und verschiedener herstellerspezifischer APIs[3] (*Netscape NSAPI*[4], *Microsoft ISAPI*[5] und *DCOM/ActiveX*[6]) sollte auch ein besonderes Augenmerk auf *CORBA*[7] gerichtet werden, welches immer mehr die Rolle einer universellen Middleware-Umgebung annimmt. Weitere erwähnenswerte jüngere Standards sind JDK (Java Runtime), JWS (Java Web Server), EJB (Enterprise Java Beams), XML und ICE (Information and Content Exchange Protocol).

7.2.3   Institutionelle Trägerschaft

Eigene E-Commerce-Lösung oder Mitglied in einer Electronic Mall?

Neben der Einrichtung einer unabhängigen virtuellen Marktpräsenz für ein Einzelunternehmen wird von einer Vielzahl der High-end E-Commerce-Lösungen auch der parallele Betrieb von mehreren getrennten Angeboten in Form einer Electronic Mall (siehe hierzu auch Abschn. 2.4.1) unterstützt. Da ein Internet-Auftritt – wie bereits erwähnt – mit hohen Investitions-Kosten verbunden ist, stellt eine Präsenz im Rahmen einer Mall gerade für kleinere Unternehmen oft eine interessante Alternative dar. In Branchen, deren Strukturen von kleinen und mittleren Unternehmen geprägt sind, kann es auch aus Kostengründen interessant sein, auf Verbandsebene eine gemeinsame Internet-Präsenz verschiedener Branchenpartner in Form einer solchen

---

[1]ODBC: Open Database Connectivity. Beruht auf einer Spezifikation, die von der SQL-Access-Group (SAG) unter Federführung von Microsoft ins Leben gerufen wurde. Sie beschreibt eine Standard-API (Application Programming Interface = Anwendungsschnittstelle) für Zugriffe auf relationale Datenbank-Management-Systeme (DBMS).

[2]CGI: Common Gateway Interface. Protokoll zur Kopplung von Web-Servern mit externen Programmen, z. B. zur Übernahme von Eingaben in eine Datenbank.

[3]API: Application Programming Interface (Schnittstelle für Anwendungsprogramme). Standardisierte Schnittstelle, die es ermöglicht, unterschiedliche Anwendungen miteinander zu verbinden.

[4]NSAPI: Interface für Netscape-Webserver

[5]ISAPI: Interface in Microsoft-Webservern

[6]ActiveX: Microsoft-Technologie zur Funktionserweiterung in Browsern

[7]CORBA: Common Request Broker Architecture; siehe www.corba.org.

Electronic Mall aufzubauen. Dieses Vorgehen hat zusätzlich den Vorteil, dass für die Kunden eine zentrale Anlaufstelle für die Produkte und Dienstleistungen einer ganzen Branche zur Verfügung steht. Im Abschn. 3.5.3.7 wurden weitere Alternativen der institutionellen Trägerschaft vorgestellt (siehe Abb. 3.9).

7.2.4 Transaktions-Performance und Skalierbarkeit

Neben der kurzfristig zu erwartenden Transaktionslast sollte auch deren zukünftige Entwicklung genau abgeschätzt werden. Die Transaktionslast hat nicht nur Auswirkungen auf die Auswahl der E-Commerce-Lösung, sondern auf die einzusetzende Hardware-Infrastruktur ebenso wie auf das Betriebs- bzw. Datenbankmanagementsystem. Bei der Wahl der E-Commerce-Serverkomponente ist vor allem auf die Modularität und Verteilbarkeit der einzelnen Module zu achten. Gerade *CORBA*-basierte Produkte weisen eine sehr hohe Skalierbarkeit auf. Dort können die einzelnen Systemmodule, je nach Nutzungslast, auf unterschiedlich leistungsfähige Server verteilt und unter verschiedenen Betriebssystemen betrieben werden. Ein kritischer Punkt in jeder E-Commerce-Lösung ist häufig immer noch die eingesetzte Datenbankkomponente. Für die Bewältigung hoher Transaktionslasten sind besonders Lösungen der Hersteller *Oracle, IBM* mit *DB2* und *Informix* geeignet, da deren Leistung nahezu beliebig gesteigert werden kann.

Wenn die Leistung nicht reicht, bleibt der Kunde fern

7.2.5 Ausrichtung und Eignung für spezifische Geschäftsfelder

Manche E-Commerce-Lösungen sind darauf ausgelegt, die Bedürfnisse eines bestimmten Marktsegments zu erfüllen. Daneben existieren jedoch verschiedene Systeme, die dem Anbieter einen hohen Freiraum darin lassen, das Angebot an seine eigenen Geschäftsbedürfnisse anzupassen. Solche Systeme sind nach einem offenen Baukastensystem aufgebaut. Es lässt sich allgemein eine Untergliederung in drei verschiedene Segmenttypen vornehmen, deren Übergänge jedoch oftmals fließend sind:

Baukastenprinip

- Business-to-Comsumer: Retail-Segment
- Business-to-Business: Geschäftskundensegment
- Business-to-Employee: Services für Unternehmensmitarbeiter im Rahmen eines Corporate Intranet.

Jedes dieser spezifischen Geschäftsfelder kann nach folgenden Kriterien analysiert werden:

- **Content**: Beschreibung der im Web angebotenen relevanten Inhalte.
- **Transaktionen**: Im Geschäftsfeld sinnvollerweise auftretende Transaktionstypen.
- **Personalisierung**: Möglichkeit der Personalisierung der Inhalte innerhalb eines Geschäftsfeldes.

7.2.5.1   Business-to-Consumer

Im Business-to-Consumer-Bereich geht es um den elektronisch unterstützten Verkauf von Waren und Dienstleistungen zwischen Händler bzw. Zwischenhändler und Endkonsument. Dieses Geschäftsfeld wird auch als Retail-Bereich bezeichnet.

Der Kataloginhalt muss den Besucher überzeugen

Content: Inhaltlich werden im Business-to-Consumer-Bereich vor allem elektronische Produktkataloge über das WWW zur Verfügung gestellt. Wichtige Aspekte in diesem Zusammenhang sind neben einer logischen Benutzerführung, ausführlich beschriebene Angebote sowie Marketing-Aktionen. Der Content muss gewissermaßen als stummer Verkäufer den Besucher überzeugen das Angebot wahrnehmen zu wollen!

Logistikaufwand wird häufig unterschätzt

Transaktionen: Grundsätzlich sind auch im elektronischen Handel neben Transaktionen mit immateriellen, digitalen Gütern (z. B. Informationen oder Software) auch Transaktionen mit physischen Gütern (z. B. Kleider oder Spielwaren) möglich. Allerdings bedarf es für deren Auslieferung der Dienstleistungen der Güterverkehrslogistik. Aktionen, die im Transaktionsbereich angeboten werden sollten, sind z. B. das Erstellen von Produktvorschlägen gemäß einem Kundenprofil oder das Verwalten der vom Nutzer ausgesuchten Produkte bis zur tatsächlichen Bestellung sowie die Bereitstellung von unterschiedlichen Zahlungsarten und die eventuell kostenfreie Auslieferung der Produkte.

Kunden-spezifische Ansprache

Personalisierung: Die Möglichkeit der Personalisierung der angebotenen Inhalte stellt insbesondere im Business-to-Consumer-Bereich eine interessante Option dar. Dank der technischen Grundlagen des Internet können dem Kunden mit Hilfe entsprechender Funktionen in einem Online-Shop kundenindividuelle Inhalte in Echtzeit angeboten werden. Auch Sonderangebote und Cross-Selling-Ansätze können auf diese Weise kundenspezifisch umgesetzt werden.

7.2.5.2   Business-to-Business

Im Business-to-Business-Bereich gilt es, sowohl klassischen etablierten Geschäftsbeziehungen, als auch neuartigen Ad-hoc-Beziehungen zwischen Unternehmen gerecht zu werden.

Hard Facts

Content: Den Geschäftskunden interessieren weniger unterhaltsame Web-Seiten mit ansprechenden Grafiken und den neuesten Online-Spielen. Er ist lediglich an den sogenannten „hard facts" interessiert. In diesem Bereich ist vor allem ein funktionaler und klar strukturierter Aufbau des Angebots wichtig. Dadurch soll für den Kunden eine effiziente Navigation und ein rasches Auffinden der gewünschten Produkte gewährleistet werden. Weitere Unterstützung in diesem Bereich bieten Such-Schnittstellen, die den Benutzer mittels Volltextsuchfunktionen oder gar parametisierbaren Abfragen durch das Angebot geleiten.

Handels-automatisierung

Transaktionen: Im Business-to-Business-Bereich gibt es grundsätzlich ähnliche Anforderungen wie im Business-to-Consumer-Bereich. Zusätzlich muss jedoch der Integration von Geschäftsapplikationen, der Anpassung der Geschäftsprozesse sowie *EDI* und Sicherheitsmaßnahmen eine große Bedeutung beigemessen werden. In der Perspektive sind hier automatische, interventionslose E-Commerce-Transaktionen zwischen Handelspartnern – auch über eine längere Wertschöpfungskette – zu erwarten.

Personalisierung: Auch in diesem Bereich kann eine Personalisierung der Inhalte *Konditionen-* sehr hilfreich sein. Unternehmensspezifische Angebote können z. B. dazu genutzt *findung* werden, einem Kunden, je nachdem welche Produkte er bereits im Einsatz hat, Updates oder Zusatzkomponenten anzubieten. Geradezu unerlässlich ist die Personalisierung im Bereich der Konditionenfindung, damit jeder Firmenkunde die für ihn relevante Rabattstaffel und Lieferkondition eingeräumt bekommt.

7.2.5.3 Business-to-Employee

Im Business-to-Employee-Bereich werden alle Beziehungen eines Unternehmens zu seinen Mitarbeitern betrachtet, die elektronisch unterstützbar sind.

Content: Der Inhalt entspricht im Wesentlichen dem eines Intranets. Hierbei sind *Intranet* Bereiche für Mitarbeiterzeitungen, Urlaubsregelungen oder die Verwaltung von Mitarbeiterkaufprogrammen denkbar. Der Zugang zum Inhalt ist über das Internet – wenn überhaupt – nur über User-Id und Passwort möglich.

Transaktionen: Die Transaktionen entsprechen im Wesentlichen denen des Business- *B2C-* to-Consumer-Bereichs. Im Business-to-Employee-Bereich sind jedoch Sicherheits- *Transaktionen* und Performanceanforderungen nicht in dem Maße gegeben. Wenn aber auch externe Kunden eingebunden werden sollen, dann handelt es sich nicht mehr um ein geschlossenes System für den internen Gebrauch. Die Sicherheit der Daten muss ebenfalls gewährleistet werden.

Personalisierung: Im Rahmen eines Intranets können Mitarbeiterprofile verwaltet *Richtung Human* werden, die zu Weiterbildungsmaßnahmen oder zur Einrichtung eines effizienten Job- *Resource* Rotation-Systems herangezogen werden können. Insgesamt kann in einem intranet- *Management* orientierten System einem Mitarbeiter mehr an Möglichkeiten eingeräumt werden als einem externen (anonymen) Kunden. Denkbar sind hier Interaktionskonzepte mit Kollegen und Vorgesetzten.

7.2.6 Durchgängigkeit der Geschäftsprozessunterstützung

Idealerweise sollte eine E-Commerce-Lösung die gesamte Abwicklung einer Ge- *Support für alle* schäftstransaktion unterstützen. Dies ist dann gegeben, wenn alle Transaktionsschritte *Transaktions-* von der Auswahl und Zusammenstellung der gewünschten Produkte, über die Ermitt- *schritte* lung der Einkaufskonditionen bis hin zur eigentlichen Abwicklung der Transaktion, der Bezahlung sowie der Auslieferung der erworbenen Güter und die After-Sales-Phase unterstützt werden. Die Durchgängigkeit der elektronischen Unterstützung aller Einzeltransaktionen, die zur Abwicklung einer Geschäftstransaktion notwendig sind, stellt ein entscheidendes Kriterium für die Qualität von E-Commerce-Anwendungen dar (vergleiche Abschn. 3.3).

Um eine systematische Analyse der Stärken und Schwächen verschiedener Produkte *Teile und prüfe* in diesen einzelnen Bereichen zu ermöglichen, ist es sinnvoll, die Geschäftstransaktionen in unterschiedliche Phasen aufzuteilen. Im Einzelnen sind dies die Informationsphase, Vereinbarungsphase, Abwicklungsphase und After-Sales-Phase.

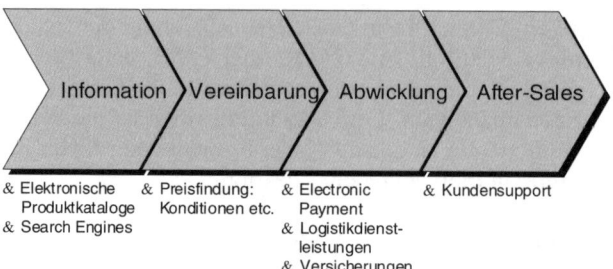

    Information   Vereinbarung   Abwicklung   After-Sales

& Elektronische   & Preisfindung: & Electronic   & Kundensupport
  Produktkataloge   Konditionen etc.   Payment
& Search Engines   & Logistikdienst-
                               leistungen
                           & Versicherungen

Abb. 7.4: *Phasen-Modell der Markttransaktionen*

- **Informationsphase**

  In der Informationsphase beschafft sich der potenzielle Kunde Informationen über verschiedene Anbieter und Produkte. Um die geeigneten Angebote zu finden, können Verzeichnisdienste und elektronische Produktkataloge genutzt werden. Obwohl fast alle heute verfügbaren Produktkataloge im WWW die dynamische Generierung der Katalogseiten aus den in einer Datenbank abgelegten Produktinformationen unterstützen, so gibt es doch eine Reihe von Unterschieden zwischen den einzelnen Systemen, insbesondere im Hinblick auf die Flexibilität bei der Inhaltsaufbereitung. Die am weitesten fortgeschrittenen Ansätze ermöglichen eine Verknüpfung von Benutzerprofilinformationen mit den Katalogdaten, um so eine benutzerindividuelle Aufbereitung der Inhalte zu erreichen. Beim Vertrieb von Produkten mit einer hohen Komplexität wäre in der Informationsphase die Bereitstellung von Konfigurationswerkzeugen, welche den Kunden sicher durch die Zusammenstellung seines integrierten Lösungspakets begleiten, von großem Nutzen.

- **Vereinbarungsphase**

  In der Vereinbarungsphase soll Einigkeit über die Konditionen und Bedingungen, unter denen es zum Abschluss eines rechtsgültigen Kaufvertrags kommt, erzielt werden. Manche Produkte bieten die Möglichkeit, kundenindividuelle Rabattsätze, Zahlungsverfahren und -fristen etc. auf der Basis gespeicherter Profilinformationen festzulegen (Konditionenfindung). Einfachere Systeme haben meist nur eine Preis- und Konditionspolitik. Um eine Kalkulation des Preises unter Berücksichtigung verschiedener geografischer Regionen oder unterschiedlicher Steuersätze zu gewährleisten, greifen die meisten Lösungen auf Produkte von Drittherstellern, wie z. B. *Taxware International*, zurück. Auch der Online-Zugriff auf Bonitätsinformationen, z. B. von Handelsregisterämtern, stellt einen wesentlichen Aspekt dieser Phase dar.

- **Abwicklungsphase**

  In dieser Phase erfolgt die eigentliche Abwicklung der Transaktion. An dieser Stelle muss das Zahlungsverfahren festgelegt werden sowie die Art der Auslieferung, bei physischen Gütern, nebst etwaigen Transportversicherungen. Für digitale Güter sind geeignete Verfahren zu bestimmen, wie das immaterielle Gut auf sicherem Weg online zu seinem rechtmäßigen Besitzer gelangt.

Auch eine Funktion, die dem Kunden ein Abfragen des Lieferstatus ermöglicht (Tracking-System), ist in diese Phase einzubinden. In der Abwicklungsphase liegen ebenfalls große Unterschiede zwischen den Leistungsmerkmalen der einzelnen Produkte vor. So unterstützen manche Hersteller mit ihrem System lediglich die Abwicklung von Transaktionen mit physischen Gütern. Damit der Kunde den Lieferstatus des von ihm bestellten Produkts oder andere Lagerbestandsinformationen abfragen kann, werden von einer Vielzahl von Produkten Programmierschnittstellen angeboten, welche eine Einbindung der operativen Auftrags- und Lagerverwaltungssysteme des Unternehmens in die E-Commerce-Plattform ermöglichen.

- **After-Sales-Phase**
  In der After-Sales-Phase (Service-Phase) geht es um die Kundenbindung. Hierzu soll der Kunde auch nach Kauf eines Produkts weiterhin betreut werden. Dies fängt bereits mit der Möglichkeit zur Online-Abfrage des Lieferstatus seiner Bestellung an und sollte bis zu einem professionellen Customer-Support und Customer Relationship Management reichen. Generell lassen sich beim Customer-Support zwei verschiedene Anwendungstypen unterscheiden:

Synchrone Service-Anwendungen

Synchrone Anwendungen entsprechen dem Helpdesk-Szenario, in welchem ein Echtzeitkontakt zwischen dem Support-Mitarbeiter und dem Kunden besteht. Im Gegensatz zu den klassischen Call-Centern erfolgt die Kommunikation in diesem Fall jedoch über Chat-Rooms oder internetbasiertes Video- bzw. Voice-Conferencing. Inzwischen sind auch erste Technologien verfügbar, die das klassische Call-Center mit Web-Inhalten verknüpfen, die vom Support-Mitarbeiter beim Kunden je nach Bedarf aufgerufen werden können. *Helpdesk-Szenario*

Asynchrone Service-Anwendungen

Diskussionsgruppen stellen eine klassische Einsatzmöglichkeit in diesem Bereich dar. Sie ermöglichen den aktiven Erfahrungsaustausch von Kunde und Anbieter sowie der Kunden untereinander. Support-Angebote wie Datenbanken mit Problemlösungen (*Knowledge Bases*), allgemeine Produktdokumentationen oder auch Updates und Treiber-Software, welche vom Kunden selbständig durchsucht werden können, fallen in diese Kategorie. Gerade im After-Sales-Bereich sind die E-Commerce-Lösungen momentan noch eher rar. Bei den meisten Produkten ist ein separater Aufbau und Betrieb z. B. eines NNTP-Servers (News-Servers) für Diskussionsgruppen oder eines Chat-Servers für die Bereitstellung von Chat-Rooms erforderlich. *Community-Ansätze*

7.2.7 Sicherheit

Da es sich beim Internet grundsätzlich um ein offenes System handelt, müssen entsprechende Maßnahmen getroffen werden, um Daten vor unberechtigtem Zugriff Dritter zu schützen. Es können drei verschiedene Sicherheitsaspekte unterschieden werden:

- **Systemsicherheit:** Hierbei geht es darum, die internen Systeme vor einer Kompromittierung von außen zu schützen. Zu diesem Zweck wird eine *Firewall* installiert, welche das innerbetriebliche Netzwerk gegenüber Zugriffen aus dem öffentlichen Internet abschotten soll. Die Firewall lässt nur klar definierte Nutzungsarten zu.

- **Daten- und Applikationssicherheit:** Im Mittelpunkt steht hier der Schutz der mit dem Kunden ausgetauschten Daten. Nicht nur die Vertraulichkeit der Kundendaten ist unerlässlich, sondern auch deren Integrität sowie die Nachweisbarkeit der Datenübertragung (siehe auch „Abstreitbarkeit" im Abschn. 9.1.2.1).

- **Sicherheit finanzieller Transaktionen:** Weiteren Sicherheitsaspekten sowie technischen und organisatorischen Lösungsansätzen ist das Kapitel 12 gewidmet.

7.2.8   Schnittstellen und Komponenten

Existiert ein Zubehörmarkt? In vielen Fällen reicht der von einer E-Commerce-Lösung angebotene Leistungsumfang für die Bedürfnisse des Anbieters nicht aus. Dann wird es notwendig, das System zu erweitern oder auch zu verändern. Hierzu ist in den meisten Fällen die Eigenentwicklung zusätzlicher Komponenten unvermeidbar. Die Einbindung dieser Module in die E-Commerce-Plattform kann allerdings nur gelingen, wenn entsprechende Programmierschnittstellen (*Application Programming Interfaces*, kurz: APIs) zur Verfügung stehen. Dasselbe gilt für die Kopplung der E-Commerce-Lösung mit bestehenden Systemen zur Auftragsverwaltung und Lagerbewirtschaftung. Deshalb ist bei der Auswahl einer E-Commerce-Lösung auch ein besonderes Augenmerk auf die angebotenen Programmierschnittstellen sowie die für deren Nutzung unterstützten Programmiersprachen und Entwicklungsumgebungen zu legen. Viele Anbieter von E-Commerce-Lösungen haben Partnerfirmen, die als Drittanbieter auf Basis der Programmierschnittstellen Zusatzkomponenten erstellen und anbieten. Besteht ein vielfältiges Angebot solcher Module für eine E-Commerce-Lösung, kann oft eine teure Eigenentwicklung vermieden werden.

7.3   Zehn Schritte zum Online-Shop

Eine strategische Entscheidung Die Auswahl eines E-Commerce-Systems ist keine triviale Angelegenheit, entscheidet doch die Flexibilität und Leistungsfähigkeit des eingekauften oder gemieteten Systems ganz massiv die technische Machbarkeit von E-Business-Ideen und -Konzepten. Implizit wird damit auch über die zukünftige Geschäftsentwicklung entschieden. Viel wichtiger noch: Bevor im Rahmen eines E-Commerce-Projekts an die Anschaffung und Einrichtung eines Online-Shops zu denken ist, müssen die eigenen Firmenziele klar sein, und die aktuelle Marktsituation muss richtig eingeschätzt werden. Was ist also bei der Abwicklung eine E-Commerce-Projekts und Auswahl eines Online-Shops zu beachten? Die folgenden zehn Schritte sollen bei der Auswahl und Gestaltung eines E-Commerce-Systems hilfreiche Anhaltspunkte bieten.

7.3.1   Zielgruppen- und Wettbewerbsanalyse

Der anvisierte Online-Shop ist in einen Markt eingebettet, in dem sich Kunden *Keine Planung* und Wettbewerber bewegen (siehe Abschn. 3.5). Um den Online-Shop erfolgreich *ohne Know How* zu positionieren, sind genaue Kenntnisse über die anvisierte Zielgruppe und die Wettbewerber notwendig.

Bei der Zielgruppen- oder Kundenanalyse geht es um die Gewinnung einer quan- *Zielgruppen-* titativen und qualitativen Einschätzung der vorhandenen und potenziellen Kunden *analyse* hinsichtlich ihrer Meinung zum Thema Online-Shopping und Internet-Business. Aus den gewonnenen Erkenntnissen resultieren dann Vorgaben für das Projekt, welche die Gefahr minimieren, am potenziellen Kunden vorbei zu arbeiten. Kernfragen können hier sein:

- Wieviele vorhandene Kunden sind heute und in Zukunft mit dem Online-Shop erreichbar?

- Welches Kundenpotenzial ist mit dem Online-Shop zusätzlich erreichbar? Was sind die Erfolgsfaktoren?

- Welches Online-Angebot gilt es bereitzustellen? Was wünscht sich die Online-Kundschaft? Wie möchte die Online-Kundschaft bedient werden?

Um Antworten auf diese und weitere Fragen zu bekommen, ist die Direktbefragung *Telefon,* der vorhandenen Kunden die einfachste Methode. Denkbar sind hier Kurzumfragen *Fragebogen und* per Telefon durch die Marketing- und Vertriebsabteilung oder durch Einschaltung *Studie* eines Service-Call-Centers. In einer zweiten Runde ist der Einsatz eines entsprechenden Kurzfragebogens denkbar. Wichtig ist hierbei, dass der Fragebogen wirklich kurz gehalten ist und der kooperationswillige Kunde einen Anreiz für das Ausfüllen des Fragebogens bekommt. In aller Regel ist der Kunde am Ergebnis solcher Art von Befragungen interessiert, so dass er sicherlich zum Ausfüllen des Fragebogens motiviert werden kann, wenn er im Gegenzug das Analyseergebnis mitgeteilt bekommt. Wenn es darum geht, festzustellen, wieviele neue Kunden mit dem anvisierten Online-Shop erreicht werden können, bleibt i. Allg. nur der Rückgriff auf entsprechende veröffentlichte Studien einschlägiger Marktforschungseinrichtungen, wenn nicht selbst eine Primärerhebung durchgeführt werden soll.

Schwieriger ist die Vorgehensweise bei der Wettbewerbsanalyse. Sie wird im Rahmen *Wettbewerbs-* der eigenen Strategieerarbeitung unschätzbare Dienste leisten! Die Wettbewerbsana- *analyse* lyse soll uns Auskunft geben, wie das Online- und Internet-Verhalten der Mitbewerber aussieht. Drohen uns potenzielle Gefahren durch den Wettbewerb? Das Internet löst regionale Abgrenzungen auf. Wie sieht es mit dem Wettbewerbspotenzial auf (bislang) regional abgegrenzten Märkten aus? Ganz wichtig: Wie sieht das Wettbewerbspotenzial aus verwandten Branchen aus?

Um zu einer Einschätzung der Wettbewerber zu kommen, haben sich die drei fol- *1. Schritt:* genden Schritte bewährt. Im ersten Schritt, der Branchenskizze, wird bei geringer *Branchenskizze* Analysetiefe eine Bestandsaufnahme mit leicht zu beschaffenden Brancheninformationen angefertigt. In dieser Studie sind Informationen über erkennbare Trends im

Bereich E-Commerce und E-Business, sowie Informationen über Marktsegmente, Zutrittsbarrieren und die Akteure enthalten. Bezüglich der Akteure interessiert insbesondere:

- Wer ist Marktführer/Hauptwettbewerber?
- Wer ist Innovationsführer?
- Wer entwickelt sich besonders schnell?
- Wer ist Kostenführer, wer arbeitet besonders lukrativ?

Die für die Branchenskizze notwendigen Daten lassen sich überwiegend in leicht zugänglichen Quellen finden. Anlaufpunkte können hier z. B. Geschäftsberichte der Unternehmen und Presseberichte sein. Auch mit Interviews im eigenen Unternehmen lassen sich diesbezüglich Informationen zusammentragen. Last but not least bieten Finanzinformationsdienste wie z. B. *OnVista* im Internet alle notwendigen Zahlen.

2. Schritt: Longlist-Analyse

Im zweiten Schritt wird eine Longlist-Analyse angefertigt. Dabei werden systematisch die Internet-Aktivitäten aller Branchen-Unternehmen zusammengetragen. Hierbei geht es uns um eine möglichst vollständige Übersicht bei noch geringer Analysetiefe. Unsere Ziele heißen:

- Überblick verschaffen
- Ideen gewinnen und
- Ziele für genauere Analyse gewinnen.

Von der Business-Idee zum Link-Chart

Im Rahmen der Longlist-Analyse interessieren wir uns für Umsatzzahlen und Marktanteile, für die Business-Idee sowie die generelle Strategie der untersuchten Unternehmen. Spannend wird es, wenn wir uns um die Frage kümmern, wie es mit der speziellen Internet- und E-Commerce-Strategie aussieht! Welche E-Commerce-Aktivitäten lassen sich auf der Firmen-Web-Site beobachten? Wie sieht es beispielsweise mit dem Angebot von News-Groups und FTP-Servern aus? Letztlich kommen wir nicht umhin, von den Web-Sites der untersuchten Firmen Link-Charts anzufertigen, um das Online-Verhalten richtig einschätzen zu können.

Analyse als Ideen-Generator

Neben dem Kennenlernen des Wettbewerbs hat die Longlist-Analyse noch eine weitere Dimension: Während der Betrachtung des Wettbewerbsangebots werden Ideen generiert und weiterentwickelt. Diese lassen sich dann gezielt in Maßnahmenkonzepte für den Aufbau des eigenen Online-Shops umsetzen.

Shortlist-Analyse

Im dritten Schritt, der Shortlist-Analyse, wird von den interessantesten Kandidaten aus der Longlist-Analyse das Profil vervollständigt. Hier geht es darum, festzustellen, wie es mit der Wirtschaftlichkeit, der Prozesseffizienz und der Kundenzufriedenheit aussieht.

Fakten als Grundlagen

Nachdem die Zielgruppen- und Wettbewerbsanalyse uns einerseits die Wünsche des anvisierten Klientels und andererseits die Positionierung des Wettbewerbs vor Augen geführt haben, können wir auf der Basis von Fakten das eigene E-Commerce-Vorhaben konzipieren und planen. In diesem Zusammenhang ist es sinnvoll zu prüfen, welche Geschäftsprozesse in der eigenen Unternehmung von der Einführung des E-Commerce-Systems betroffen sind.

7.3.2 Geschäftsprozessanalyse

In einer Prozessanalyse werden die aktuellen Business- und Verkaufsprozesse unter- *Funktions-*
sucht und dokumentiert. In welchen Funktionsbereichen des Unternehmens werden *bereiche &*
welche Aktivitäten ausgeführt und welchen Verlauf nehmen dabei Güter, Materialien *Aktivitäten*
und Informationen? Dabei tauchen zwei Schlüsselfragen auf: *analysieren*

- Welche Geschäftsprozesse sind aufgrund bisheriger Erkenntnisse aus der Ziel-
  gruppen- & Wettbewerbsanalyse betroffen?

- Welche (Teil-)Prozesse können durch Internet-Technologie verbessert werden?

Hat sich beispielsweise aus der Zielgruppenanalyse herauskristallisiert, dass eine *Beispiel 1*
Online-Variante des Kundendienstes gewünscht wird, so sind davon z. B. die Pro-
zesse: Bearbeitung von Kundendienstanfragen, Kundenkontakt-Management und
Beschwerde-Management betroffen.

Mit der Einführung eines Online-Shops ist die Produktpräsentation im Internet vor- *Beispiel 2*
programmiert. Dadurch werden folgende Prozesse berührt: Katalogproduktion, Preis-
listenpflege, Produkt-Promotion-Planung, Anfragebearbeitung, usw.

In beiden Beispielen ist ein Redesign der betroffenen Prozesse notwendig, um *Prozess-*
Online- und Offline-Varianten der jeweiligen Prozesse mit der zukünftigen, um das *Redesign ist*
E-Commerce-System erweiterten IT-Infrastruktur zusammengeführt und integriert *notwendig*
abzuwickeln, so dass wirklich nur eine gemeinsame Datenbasis im Spiel ist. Andernfalls werden sich die erhofften Vorteile nicht einstellen!

In einer Sollkonzeption werden die Re-Design-Ideen festgehalten und eine erste *Sollkonzeption*
Vision von der anstrebenswerten Sollsituation des geplanten E-Commerce model- *weist die*
liert. Die so erarbeitete Sollkonzeption ist die maßgebliche Grundlage für die wei- *Richtung*
teren Schritte. Auf dieser Grundlage wird das Shop-System geplant und konzipiert,
das E-Commerce-System ausgewählt, detailliertere Pläne für die Einrichtung einer
E-Commerce-fähigen Infrastruktur ausgearbeitet, sowie Planung für die Promotion
und den Test des Online-Shops angestoßen.

7.3.3 Konzeption und Planung des Shop-Systems

Auf der Grundlage der Sollkonzeption kann das Detailkonzept für das E-Commerce-
System in Angriff genommen werden.

7.3.3.1 Shop-Struktur

Die Struktur des Online-Shops sollte vor der Realisierung genau bedacht werden. *Welche Artikel*
Bei vielen Online-Shops ist das erstmalige Einrichten einer solchen Struktur nicht *und*
problematisch, das nachträgliche Ändern und Verschieben von Komponenten dafür *Dienstleistungen*
um so mehr. Für die Entscheidung, welche Produkte in welchen Katalogen angeboten *in welchem*
werden sollen, kann als erste Orientierung die Struktur eines bereits vorhandenen *Kontext?*
Produkt-Katalogs herangezogen werden.

In der Regel erlauben die Shop-Systeme eine theoretisch unbegrenzte Anzahl von Katalogen und Produkten. Wichtig: Die Shopstruktur darf nicht durch die E-Commerce-

und Online-Shop-Software zwangsweise vorgegeben werden. Vielmehr ist die Shop-Struktur auf der Basis der Konzeption als „Messlatte" bei der Systemauswahl anzu-setzten. Systeme, die die gewünschte Struktur nicht umsetzen können, scheiden als Kandidaten aus.

7.3.3.2   Shop-Design

Form &
Funktion

Das Shop-Design hat mehrere Dimensionen. Insgesamt geht es darum, Form und Funktion auf unverkennbare Weise in Einklang zu bringen. Das Gesamt-Design setzt sich aus Folgendem zusammen:

- **Visuelles Design:** Grafische Gestaltung des Online-Shops, so dass das Corpo-rate Design (der grafisch ausgearbeitete Teil der Corporate Identity) und das Branding (die Markenidentität) deutlich sichtbar sind.

- **Content Design:** Unter Content versteht man die Gesamtkomposition von In-formationen einer Web-Site. Text, Bilder, Audio, Video und Animation lassen von den zu verkaufenden Gütern und Dienstleistung beim Shop-Besucher eine konkrete Vision entstehen.

- **Informations-Design:** Dem inhaltlichen und visuellen Design liegt das Infor-mations-Design zugrunde – es ist die Architektur der Präsenz. Klassische Orga-nisationsformen können numerisch, lexikografisch, chronologisch, sequentiell o. ä. sein.

- **Interaktions-Design:** Hier werden Erlebniswelten erzeugt. Kreatives Inter-aktions-Design haucht einer Web-Site die Erlebnis-Komponente ein, die dann den Besuchern die Möglichkeit bietet, die eigenen Ideen einzubringen und von anderen Teilnehmern Feedback zu erhalten. Kommunikationserlebnisse erwe-cken beim Nutzer ein Gemeinschaftsgefühl und bewegen ihn zur Rückkehr.

Die tatsächliche
Flexibilität ist zu
prüfen

Grundsätzlich ist es möglich, das Design eines Shops an die individuellen Bedürf-nisse des Anbieters anzupassen. Der Grad der Anpassung hängt jedoch vom jewei-ligen Shop-System ab. Die meisten Systeme verfügen über sogenannte Templates, die einerseits die Funktionalität vorgeben, andererseits im Bereich der Grafik frei ge-staltbar sind. Neben Templates kommen auch sogenannte Assistenten zum Einsatz, die bei der individuellen Veränderung des Shop-Designs behilflich sind. Für eine Anpassung an das Corporate Design einer Firma sind in der Regel entsprechende Design-Arbeiten notwendig. Hierfür sichert man sich am besten die Unterstützung eines Grafik-Design-Dienstleisters.

7.3.4   Auswahl und Validation des Shop-Systems

Systeme für
jeden Zweck
verfügbar

Mittlerweile bietet der Markt eine große Anzahl an Standardlösungen für Online-Shops. Diese reichen von der Sammlung kostenloser CGI-Skripts bis hin zu profes-sionellen Komplett-Systemen. Für kleinere Shops, die eine relativ geringe Anzahl von Produkten beinhalten und deren Sortiment nicht allzu oft geändert werden soll, reichen zumeist die günstigen und relativ einfachen Systeme aus. Je größer das Sortiment jedoch wird und je häufiger die Produkte wechseln, desto eher stoßen kleinere E-Commerce-Systeme an ihre Grenzen. Ein weiterer Nachteil bei den einfacheren Systemen ist der oft eingeschränkte Spielraum bei der individuellen Gestaltung des Shops. So bieten z. B. einige Shop-Anbieter lediglich ein englischsprachiges Storefront an. Unterstützende Komponenten, wie z. B. in Abb. 7.2 dargestellt, fehlen meist gänzlich.

Auf der Grundlage der oben erarbeiteten Sollkonzeption werden Produktinformationen und Angebote von E-Commerce-Systemanbietern eingeholt. Vor der endgültigen Auswahl eines Online-Shops muss geprüft werden, ob das System die geforderten Funktionen abdeckt und entsprechend erweiterbar ist. Nach dem Studium der technischen Datenblätter erfolgt im Rahmen einer Testinstallation die konkrete Untersuchung, inwieweit sich die eigenen Vorstellungen mit den angebotenen Lösungen realisieren lassen.

Die Testinstallation bringt es an den Tag

Nachfolgend werden einige Funktionen, die von einer integrierten Online-Shop-Lösung erwartet werden können, beispielhaft aufgeführt:

- **Produktkatalog**, der dynamisch aus den in einer Datenbank abgelegten Produktinformationen generiert wird. Suchmöglichkeiten nach allen Produktattributen sowie einfache und klare Navigationsmöglichkeiten durch das Angebot sollten vorhanden sein.

- **Personalisierung** der Inhalte, d. h. dass die Kunden eine Art individuellen Shop vorfinden, der besonders Produkte ihres Interesses enthält und in der jeweiligen Landessprache erscheint.

- **Elektronischer Warenkorb**, kundenindividuelle Rabattsätze, Zahlungsverfahren und -fristen sollten unterstützt werden.

- **Preiskalkulation** in Abhängigkeit von der geografischen Region mit unterschiedlichen Steuersätzen und Währungen.

- Unterstützung diverser **Zahlungsverfahren** (siehe Kap. 9).

- **Sicherheitsfunktionen** zum Schutz der Datenübertragung (siehe Kap. 12).

- **Tracking** bietet dem Kunden die Möglichkeit, den **Lieferstatus** seiner Order zu verfolgen.

- **Chat-Rooms** oder **Diskussionsgruppen** zum **Gedankenaustausch** der Nutzer.

- **Produktbezogene Informationen** zu **Problemlösungen** und aktuellen Entwicklungen.

- **Einfache Einrichtung** des Shops dadurch, dass Vorlagen für den Shop-Aufbau verfügbar sind. Komfortable Verwaltungsfunktionen und umfangreiche Analysetools zur Auswertung von Zugriffen.

- **Programmierschnittstellen** zur Erweiterung der **Funktionalitäten**.
- Unterstützung von **Internet-Trading** (siehe Kap. 8).
- Unterstützung von **M-Commerce** (siehe Online-Anhang).

E-Commerce erfasst die gesamte IT-Infrastruktur

Integrations- und Synergieeffekte der E-Commerce-Lösung mit der bestehenden EDV-Umgebung sollten ausgenutzt werden. Somit sollte sich ein Online-Shop möglichst problemlos an bestehende Warenwirtschaftssysteme, Produktdatenbanken o. ä. koppeln lassen, damit Reibungsverluste und Medienbrüche vermieden werden. Hierbei sollte gegebenenfalls auch auf eine mögliche Kopplung mit *SAP* und/oder anderen ERP-Systemen geachtet werden.

Drum prüfe wer sich ewig bindet

Da es auf dem Gebiet der Online-Shops derzeit noch keine produktübergreifenden Standards gibt, ist der Käufer an ein einmal erworbenes Shop-System mehr oder weniger stark gebunden. Aus diesem Grund fällt der Wahl des Herstellers eine besondere Bedeutung zu. In diesem Zusammenhang sind die Zukunftsaussichten und auch das Marktpotenzial des ausgewählten Anbieters besonders zu beachten.

7.3.5   Kauf oder Miete

Eigen-entwicklung?

Grundsätzlich stellt sich für Unternehmen, die ihre Produkte und Services über das Internet vertreiben wollen, die Frage, ob ein E-Commerce-System gekauft, gemietet oder selbst entwickelt werden soll. Eine Individualentwicklung ist zwar teuer und zeitaufwendig, bringt jedoch den Vorteil, dass auch außergewöhnliche Funktionen bzw. Anforderungen realisiert werden können und dass keine Bindung an mögliche Restriktionen eines Anbieters, etwa den Shop-Umfang oder die Besucherzahl betreffend, bestehen. Faktisch bedeutet der Entschluss zur Eigenentwicklung den Zwang zum Aufbau einer entsprechenden Entwicklungsabteilung oder Tochtergesellschaft.

Standard-lösungen für alle Bedürfnisse?

Neben der Möglichkeit der Eigenentwicklung bietet der Markt heute eine ganze Reihe von Standardlösungen der unterschiedlichsten Preisklassen und Leistungsstufen. Die meisten Produkte können an die speziellen Bedürfnisse der Unternehmen angepasst werden. Über entsprechende Schnittstellen lassen sich Zusatzanwendungen integrieren, so dass die Grenzen zwischen Individualentwicklungen und Standardsoftware zusehends verwischen. Drei Standardlösungen werden im Abschn. 7.4 vorgestellt.

Software, Hardware, Internet-Anbindung und Human Resources

Der Kauf eines E-Commerce-Systems erfordert hohe einmalige Investitionen nicht nur in die Software, sondern unter Umständen auch in den Erwerb von Hardware und Infrastrukturbausteinen, wie sie für die dauerhafte Internet-Anbindung (siehe Kap. 10) notwendig sind. Darüberhinaus darf nicht vergessen werden, dass auch in die notwendigen Human Resources investiert werden muss. Steht der Server und die E-Commerce-Software im eigenen Haus, so muss der 24-Stunden-Betrieb auch selbst organisiert werden. Wartung, Updates und Upgrades sind genau so wie die Datensicherung selbst zu planen und mit eigenen Mitarbeitern durchzuführen.

Mietverträge genau studieren

Wird ein Shop gemietet, so ist in den kalkulierbaren monatlichen Kosten in aller Regel ein gewisser „Mindestservice" inbegriffen. Da in den meisten Fällen nicht nur der eigentliche Shop gemietet wird, sondern auch Platz auf dem Server des Anbieters, entfallen die Investitionskosten für Hardware ebenfalls. Hinzu kommen u. U. die Volumenkosten für den Speicherplatz und weitere Kosten für die transferierten

ClickShop	**www.clickshop.de**
@-OmniShop-Serie	**www.msg-at.net/**
1 & 1 Puretec	**www.puretec.de**
AOL/Strato	**www.aolwebprofi.de/e_commerce/index.html**
Cyberline	**www.cybershop.de**
Cybermedia	**www.mietshop.de**
DEU.Net	**www.microshop.de**
Deutsche Telekom (kleine Mietshops)	**www.telekom.de/t-mart/smartshop**
(große Mietshops)	**www.telekom.de/t-mart/shopcomplete**
Dresdner Bank Cybershops	**www.cybershops.de**
Einkaufsmall.de	**www.einkaufsmall.de**
Frankfurt-mall.de	**www.frankfurt-mall.de**
IShop 2000	**www.ishop2000.de**
Musicaliens	**www.musicaliens.de**
WEBSALE AG	**www.websale-ag.de**

Tabelle 7.1: *Miet-Shops*

Übertragungsvolumen, die durch die Shop-Besucher verursacht werden. Einfache Shop-Systeme können ab wenigen hundert € monatlich gemietet werden, einschließlich eines Servers und der entsprechenden Dienstleistungen. Manche Mietmodelle sehen auch die Partizipation des Vermieters am Umsatz vor. Alles in allem ist es – wie immer – empfehlenswert, die Mietverträge genauestens zu studieren, um eventuell versteckte Kosten aufzuspüren. Dann gilt es zu rechnen, ob die Miete oder die Installation im eigenen Haus kostengünstiger ist.

7.3.6 Einrichtung der Infrastruktur und Installation

Bei der Installation eines Shops werden je nach eingesetzter Software und anvisiertem Lastenprofil unterschiedliche Anforderungen an den Server und das Netzwerk gestellt. Entscheidend ist die Auswahl des richtigen Betriebssystems, des passenden Web-Servers sowie der richtigen Hardware-Dimension. Grundsätzlich gilt, dass je umfangreicher ein Shop ist und je mehr Kunden ihn besuchen, desto höher sind die Ansprüche an den oder sogar die Server. Eine leistungsstarke Verbindung mit dem Internet ist außerdem erforderlich, da im Online-Bereich erst recht der Grundsatz gilt: „Der Kunde ist König" – und dies wird u. a. durch eine prompte Bedienung glaubhaft vermittelt.

Die Infrastruktur aufbauen

7.3.7   Füllen und Pflegen der Datenbasis

Was tun, wenn bestehende DB nicht angeschlossen werden kann?

Für das Füllen der Regale eines Shop-Systems stehen in den meisten Fällen Importfunktionen und Importassistenten zur Verfügung, mit denen Produkt- bzw. Kundendaten recht komfortabel integriert werden können, falls der Anschluss einer entsprechenden, bereits bestehenden Datenbank nicht möglich ist. Die Anzahl der Produkte, die in einem Online-Shop präsentiert werden können, sollte grundsätzlich unbeschränkt sein. Bei manchen Systemen ist jedoch das Übersteigen einer bestimmten kritischen Menge nicht sinnvoll, da die Performance und auch die Administration übermäßig darunter leiden würden.

7.3.8   Anschluss von Warenwirtschaftssystemen und anderen Komponenten

Integration vermeidet Medienbrüche und sichert interventionslosen Betrieb der Systeme

Die Bestellungen aus dem Online-Shop können entweder per E-Mail bzw. als Fax eingehen oder sie können über eine direkte Anbindung an das Warenwirtschaftssystem des Unternehmens sofort in den internen Workflow gelangen. Der Bestelleingang per E-Mail oder per Fax kann natürlich nur eine zeitlich beschränkte Notlösung sein. Der dabei unerlässliche Medienbruch wird diesen Ansatz bei jedem gut gehenden Online-Shop zum Scheitern verurteilen. Die direkte Anbindung an das Warenwirtschaftssystem ist vor allem bei größeren Besucherzahlen bzw. sehr vielen Bestellungen unabdingbar. Der Vorteil einer Anbindung an bestehende Systeme liegt darin, dass keine Redundanzen entstehen, sich keine Fehler bei der medienbruchbedingten manuellen Datenübertragung einstellen und keine Einarbeitung der Mitarbeiter in neue Programme notwendig wird. Diese volle Integration der Online-Filiale in den Geschäftsprozess des Unternehmens ist jedoch mit entsprechenden Kosten verbunden, vor allem wenn eine Anbindung an innerbetriebliche Systeme wie *SAP* oder auch *KHK* vorgenommen werden soll. Andererseits wird die Effizienz des Betriebs die Kosten schnell amortisieren.

7.3.9   Test und Validation

Ziele vorgeben und nachprüfen

Das Shop-System sollte selbstverständlich ausgiebig getestet werden. Hierzu gehört vor allem, dass vorher definierte Business-Cases automatisch und auch manuell durchgespielt werden. Beim Entwurf der Validationsmaßnahmen gilt es, nicht nur alle funktionalen Einzelschritte festzuhalten, damit diese von der Validationsmannschaft geprüft werden können. Vielmehr ist auch zu definieren, wie die erwarteten Ergebnisse aussehen müssen und in welchem Zeitrahmen sich die einzelnen Transaktionsschritte abspielen müssen! Werden die erwarteten Ergebnisse nicht vor dem Test festgehalten, so ist es während der Validation häufig schwer zu entscheiden, wie die erzielten Ergebnisse interpretiert werden sollen. Im Sinne der Vollständigkeit muss auch die im Echtbetrieb benutzte Logistikkette in die Validation mit einbezogen werden. Das heißt, vom reibungslosen Versand der Bestellungen muss sich der Betreiber des E-Commerce-Systems durch Testsendungen überzeugen.

7.3.10   Start und Promotion des Online-Shops

Um das eingerichtete E-Commerce-System oder den einfachen Online-Shop bekannt zu machen, bedarf es einer entsprechenden Marketing-Konzeption. Darin werden klassische Maßnahmen wie Anzeigenschaltungen in den Print-, Funk- und Fernsehmedien enthalten sein – und natürlich alle Möglichkeiten, die wir im Abschn. 4.5 ausführlich dargestellt haben.

7.3.11   Zeitrahmen und Kosten

Für die Kalkulation des geplanten E-Commerce-Projekts müssen in Anlehnung an unser 10-Schritte-Programm folgende Kostenpositionen berücksichtig werden:

- Kosten für Zielgruppenanalyse und Wettbewerbsanalyse

- Kosten für die Geschäftsprozessanalyse

- Kosten für die Konzeption und Planung des Shop-Systems

- Kosten für die Auswahl und Validation eines Shop-Systems

- Kosten für Einrichtung der Infrastruktur und Installation

- Kosten für die Anschaffung des E-Commerce-Systems

- Kosten für die Einrichtung des E-Commerce-Systems

- Kosten für den Test des E-Commerce-Systems

- Kosten für den Start und die Promotion des Online-Shops

- Kosten für den Betrieb und die Pflege.

Für die Budgetierung des Vorhabens wird am Projektanfang ein grobe Schätzung die Dimension der Investition zeigen. Mit dem fortschreitenden Erkenntnisgewinn präzisieren sich auch die Finanzzahlen. Damit kann regelmäßig überprüft werden, ob das anvisierte Ziel finanzierbar ist.

Die Zahlen aus der folgenden fragmentarischen Kalkulation beziehen sich beispielhaft auf den Aufbau eines neuen Online-Handy-Shops mit insgesamt 400 Produkten rund um Mobiltelefone. Der Online-Shop arbeitet als Stand-alone-Shop ohne Anbindung an eine bestehende IT-Infrastruktur. Die Planungskosten sind im folgenden Beispiel nicht enthalten.   *Beispiel 1: Stand-alone-Online-Shop*

Als Gedankenübung lohnt es sich, die fragmentarische Kalkulation im Sinne unseres oben angegebenen Kalkulationsschemas zu vervollständigen.   *Fallstudie*

Grundkosten Hard- und Software:

Hardware	7.500 €
Softwarelizenzen	4.500 €
Konzeption	1.500 €
Grafik	4.000 €
Programmierung	4.000 €
Installation Betriebssystem	750 €
Installation E-Commerce-Software	750 €
Einrichtung WWW-Server	750 €
Mindestkosten	23.750 €

Urladung mit 400 Produkten:

Importfilter schreiben	3.000 €
Daten exportieren	1.500 €
Bilder aufbereiten: 15 min pro Bild bei 400 Bildern	5.000 €
Mindestkosten	9.500 €

Monatliche Grundkosten des Betriebs:

Server-, Datenbank-, Domain- administration	700 €
Webmastering	900 €
Kapazitätskosten	600 €
Qualitätssicherung	450 €
IP-Traffic	1.000 €
Webtracking Report	250 €
Webtracking Interpretation	500 €
Mindestkosten	4.400 €

Updates (p.a.) der Produkte, Inhalte und Software:

Updates der Software	1.500 €
Redaktion und Handling 4 Stunden pro Woche	18.000 €
Produktkatalog updaten 12 min je Bild bei 100 Bildern	1.000 €
Mindestkosten	20.500 €

Total Cost of Ownership:

Grundkosten	23.750 €
Urladung	9.500 €
Monatl. Grundkosten	4.400 €
Updates	20.500 €
TCO für 12 Monate	58.150 €

Anders liegen die Verhältnisse, wenn ein E-Commerce-System in eine vorhandene Infrastruktur eingebettet wird. Natürlich ist auch hier die Höhe der notwendigen Investitionen von zahlreichen Parametern abhängig, so dass nicht ohne weiteres eine „Hausnummer" genannt werden kann. Wie sieht die vorhandene IT-Infrastruktur aus? Welche Schnittstellen für den Anschluss an ERP- und Warenwirtschaftssysteme besitzt das ausgewählte E-Commerce-System? Wie umfangreich ist der Warenstamm? Wenn wir davon ausgehen, dass ein E-Commerce-System mit den in Abb. 7.2 beschriebenen Architektur- und Funktionsmerkmalen in eine IT-Infrastruktur mit vorhandenem ERP-System (vergleichbar bspw. mit *SAP*) einzubetten ist, so verhalten sich erfahrungsgemäß die Software-, Hardware- und Integrationskosten wie in Abb. 7.5 dargestellt.

Beispiel 2: Integration E-Commerce-System in vorhandene IT-Infrastruktur

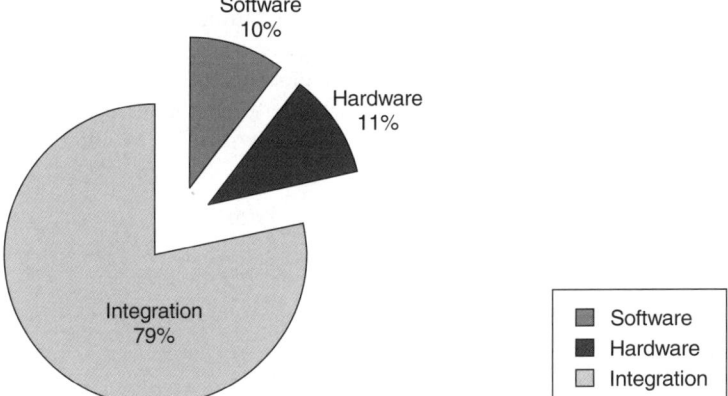

Abb. 7.5: Kostenverteilung bei der Integration von E-Commerce-Lösungen in ERP- und Back-End-Systeme

7.4   Konkrete E-Commerce-Systeme und Online-Shops

Einige Beispiele zur Sensibilisierung für die Komplexität

Im Folgenden werden einige Online-Shop-Systeme skizziert. Bei den dargestellten Systemen handelt es sich um im Markt eingeführte Systeme von größeren Herstellern. Alle betrachteten Systeme sind von erheblicher technischer Komplexität gekennzeichnet und werden aus diesem Grund nicht in allen Details vorgestellt. Der geneigte Leser sei hier auf die entsprechenden White-Papers auf den jeweiligen Web-Sites der Hersteller verwiesen. Natürlich kann die Liste der vorgestellten Systeme nicht vollständig sein – die Auswahl kann aus diesem Grunde auch nicht als Wertung interpretiert werden. Die Darstellung der ausgewählten Systeme soll den interessierten Leser für die eigene systematische Auseinandersetzung mit dem vielfältigen Angebot sensibilisieren und vorbereiten. Eine Entscheidung für ein bestimmtes System hängt – wie wir oben gezeigt haben – von vielen Faktoren ab.

7.4.1   Produktbeispiel: *Enfinity von Intershop*

Einige Zahlen und Fakten aus dem Unternehmensprofil

Mit über 3.000 Kunden und mehr als 300.000 verkauften Lizenzen gehört *Intershop Communications* heute zu den weltweit führenden Anbietern für E-Commerce-Software. In den ersten neun Monaten des Jahres 2000 hat die *Intershop Communications AG* die Strategie globaler Expansion konsequent fortgesetzt und die Position als einer der weltweit führenden Anbieter von E-Commerce-Anwendungen und -Softwarelösungen weiter verbessert. In den ersten neun Monaten des Jahres 2000 stieg der Umsatz um 244% auf € 92,8 Mio. gegenüber € 27,0 Mio. im Vorjahr. Der Nettoverlust belief sich auf € 6,8 Mio. und verbesserte sich damit gegenüber dem Vorjahr um 38%. Der Verlust je Aktie reduzierte sich von € 0,14 auf € 0,08

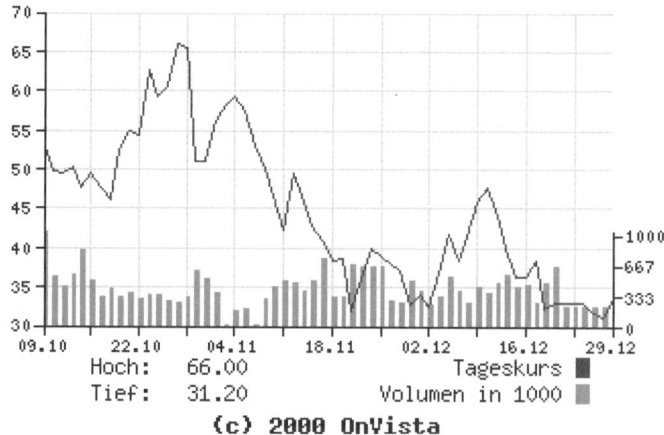

Abb. 7.6: *Kursverlauf von Intershop Communications im letzten Quartal 2000 (Quelle: On-Vista, 30.12.00; www.onvista.de)*

(*www.intershop.de* → „Investor Relations"). Intershop beschäftigte im November 2000 knapp über tausend Mitarbeiter. Ende 2000 betrug die Marktkapitalisierung € 2,822 Mio.

Das *Intershop Enfinity* E-Commerce-System wurde als Multi-Plattform-Applikation entwickelt, um die typischen Anforderungen von Online-Unternehmen auf skalierbare Art und Weise abzudecken. Laut *Intershop* kann jede Komponente in der n-Schichten-Architektur dupliziert werden, um Skalierungs- oder Redundanzziele umzusetzen. Ersteres aus Performance-Gründen, zweites aus Sicherheitsgründen. *Die Database ist das Fundament*

Die vier Hauptkomponenten von *Enfinity* sind:

- der Transactivity Server
- der Catalog Server
- das Management Center
- und der Application Server.

Abb. 7.7: *Architektur von Intershop Enfinity*

n-Tier-
Architektur

Die unterste Ebene über der Datenbasis (siehe Abb. 7.7) stellt der Application Server dar. Er unterstützt die anderen Server und koordiniert den Datenfluss und den Datenaustausch zwischen den Servern. Über dem Application Server sind der Transactivity Server und der Catalog Server angeordnet. Beide bilden gewissermaßen das Herz von *Enfinity*. Darüber kommt letztlich das Management Center, das die grafische Benutzeroberfläche für den Betrieb und die Kontrolle von *Enfinity* stellt. Unterstützt werden diese höheren Schichten durch einen Database Object Cache und andere Einrichtungen, um auch im Umfeld relationaler Datenbanken High-Performance-Zugriffe auf alle *Enfinity*-Daten zu gewährleisten.

Betrachten wir die einzelnen Server der Reihe nach etwas genauer. Wir wollen dabei vorab eines der „Herzstücke" von *Enfinity* herausgreifen und mit ihm beginnen: dem Transactivity Server.

Der Transactivity Server

Transaktions-
services auf
hohem
Leistungsniveau

Der Transactivity Server soll Hochleistungs-Transaktionsservices für eine Reihe von Interaktionen anbieten. Laut Intershop verbindet der Transaktivity Server die Vorteile eines klassischen Transaktionsservers mit zusätzlichen *Enfinity*-spezifischen Möglichkeiten. Dazu gehören das „Intelligent Merchandising", eine Einrichtung zur Pflege und Verbesserung von Kundenbeziehungen auf Internet-Basis, der „Pipeline Orchestrator", für die Anbindung von E-Commerce-Prozessen an existierende Business-Systeme, das „Remote XML Interface", um dem Unternehmen den Anschluss an das riesige Potenzial der XML-Technologie zu ermöglichen. Und zu guter Letzt das „Cartridge API", mit dessen Hilfe die *Enfinity*-Funktionalität durch den Einsatz von Third-Party-Softwarekomponenten erweitert werden kann. Insgesamt kann man sich den architektonischen Aufbau des Transactivity Servers wie in Abb. 7.8 dargestellt vorstellen.

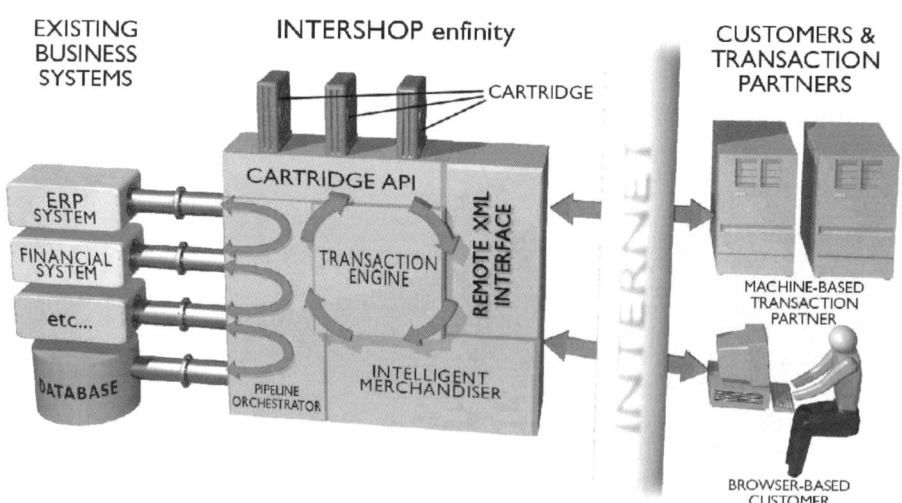

Abb. 7.8: *Funktionskomponenten des Transactivity Serves*

Der Intelligent Merchandiser

Einer der Hauptgründe, warum sich Business-Aktivitäten in das Internet verschie-   *Den Kunden im* ben, liegt darin, dass sich hier zahlreiche Möglichkeiten bieten, den Kunden besser   *Visier* verstehen und kennenlernen, dass Beziehungen zu Kunden gefestigt und intensiviert werden können. Zufriedene Kunden sind letztlich aktive positive Referenzen! Der Intelligent Merchandiser koordiniert die diesbezüglichen *Enfinity*-Funktionen wie Profiling, Cross-Selling, Produktvergleich, Shopping-Listen, Promotions, intelligenter Einkaufskorb und das Reporting. Im Bedarfsfall lassen sich diese von *Enfinity* standardmäßig vorgesehenen Fähigkeiten durch zusätzliche Komponenten von Partnerfirmen erweitern. Beispielhaft seien hier die Integration von *NetPerseptions* (*www.netperceptions.com*) und von *Vignette* (*www.vignette.com*) erwähnt.

Die Transaction Engine

Im Laufe des Lifecycles einer Lieferant-Kunden-Beziehung gibt es eine ganze Reihe   *Futter für die* von Transaktionen, die möglichst performant abgewickelt werden sollen – genau dies   *Transaction* ist die Aufgabe der Transaction Engine. Die präzise Abwicklung der gewünschten   *Engine* Business-Logik wird durch die Abarbeitung einer definierten Pipeline von Prozessbausteinen gewährleistet. Prozessbausteine sind etwa der virtuelle Einkaufskorb, die Pricing Engine (zuständig für die Konditionsfindung; ermittelt kundenspezifische Preise, z. B. in Abhängigkeit von vereinbarten Rabattstaffeln, Umsatzhöhen, Dauer der Beziehung usw.), die Käuferregistrierung (*Buyer Registration*), die Kundenhistorie (*Account History*), die Kundenbetreuung (*Account Maintenance*), der Promotion Profiler (für die Durchführung von Aktionen) oder die Shipping Calculation (für die Feststellung der Versand- und Frachtkosten).

Weitere Prozessbausteine sind zur Ermittlung der relevanten Steuer (*Tax Calcu-*   *Weitere Prozess-* *lation*), der Rechnungsstellung (*Bill Presentment and Processing*), der Zahlungsab-   *bausteine* wicklung (*Payment Processing*), der Abwicklung der Logistik (*Shipping Presentment and Processing*) und des Berichtswesens mit statistischer Auswertung (*Reporting*) notwendig. All diese Transaktionen laufen über die Transaction Engine.

Der Pipeline Orchestrator

Der Pipeline Orchestrator steuert und kontrolliert E-Business-Abläufe zwischen dem   *Der Commerce* *Enfinity*-System und den schon in der Firma vorhandenen betriebswirtschaftlichen   *Engineer* Systemen. Zusammen mit dem Visual Pipeline Manager (der grafischen Benutzer-   *dirigiert* schnittstelle zur Bedienung des Pipeline Orchestrators, einem Bestandteil des Management Centers von *Enfinity*), kann ein E-Commerce-Fachmann (der Commerce Engineer) E-Commerce-Abläufe kreieren, editieren und steuern, um die Funktionalität von Web-Seiten den sich ändernden Marktbedingungen anzupassen.

Das Pipeline-Konzept von *Intershop* dient der Modellierung von E-Business-Abläu-   *Pipelets sind die* fen. Aus mehreren Bausteinen (sogenannten Pipelets) zusammengesetzt wird letzt-   *Bausteine* lich der Gesamtgeschäftsablauf auf die vorhandene IT-Infrastruktur abgebildet: Der Geschäftsablauf wird verteilt auf *Enfinity* und existierende Systeme, wie z. B. ERP-Systeme, CRM-Systeme, usw. Individuelle Pipelets realisieren bestimmte Funktionen und werden zu einer Pipeline zusammengefasst, um bestimmte Geschäftsabläufe zu steuern. So kann z. B. der Internet-Bestellannahmeprozess, der aus Unteraufgaben

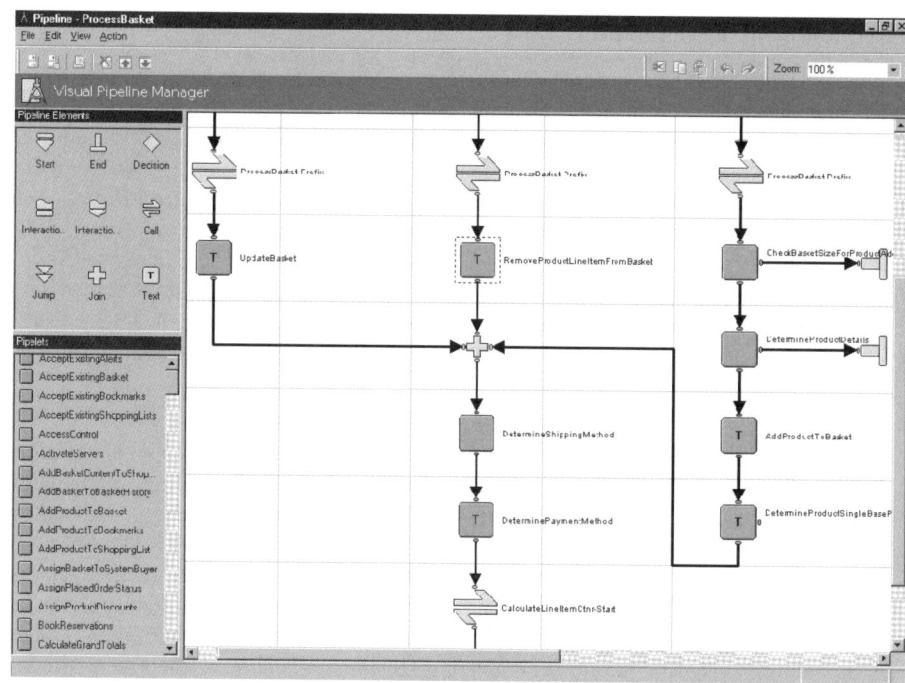

Abb. 7.9: *Das Visual Pipeline Manger Interface von Enfinity für die Modellierung von Pipelines*

oder Pipelets besteht, als einfacher Geschäftsablauf oder Pipeline modelliert werden (siehe Abb. 7.9). Innerhalb einer Pipeline können Pipelets hinzugefügt, entfernt, ersetzt oder reorganisiert werden, um ein gewünschtes Business-Szenario aufzubauen.

Der Commerce Engineer findet zahlreiche Pipelines als Bausteine

Viele E-Commerce-Applikationen enthalten nur eine einfache Pipeline für die Bestellannahme. Solche Systeme gestatten dem Unternehmen nicht, diese vorhandene Pipeline umzustrukturieren oder zu erweitern. Die Erweiterung um neue Funktionen oder die Veränderung der vorhandenen Funktionaltiät erfordert in aller Regel das Engagement einer kostspieligen Service-Mannschaft, was zudem noch zeitintensiv ist. Von Flexibilität kann in solchen Fällen nicht die Rede sein. Im Gegensatz dazu kommt *Enfinity* mit 110 eingebauten Pipelines, um eine Vielzahl unterschiedlicher Geschäftsabläufe zu kreieren. Der Visual Pipeline Manager erlaubt die schnelle und einfache Modifikation vorhandener Business-Pipelines oder die Einführung neuer Abläufe, ohne dass spezielle Serviceteams eingreifen müssen.

Flexibilität = Anpassbarkeit

Die Flexibilität des Pipeline-Konzepts erlaubt es dem Unternehmen, die Business-Web-Site an alle gewünschten Kundeninteraktionen schrittweise anzupassen. Dabei können Abwicklungsschritte, die bisher persönlich oder per Telefon und Fax abgewickelt wurden, in das Web verlagert werden. So kann beispielsweise damit begonnen werden, dass eine einfache Bestellannahme im Web realisiert wird. Drei Monate später wird den Käufern die Möglichkeit der Abfrage des Bestellstatus angeboten, oder die Nachfrage per Web, ob ein bestimmter Artikel ab Lager lieferbar ist usw.

Sechs Monate später wird die Möglichkeit eingebaut, Rücksendungen über das Web zu handeln. Nach neun Monaten wird das System erweitert, indem der Kunde mit dem Support interagieren kann und in ein Customer Relationship System einbezogen wird. All das verlangt nach einem flexibel modellierbaren Prozesskonzept.

Das Remote XML Interface

Eine der fortschrittlichsten Komponenten in *Enfinity* ist das Remote XML Interface. *Silent Commerce*
Es ermöglicht dem Unternehmen, die Vorteile der aktuell verfügbaren E-Commerce-Funktionen zu nutzen und gleichzeitig sicher zu sein, auch zukünftige, revolutionäre Funktionen anschließen und nutzen zu können! Das XML-Interface ist die Schnittstelle zwischen dem Transactivity- und dem Catalog Server auf der Seite von *Enfinity* und externen Systemen, die in der Lage sind, XML zu unterstützen. Der XML-Support ist wichtig, weil er in Zukunft interventionslose Maschine-zu-Maschine-Transaktionen ermöglichen wird. Diese interventionslosen Maschine-zu-Maschine-Transaktionen können zwischen zwei Geschäftspartnern ablaufen, aber natürlich auch über eine gesamte Wertschöpfungskette, ohne dass ein Sachbearbeiter eingreifen muss oder ein Medienbruch erfolgt.

Enfinity untersützt bereits (laut Herstellerangabe) das zusammen mit den XML- *Web-Seiten*
Standard aufgetauchte ICE-Protokoll (*Information and Content Exchange Protocol*; *können sich*
siehe *www.icestandard.org*). Dieses Protokoll definiert, wie Inhalte zwischen Web- *miteinander*
Seiten ausgetauscht werden. Betrachten wir hierzu ein Beispiel: Läuft eine Trans- *unterhalten*
aktion auf der Unternehmens-Web-Site unter dem Einsatz des *Enfinity* Transactivity Servers, dann kann der Katalog ebenfalls auf der Unternehmens-Web-Site residieren und vom Catalog Server benutzt werden. Die konkreten Produkt- und Angebotsinformationen jedoch können auf einer entfernten, anderen Web-Site erscheinen, z. B. auf der Web-Site einer Tochterunternehmung. Mit Hilfe des ICE-Protokolls kann der gesamte Austausch erfolgen: Auf der Remote-Site werden die Kataloginformationen aktualisiert, indem die Daten aus dem Catalog Server von *Enfinity* zur Remote-Site „gepushed" werden.

Die Cartridge API

Ein besonderes Argument für *Enfinity* ist die Erweiterbarkeit mittels Software- *ISVs*
Komponenten, die als Cartridges bezeichnet werden. *Intershop* nennt über 50 Third- *willkommen*
Party ISVs, die Erweiterungen entwickeln, angefangen bei Lösungen zum Thema Content Management, über Personalisierung und Payment bis hin zum Customer Relationship Management. Die *Enfinity* Cartridge API gestattet es Third-Party-ISVs, leicht und einfach Schnittstellen zwischen den Applikationen des Nutzers und dem *Enfinity*-System zu entwickeln. Auf der anderen Seite können *Enfinity*-Anwender zusätzliche spezielle Funktionen kaufen, um ihre E-Commerce-Lösungen an spezielle Bedürfnisse anzupassen.

Der Catalog Server

Der Catalog Server ist für eine schnelle Präsentation der Katalogdaten zuständig. Daneben muss er die Bildung von Gruppierungen für Einkäufer, Verkäufer und andere Maschinen im vernetzten Marktplatz unterstützen (*Syndication Services*). Er verwaltet die Produktkataloginformationen, wie z. B. die Produktbeschreibungen, die

Preise, die Bilder usw. Darüber hinaus bestimmt er auch, wie die Produktkategorien und Produkthierarchien auf dem Bildschirm behandelt werden.

Das Management Center

Diese GUI-basierte Konsole wird vom *Enfinity*-User für die Gestaltung und das Management des *Enfinity*-E-Commerce-Systems benutzt. Das Management Center umfasst den Visual Pipeline Manager für das Inspizieren und Editieren von Pipelines oder das Kreieren von neuen Pipelines aus bestehenden Pipelets. Als grafisches Werkzeugt erlaubt es der Visual Pipeline Manager allen Mitgliedern des Implementierungsteams (auch den nicht-technischen Business Managern), den Workflow der E-Commerce-Site zu betrachten und zu modellieren.

Der Application Server

Der *Enfinity* Application Server stellt die Betriebsumgebung für den Catalog Server und den Transactivity Server zur Verfügung. Dazu gehören das EJB Serving, die Seitenübersetzung (Page Compilation), sowie Sicherheits- und Sessionhandling-Einrichtungen. Der Application Server basiert auf dem Enterprise Java Beans (EJB) Standard und ist konform zu den Spezifikationen JDK 2.0 (Java Runtime), JWS 2.0 (Java Web Server) und JSP 1.0 (Java Server Pages).

Die Object Cache Layer

Die Objekt Cache Layer ist eine objekt-relationale Mapping-Schicht, die eine Abstraktion von der darunterliegenden Datenbank durch den Einsatz von Java-Objekten realisiert. Das Object-Caching basiert auf der mehrfach ausgezeichneten Software PowerTier 3.5 für Java EJB Server von Persistence Software. Die Object Caching Layer wird mit dem *Enfinity* Application Server installiert.

Die Database Layer

Die Database Layer enthält den relationalen DatenBank-Server, der für die dauerhafte Ablage aller Datenelemente aus dem *Enfinity* System zuständig ist. In einem *Enfinity* System können mehrere Datenbank-Server aktiv sein. Momentan unterstützt *Enfinity* das Programm Oracle8i.

Weitere Details und das Zusammenspiel der Komponenten

Neben den oben beschriebenen High-Level-Elementen spielen noch eine Reihe weiterer Bestandteile eine Rolle. Wie all diese Komponenten funktionieren und zusammenspielen, soll im Folgenden beschrieben werden (siehe Abb. 7.10)

- Der **Client HTML Web-Browser/die Client XML Maschine** ist diejenige Architekturkomponente, die die Client-Maschinen repräsentieren. Von hier aus nehmen die Interaktionen mit Enfinity durch die http/s-Protokoll-Requests „Get" (Dokument vom Server abrufen) und „Post" (Daten zum Server senden) ihren Ausgang. Das *Enfinity*-System kann einem Client-Request in jedem http/s kompatiblen Protokoll anworten; in der Regel sind das HTML oder XML. Der Content Type kann als beliebiger Internet-Medien-Typ realisiert werden.

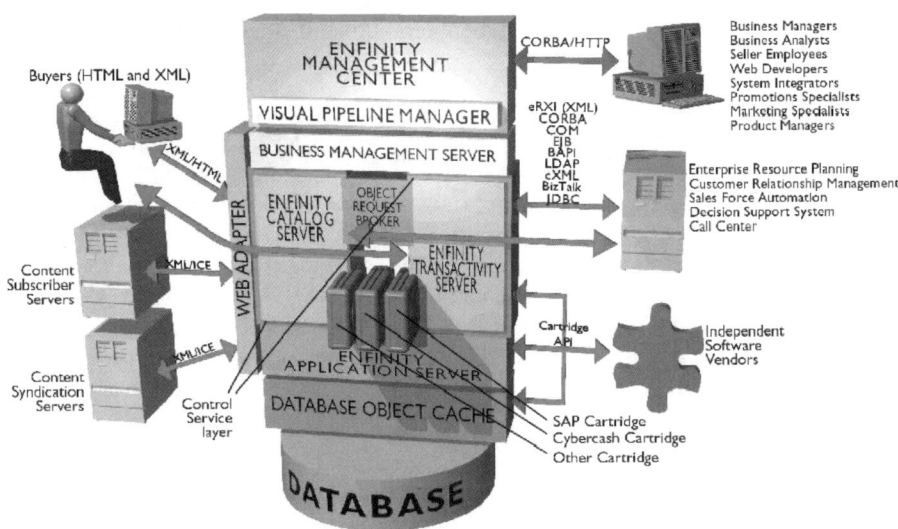

Abb. 7.10: *Architektur von Intershop Enfinity im Detail*

- Der **Web-Adapter** läuft als speicherresidente Erweiterung zu jedem Industrie-Standard-Web-Server wie zum Beispiel *Apache's FastCGI, Netsape's NSAPI* oder *Microsoft's ISAPI.* Der Web-Adapter ist eine 32 bit multi-threaded-Application, die für die Annahme von Requests an das *Enfinity*-System zuständig ist. Sobald ein Request eingetroffen ist, wird dieser an den relevanten Server (also den Catalog oder den Transactivity Server), je nach Typ des Requests, durchgereicht. Wenn mehrere Application Server (siehe unten) auf einem *Enfinity*-System installiert sind, versucht der Web-Adapter, die Antwort an den Application Server zurückzusenden, von dem der letzte Request kam.

- Der Enfinity **Application Server** ist eine 32 bit multi-threaded Java-basierende Applikation. Über dem Application Server laufen die Cartridges (Software Services zur Erweiterung des Enfinity-Systems) und der Catalog und Transactivity Server. Der Application Server ist konform zum Java Runtime Environment 2.0, zur EJB-Spezifikation, zur Spezifikation von Java Web Server 2.0 und zur Spezifikation der Java Server Pages 1.0. Die Hauptfunktion des Application Servers ist die Seitenübersetzung und das Session Management für die darüberliegende Schicht, bestehend aus Catalog Server, Transactivity Server und den Cartridges. In einer *Enfinity*-Konfiguration können durchaus mehrere Application Server aktiv sein.

- Der **Transactivity Server** ist eine 32 bit multi-threaded Java-basierende Applikation, die innerhalb der Application Server Umgebung läuft. Der Transactivity Server ist einer der für die Abarbeitung von externen Requests zuständigen Server; er führt die in den Business-Pipelines definierte Logik aus. Die Kommunikation des Transactivity Servers mit dem Catalog Server erfolgt über http/XML, http/cXML oder Java/RMI unter Einsatz des Remote XML Interface des Transactivity Servers. Auch die Interaktion mit einer Third-Party-Web-Site erfolgt über http/XML.

- Der **Catalog Server** ist eine 32 bit multi-threaded Java-Applikation, die innerhalb der Java-Umgebung des Application Servers läuft. Der Catalog Server ist ein weiterer für die Abarbeitung von Requests zuständiger Server; er führt die in den Catalog-Pipelines definierte Logik aus. Der Catalog Server kommuniziert mit dem Transactivity Server via http/XML. Kunden interagieren mit dem Catalog Server über http/HTML. Selbständige, automatisierte Systeme kommunizieren mit dem Catalog Server über http/XML, XML/ICE oder Java/RMI unter Einsatz des Remote XML Interfaces. Mit Third-Party-Transaktionsservern erfolgt die Kommunikation über http/XML. Innerhalb eines *Enfinity*-Systems können mehrere Catalog Server aktiv sein.

- Der **Content Exchange Server** stellt die Möglichkeit der Syndikatsbildung und die Nutzung von Subscription Services zur Verfügung. Genutzt wird hierfür das Standard-ICE-Protokoll. Jedes ICE-kompatible System kann über dieses Protokoll Subscriber eines *Enfinity*-Systems werden. Die Subscription kann sich dabei auf den kompletten Katalog oder auf Teile des Katalogs beziehen. Der Content Exchange Server ist mit einem flexiblen User-Interface ausgestattet, über das sich die Syndikate und Subscriber Regeln zusammenstellen können, um zu bestimmen, welche Inhalte auszutauschen sind und wann dieser Austausch stattfinden soll. Der Exchange Server ist vor allem für Unternehmen interessant, die die Syndikatsbildung zum Bezug von Produktinformationen für ihre Handelspartner an beliebiger Stelle der Distributionskette automatisieren möchten. Natürlich ist der Content Exchange Server auch nützlich für die Content-Modellierung, um einem Subscriber Katalog-Informationen von verschiedenen Lieferanten zusammenzustellen.

- Die *SAP* **Cartridge** ist ein 32 bit multi-threaded Java-basierter Server, der den Transactivity Server über *CORBA* mit einem Back-End *SAP* System verbindet. Konkret werden hier *Enfinity* Pipelines mit dem *SAP-BAPI* Interface verbunden. Die Anbindung der *SAP* Cartridge an die Business Management Console erfolgt über http/HTML.

- Die **CyberCash Cartridge** kommuniziert mit dem Transactivity Server über *CORBA* oder Java/RMI. Die CyberCash Cartridge verbindet das CyberCash Gateway mit den *Enfinity* Pipelines mittels einer http-Schnittstelle. Die Anbindung der CyberCash Cartridge an die Business Management Console erfolgt über http/HTML, *CORBA* oder Java/RMI.

- Der **Business Management Server** ist ein 32 bit multi-threaded javabasierender Server, der innerhalb der Java-Umgebung des Application Servers läuft. Der Business Management Server kommuniziert mit dem Management Center über natives IIOP oder http-getunneltes *CORBA*. Innerhalb eines *Enfinity*-Systems können mehrere Business Management Server aktiv sein.

7.4.2 Produktbeispiel: *Openshop Business 2 von Openshop*

Openshop stellt mehrere E-Commerce-Produkte her: Open Markets steht für unterschiedliche Softwarelösungen zur Errichtung und für den Betrieb verschiedener Marktplatzmodelle. So bildet ein Shopping-Mall-System den Ausgangspunkt für regionale Marktplätze, während der gemeinsame Handelsplatz „TradingPlace" zum Kern von B2B-Marktplätzen wird, in denen Käufer und Verkäufer sowohl mit Angeboten als auch mit Kaufgesuchen in Erscheinung treten können. *Einige Fakten und Zahlen aus dem Unternehmensprofil*

Das Multi-Vendor-System Openshop Stores ist eine schlüsselfertige E-Commerce-Lösung, die das Hosting beliebig vieler Shops auf einer Hardware-Plattform ermöglicht. Internet Service Provider (ISP), Application Service Provider (ASP), Telcos und Portal-Betreiber können ihren Kunden damit schnell und kosteneffizient mit einem Online-Shop einen Mehrwert bieten.

Mit *Openshop Business 2* bietet das Unternehmen nach eigenen Angaben eine „E-Business-Plattform für preisbewusste mittelständische Unternehmen".

In den ersten neun Monaten des Jahres 2000 stieg der Umsatz um 1037% auf € 4,889 Mio. gegenüber € 0,430 Mio. im Vorjahr. Der Nettoverlust belief sich auf € 5,3 Mio. und vergrößerte sich damit gegenüber dem Vorjahr um 40%. Der Verlust je Aktie reduzierte sich von € 0,74 auf € 0,6 (*www.openshop.de* → „Investor Relations"). *Openshop* beschäftigte Anfang Oktober 2000 136 Mitarbeiter. Ende des Jahres 2000 betrug die Marktkapitalisierung 78 Mio. Euro.

Openshop Business 2 ist eine datenbankunabhängige Shopping-Lösung, die für *Windows NT-*, *Windows 2000*, *Linux-* und *Solaris*-Systeme verfügbar ist. Das System kann gleichzeitig auf mehrere – auch unterschiedliche – Datenbanken zugreifen. Un- *Offene Architektur und modulares Konzept*

Abb. 7.11: *Kursverlauf von Openshop im letzten Quartal 2000 (Quelle: OnVista, 30.12.00; www.onvista.de)*

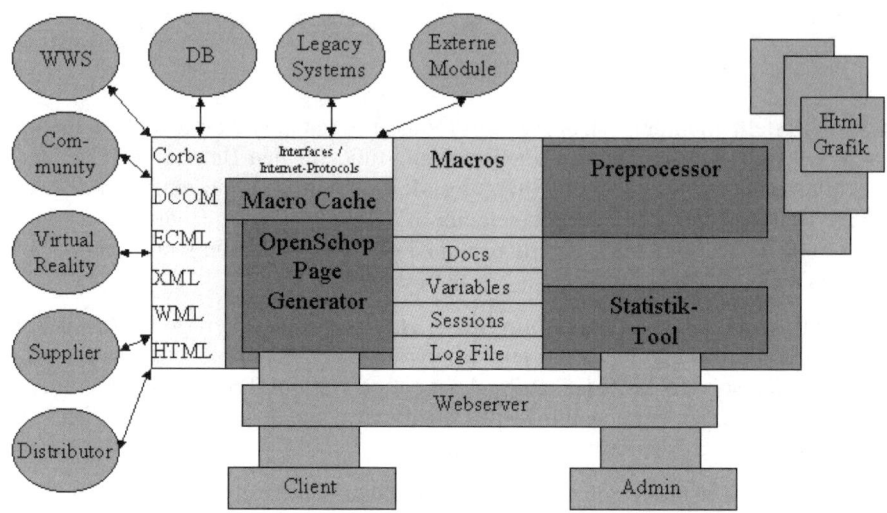

Abb. 7.12: *Architektur von Openshop*

terstützt werden dabei ODBC-Datenbanken oder direkt native *MySQL* und *Oracle*. Die *Openshop*-Technologie kann bestehende Warenwirtschaftssysteme, Community-Software und andere E-Business-Applikationen über die integrierten Schnittstellen und Internetprotokolle einbinden. Den größten Nutzen verspricht *Openshop* für Unternehmen, die bereits eine Produktdatenbank betreiben oder ein Warenwirtschaftssystem anwenden. Im Hintergrund sorgen mehrere Softwaremodule für E-Commerce-Funktionalität. Diese Module sind für die Anbindung von Datenbanken, die Verwaltung des Warenkorbs, Protokollierung der User-Aktivitäten und administrative Aufgaben verantwortlich.

Beschreibungs-dateien und HTML-Templates

In der Kommunikation zwischen den verschiedenen Software-Modulen sowie Datenbanken sind Beschreibungsdateien für die verwendeten Schnittstellen und HTML-Templates zuständig. Sie regeln beispielsweise, wie bei einer Suche die Datenbank angesprochen wird und wie die Daten auf dem Ausgabedokument dargestellt werden. *Openshop* kommuniziert über CGI mit dem Web-Server. Vorausgesetzt werden hier der *Microsoft* Internet Information Server oder der *Apache* Web-Server.

Template-Makro-Mechnismus

Die eigentliche Shop-Funktionalität wird durch den sogenannten Template-Makro-Mechanismus möglich. Dabei werden die UML-Dokumente des Shops mit *Open-shop*-Tags erweitert. Sie dienen der Ablaufsteuerung und Referenzierung weiterer Funktionalität, wie beispielsweise Datenbankabfragen. Die entsprechenden Befehle und Statements werden außerhalb des HTML-Codes in der sogenannten Makro-Datei definiert und aus dem HTML-Code heraus lediglich referenziert. Auch diese proprietären Erweiterungen müssen von Hand in die Dokumente eingefügt werden, und zwar für jede einzelne Funktion. Assistenten oder Vorlagen stehen nicht zur Verfügung.

Prozess-Design und grafisches Design

Das E-Business-Design kann auf zwei Arten erfolgen: Programmierung in HTML und speziellen *Openshop*-Funktionen und Macros, oder über die grafische Oberfläche des *Openshop* FlowEditor 2, mit dem sich per Drag & Drop die Prozesse

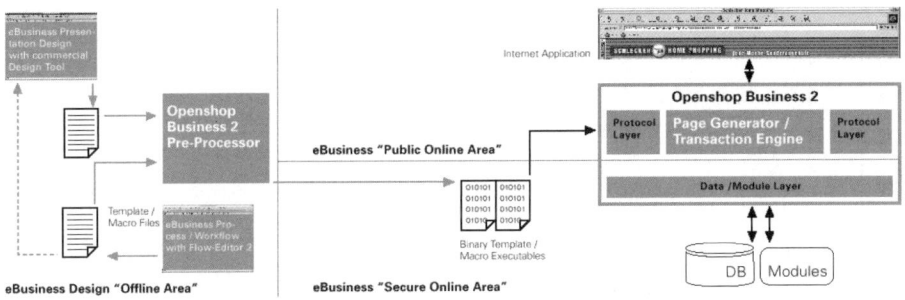

Abb. 7.13: *Prozess-Design und grafisches Design in der „Offline Area"*

von E-Business-Lösungen modellieren und umsetzten lassen. Parallel zum Prozess-Design kann das grafische Design erfolgen, bspw. für eine Benutzerschnittstelle zur Prozesssteuerung oder als Interface für den Werbeauftritt.

Von *Openshop Business 2* werden drei Varianten angeboten: In der Basic Edition beispielsweise fehlt die Unterstützung von Connectivity-Möglichkeiten wie XML, *CORBA*, COM/DCOM und Sockets. In der Advanced Edition werden dann XML, COM/DCOM und Sockets unterstützt. In der Professional Edition schließlich wird auch *Corba* unterstützt. Natürlich gibt es noch weitere Unterschiede zwischen den Editionen. So wird beispielsweise nur die ODBC-Anbindung von Datenbanken und natives *MySQL* in allen Editionen unterstützt. Die direkte *Oracle*-Unterstützung ist in der Basic Edition nicht vorhanden. *SAP R3* lässt sich nur in der Professional Edition anbinden und Payment-Module, wie z. B. Cybercash, lassen sich in der Professional und Advanced Edition anbinden. Weitere Informationen finden sich auf den Data- und Fact-Sheets unter *www.openshop.de*. *Basic-, Advanced- und Professional-Edition*

7.4.3 Produktbeispiel: *Site Server Commerce Edition* von *Microsoft*

Die *Microsoft Corp.* entwickelt, produziert, vermarktet und betreut eine Vielzahl von Computersoftware-Produkten, einschließlich PC-Betriebssystemen, Büromaschinen, Personalinformationsgeräten, Anwenderprogrammen, PC-Büchern, Hardware und Multimediaprodukten. Im Geschäftsjahr 1999/2000 erzielte *Microsoft* mit etwa 40.000 Mitarbeitern einen Umsatz von 24,3 Milliarden Euro, was einen Umsatz von über 600.000 Euro pro Mitarbeiter bedeutet. Im Vergleich zum Vorjahreszeitraum stieg der Umsatz um 16%. Der Gewinn betrug im Geschäftsjahr 1998/1999 12,6 Milliarden Euro und steigerte sich im Geschäftsjahr 1999/2000 um 22% auf über 15 Milliarden Euro. Ende des Jahres 2000 betrug die Marktkapitalisierung 249.020 Mio. Euro. *Hardfacts*

Als Mitglied der Backoffice-Produktfamilie fügt sich dieses Shopping-System nahtlos in die *Microsoft*-Serverfamilie ein. Neben dem Server spielt die teamorientierte Entwicklungsumgebung *Visual Interdev* die wichtigste Rolle. Schon die Tatsache, dass *Visual Interdev* (ebenso wie Frontpage) Bestandteil der E-Commerce-Lösung *Individuelle Shop-Entwicklung*

Abb. 7.14: *Kursverlauf von Microsoft im letzten Quartal 2000 (Quelle: OnVista, 30.12.00; www.onvista.de)*

ist, lässt erkennen, dass dieses System in erster Linie für Entwicklungsteams gedacht ist, die Shops weitgehend individuell entwickeln wollen.

Einfache Grundgerüste

Der Server bietet standardmäßige E-Commerce-Funktionen wie Warenkorb und Unterstützung verschiedener Lieferbedingungen. Im Vergleich zu anderen Lösungen wie *Intershop* lassen sich mit Hilfe der Shop-Assistenten nur einfache Grundgerüste virtueller Filialen aufbauen, die Nachbearbeitung ist unerlässlich. Der sogenannte Shop-Wizard liefert zwar gut ein Dutzend Vorlagen. Besondere Stärken entwickelt das System jedoch erst, wenn mit Hilfe von *Visual Interdev* ASP[8] Dokumente erzeugt werden, die dann eine breite Palette an Interaktivität ermöglichen.

Pipelines verbinden

Die *MS Site Server Commerce Edition* unterstützt ODBC, wird aber erst richtig schnell, wenn der *Microsoft* SQL Server als Datenbank dient. Das herausragende Leistungsmerkmal für den Einsatz im E-Commerce-Bereich bezeichnet *Microsoft* als Pipelines. Sie bilden die Grundlage für Transaktionen. Der Site Server kennt zwei Pipeline-Architekturen: die Bestell-Pipelines (*Order Processing Pipelines*, kurz: OPP) und die sogenannten *Commerce Interchange Pipelines* (kurz: CIP). Die CIPs erlauben die Entwicklung von Erweiterungen, die den Austausch von unternehmensrelevanten Informationen zwischen Geschäftspartnern (Bestellungen, Quittungen, Versandanzeigen) über das Internet oder über EDI gestatten.

Analyse-Tools

Beachtenswert ist die Zusatzausstattung des Site Servers: Neben den beiden Suite Building-Tools *Visual Interdev* und *Frontpage* enthält das Paket den Site Analyst für die Organisation und Verwaltung von Links, Resourcen und Objekten. Mit Hilfe des Usage Analyzers lassen sich die Web-Server-Logfiles auswerten, um das Benutzerverhalten nachvollziehen zu können.

---

[8] ASP = hier: Active Server Pages

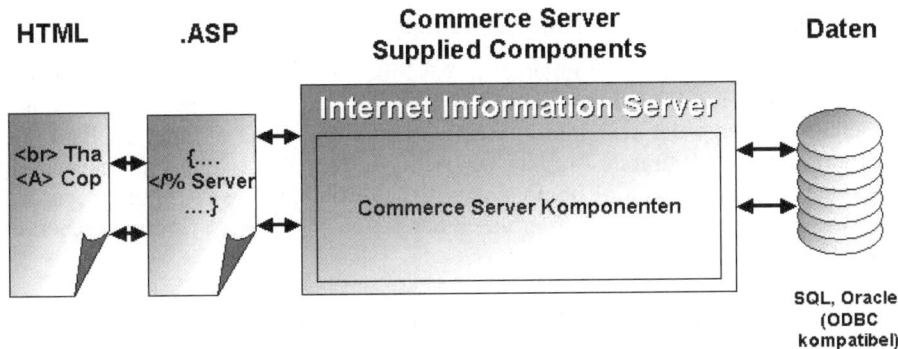

Abb. 7.15: *Architektur der MS Site Server Commerce Edition*

Aus der Sicht eines Einzelhandelskunden sieht der Einkaufsvorgang wie folgt aus. *Wie es der*
Der Kunde verbindet sich über seinen Browser mit der Homepage einer Commerce *Einzelhandels-*
Server-Seite. Auf der Site wird der Käufer entweder aufgefordert, eine neue Käufer- *kunde*
registrierungsseite auszufüllen, oder er kann direkt dazu übergehen, die Abteilungen *sieht*
und Produkte des Stores zu durchstöbern. Wird die Registrierungsseite ausgfüllt, dann
wird dem Kunden beim nächsten Besuch ein individualisierter Empfang geboten.

Kunden, die etwas kaufen möchten, klicken beim auserwählten Produkt auf eine *Produkte werden*
Schaltfläche „Zum Einkaufskorb hinzufügen", um den Artikel in das digitale Ge- *im Einkaufskorb*
genstück eines Einkaufskorbs zu legen. Der Korb ist eine HTML-Seite, die die Liste *gesammelt*
der Artikel anzeigt, die der Käufer ausgewählt hat. Der Käufer kann die Bestellung
nach Belieben prüfen und ändern. Wenn der Käufer bereit ist, den Kauf der ausgewählten Artikel abzuschließen, führt das Klicken auf die entsprechende Schaltfläche
zur Anzeige des Adressenselektors vom *Microsoft Wallet.* Hier kann der Käufer eine
Lieferanschrift und eine Rechnungsanschrift für den Einkauf angeben. Das Weiter-
gehen zur nächsten Seite führt zur Anzeige des Zahlungsselektors vom *Microsoft
Wallet.* Hier kann der Käufer Zahlungsinformationen wie die Kreditkartennummer
und das Ablaufdatum angeben (das Wallet verlangt vom Käufer die Eingabe eines
Kennworts, um Zugriff auf die vertraulichen Zahlungsinformationen zu erhalten).

Wenn der Server die Adresse und Zahlungsinformation des Käufers erhält, berech- *Erst die*
net er den Gesamtwert der Bestellung inklusive ggf. Mehrwertsteuer, Versandkosten *definitive*
und Bearbeitungsgebühren und zeigt die Gesamtsumme an. Der Käufer klickt auf *Freigabe löst die*
eine Schaltfläche, um die Bestellung definitiv freizugeben und abzusenden. Wenn die *verbindliche*
Kreditkartenzahlung autorisiert und die Bestellung auf der Commerce Server-Site ab- *Bestellung aus*
geschlossen wurde, wird nachfolgend eine Seite angezeigt, die den Einkauf bestätigt
und eine Referenznummer für Rückfragen zur Bestellung nennt. Anschließend leitet
die Commerce Server-Site die Bestellung an die entsprechenden Hintergrundsysteme
für Zahlungsverkehr und Auslieferung weiter.

Die Pipeline-Architektur des *Site Server Commerce 3.0*

Pipeline-Bausteine sind COM-Objekte

Microsoft[9] beschreibt die Commerce-Server-Pipelines wie folgt: „Eine Commerce Server-Pipeline ist eine Software-Infrastruktur, die eine oder mehrere Phasen eines Geschäftsprozesses definiert und zusammenbindet und diese in einer Reihenfolge ausführt, um eine bestimmte Aufgabe zu erledigen. Jede Phase einer Pipeline enthält eine oder mehrere Pipeline-Komponenten (COM-Objekte), die konfiguriert werden können, um den speziellen Erfordernissen der Seite zu genügen". Commerce Server 3.0 enthält zwei Pipeline-Modelle:

- **Bestell-Pipeline (Order Processing Pipeline, OPP).** Diese automatisiert die allgemeinen Schritte der Auftragsbearbeitung wie die Berechnung der Steuer oder das Abgleichen einer Bestellung mit der Lagerbestandsdatenbank der Site.

- **Commerce Interchange Pipeline.** Sie erlaubt Firmen jeder Größe, Informationen zwischen einer Anwendung und einer anderen auszutauschen, wie zum Beispiel sichere E-Mail-Nachrichten oder *EDI*-Nachrichten über eine *EDI VAN*.

Pipelines – die zentralen Architekturelemente

Die Pipeline ist ein grundlegendes Element einer Commerce Server-Site. Um die Funktionalität einer Pipeline zu erweitern, können Entwickler benutzerdefinierte Pipeline-Komponenten schreiben, die spezifisch für eine bestimmte Anwendung sind, wie z. B. die Kreditkartenautorisierung in Echtzeit, die Integration mit einem bestehenden Geschäftssystem, das Senden von *EDI*-Nachrichten über das Internet u. ä. Informationen über das Entwickeln benutzerdefinierter Komponenten finden sich im *Commerce Server-Software-Development-Kit* (SDK) zu Header-Dateien, Bibliotheken, Beispielkomponenten und der Dokumentation, die die Schnittstellen der Pipeline-Komponenten beschreibt.

Wieder-verwendbare Komponenten

Die Pipeline stellt eine flexible Umgebung zur Verfügung, die es den Entwicklern von Komponenten erlaubt, eine Sammlung von wieder verwendbaren Komponenten zu erstellen. Außerdem erlaubt sie den Einrichtern von Commerce Server-Sites, die Seiten einfach und effizient zu aktualisieren. Denn eine neue Komponente kann einfach zur Pipeline hinzugefügt werden, ohne eine bestehende Anwendung ändern zu müssen. Die im Lieferumfang von Commerce Servern enthaltenen Pipeline-Komponenten sind jedoch optional und können in ältere Systeme integriert oder durch Komponenten von Fremdherstellern ersetzt werden.

Bestell-Pipelines (Order Processing Pipelines, OPPs)

Preis- und Bestellwertbe-rechnungen

Die *Microsoft* Commerce Server Version 3.0 stellt mehrere unterschiedliche Bestell-Pipelines zur Verfügung, die unterschiedliche Geschäftsprozesse modellieren. Die Pipeline Product berechnet den Preis eines einzelnen Produkts. Die Pipeline Plan berechnet den Gesamtbestellwert. Die Pipeline Purchase akzeptiert eine Bestellung zum Einkauf und bearbeitet die Zahlung. *Microsoft* stellt eine Sammlung von über 50 Komponenten zur Verfügung, die mit den unterschiedlichen Bestell-Pipelines

---

[9]http://www.microsoft.com/commerceserver im Dezember 2000

verwendet werden können. Außerdem schreiben zahlreiche unabhängige Software-Anbieter Komponenten, die für die Zusammenarbeit mit diesen Pipelines entworfen werden.

Commerce Interchange Pipelines

Die Commerce Interchange Pipelines erlauben den sicheren Austausch von Geschäftsdatenobjekten (wie Einkaufsbestellungen, Quittungen, Versandanzeigen und so weiter) zwischen Handelspartnern. Eine Commerce Interchange Pipeline basiert auf derselben Pipeline-Architektur wie die verschiedenen Bestell-Pipelines. In einem typischen Großhandelsszenario werden zwei Commerce Interchange Pipelines verwendet, die auf getrennten Servern ausgeführt werden. Dazu gehören: *Austausch von Geschäftsdatenobjekten*

- **Übertragungs-Pipeline** – überträgt das Geschäftsdatenobjekt zwischen Handelspartnern über ein Netzwerk, wobei die folgenden Phasen zur Anwendung kommen: zuordnen, Header hinzufügen, digital signieren, verschlüsseln, überwachen und transportieren.

- **Empfangs-Pipeline** – entpackt das Objekt nach dem Empfang, wobei die folgenden Phasen zur Anwendung kommen: entschlüsseln, digitale Signatur verifizieren, Header öffnen, Quittung generieren, zuordnen, überwachen, Quittung speichern, Integration der Anwendung.

Die Commerce Interchange Pipeline stellt vollständige Empfangsbestätigungen zur Verfügung. In Kombination mit digitalen Signaturen machen Empfangsbestätigungen die Geschäftskommunikation über das Internet rechtlich unanfechtbar. *Einsatz digitaler Signaturen*

8   Internet-Trading

Internet-Trading umfasst den Verkauf bzw. den Kauf von Waren und Dienstleistungen über das Internet. Im Mittelpunkt von Internet-Trading steht dabei das Handeln nach „Dynamic Pricing"-Kriterien. D. h., Internet-Trading lässt sich gegen den Verkauf von Waren in Online-Shops und virtuellen Einkaufszentren abgrenzen, da hier in den meisten Fällen die Preisgestaltung nicht dynamisch, sondern anhand von Listenpreisen erfolgt. *Dynamic Pricing macht den Unterschied*

Für den elektronischen Geschäftsverkehr ergeben sich durch die weltweite Nutzung des Internet neue Möglichkeiten der Preisbildung. Dabei geht der Trend weg von festen Preisen, hin zu flexiblen Modellen dynamischer Preisbildung. Die dynamische Preisbildung ist der Kernpunkt von Internet-Trading-Anwendungen. Diese Dynamik bewirkt, dass Internet-Trading-Transaktionen oft sehr zeitkritisch sind. D. h., der Faktor Zeit spielt eine entscheidende Rolle. *Der Faktor Zeit spielt eine Rolle*

Das Internet ermöglicht den Kunden, Produkte und Preise sehr schnell und einfach miteinander vergleichen zu können. Auf der anderen Seite sind Verkäufer in der Lage, detaillierte Daten wie Kaufgewohnheiten und Vorlieben ihrer Kunden zu sammeln und auszuwerten. Somit können sie für jeden einzelnen Kunden maßgeschneiderte Angebote erstellen. Die Konsequenz: Es lassen sich spezielle Angebote für einen bestimmten Kunden zu einem bestimmten Zeitpunkt realisieren. *Spezielles Angebot für bestimmten Kunden zur bestimmten Zeit*

Diese Einschätzungen werden durch eine Marktprognose des Marktforschungsunternehmens *Keenan* untermauert (siehe Abb. 8.1). So schätzten die Forscher von *Keenan*, dass 40% aller Internet-Transaktionen in den Vereinigten Staaten im Jahre 2004 auf der Basis von dynamischen Marktpreisen abgewickelt werden.

Durch die geringen Interaktions- und Transaktionskosten wird es keinen technischen Grund mehr geben, warum nicht alle Produkte und Dienstleistungen über das Internet gehandelt werden könnten. Das jeweilige Verhandeln über Produkte und Preise zwischen Käufer und Verkäufer schafft einen effizienteren Marktplatz mit echten Marktpreisen. Dabei werden Internet-Trading-Anwendungen die entscheidende Rolle spielen. *Geringe Kosten*

8.1   Trading-Phasen

Wie bereits erwähnt, steht beim Internet-Trading die Handelstransaktion bzw. das Abwickeln der Transaktion im Mittelpunkt. Diese ist oft sehr zeitkritisch, wodurch hohe Anforderungen an das Internet-Trading-System gestellt werden. Insgesamt lässt sich Internet-Trading grob in drei Phasen einteilen (vergleiche auch Abschn. 3.3). *Transaktion im Mittelpunkt*

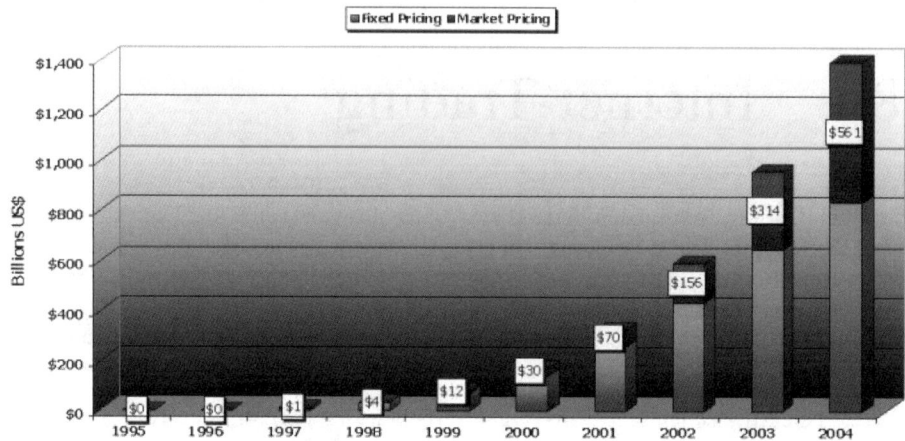

USA Internet Exchange Transactions

Abb. 8.1: *Vergleich der Anteile von festen und variablen Preisen bei Internettransaktionen in den USA [vgl. KeenanVision, 14].*

8.1.1   Informationsphase

Die Anbahnung In der Informationsphase findet die Anbahnung des Geschäfts statt. Hier spielen Basisinformationen wie beispielsweise Produktbeschreibungen eine Rolle. Im Wesentlichen wird in der Informationsphase nach bestimmten Waren und Dienstleistungen sowie nach den dazugehörigen Verkäufern bzw. Käufern gesucht.

8.1.2   Transaktionsphase

Verhandlung Die Transaktionsphase ist durch den Verhandlungsprozess zwischen Käufer und Ver-
und Abschluss käufer charakterisiert. Dabei werden Preise und andere Vertragsbedingungen ausgehandelt. Der Verhandlungsprozess kann mittels komplexer Verhandlungsformen realisiert werden. Den Abschluss dieser Phase bildet der eigentliche Kauf bzw. Verkauf eines Produkts oder einer Dienstleistung, d. h., hier wird der Vertrag abgeschlossen.

8.1.3   Abwicklungsphase

Clearing und In dieser Phase findet das Clearing und das Settlement statt. Zum einen wird bestimmt,
Settlement wer wem was schuldet, und zum anderen findet der Austausch der vereinbarten Leistungen gemäß den Vertragsbedingungen statt. Dabei kann es sich um Zahlungen, Güter, Dienstleistungen oder Rechte handeln. In der Regel erhält der Käufer bestimmte Waren und der Verkäufer den vereinbarten Warenwert in Form von Geld. Um das Risiko einer elektronischen Handelstransaktion zu reduzieren, ist die Gewährleistung der Glaub- und Kreditwürdigkeit des Handelspartners sehr wichtig. Aus diesem Grund spielen Clearing-Häuser und Banken eine immer bedeutendere Rolle. Diese Instanzen sind zwischen Käufer und Verkäufer angesiedelt. So behalten

sie z. B. das Geld des Käufers ein, bis die Lieferung durch den Verkäufer tatsächlich erfolgt ist. Für diese Dienstleistung werden von der Clearing-Stelle Transaktionsgebühren berechnet.

8.2 Internet-Trading-Anwendungen

Wie aus den bisherigen Ausführungen hervorgeht, ist die dynamische Preisgestaltung ein wesentliches Merkmal des Internet-Trading. Diese Dynamik bei der Preisbildung macht die Zeit zu einem wesentlichen und entscheidenden Faktor. Es ist wichtig, laufend über Neuigkeiten und Änderungen informiert zu sein, und schnell und einfach auf diese Informationen reagieren zu können. Nachfolgend werden einige Anwendungskategorien des Internet-Trading vorgestellt:

Dynamische Preisgestaltung und Information

- Auktionen

- Gebotsvermittlung

- Nachfragebündelung

- Börsen

- Preisagenturen.

8.3 Online-Auktionen

Online-Auktionen sind die erfolgreichsten Internet-Trading-Anwendungen. Innerhalb weniger Jahre sind Hunderte von Online-Auktionshäusern entstanden. Kunden sind dabei in der Lage, verschiedene Güter über das Internet zu verkaufen oder zu kaufen. Es gibt Auktionen in unterschiedlichen Formen und unterschiedlichen Arenen.

Auktionen kommen gut an

8.3.1 Klassische Auktion (*English Auction*)

Die English Auction ist der bekannteste Auktionstyp. Hier überbieten sich die Interessenten schrittweise gegenseitig, wobei am Ende der Auktion derjenige, der das höchste Gebot abgeliefert hat, den Zuschlag erhält.

Das höchste Gebot bekommt den Zuschlag

Als erfolgreiche Beispiele sind hier *eBay* oder *Ricardo* (www.ebay.com, www. ricardo.com) zu nennen, wo man vom Haarreif bis zum Auto alles ersteigern kann. Des Weiteren gibt es Auktionen für spezielle Bereiche wie z. B. *Rarissima* (*www. rarissima.de*), wo diverse Antiquitäten gehandelt werden. Bisher entstanden Online-Auktionen vor allem im Endkundenbereich (C2C und B2C). Mittlerweile gibt es jedoch auch die ersten Auktionshäuser, die speziell für den Business-to-Business Bereich ausgerichtet sind. Als Beispiel ist hier die Industrieauktion *NetBid* (*www. netbid.de*) zu nennen, in der vor allem gebrauchte Investitionsgüter gehandelt werden.

Beispiele

8.3.2   Umgekehrte Auktion (*Reverse Auction*)

Bedarf wird ausgeschrieben

Hier wird ein Bedarf durch Ausschreibung im Netz publik gemacht. Anbieter versuchen, durch günstige Angebote den Zuschlag zu erhalten. Stayfinder (www. stayfinder.com) ist ein Beispiel für eine sogenannte umgekehrte Auktion (Reverse Auction), bei der die Endkunden ihre Präferenzen für eine touristische Dienstleistung spezifizieren und Reisebüros in einen Bietwettbewerb, um die spezifizierten Aufträge eintreten. In diesem Beispiel übernehmen die Kunden eine aktivere Rolle bei der Spezifikation ihrer Präferenzen. Die Leistungsträger treten nicht selbst als Anbieter auf, sondern die Reisemittler, die zur Erlangung eines weiteren Auftrags einen Teil ihrer Provision an den Kunden weitergeben.

8.3.3   Weitere Auktionsformen

Vickery Auction

Zwischen der klassischen Auktion und der umgekehrten Auktion sind noch weitere Spielarten möglich. Die Zweitbieter-Auktion (*Vickery Auction*) ist dadurch gekennzeichnet, dass der meistbietende Interessent die Dienstleistung oder Ware zum Preis des zweithöchsten Gebots bekommt. Durch geheime Gebote muss keiner befürchten, zu viel zu bezahlen und die Bieterdynamik bleibt bis zum Ende der Auktion ungebremst. Wer meint, dadurch verschenke der Verkäufer bares Geld, irrt. Denn durch die Gewissheit, die eigenen Gebote nicht zahlen zu müssen, steigt insgesamt das Preisniveau der Auktion. Der Verkäufer kommt dadurch im allgemeinem zum gleichen Erlös wie bei einer Erstpreis-Auktion. Das ganze funktioniert spiegelbildlich auch bei Reverse Auctions.

Dutch Auction

Bei der Holländischen Auktion (*Dutch Auction*) wird der geforderte Preis schrittweise gesenkt, häufig im Sekundentakt, bis sich ein Interessent zeigt. Der erste Bieter erhält den Zuschlag. Je länger ein Käufer wartet, desto günstiger wird der Preis, aber desto mehr steigt auch das Risiko, dass ihm ein Konkurrent zuvorkommt. Beispiel: Gebrauchtwagenversteigerung bei Sixt. B2B-Beispiele sind *www.easyoil.com* oder *http://www.agex.com/*.

8.4   Gebotsvermittlung

Ein Intermediär vermittelt zwischen Angebot und Nachfrage

Ein auf den ersten Blick der Reverse Auction ähnelndes System bieten z. B. *Priceline.com* oder *CarOrder.de* (*www.priceline.com*, *www.carorder.de*). Ausgehend von der Überlegung, dass in vielen Markttransaktionen einseitig fixierte Preise nicht zu einer optimalen Allokation von Gütern führen, bietet der Gebotsvermittler als Intermediär eine Handelsplattform an. Den Interessenten von Flugtickets, Hotelzimmern, Neuwagen und Finanzierungsangeboten für Immobilien (Hypotheken, Refinanzierungsoptionen, Kredite) u. v. m. wird durch die Handelsplattform ermöglicht, ihre individuellen Präferenzen (einschließlich Preis) zu spezifizieren. Dabei lassen die Interessenten jedoch gewisse Freiheitsgrade wie die Wahl der Fluggesellschaft oder die genaue Abflugzeit offen. Der Intermediär bringt also Angebot und Nachfrage unter Ausschluss der Öffentlichkeit zusammen. Eine Vorauswahl erfolgt durch die

Präferenzen des Kunden, die dieser über die Handelsplattform des Anbieters offenbart.

Die spezifizierten Nachfragen bzw. Gebote werden nach einem patentierten, hoch effizienten Verfahren den an diesem System teilnehmenden Anbietern sequentiell angeboten. Die Gebote der Kunden sind verbindlich und jeweils durch entsprechende Kreditkarteninformationen hinterlegt. Die Rückmeldung an die Kunden, ob ihr Gebot erfolgreich war, erfolgt innerhalb von Stunden. Die Anbieter können je nach Vertriebsstrategie und Auslastungsgrad entscheiden, ob sie zu den spezifizierten Konditionen zusätzliche Kunden bedienen wollen oder nicht. *Schnelle Rückmeldung*

Im Unterschied zu Auktionen handelt es sich bei Gebotsvermittlungen um nicht öffentliche Märkte: Die Präferenzprofile werden nicht publiziert, sondern nur den potenziellen Anbietern sequentiell präsentiert. Damit wird dem bekannten Einwand gegen Auktionen als zusätzlichem Vertriebskanal Rechnung getragen. Denn bei öffentlichen Auktionen, bei denen die Gebote der erfolgreichen Bieter publiziert werden, besteht das Risiko, dass das normale Preisniveau in den anderen Vertriebskanälen in Frage gestellt wird. *Keine Publizität*

Bei der Gebotsvermittlung hingegen, können die Entscheidungen ad hoc und ohne Rücksichtnahme auf den direkten Einfluss auf die etablierten Vertriebskanäle getroffen werden. Es geht darum, potenzielle Nachfrage, die sich außerhalb der publizierten Preise bewegt und üblicherweise nicht sichtbar wird, sichtbar zu machen und die Flexibilität im Hinblick auf die Berücksichtigung zusätzlicher Nachfrage zu erhöhen. *Berücksichtigung zusätzlicher Nachfrage*

8.5   Nachfragebündelung

Während das Business von *Priceline.com* auf der Idee basiert, dass die Allokation von Leistungen auf der Basis privater Präferenzen erfolgt, also der Kunde den Preis bestimmt, den er zu zahlen bereit ist, versuchen Anbieter wie *LetsBuyIt.com* (*www.letsbuyit.com*) oder *Poweronline.de* (*www.poweronline.com*) virtuelle Nachfragergemeinschaften zu initiieren, damit jeder einzelne in den Genuss von Staffelrabatten kommt. Die Nachfragebündelung nutzt das Web, um individuelle Kaufinteressen transparent zu machen und auf effiziente Weise zu bündeln. In diesem Fall sind die Preise einseitig durch den Anbieter fixiert, das System verhilft jedoch individuellen Nachfragern zu Mengenrabatten. *Interessenten versammeln sich und nutzen die Nachfragemacht*

8.6   Börse

Börsen im Internet funktionieren vom Prinzip her wie herkömmliche Börsen (Wertpapierbörsen, Warenterminbörsen usw.). Es wird laufend ein bestimmter Preis für bestimmte Güter ermittelt. Dieser Preis wird durch das Verhältnis von Angebot zu Nachfrage bestimmt. Sowohl für die Anbieter als auch für die Nachfrager entsteht ein hohes Maß an Transparenz. Viele solcher Online-Börsen sind momentan noch im Aufbau bzw. befinden sich noch in den „Kinderschuhen". Dabei wird oft die Strategie verfolgt, die Anwendung als Handelsplatz zu starten und später zu einer *Online-Börsen stecken noch in Kinderschuhen*

„vollwertigen" Börse auszubauen. Beispiele hierfür sind zum einen die Papierbörse *www.paperexchange.com* und zum anderen die Gasbörse *www.altranet.com*.

8.7 Preisagenturen

Schnäppchen-jäger

Preisagenturen sind sogenannte „Schnäppchenjäger" im Internet und funktionieren alle nach dem gleichen Prinzip: Auf einer Internet-Seite wird ein vorgefertigtes Rechercheformular ausgefüllt. Verlangt werden Angaben zum Unternehmen und die Beschreibung des gesuchten Produkts, des gewünschten Liefertermins und der ungefähre Marktpreis[1]. Manche Agentur wird allerdings erst ab einer Mindestsumme aktiv wie z. B. *Preisagentur Online* ab 500 € Auftragswert.[2]

Die Ersprarnis finanziert den Dienstleister

Beginnt die Agentur dann zu suchen, bleibt der Name des Auftraggebers geheim. Sobald ein Angebot, das der Auftraggeber akzeptiert, gefunden wird, muss dieser eine Provision zahlen, in der Regel etwa ein Drittel der eingesparten Summe. Sollte er nicht annehmen, muss er eine Aufwandsentschädigung in unterschiedlicher Höhe leisten. Stammkunden können den Service abonnieren, so dass die Aufwandsentschädigung entfällt. Geliefert werden die bestellten Produkte frei Haus.

Lieferanten arbeiten laut Umfrage durchaus gern mit Preisagenturen zusammen. Hier bekommen sie neue Kunden ohne eigene Akquisition und Beratungsleistung geliefert.

Ist der Einkäufer besonders geschickt, kann er die Agentur auch dazu nutzen, den Preis beim gewohnten Lieferanten zu drücken.

Faktor Zeit spielt nicht die erste Geige

Im Gegensatz zu den vorher genannten Trading-Formen spielt bei den Preisagenturen der Faktor Zeit eine nicht so bedeutende Rolle, und die von den Preisagenturen durchforsteten Angebote besitzen in aller Regel längere Gültigkeiten.

8.8 Mobiles Internet-Trading

Trade everywhere?

Internet-Trading-Anwendungen sind in allen E-Commerce-Kategorien sinnvoll. So ist z. B. *NetBid* im Business-to-Business Bereich positioniert, *Priceline* eher auf den Business-to-Consumer Bereich; *eBay* ist auf den Bereich Consumer-to-Consumer ausgelegt. Mit *eBay* und *Priceline* sind zwei Beispiele für atemberaubende Erfolge von Internet-Trading-Anwendungen aufgeführt, die auch in den Medien große Beachtung finden. Dabei unterliegt der Markt einer enormen Dynamik, was bedeutet, dass ständig neue Anbieter mit neuen Geschäftsideen und neuen Applikationen auf den Markt drängen. Zusätzlichen Schwung dürfte das Internet-Trading durch die Erschließung der Mobilfunknetze für das Internet erhalten: Mobile Commerce könnte die nächste Triebwerkstufe der New Economie-Rakete zünden.

---

[1] z. B. http://www.europrice.net, http://www.buyinghouse.de
[2] http://www.preisagenturonline.de/

9　Zahlungsmittel für digitale Märkte: digitales Geld

Je mehr sich die Geschäftstätigkeit eines Anbieters oder Nutzers in den elektronischen Marktplatz hineinverlagert, um so mehr werden für die Abwicklung von Kauftransaktionen Verfahren ohne Medien- und Methodenbrüche benötigt, die nicht über bestehende, traditionelle Finanznetzwerke abgewickelt werden, sondern vollständig in das Netz integriert sind.

Keine Medien- und Methodenbrüche

Warum reichen konventionelle Zahlungsmittel nicht mehr aus? Nun, in allen Fällen, bei denen eine Web-Kauftransaktion über Kreditkarten, Scheck, Rechnung und Überweisung oder traditionelle EDI-Strukturen der Transaktionspreis höher als der Preis der bezogenen Leistung ist, wird sich ziemlich rasch das software-basierte elektronische Geld durchsetzen. Damit lassen sich Mikrotransaktionen und Kleinstkäufe adäquat bezahlen und Zahlungseingänge werden gehäufelt, bis sich die Konvertierung in „echtes" Geld lohnt.

Kleinstkäufe (micropayments) adäquat bezahlen

Nehmen wir mal an, wir wollen über das Internet ein paar maßgeschneiderte Jeans bestellen. Wir können nun selbst von allen Anbietern die Preisinformationen einsehen oder wir erwerben zum Beispiel für ein paar Pfennige von einem elektronischen Informations-Broker die aktuelle Zusammenstellung derjenigen Firmen, die über das Web Jeans anbieten. Sparen wir mit dieser Auskunft mehr als die eingesetzten paar Pfennige ein, so werden wir gerne bereit sein, bei der nächsten Kaufabsicht wieder auf die Dienste des Brokers zurückzugreifen. Durch die Automatisierung der Auskunft und die große Zahl der Informationsbedürftigen können die wie Pilze aus dem Boden schießenden Informations-Broker und Betreiber von Verzeichnisdiensten und Suchmaschinen ihre Leistungen günstig anbieten. Um aktuelle Dimensionen zu verdeutlichen, hier einige Kennzahlen zu der Suchmaschine AltaVista (*http://www.altavista.com*): In der Datenbank von *AltaVista* sind über 30 Millionen Web-Seiten von über 250.000 Web-Servern und 4 Millionen Artikel von 14.000 Usenet-Foren registriert. Täglich wird *AltaVista* nach eigenen Angaben bis zu 21 Millionen Mal kontaktiert!

Angebots-sondierung vor dem Kauf

Heute sind die von den Suchmaschinen gelieferten Informationen für den Suchenden frei. Finanzieren kann sich der Betreiber über das Schalten von Anzeigen in seiner Suchmaschinen-Home-Page. Bei täglich 21 Millionen Kontakten im Fall von *Alta-Vista* macht das für Werbetreibende Sinn. Sinn macht aber auch, dass ein solcher Informations-Broker für seine Auskünfte pro Aussage einen Preis berechnet, der im Bereich von zehntel oder hundertstel Pfennigen liegt, so dass der Konsument nach wie vor den Eindruck hat, dass die gelieferte Information kostenfrei ist. Für den Verkäufer ergibt sich der Gewinn aus einer entsprechend hohen Anfragefrequenz.

Quasi kostenlos

Geldgeschäfte ohne Einschaltung von Finanz-Intermediären

Bei Kleinsttransaktionen macht die Einschaltung Dritter zur traditionellen Zahlungs-abwicklung, beispielsweise einer Bank, keinen Sinn. Dann sind möglicherweise schon die Überweisungskosten höher als evtl. der Ertrag aus dem Informations-verkauf. So gesehen sind typische Bankgeschäfte wie die Zahlungsüberweisungen auch in Web und Internet unerlässlich. Wozu aber brauchen wir die Bank in ihrer heu-tigen Form, wenn das software-basierte elektronische Geld allgemein verfügbar ist und damit die Zahlungstransaktion der Web-Kunden an der Bank vorbeilaufen kann? Auch aus diesem Grund steht die Finanzbranche mitten in Veränderungen. Was aber für die Bank gilt, gilt gleichermaßen für alle anderen Teilnehmer des modernen Wirt-schaftskreislaufs: Electronic Business sorgt nicht nur für Wirbel in Marketing und Vertrieb, sondern drückt mit Vehemenz auf das Leistungsangebot ganzer Konzerne und erzwingt auch die Umstrukturierung ganzer Branchen und Märkte.

Mittel und Verfahren zum Transfer von Werten und Wertversprechen

Wir betrachten im Folgenden elektronische Zahlungssysteme als Mittel und Ver-fahren für den Transfer von Werten und Wertversprechen zwischen den an einer Handelstransaktion beteiligten Parteien. Als potenzielle, beteiligte Parteien sehen wir den *Verkäufer* (in der Regel der Zahlungsempfänger), den *Käufer* (in der Re-gel der Zahlungspflichtige) und *Finanz-Intermediäre*, wie beispielsweise Banken, die bei einer kontenbasierenden Bezahlung die Umbuchungen vornehmen. Weitere an einer Handelstransaktion beteiligte Einrichtungen im elektronischen Markt kön-nen die Anbieter neuer Zahlungssysteme sowie unabhängige Dritte sein, sogenannte *Notariatsdienste*, die beispielsweise Einzelschritte einer Handelstransaktion so be-scheinigen, dass sie in einem Streitfall vor Gericht nicht abstreitbar sind. Alle an der Handelstransaktion beteiligten Parteien müssen über den elektronischen Markt erreichbar sein, da ja Werte und Werteversprechen ohne Medienbruch innerhalb des elektronischen Marktes transferiert werden müssen.

9.1 Anforderungen an elektronische Zahlungssysteme

Vielfältige Anforderungen und neue Prozessformen

Die elektronischen Zahlungssysteme lassen sich in mehrere Kategorien aufsplitten. Diese betrachten wir weiter unten systematisch, wollen hier aber erwähnen, dass ne-ben dem digitalen „Nachbau" der altvertrauten Münze auch neue Prozessformen für den Wertetransfer vorgestellt werden. Für alle Kategorien gelten vielfältige Anforde-rungen. Vom elektronischen Substitut *digitale Münze* erwarten wir die Übernahme sämtlicher Funktionen ihres realen, konventionellen Vorbildes. So muss eine digi-tale Münze beispielsweise einen standardisierten, invarianten Wert besitzen, der für alle an der Handelstransaktion beteiligen Parteien einsichtig ist. Wichtig in diesem Zusammenhang ist, dass die digitale Münze fälschungssicher ist und nur von au-torisierter Stelle „geprägt" werden kann. Vor diesem Hintergrund lassen sich dann auch Wechselkurse gegenüber realen Währungen definieren, um die digitale Münze jederzeit einlösen zu können.

Technische und betriebswirt-schaftliche Anforderungen

Für die neuen Prozessformen des Wertetransfers lassen sich die Anforderungen man-gels bisheriger Vorbilder nicht so einfach skizzieren. Wir werden aus diesem Grund alle Bereiche, aus denen Anforderungen an elektronische Zahlungsmittel resultie-ren, systematisch durchleuchten: Welche technischen und betriebswirtschaftlichen

Anforderungen gibt es, welche Anforderungen haben die an der Handelstransaktion beteiligten Partner?

9.1.1 Allgemeine Anforderungen

Offener Standardisierungsprozess

Nicht nur bei technischen Produkten ist – dank erfolgreicher Marketinganstrengun- *Einflussnahme* gen – das Phänomen zu beobachten, dass die Reputation des namhaften Herstellers *aller* sich automatisch auf das Produkt überträgt, so dass die Systemakzeptanz von vorn- *interessierten* herein größer ist – häufig eben unabhängig von der tatsächlichen technischen Qualität *Parteien* des Produktes. Um diese technische Qualität aber verifizierbar zu halten, ist es notwendig, dass Zahlungssysteme offenen Standardisierungsprozessen folgen. Dann ist gewährleistet, dass alle an einem konkreten Zahlungssystem interessierten Marktteilnehmer im Bedarfsfall den Entwicklungsfortschritt beobachten und gegebenenfalls beeinflussen können!

9.1.2 Technische Anforderungen

Neben inneren technischen Qualitäten gibt es eine Reihe äußerer technischer Qua- *Sicherheit und* litätsmerkmale, die für alle beteiligen Nutzer eines elektronischen Zahlungssystems *Integrations-* sichtbar sind. Diese betreffen unter anderem die Sicherheit, die Integrationsmöglich- *fähigkeit* keiten und die Betriebsarten eines elektronischen Zahlungssystems.

Da die inneren technischen Qualitätsmerkmale nicht so ohne weiteres sichtbar sind, *Garantie für* ist der oben geschilderte offene Standardisierungsprozess unerlässlich. Wir werden *innere Werte* auf innere Qualitätsmerkmale hier nicht weiter eingehen, da uns solche Bertrachtungen zu weit auf das Gebiet des Software-Engineerings führen würden.

9.1.2.1 Sicherheit geht über alles

Hier, im Zusammenhang mit elektronischen Zahlungssystemen interessiert uns Si- *Basissicherheit* cherheit zunächst auf relativ hoher Ebene. Wir werden also im Folgenden nicht darüber sprechen, wie durch Sicherheitsmaßnahmen die „Privatsphäre" eines Computers oder Netzwerkes geschützt werden kann. Wir melden allerdings einen hohen Schutzanspruch an, um Computer- und Netzwerk-Nutzer, die Datenbestände, die Software und Hardware vor Eindringlingen und ungebetenen Gästen, deren illegales, in jedem Fall unerwünschtes Treiben, das uns einen unmittelbaren oder mittelbaren Schaden zufügt, zu schützen.

Alle teilnehmenden Parteien möchten in der Lage sein, jederzeit Zahlungen auszufüh- *Verfügbarkeit* ren oder zu erhalten. Deshalb müssen elektronische Zahlungssysteme elektronischer Märkte stets aktiv oder aktivierbar sein.

Kein Teilnehmer wird einen Geldverlust akzeptieren, der durch Störungen des elek- *Zuverlässigkeit* tronischen Zahlungssystems bedingt ist. Beim Transfer elektronischer Münzen kön- *durch Transak-* nen Verlust oder Duplikation auftreten. Um das zu verhindern, bedarf es eines trans- *tionalität* aktional gesicherten Protokolls, das alle technischen Eigenschaften einer Transaktion – Atomarität, Konsistenz, Isolation und Dauerhaftigkeit (ACID) – garantiert.

Vertraulichkeit bei Bedarf

Bestimmte Einzelheiten der Transaktion, wie z. B. Käufer-, Verkäuferidentität, Transaktionsinhalt (Produkt oder Dienstleistung) sowie der Transaktionspreis und das Transaktionsdatum sind nur den beteiligten Parteien bekannt. Die Informationen bleiben gegenüber Unbeteiligten vertraulich und geheim. Die Vertraulichkeit kann sich auch nur auf einzelne Teilnehmer beschränken und sollte mindestens dann Anwendung finden, wenn Anonymität oder Geheimhaltung gefordert wird. Vertraulichkeit wird besonders von Konsumenten gewünscht, da sie durch ihre getätigten Einkäufe im elektronischen Markt nicht zum „gläsernen Menschen" werden möchten. Andererseits gibt es Transaktionssituationen, wo Anonymität wiederum aus Sicherheitsgründen nicht angebracht ist, um das Potenzial für Betrug, Erpressung und Geldwäsche zu reduzieren.

Notariatsdienst

Der Mittelweg liegt hier in der Aufzeichnung von Transaktionsdaten durch externe, unparteiliche, vertrauenswürdige Dritte (*trusted third parties*, kurz: TTP), so dass diese Daten im Falle eines gerichtlichen Prozesses ermittelbar sind. Solche autorisierten Stellen können beispielsweise Notariatsdienste sein. Notariatsdienste übernehmen als softwaremäßige Entsprechungen üblicher Notare die Aufgabe, Transaktionen mit Vertragscharakter zwischen Client und Server so zu registrieren, dass sie nicht abstreitbar sind und von allen Beteiligten als verbindlich akzeptiert werden. Darüberhinaus kann ein Notariatsdienst die Authentisierung, die Zertifizierung und in bestimmten Fällen die Dokumentenarchivierung übernehmen.

Integrität

Unter Integrität versteht man Nachrichtenunversehrtheit, d. h. dass die gesendete Nachricht mit der empfangenen Nachricht identisch ist. Besonders im Hinblick auf Zahlungstransaktionen muss die Unversehrtheit der übertragenen Daten gewährleistet werden, um zu verhindern, dass Dritte Nachrichten duplizieren, abändern, einfügen, zerstören und/oder umordnen können. Die Integrität kann mit digitalen Signaturen gewährleistet werden. Integrität in Bezug auf Zahlungssysteme bedeutet aber auch, dass kein Teilnehmer ohne vorherige Zahlungsautorisierung Geld transferieren muss, und – um passive Bestechung zu verhindern – keine Partei ohne ihre Zustimmung Werte übermittelt bekommt. Diese Art der Integrität wird durch besondere Gestaltung der Zahlungsabläufe und Autorisierungsverfahren erreicht. Als Beispiel hierfür kann das später noch genauer vorgestellte elektronische Zahlungssystem *ECash* genannt werden.

Authentisierung oder Authenti- fizierung

Das Internet lässt als offenes Netzwerk jeden Teilnehmer unabhängig von Ort, Alter, Vorstrafen u. a. zu. Durch Modifikationen von E-Mail-Adressen, durch Benutzung von Anonymisierungs-Servern oder auch durch entsprechende WWW-Publikationen kann praktisch jede beliebige Identität vorgetäuscht werden. Bei Handelstransaktionen müssen aber die Geschäftspartner in bestimmten Fällen darauf vertrauen können, dass die Vortäuschung einer falschen Identität unmöglich ist. Der Verifikationsprozess dieser Teilnehmer-Identitäten wird als Authentifizierung bezeichnet. Authentifizierung lässt sich technisch mit digitalen Signaturen und Zertifikaten realisieren. Möglicherweise muss die Authentifizierung wieder mit Hilfe eines TTP abgewickelt werden, denn über die Authentifizierung geht die Anonymität verloren.

Autorisierung und Zugriffs- kontrolle

Eine bedeutende Rolle in Client-Server-Architekturen und somit auch im Internet spielt der Schutz gegen unberechtigten Zugriff auf Resourcen. Um einen unberechtigten Zugriff auf Daten, Programme und andere Resourcen zu vermeiden, muss anhand der Autorisierung geregelt werden, wer auf eine Resource wie zugreifen darf. Eine vertrauenswürdige Instanz verwaltet die Zugriffsrechte auf Resourcen i. d. R. in Form von Zugriffslisten (*Access Lists*, kurz: ACL), in denen zum Beispiel Lese-, Schreib-, Lösch- und Ausführungsrechte definiert werden. Um Autorisierungsentscheidungen auszuführen, braucht der kontrollierende Prozess ein sicheres Wissen über die Personenidentität. Im Zusammenhang mit elektronischen Zahlungssystemen reguliert die Autorisierung zum Beispiel die Frage, wer zur Scheckausstellung oder zum Zugriff auf das elektronische Münzkonto berechtigt ist.

Die Kommunikation über einen unsicheren Kanal mit einem potenziell nicht ver- *Abstreitbarkeit* trauenswürdigen Partner zieht verschiedene Probleme nach sich: Was ist, wenn der Partner den Empfang des gelieferten Produkts abstreitet? Hier besteht der Bedarf zur Einbeziehung eines vertrauenswürdigen Dritten, der Handlungen so bezeugen kann, dass zu einem späteren Zeitpunkt der Transaktionsverlauf zuverlässig nachvollzogen werden kann und damit die Nichtabstreitbarkeit (*Non-Repudiation*) gegeben ist. Oder der Zahlungsempfänger den Eingang der Zahlung leugnet? Hans Meli-Isch unterscheidet mehrere Arten der Non-Repudiation [100]:

- Mit der **Nichtabstreitbarkeit der Absendung** (*Non-Repudiation of Origin*, kurz: NRO) wird der Nachrichtenempfänger gegenüber dem Nachrichtensender geschützt, der die Nachricht bzw. deren Inhalt leugnen will.

- Die **Nichtabstreitbarkeit des Empfangs** (*Non-Repudiation of Delivery*, kurz: NRD) ermöglicht den Schutz des Nachrichtensenders gegenüber dem Empfänger, der den Empfang der Nachricht oder deren Inhalt leugnen will.

- Die **Nichtabstreitbarkeit der Annahme und Übertragung** (*Non-Repudiation of Submission*, kurz: NRS) verhindert für den Transportdienst die Abstreitbarkeit, eine Nachricht vom Sender entgegengenommen zu haben.

- Die **Nichtabstreitbarkeit der Übertragung und Abgabe** (*Non-Repudiation of Transmission*, kurz: NRT) verhindert für den Transportdienst die Abstreitbarkeit, eine Nachricht übertragen und beim Empfänger abgeliefert zu haben.

Die vier oben vorgestellten NR-Dienste erlauben damit in einem Umfeld gegenseiti- *Typische* gen Misstrauens jedem Transaktionspartner den Nachweis der Durchführung eigener *Notariatsdienste* oder fremder Handlung. Diese NR-Dienste fallen in das Aufgabenfeld von TTPs und sind typische Notariatsdienste. Technisch realisiert wird die Non-Repudiation mit Hilfe von digitalen Signaturen und zertifizierten öffentlichen Schlüsseln. Beispielsweise werden in SET (siehe Abschn. 9.5.2) kritische Informationen der ausgetauschte Nachrichten von beiden beteiligten Seiten gleichzeitig (im gleichen Record) signiert. Hierdurch sind beide Seiten in der Lage, unabhängig voneinander rechtsverbindlich nachzuweisen, dass eine Transaktion zu betimmten Bedingungen zustande gekommen ist.

Netzwerke sind als räumlich verteilte Kommunikationsgeflechte per se gefährdet und *Abwehr von* aktiven wie passiven Angriffen ausgesetzt. Passive Angriffe bedrohen die Vertraulich- *Attacken* keit der Kommunikation. Es wird zwar in diesem Fall keine Änderung der übertragenen Nachricht oder der für die Übertragung der Nachricht eingesetzten Komponenten vorgenommen, aber es werden Nachrichten ausgespäht und nicht legalen Empfängern zugeleitet. Mit aktiven Angriffen werden Nachrichten oder Komponenten eines Kommunikationssystems verändert und verfälscht. Oder es werden durch fingierte Nachrichten Sachverhalte vorgetäuscht. Der empfindlichste Teil des Gesamtsystems ist der (private) Rechner, auf dem das Geld bzw. die Kontoinformationen gespeichert sind. Ihn gilt es besonders zu schützen. Um Attacken erfolgreich abwehren zu können, sind Autorisierungs- und Authentisierungsmechanismen besonders wichtig.

9.1.2.2   Integrationsfähigkeit: Zahlungsmittel sind keine Stand-Alone-Applikationen

Bruchlose Einbettung

Oben haben wir gefordert, dass elektronische Zahlungsmittel helfen müssen, einen Methoden-, Medien- und Verfahrensbruch bei der Abwicklung von digitalen Handelstransaktionen zu vermeiden. Dies geht nur mit einer bruchlosen Einbettung in das digitale Umfeld des elektronischen Marktplatzes.

Technische Integrationsfähigkeit

Technische Integration des Zahlungssystems wird von allen Teilnehmern an Handelstransaktionen im elektronischen Markt gefordert. Hierzu sind definierte Schnittstellen erforderlich, die das Zahlungssystem mit dem Gesamtsystem kommunizieren lassen. Technologien, die hierfür genutzt werden können, sind beispielsweise *CORBA* (*Common Object Request Broker Architecture*), RPC (*Remote Procedure Call*), JavaBeans/Enterprise JavaBeans oder COM/DCOM (*Common Object Model/Distributed Common Object Model*), sowie das ab *Windows 2000* implementierte COM+, das COM und DCOM zusammenführt.

Integration in Applikationen

Voraussetzung für die Integration von Zahlungssystemen in Applikationen ist die technische Integrationsfähigkeit. Möglich soll sein, dass das Zahlungssystem beispielsweise an die Buchhaltungs-Systeme der Transaktionspartner die Zahlungstransaktionsdaten in einem definierten Format übergibt, so dass diese Softwaresysteme eine Verarbeitung der relevanten Daten ohne weiteren Aufwand vornehmen können.

Besonders Anbieter und Verkäufer sind an der automatischen Übernahme der elektronischen Zahlungstransaktionsdaten interessiert, um Fehler durch Neueingaben zu verhindern. Bei dem „klassischen" elektronischen Zahlungsverkehr mittels *EDI* ist diese Art der Integration schon seit mehreren Jahren gegeben.

Durchgängigkeit der IT

Die Durchgängigkeit muss über alle Phasen der elektronischen Markttransaktion reichen. Auch innerhalb der Abwicklung ist deshalb ein einheitliches IT-Mittel gefordert. Alle Beteiligten einer Handelstransaktion müssen die Zahlungstransaktion, begonnen mit der Kontoeröffnung, Geldtransfer auf das Konto und die Zahlungen selbst durchgängig über das Internet erledigen. Medienbrüche wie zum Beispiel die Übermittlung der Kreditkartennummer per Telefon oder die Versendung von Bankkonto-Informationen auf dem klassischen Postweg werden als negativ empfunden, da die Transaktionskosten nach oben getrieben werden

9.1.2.3   Unterschiedliche Betriebsarten müssen unterstützt werden

Online-Betrieb

Während des Zahlungsprozesses sind alle Beteiligten miteinander verbunden und können kommunizieren. In der Regel wird die Hilfe eines entfernten Rechners benötigt, der die Kontrolle bzw. Steuerung des Dialogs übernimmt. Als Resultat ergibt sich eine hohe Belastung für den Zahlungsserver. Es entstehen Verbindungskosten für die Leitung, jedoch ist die Prüfung des elektronischen Geldes sofort möglich. Mehrfachausgaben können verhindert werden (z. B. mittels Zahlung mit kopierten Münzen). Die hohe Beanspruchung von Kommunikationsresourcen ist oft ein Grund für die Verwendung von Offline-Systemen .

Der Zahlungsprozess findet ohne Teilnahme einer Clearingstelle direkt vom Kunden zum Verkäufer statt. Peter Wayner ist der Ansicht, dass es kein echtes Offline-Cash gibt. Diese Systeme sind in gewisser Hinsicht auch online, die Interaktion zur Bank verschiebt sich nur um einige Zeit. Vorteil des Offline-Betriebs sind die relativ geringen Kommunikationskosten. Ein potenzielles Problem ist die Frage der Mehrfachausgabe einer elektronischen Münze. Gelöst wird dieses Problem bei SmartCards zum Beispiel mit Sicherheitsmodulen, PC-Card-Slots oder SmartDisks, welche die Authentisierung der elektronischen Münzen bzw. Karten ermöglichen. Bei anderen Zahlungssystemen kann die Prüfung des Geldes bzw. die Berechtigung der Kontobelastung prinzipiell auch im Nachhinein erfolgen. *Offline-Betrieb*

Wird für ein elektronisches Zahlungssystem zusätzliche Hardware benötigt, stellt dies kundenseitig eine gewisse Hemmschwelle dar, weil zusätzliche Investitionen für die Anschaffung der Hardware notwendig sind. Bei allen SmartCards wird ein separater oder in der Tastatur integrierter Kartenleser benötigt. Das *Bundesamt für Sicherheit in der Informationstechnik (BSI)* publiziert regelmäßig zertifizierte Produkte im Bereich IT-Sicherheit, worunter sich auch eine große Anzahl zertifizierter Kartenleser befindet. *Zusatz- Hardware*

Eine weitere technische Anforderung an Zahlungssysteme ist die Portabilität. Dies bedeutet, dass das elektronische Zahlungssystem unabhängig von einer bestimmten Prozessor- oder Betriebssystem-Architektur lauffähig ist. *Portabilität*

Um die Kommunikationskosten nicht in die Höhe zu treiben, sollte eine definierte Durchsatzgeschwindigkeit von Zahlungstransaktionen gewährleistet sein. Die Durchsatzgeschwindigkeit ist abhängig von der Übertragungsrate des zugrundeliegenden Netzes, der Anzahl der Zahlungs-Server, die der Zahlungssystem-Anbieter installiert hat. Die Gewährleistung der Durchsatzgeschwindigkeit spielt bei Online-Zahlungssystemen eine große Rolle. Geringere Priorität hat diese Anforderung bei Offline-Zahlungssystemen. *Performance*

9.1.3   Betriebswirtschaftliche Rahmenbedingungen

In diesem Kapitel werden organisatorische und funktionale Anforderungen untersucht, die in einem betriebswirtschaftlichen Zusammenhang stehen.

Die zunehmende Internationalisierung wirtschaftlicher Aktivitäten zieht die Forderung der internationalen Anwendbarkeit von Zahlungssystemen nach sich. Bisher ist für den Retail-Kunden lediglich die Kreditkarte als internationales Zahlungssystem ökonomisch sinnvoll anwendbar. Auch in regionalen Märkten spielt die grenzüberschreitende Anwendbarkeit von Zahlungssystemen eine wichtige Rolle: Denn, wie wir weiter oben schon festgestellt haben, auch regionale Angebote sind in einem *Lokale und internationale Anwendbarkeit* elektronischen Markt idealerweise weltweit sichtbar und sollen im Interesse des Anbieters natürlich auch genutzt werden.

Betriebswirt-
schaftliche
Integration

Zahlungen sind Bestandteile der Abwicklungphase von Markttransaktionen. Der Zahlungsprozess wird bereits in der vorangegangenen Vereinbarungsphase initiiert und spielt dann eine zentrale Rolle bei der Abwicklung der jeweiligen Geschäftstransaktion.

Die Integration von Finanzdienstleistern in die Abwicklungsphase einer Transaktion innerhalb der Wertschöpfungskette beinhaltet bisher nicht ausgeschöpfte Potenziale von elektronischen Märkten.

Zahlungszeit-
punkt

Anhand des Kriteriums „Zeitpunkt der Zahlung" können laut Phil Janson und Michael Waidner [1996a] drei unterschiedliche Arten von Zahlungssystemen definiert werden. Der Zahlungszeitpunkt bezieht sich auf die Zeit, die zwischen dem Auslösen einer Zahlungstransaktion und der tatsächlichen Belastung auf dem Kundenkonto liegt.

- **Pre-paid-System.** Bei Pre-paid-Systemen muss der Kunde, bevor er eine Zahlung ausführt, ein Guthaben auf sein Konto oder seine Karte einzahlen, d. h. es entsteht eine gewisse Zeitspanne zwischen dem Einzahlen des Geldes und der Ausgabe (z. B. Telefonkarten, Electronic Cash). Für Pre-paid-Systeme wird im Folgenden auch der Ausdruck *„bargeld-ähnlich"* verwendet.

- **Pay-now-System.** Mit dem Auslösen einer Zahlung wird sofort die Belastung auf dem Kundenkonto ausgeführt, d. h. es ist keine „Zwischenlagerung" des Geldes nötig. Ein Beispiel für ein Pay-now-System ist ein ATM-basiertes Kartensystem wie das *EC-Direct*.

- **Pay-later-System.** Die Zahlung ist genau gesehen ein Zahlungsversprechen, da erst nach einem bestimmten Zeitintervall, oder nach Kumulierung von Beträgen, die Abbuchung auf dem Kundenkonto erfolgt. Kreditkarten- und Schecksysteme sind typische Pay-later-Systeme.

Darlehen kontra
Liquidität

Pay-now- und Pay-later-Systeme sind „kontenbasierende" Systeme. Die Anforderungen der Marktteilnehmer in Bezug auf den Zeitpunkt der Zahlung sind unterschiedlich. So werden beispielsweise Pay-later-Systeme von Kunden bevorzugt, da das Geld aufgrund des Darlehenscharakters erst im Nachhinein vom Konto abgebucht wird. Anbieter präferieren Pre-paid- und Pay-now-Systeme, da diese die Liquidität steigern.

Vermeidung von
Geldverlust

Die Forderung nach der Transaktionalität wurde schon weiter oben gestellt („Technische Anforderungen"). Bei allen Zahlungssystemen sollte gewährleistet sein, dass die Transaktion vollständig ausgeführt oder wieder zurückgesetzt wird, falls eine Störung eintritt (ACID-Prinzip). Damit soll ein konsistenter Zustand bei allen Teilnehmern bestehen bleiben. Weiterhin sollte das elektronische Zahlungssystem über Sicherheitsfunktionen verfügen, damit der Benutzer beispielsweise nicht etwa versehentlich seine Münzdateien löschen kann. Bei SmartCards ist der Kartenverlust oft mit Geldverlust gleichzusetzen, da in den häufigsten Fällen der Restbetrag nicht ermittelt werden kann und der Finder (falls die Karte nicht über ein Passwort geschützt ist) über das Geld verfügen kann. Eng in Verbindung mit dem Beurteilungskriterium Geldverlust steht die Kulanz des involvierten Finanzintermediärs. Haftet das Finanzinstitut bei Missbrauch (z. B. haften Kreditkartenunternehmen ab bestimmten Beträgen), so wird der Kunde entlastet und ein potenzieller Geldverlust nicht zu stark gewichtet. Das kann die Akzeptanz des elektronischen Zahlungsmittels deutlich steigern.

Der Austausch von Geldmitteln und Waren erfolgt in aller Regel asynchron. Üblicherweise wird zuerst bezahlt, danach die Information bzw. das Gut zur Lieferung freigeschaltet oder die Versendung veranlasst. Eine Abhängigkeit der Anbieter ist daher nicht vorhanden bzw. minimal. Eventuell benachteiligt ist der Nachfrager.

Minimierung der Abhängigkeit von Anbietern gegenüber Nachfragern

Bei den Käufern verhält es sich genau umgekehrt. Das Verhältnis der Geschäftspartner wird von Michael Waidner mit „*master-slave relation between seller's server and buyer's browser*" beschrieben. Das Zahlungssystem *NetCash* ist bisher das einzige, das die erläuterte Abhängigkeit durch ein spezielles Verfahren, in welchem Münzen mit gleicher Seriennummer ausgegeben werden, eliminiert [Medvinsky/Neuman, 1993, 4].

Minimierung der Abhängigkeit von Nachfragern gegenüber Anbietern

9.1.3.1   Funktionale Vielfalt

Der Funktionsumfang von elektronischen Zahlungssystemen beschränkt sich oft auf das Ausführen von Zahlungen, Geld abheben und deponieren (bei Cash-Systemen) und die Erstellung eines Kontoauszugs. Nachfolgende funktionale Anforderungen resultieren aus bereits erläuterten technischen und betriebswirtschaftlichen Anforderungen:

Je mehr desto besser

Um einem Konsumenten Flexibilität in höchstem Maße zu bieten, muss er in der Lage sein, sein Geld zwischen verschiedenen Zahlungssystemen zu transferieren und somit Cyber-Währungen zu konvertieren. Er kann durch diese Funktion seine Einkaufsmöglichkeiten um ein Vielfaches erhöhen. Auch für die Anbieter liefert die Konvertierbarkeit von Zahlungssystemen Vorteile, da der erreichbare Kundenkreis vergrößert wird.

Konvertibilität

Die Flexibilität erhöht sich, indem Geld an beliebige Marktteilnehmer übertragen werden kann, also auch eine Kunde-zu-Kunde-Zahlung möglich ist (Peer-to-Peer-Zahlung). Bei vielen Systemen ist jedoch nur eine Zahlung vom Kunden zum Anbieter vorgesehen.

Übertragbarkeit

Wie bei einem konventionellen Einkauf sollte auch der elektronische Einkauf quittiert werden. Dies ist einerseits für den Anbieter von Bedeutung, da der Umsatz eventuell der Umsatzsteuer unterliegt und auch zur Ermittlung des Unternehmens-Ergebnisses erfasst werden muss. Auch für den Kunden spielen steuerliche und auch rechtliche Aspekte (wie z. B. Garantie) eine entscheidende Rolle. Um die Glaubwürdigkeit von Quittungen zu erhöhen, sollten sie mit zertifizierten Schlüsseln unterzeichnet oder von TTPs erstellt werden.

Quittungen

Zahlungssysteme sind fast ausschließlich so konzipiert, dass sie lediglich Zahlungsaufträge generieren bzw. eine Zahlung veranlassen können. Auch beim elektronischen Einkauf kann es vorkommen, dass Produkte beschädigt werden oder gar nicht beim

Rückerstattung

Kunden ankommen. Eventuell ist der Kunde mit dem Produkt nicht zufrieden, was bei vorausbezahlter Ware eine Rückerstattung erfordert.

Mehrere Währungen

Aufgrund der bereits erwähnten Globalisierung der Märkte sind mehrere Währungen notwendig. Bei Kreditkarten-Zahlungssystemen besteht die Möglichkeit, in Landeswährung zu bezahlen. Auch bei elektronischen Schecks und anderen kontenbasierten Systemen sind mehrere Währungen möglich. Diese Anforderung betrifft hauptsächlich bargeldähnliche Zahlungssysteme.

Micropayments

Da das Internet als Vertriebskanal von Informationen (z. B. einzelne Artikel) prädestiniert ist, ist eine der Anforderungen, dass das Zahlungssystem über kleine Geldeinheiten verfügt. Dies kann durch eine Stückelung der Münzen bei Ausgabe („Prägung") erfolgen. Die andere Anforderung ist, dass das Zahlungssystem eine ökonomische Ausführung von Zahlungen im Micropayment-Bereich erledigen kann. Dies bedeutet eine kurze Durchsatzgeschwindigkeit der Transaktion und niedrige Gebühren.

Warenkörbe

Zahlungssysteme sollten eine Funktion Rechnungserstellung beinhalten oder an eine solche geknüpft werden können, damit der Kunde sich in Ruhe einen Einkaufskorb zusammenstellen kann. Zahlungssysteme, die eine Zahlungstransaktion per Produkt auslösen, sind nur beschränkt geeignet für einen „Einkaufsbummel" in elektronischen Märkten.

9.1.3.2   Das Kosten-/Nutzen-Verhältnis

Notwendig: niedrige Transaktionskosten

Alle Marktteilnehmer fordern günstige Kosten für die Zahlungsabwicklung im Internet. Nachfolgend werden Kosten, die in Verbindung mit Zahlungssystemen und dem tatsächlichen Einkauf stehen, benannt.

Registrierungskosten (Konto Setup-Gebühr) sind beim Einrichten des Zahlungssystems einmalig zu leisten.

Kontoführungsgebühren und Kontoauszugsgebühren fallen i. d. R. monatlich an, wenn ein Konto für den Benutzer eingerichtet wird bzw. der Inhaber die Buchungen abruft.

Transaktionskosten aus Kundensicht

Die Transaktionskosten können sich aus Kundensicht aus folgenden Kosten zusammensetzen:

- Kosten für die Nutzung des elektronischen Marktes. In speziellen Fällen ist es denkbar, dass dem Besucher eines elektronischen Marktes Nutzungskosten entstehen. Ein elektronischer Markt, der sich an das allgemeine Publikum wendet, wird keine Nutzungskosten durchsetzen können.

- Kosten des Finanz-Intermediärs für die Erstellung und Übertragung von digitalen Münzen oder das Clearing eines elektronischen Schecks.

- Kosten für die Kommunikationsverbindung.

Transaktionskosten noch zu hoch

Heute tragen die Kommunikationskosten, die sich aus anteiligen Providergebühren und Telekommunikationskosten zusammensetzen, einen nicht zu vernachlässigenden Anteil zu den gesamten Kosten bei. Mit Blick auf die Zukunft lässt sich jedoch sagen, dass sich diese Kosten aufgrund zunehmenden Wettbewerbs zwischen den Providern und Telekommunikationsunternehmen und aufgrund zunehmend besserer Übertragungsraten verringern werden. Dies führt zur Verminderung der Transaktionsdauer und somit zur Senkung der Transaktionskosten.

Auch auf Anbieterseite sind heute noch relativ hohe Zahlungstransaktions- und Zahlungssystemkosten vorhanden. Verglichen mit der herkömmlichen Kreditkarten-Zahlung, bei welcher üblicherweise zwei bis drei Prozent des Zahlbetrages durch das Kreditkartenunternehmen einbehalten werden, sind diese Prozentsätze höher. *Transaktionskosten aus Anbietersicht*

Die Eignung der Zahlungssysteme für den Einkauf im Internet ist letztendlich auch abhängig vom Preis und der Beschaffenheit des Gutes.

Oben haben wir Beispiele gesehen, die zeigen, dass es Sinn macht, Dienstleistungen und Produkte anzubieten, die nur einstellige EURO-Beträge, oder gar nur Cents oder Zehntelcents kosten. Handelstransaktionen, bei denen der Preis für das Transaktionsgut in dieser Größenordnung liegt, werden als Kleinstkäufe und deren Bezahlung als Micropayments bezeichnet. Solche Kleinstkäufe funktionieren nur mit elektronischen Zahlungssystemen, die die Transaktionskosten nicht dergestalt nach oben treiben, dass Käufe von Objekten mit einem Wert von z. B. unter einem EURO sinnvoll ökonomisch abgerechnet werden können. Billing-Systeme rechnen Micropayments kostengünstig ab. *Micropayments*

Typisch ist hier, dass die Lieferung des gekauften Gutes zu einem späteren Zeitpunkt als die Zahlung stattfindet. Für diese Art von Güterkauf eignen sich Kreditkarten-Zahlungssysteme sehr, da die Kreditinstitute die Zahlungstransaktionen aufzeichnen und somit bei ausbleibender Lieferung des Anbieters für den Kunden eine Sicherheit besteht. Nach der Zahlung wird ein Logistikprozess angestoßen; hier spielt die Integration in das IT-System des Anbieters (z. B. in das Produktionsplanung- und Steuerungssystem) eine große Rolle. *Kauf materieller Güter*

Falls der Preis im richtigen Verhältnis zu den Zahlungstransaktionskosten steht, eignet sich grundsätzlich jedes Zahlungssystem. Besonderheiten beim Kauf digitaler Güter sind die prompte Abwicklung dieser Markttransaktionen. Nach der Bezahlung kann das Produkt unverzüglich ausgeliefert werden. Bei eventueller Beschädigung des Produkts ist eine Wiederholung der Lieferung mit minimalen Mehrkosten möglich, da keine Verpackungs- und Logistikkosten anfallen. *Kauf digitaler Güter*

9.1.4 Anforderungen der beteiligten Parteien

In diesem Abschnitt wird auf die individuellen bzw. besonders stark ausgeprägten Anforderungen von Kunden, Anbietern und Finanzdienstleistern eingegangen.

9.1.4.1 Kunden und Verbraucher

Für den Kunden ist im Vergleich zum Anbieter und Finanzintermediär die Anonymität wichtig, da er seine Kaufgewohnheiten (Kauf von Produkten, Einkaufszeit, Einkaufshäufigkeit usw.) i. d. R. nicht publik machen will. Die meisten Zahlungssysteme wie Kreditkartensysteme, *EDI* mit E-Mail und Schecksysteme sind nicht anonym, weder im Internet noch bei der klassischen Zahlungsweise. *Anonymität*

Henrik Czurda [1996, 48] sieht als weitere Anforderung von Zahlungssystemen eine Wahlmöglichkeit der optionalen Anonymität. Die Option der wahlweisen Anonymität wurde beispielsweise beim elektronischen Zahlungssystem *CAFE* realisiert

Benutzerfreund-
lichkeit

R. M. Weiler hat im August 1995 eine Studie über die Befragung nach den wichtigsten Nutzungskriterien von erfahrenen Internet-Benutzern erstellt. Bei den Befragten dieser Studie handelt es sich um Personen aus Großbritannien (24,5%), USA (39,7%) und 22 anderen Ländern bzw. Kontinenten, wobei der Hauptanteil aus Männern bestand (87,7%). 75% sind der Altersklasse 18 Jahre bis 35 Jahre zuzuordnen.

Die Benutzerfreundlichkeit – also die komfortable und einfache Bedienung des Systems durch den Benutzer – hat dabei mit 78,9% den zweiten Platz erreicht.

Ebenso fällt unter den Begriff der Benutzerfreundlichkeit die Existenz von Kommunikationskanälen zur Benutzergemeinde:

- Help-Hotline zum Systemanbieter (für dringende Individual-Beratung),

- Installationshilfen, Handbücher und ein generelles Online-Hilfe-System,

- WWW-Homepages, E-Mail-Diskussions-Listen und Newsgroups und (um mit anderen Benutzern zu diskutieren)

- garantierte Updates.

9.1.4.2   Hersteller und Anbieter

Maximierung
technischer
Sicherheit

So paradox es klingen mag, aber technische Sicherheit lässt sich nicht alleine mit technischen Maßnahmen herbeiführen. Autorisierung, Authentifizierung und Firewalls sind zwar unerlässlich, reichen aber alleine nicht aus, um die gewünschte Sicherheit zu gewährleisten. Insidern ist längst bekannt: Attacken kommen in aller Regel nicht von „außen", sondern werden in über 60% aller Fälle aus den eigenen Reihen heraus vorgenommen! Dies macht deutlich, dass sich Sicherheit nur in der Konzeptionierung und Implementierung einer umfassenden Sicherheitspolitik erreichen lässt. Wir gehen darauf im Kapitel 12 Sicherheit elektronischer Märkte ein.

Integration in
den Geschäfts-
prozess

Für die Anbieter und Geschäftskunden ist die Einbindung des Zahlungssystems in den gesamten Geschäftsablauf von vorrangigem Interesse. So sollen Transaktionsdaten beispielsweise in einem standardisierten Format (z. B. *UN/Edifact*) in das eigene DV-System eingehen, um im Sinne des Workflow-Gedanken folgende Vorteile aufgrund der überflüssig gewordenen Neuerfassung, zu erhalten: Kostenersparnis, Zeitersparnis, Fehlerreduktion.

9.1.4.3   Finanz-Intermediäre

Der Wunsch nach sicherheitstechnischer Risikominimierung gilt hier im gleichen Umfang wie für Anbieter.

Wirtschaftliche
Risikominimie-
rung

Die Investitionen in elektronische Zahlungssysteme im Internet sind wegen der sich soeben erst etablierenden Standards langfristig zu sehen. Applikationen im Bereich des SET-Standards (*Secure Electronic Transactions*) tauchen auch erst allmählich auf und erfordern zunächst ein nicht kleinlich dimensioniertes Investitionsbudget. Im Hinblick auf die aktuelle Teilnahme am E-Commerce verlangt die Implementierung eines elektronischen Zahlungssystems eine stabile finanzelle Ausstattung und eine auf Dauer ausgelegte Strategie.

Eine Anforderung, die besonders von den Finanz-Intermediären betont wird, ist, dass keine Möglichkeit der Duplizierbarkeit des elektronischen Geldes besteht. Daher begrüssen die Finanz-Intermediäre Zahlungssysteme, deren Transaktionen bei Banken beginnen und enden (z. B. Kreditkarten-Zahlungen). Damit elektronisches Geld nicht dupliziert werden kann, sind bestimmte Sicherheitsmechanismen in das Zahlungssystem zu integrieren, wie z. B. Authentisierung von Teilnehmern bzw. Münzen und Verschlüsselung der elektronischen Münzen bzw. des elektronischen Geldversprechens. *Nicht-Duplizierbarkeit des elektronischen Zahlungsmittels*

Aufgrund der Existenz der Zahlungssysteme im Internet machten sich anfänglich Ängste breit, dass das elektronische Geld an den Banken „vorbeiläuft", und die *Deutsche Bundesbank* mit ihrer Zinspolitik an Wirkung einbüßen würde [Jünemann/ Schütte/Wolf-Doettinchem, 12]. Die Möglichkeit zur Geldwäsche darf bei elektonischen Zahlungssystemen nicht bestehen. *Kontrolle durch Zentralbank oder Regierung*

Durch die Gelderstellung und Kontrolle (sowohl bei der Auszahlung als auch bei der Einzahlung/Überprüfung) durch eine höhere Instanz wie die Zentralbank oder die Regierung könnten die erwähnten Probleme einfacher überwacht werden. Dies entspricht jedoch nicht dem offenen, dezentralisierten Internet-Charakter und wird sich deshalb vermutlich nicht durchsetzen. *Höhere Instanz gefragt?*

9.2 Digitale Zahlungssysteme

Digitale Zahlungssysteme für E-Business lassen in verschiedene Kategorien einteilen. Die folgende Liste gibt einen groben Überblick über die Kategorien:

- Billing-Systeme und Pay-per-use-Mechanismen,

- Zahlungssystem auf Basis elektronischer Münze,

- Zahlungssysteme auf Basis von Kreditkarten,

- Zahlungssysteme auf Scheck-Basis,

- Zahlungssysteme auf SmartCard-Basis,

- Zahlungssysssteme auf EDI-Basis,

- Zahlungssysteme auf Kontenbasis.

Für all diese Paradigmen gibt es in der Regel mehrere Produkte. Eine genaue Darlegung der Paradigmen mit der entsprechenden Vorstellung der dazugehörenden Produkte befindet sich im Internet-Online-Anhang zum Buch auf der Web-Site www.university-web.de/illik/ec2002. Wir gehen hier im Folgenden auf nur zwei konkrete Beispiele ein. *Siehe Online-Anhang im Interet*

Neben Zahlungssystem-Produkten bietet der Markt auch mehrere Zahlungssystem-protokolle, auf deren Basis sich Zahlungsprodukte entwickeln lassen. Eine Vorstellung der Protokolle befindet sich oben erwähnten Internet-Online-Anhang. Aus der Vielzahl der Protokolle stellen wir hier die Protokoll-Familien SET (*Secure Electronic Transaction*), S-HTTP (*Secure Hypertext Transfer Protocol*) und SSL (*Secure Socket Layer*) vor.

9.3 Produktbeispiel: das Zahlungssystem *Paybox*

Zahlungsfähig bei vorhandener Mobilfunknetzabdeckung

Die *paybox deutschland AG* (www.paybox.de, www.paybox.net) betreibt ein System, durch das bargeldlose Zahlungen mittels Mobiltelefon zwischen dem Endverbraucher und Internet-Händlern, stationären Einzelhändlern, mobilen Dienstleistern und zwischen zwei Endverbrauchern einfach und sicher unterstützt werden können. Die *paybox.net AG* benutzt existierende Zahlungsverfahren wie z. B. das Lastschrifteinzugsverfahren, welches sie mit einer gleichzeitigen Bestätigungsfunktion mittels Mobiltelefon kombiniert. Die Zahlungsabwicklung erfolgt durch Finanzdienstleister, die zur Durchführung der entsprechenden Zahlungsverfahren zugelassen sind.

Paybox-PIN gibt Zahlung frei

Bei diesem Zahlungssystem wird also während der Zahlungstransaktion auf das Mobilfunknetz zurückgegriffen. Über das Mobilfunknetz werden keine sicherheitsrelevanten Daten übertragen, sondern lediglich die *Paybox*-PIN, mit der der Bezahler sein Einverständnis zur Zahlungstransaktion gibt. Diese PIN ist für potenzielle Lauscher wertlos, da sie nur im Zusammenhang mit der registrierten Mobiltelefonnummer verwendbar ist.

Sicher und einfach

Wesentlicher Vorteil dieses Zahlungssystems ist, dass während des Bestellvorgangs keine sicherheitsrelevanten Daten in das Bestellformular eingegeben und über das Internet übertragen werden (Bankverbindung, Kreditkartennummer etc.). Für die Zahlungstransaktion ist nur die Angabe der Mobilfunknummer notwendig. Die Zahlungstransaktion läuft dann wie in Abb. 9.1 dargestellt ab.

Anmeldung online und mit Papier

Bei der Anmeldung müssen die relevanten Personendaten (Name, Anschrift, Familienstand, Berufsstatus, Jahreseinkommen etc.), und die Bankverbindung (für das Lastschriftverfahren) angegeben werden. Das Sammeln der Daten wird abgeschlossen, indem die Geschäftsbedingungen akzeptiert werden. Sind alle Angaben vollständig, so generiert der Registrierungs-Server ein Formular, das ausgedruckt, unterschrieben und an den *Paybox*-Anfrageservice gefaxt oder geschickt werden muss. Die Anmeldebestätigung und die *Paybox*-PIN-Nummer kommen daraufhin per Post.

Momentan werden drei unterschiedliche Arten von Transaktionen unterstützt:

- **Internet-to-Paybox:** Diese Transaktionsart wird bei Zahlungen in Internet-Online-Shops verwendet. Der Kunde entscheidet sich für *Paybox* als Zahlungssystem und gibt seine Mobilrufnummer an, nachdem er seine Waren im Online-Shop ausgewählt hat. Der Anbieter leitet die Transaktion verschlüsselt an das *Paybox* System weiter. Von dort aus wird der Kunde über die angegebene

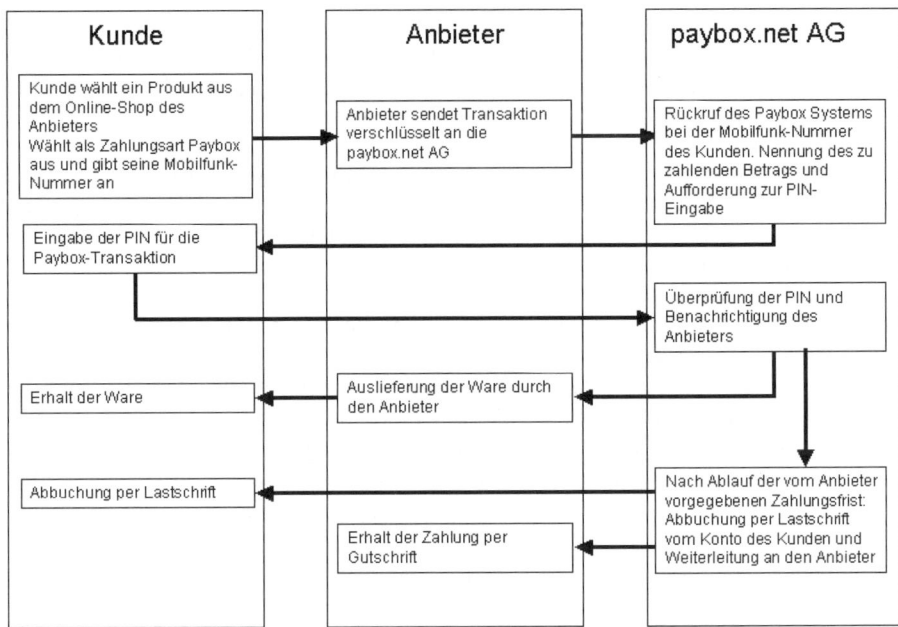

Abb. 9.1: *Ablauf einer Internet-to-Paybox Zahlungstransaktion*

Handy-Nummer zurückgerufen und um die Transaktionsfreigabe per Eingabe seiner PIN gebeten. Nach erfolgreicher Überprüfung der PIN erhält der Anbieter eine Benachrichtigung über die abgeschlossene Zahlungstransaktion. Die gesamte Zahlungstransaktion dauert in der Regel nur wenige Sekunden. Nach Auslieferung der Ware und Ablauf einer vom Anbieter definierten Zeitspanne wird der Zahlungsbetrag vom Girokonto des Kunden abgebucht und auf das Konto des Anbieters weitergeleitet. *Paybox* bzw. die *Deutsche Bank* als strategischer Partner, haftet für die Einlösung der Zahlung. Für den Kunden ist die Nutzung des *Paybox* Systems bis auf die Jahresgebühr von fünf Euro kostenlos. Für die beteiligten Händler wird eine Transaktionsgebühr von 3% des Umsatzes fällig, was in etwa den Kosten für eine Kreditkartenzahlung gleichkommt. Im Falle von Teillieferungen kann der Händler auch Gutschriften generieren (siehe Abb. 9.1).

- **Paybox-to-Paybox:** Bei dieser Transaktionsart ist kein Händler beteiligt: Hier führen Endverbraucher untereinander Zahlungstransaktionen durch (peer-to-peer-Zahlung). Dies kann z. B. bei der Teilnahme an einer Internet-Online-Auktion sinnvoll sein. Die Zahlungstransaktion läuft wie beim oben beschriebenen Verfahren ab, nur dass hier die beiden Transaktionspartner zwei beim *Paybox* System registrierte Endverbraucher sind: Der Käufer gibt dem Verkäufer seine Mobilfunknummer bekannt. Der Verkäufer leitet die erhaltene Mobilfunknummer an das *Paybox* System weiter. Daraufhin wird der Käufer über die angegebene Handy-Nummer zurückgerufen und um den Transaktionsabschluss per Eingabe seiner PIN gebeten. Nach erfolgreicher Prüfung wird die Zahlung per Bankeinzug weitergeleitet. Für diesen Service werden 25 Cent je angefangene 25 Euro berechnet. Die Limitierung liegt bei 200 Euro pro *Paybox*-to-*Paybox*-Zahlung.

- **Mobile-to-Paybox:** Bei dieser Transaktionsart wird die Zahlung an eine autorisierte Stelle außerhalb des Internet durchgeführt, z. B. an Dienstleister wie Taxiunternehmen, Pizzaservices oder Kurierdienste. Seit Mitte Juli 2000 akzeptieren beispielsweise ca. 300 Frankfurter Taxis *Paybox* als Zahlungssystem. Der Vertragspartner ruft mit seinem Mobiltelefon beim *Paybox* System an und nennt die Mobilfunknummer des Kunden und den zu zahlenden Betrag. Das *Paybox* System ruft wiederum beim Kunden an und fordert die PIN zur Bestätigung der Zahlung an. Nach erfolgreicher Freigabe der Zahlung wird der entsprechende Betrag vom Girokonto des Kunden abgebucht und an das Dienstleistungsunternehmen weitergeleitet. Für den Kunden fallen keine Kosten an, dem Dienstleister werden 3% vom Transaktionsumsatz als Servicegebühr berechnet.

Akzeptanzstellen sind am *Paybox*-Symbol erkennbar:

Bewertung

Hitverdächtig   Die hohe Wachstumsdynamik im Bereich der Mobiltelefone macht die M-Commerce-kompatible Zahlungsmethode sehr interessant: Alleine in Deutschland werden bis Ende 2002 ca. 40 Millionen Handys erwartet. Vor allem die einfache Handhabung für Kunden und die Nutzbarkeit innerhalb und außerhalb des Internet macht die *Paybox*-Methode im Bereich Business-to-Consumer hitverdächtig.

9.4   Produktbeispiel: das Zahlungssystem *net900*

Bei *net900* handelt es sich um ein Zahlungssystem, bei dem eine spezielle Software die Anwahl einer kostenpflichtigen 0190er-Telefonnummer auslöst. Die dazu notwendige Software ist kostenlos unter der Internet-Addresse *www.net900.de* erhältlich. Bisher ist das System nur für *Microsoft Windows 95/98/NT* verfügbar. Außerdem ist derzeit noch ein lokaler Zugang vom eigenen PC zum Telefonnetz erforderlich (analog oder ISDN), d. h. eine Nutzung des Systems über einen Router oder Proxy-Server ist noch nicht möglich. Damit ist das System in erster Linie für den Privatkunden nutzbar, da Firmen in aller Regel einen gemeinsamen Internet-Zugang mittels Router und Firewall betreiben. Diese Einschränkung soll für die Weiterentwicklung net900 Kontopass nicht mehr gelten.

Für die in Anspruch genommenen Dienste zieht die *Deutsche Telekom* die entsprechenden Gebühren über die Telefonrechnung ein. Momentan ist das System nur innerhalb Deutschlands einsatzfähig.

Nach der erstmaligen Installation der *net900* Software auf dem PC des Kunden läuft eine Zahlungstransaktion wie folgt ab:

- Der Kunde ruft eine kostenpflichtige Web-Seite ab (z. B. eine Seite mit einer abrufbaren Studie).

- Nun wird die bestehende Verbindung zum Internet-Provider getrennt.

- Anschließend erfolgt der Anruf bei einer 0190er-Nummer über das Netz der *Deutschen Telekom*. Es folgt der Hinweis, dass Gebühren anfallen.

- Die gewünschten, kostenpflichtigen Informationen können nun abgrufen werden.

- Die *Deutsche Telekom* belastet das Fernmeldekonto mit dem entsprechenden Betrag.

- Nachdem das kostenpflichtige Angebot verlassen wurde, erfolgt ein automatischer Wiederaufbau der Verbindung zum Internet-Provider.

Die Abrechnung kann entweder pro abgerufener Seite („Pay per Click") oder zeitabhängig („Pay per Minute") erfolgen. Die Minutenpreise können von 0,15 € pro Minute bis zu 2,5 € pro Minute liegen. Alternativ kann auch ein bestimmter €-Betrag pro Abruf fällig werden. Die Preisspanne reicht hier von 0,30 € bis 25 € pro Abruf.

9.5 Zahlungsprotokolle

Derzeit existieren noch keine einheitlich durchgesetzten Standards, um ein hohes Sicherheitsniveau unter HTTP umfassend abzudecken. Neben nationalen Restriktionen bezüglich kryptografischer Verfahren wie die Exportbeschränkung von Schlüssellängen, versuchen einige größere Hersteller, ihre eigenen Lösungsansätze als de-facto-Standards durchzusetzen. *Nationale Restriktionen*

Die weiter oben beschriebenen Zahlungssysteme liegen, eingeordnet in das OSI-Referenzmodell, auf der Anwendungsebene (OSI-Schicht 7). Die meisten sind mit einer grafischen Benutzeroberfläche versehen und sind damit direkt nutzbar im Gegensatz zu den Zahlungsprotokollen, die eine technische Spezifikation darstellen und die Basis von Zahlungssystemapplikationen sind. Zahlungsprotokolle können in Transportprotokolle (z. B. SET) und Anwendungsprotokolle (z. B. S-HTTP) aufgeteilt werden [Anderer]. Die im Folgenden beschriebenen Protokolle können direkt für den Zahlungsverkehr im Internet verwendet werden oder gehen als Basisprotokolle in andere Zahlungssysteme ein. *Protokoll statt fertiger Applikation*

9.5.1   S-HTTP: Secure Hypertext Transfer Protocol

WWW-Sicherheits-verfahren

S-HTTP wurde im Herbst 1994 von *EIT* (*Enterprise Integration Technologies*), vom *National Center for Supercomputing Applications* (*NCSA*) und *RSA* als sicherheitssteigernde Version von HTTP entwickelt, indem es HTTP-Nachrichten kapselt. Es befindet sich ebenso wie HTTP auf der Anwendungsebene, gilt als allgemeines WWW-Sicherheitsverfahren und wird auch für die sichere Übertragung von Zahlungsinformationen verwendet [Janson/Waidner, 1996b]. Es unterstützt Authentifikation von Interprozess-Kommunikationen, Nachrichtenintegrität und Non-Repudiation (Nicht-Abstreitbarkeit) des Ursprungs (siehe Abschn. 9.1.2.1).

Kompatibel zu HTTP

Das Protokoll beinhaltet die RSA-Kryptografie und Kerberos-basierende Sicherheitsmechanismen. Im Rahmen der Anwendung werden auch andere Kryptografie-Mechanismen zur Auswahl gestellt (z. B. PGP, PEM). Zu HTTP besteht Kompatibilität. Wenn nur der Client bzw. Server S-HTTP unterstützt, kann dennoch in Form von ungeschützten Verbindungen kommuniziert werden.

9.5.2   SET: Secure Electronic Transactions

Dauerhafte Grundlage?

VISA und *MasterCard* haben dieses Protokoll mit der Zielsetzung entwickelt, sichere Kreditkarten-Transaktionen über offene Netzwerke zu ermöglichen. Insbesondere geht es um die Sicherung und Authentifizierung von Kreditkartentransaktionen zwischen Web-Browser, Web-Server und einem entsprechenden Gateway bei der Händler-Bank. Die Spezifikation kann für Bankkarten-Zahlungen verwendet werden oder sie kann von Software-Herstellern als Grundlage zur Erstellung von Zahlungssystem-Software dienen. Im Februar 1996 wurde *SET* zum offiziellen Standard erklärt. *GTE, IBM, Microsoft, Netscape Communications Corp., RSA, SAIC, Terisa Systems* und *VeriSign* unterstützen *VISA* und *MasterCard* bei der Entwicklung von *SET*.

Offener Standard

Die Spezifikationen sind unter der URL *http://www.visa.com* zu finden und bestehen aus drei Büchern: einer *Business Description*, einem *Programmers Guide* und einer *Formal Protocol Description*. Die Spezifikation ist öffentlich und kann von jedem genutzt werden, der *SET*-konforme Software herstellen möchte.

SET wird durch folgende Features gekennzeichnet:

* verschlüsselte Informationsversendung
* Datenintegrität durch digitale Signaturen
* Kartenhalter-, Verkäufer- und Kontenauthentifikation durch digitale Signaturen und Zertifikate
* Interoperabilität durch spezielle Protokolle und Nachrichtenformate.

Das konkrete *Payment Processing* stützt sich im Wesentlichen auf fünf Protokollfamilien:

* *Cardholder registration*: Registrierung eines Karteninhabers für die Abwicklung von Online-Zahlungstransaktionen.

- *Merchant registration*: Registrierung eines Händlers für die Abwicklung von Online-Zahlungstransaktionen.
- *Purchase request*: Kaufanfrage.
- *Payment authorization*: Zahlungsautorisierung.
- *Payment capture*: Zahlungseingang.

Bevor ein erster Einkauf getätigt werden kann, muss sich der Kartenbesitzer mit der für die Kartenemission zuständigen Bank online in Verbindung setzen und ein Online-Formular für die Registrierung ausfüllen. Erfasst werden Name, Kartennummer, Ablaufdatum der Karte, Rechnungsadresse und sonstige für die Identifikation notwendige Daten. Die erfassten Informationen werden verschlüsselt auf einem sicheren Übertragungsweg zum Computer der Herausgeber-Bank der Kreditkarte übertragen. Die Herausgeber-Institution überprüft die Authentizität der Kartennummer. Danach fügt der Herausgeber seine digitale Signatur in das digitale Zertifikat für den Kartenbesitzer. Dieses digitale Zertifikat weist ab jetzt die Karte im Netz als gültig aus. Gespeichert wird das digitale Zertifikat auf dem Computer des Kartenbesitzers. *(Cardholder registration)*

Um einen sicheren Einkauf im Sinne eines Kundenschutzes zu gewährleisten, muss auch der Verkäufer registriert werden. Der Verkäufer muss seine Daten online in ein Erfassungsformular eingeben. Von der Bank des Verkäufers kommt dann das digitale Zertifikat, das den Verkäufer für die Abwicklung elektronischer *SET*-Transaktionen autorisiert. *(Merchant registration)*

Nach der Registrierung kann der elektronische Einkauf bzw. Verkauf beginnen. Um sicher zu sein, von einem registrierten, autorisierten Händler zu kaufen, wird dessen digitales Zertifikat überprüft, wie wir unten sehen werden. Ein autorisierter Händler kann sein digitales Zeritifikat auf Anforderung via E-Mail versenden oder so hinterlegen, dass die *SET*-Software der Käufer es bedarfsweise überprüfen kann. Das *Purchase-Request*-Protokoll wird initiiert, wenn der Kartenbesitzer seine Produktauswahl getroffen und ein Bestellformular mit den notwendigen Daten ausgefüllt und geprüft hat. Zu diesen Daten gehören bspw. die Anzahl der gewünschten Teilzahlungen und die zu benutzende Kreditkarte. Diese Daten werden wieder verschlüsselt übertragen. Der Händler-Server wird sich mit seinem digitalen Zertifikat gegenüber dem Käufer ausweisen und der Bestellung einen eindeutigen Transaktions-Identifikator zuordnen. *(Purchase request)*

Das *Payment-Authorization-Protocol* bestimmt, wie die Abwicklung einer „Kauf-Freigabe" erfolgt. Vereinfacht ausgedrückt, wird der Kaufbetrag und der Transaktions-Identifikator mit der digitalen Signatur des Händlers versehen und codiert an das Payment Gateway übertragen. Das Payment Gateway decodiert die Anfrage und nimmt alle notwendigen Überprüfungen vor, so z. B. ob der Händler autorisiert ist und ob die Karteninformationen unverfälscht sind. Hat alles seine Ordnung, so wendet sich das Payment Gateway mit einer Autorisierunganfrage an die Ausgabebank der Kreditkarte. Die Autorisierungsantwort wird nach weiteren Entschlüsselungs- und Verschlüsselungsaktionen vom Payment Gateway wieder an den Verkäufer übermittelt. *(Purchase authorization)*

Wurde die Purchase Authorization positiv abgewickelt, so wird der Händler mit der Auslieferung der bestellten Güter beginnen und den Einzug des Geldes anstoßen. Für *(Payment capture)* letzteres ist das *Payment-Capture-Protocol* zuständig. Auch hier kommt wieder der Transaktions-Identifikator zur Anwendung.

Zertifizierungs-hierarchie

Damit SET zum offenen System wird, an dem sich Konsumenten mit unterschiedlichen Kreditkarten beteiligen können, ist eine Hierarchie von Trust-Centern notwendig. Das oberste Trust-Center der *SET*-Infrastruktur, die sogenannte *Root Certification Authority* (CA), wird von *Visa* betrieben. Die verschiedenen Kreditkartenunternehmen (*Brands*), also *Visa* selbst, *MasterCard*, *American Express* usw. müssen eigene Trust Center betreiben, die von der Root Certification Authority zertifiziert werden. Diese Brand-CAs wiederum zertifizieren Certificate Authorities, welche im Auftrag der kartenherausgebenden Banken den Karteninhabern, Händlern und Betreibern (*Acquirer*) Zertifikate ausstellen. Diese Zertifikate werden beim Zahlungsvorgang zur gegenseitigen Authentifizierung eingesetzt [Hammel].

Erweiterungen vorgesehen

Die aktuelle *SET*-Version (Version 1.0 vom 31. Mai 1997) ist kreditkartenbasiert. In einer späteren Version sollen auch SmartCard-Zahlungstransaktionen möglich sein.

9.5.3   SSL: Secure Socket Layer

Etabliert und bewährt

Das Protokoll SSL (auch unter der Bezeichnung TLS: Transport Layer Security bekannt) wurde von der Firma *Netscape Communications* entwickelt und hat sich durch die Implementierung in den Produkten *Netscape* Browser und *NetSite* Commerce Server als eine Art Standard für verschlüsselte Datenübertragung über das Internet etabliert [Reif]. Die erste Version wurde Ende des Jahres 1994 eingeführt. Es unterstützt beliebige TCP/IP-basierte Protokolle wie beispielsweise *ftp*, *gopher* und *telnet*.

Sicherheits-symbol im Browser

SSL-gesicherte Übertragungen sind beim *Netscape*-Navigator an dem geschlossenen Vorhängeschloss-Symbol im unteren linken Teil des Browsers zu erkennen. Durch Anklicken des Symbols gibt der Browser Sicherheitsinformationen zur aktuellen HTML-Seite aus.

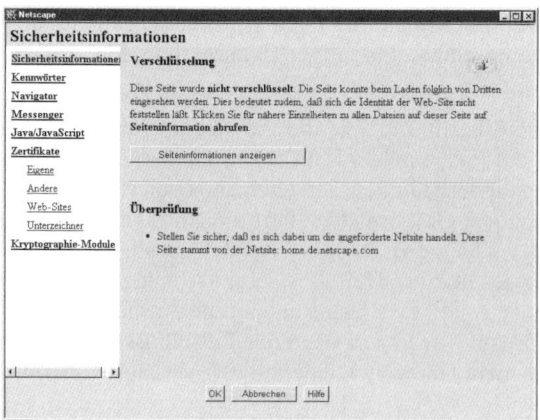

Abb. 9.2: *Sicherheitsinformation zu einer HTML-Seite*

Um sicher zu gehen, dass der Besitzer des verwendeten Schlüsselpaares auch derjenige ist, für den er sich ausgibt, wurden sogenannte Zertifizierungsstellen (*Certification Authorities*) geschaffen. SSL basiert auf dem ISO-Standard X.509, nach dem die Authentifikation in Netzwerken durch Zertifizierungsstellen ermöglicht wird [Breilmann 102]. Dieser Standard legt neben einer digitalen Unterschrift auch die Authentizität des Zertifikates (und damit der Unterschrift) fest. Die Zertifizierungsstellen sind bei diesem Standard (wie bei Privacy Enhanced Mail) in einer Baumstruktur angeordnet. Um die Authentizität des Zertifikats nachzuweisen, müssen gegebenenfalls alle daran beteiligten Zertifizierungsstellen durchlaufen werden [Breilmann 102ff].

Zertifizierungsstellen

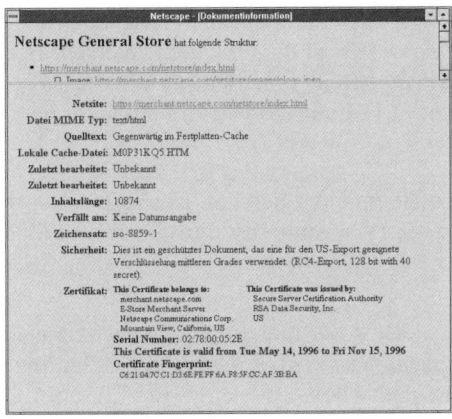

Abb. 9.3: *Dokumenteninformation einer gesicherten SSL-Übertragung unter Netscape*

Innerhalb des OSI-Schichtenmodells ist SSL auf der Session-Layer einzuordnen. Es unterstützt Software-Entwickler von TCP/IP-Anwendungen durch die Nutzung fortgeschrittener Sicherheits-Features. Das Sicherheitsprotokoll ermöglicht einen sicheren Verbindungsaufbau zwischen Browser und Server, ist jedoch auf zwei Parteien limitiert [Waidner]. Es sollen Lauschangriffe und das Zurückhalten oder Fälschen von Nachrichten verhütet werden. Die Authentifikationen werden via Zertifikat abgehandelt. Secure Socket Layer übernimmt:

Begrenzt auf zwei Parteien

- Datenverschlüsselungen,
- Server-Authentifizierungen,
- optionale Client-Authentifizierungen,
- Nachrichtenintegrität,
- Vertraulichkeit der Datenübermittlung und
- Non-Repudiation des Datenaustausches.

Mit dem RC4-Verschlüsselungs-Algorithmus (gewöhnlich 40 Bit Schlüssellänge; 128 Bit im US-Binnenmarkt) von *RSA* werden die Daten verschlüsselt. Generell gesehen haben „Paketsniffer" beim Abhören einer SSL-Verbindung wenig Chancen. Jedoch schließt die Verkürzung der Schlüssellänge auf 40 Bit diese Möglichkeit nicht

Zweitklassiger Export?

ganz aus [Reif]. Janson und Waidner bezeichnen die exportierfähigen Protokolle als „zweitklassige" Technologien und halten das Interesse von Banken, Verkäufern und Kunden an solchen für fragwürdig [Janson/Waidner, 1996a und 1996b].

SSL-2 und SSl-3   Unterschieden werden zur Zeit die Protokollvarianten[1] SSL-2 und SSL-3 (ab dem *Netscape Navigator 3* und dem *Microsoft Internet Explorer 3*).

- SSL-2 verlangt lediglich die Zertifizierung des Servers. Wird ein sicherer SSL-2-Kanal aufgebaut, kann vom Client aus die Identität des Servers zweifelsfrei verifiziert werden. Dies unterbindet beispielsweise Täuschungsmanöver wie das sog. IP-Spoofing. In modernen Web-Browsern wie dem *Netscape Navigator* oder dem *Microsoft Internet Explorer* sind die digitalen Unterschriften der bekanntesten Zertifizierungsinstanzen bereits hinterlegt, so dass diese für die Kommunikation auf der Basis von SSL-2 auf der Client-Seite nicht mehr angefordert werden müssen.

- SSL-3 verlangt die Zertifizierung von Clients und Servern. Hierzu muss vom Anwender bei einer etablierten Certification Authority ein Client-Zertifikat angefordert und in den Web-Browser eingespielt werden.

Einfache Client-Zertifikate   Einfache Client-Zertifikate werden von den meisten Zertifizierungsinstanzen für eine begrenzte Laufzeit (ein halbes Jahr oder ein Jahr) kostenfrei ausgestellt. Allerdings wird dabei i. d. R. nur die Korrektheit der E-Mail-Adresse bestätigt. Bei Einsatz von SSL-3 kann vom Server also die Echtheit einer angegebenen E-Mail-Adresse, nicht aber etwa die eines Kreditkartenkontos verifiziert werden.

Unterschied zu SET   Sieht man einmal von möglichen Sicherheitsproblemen aufgrund unzureichender Schlüssellängen ab, so kann festgestellt werden, dass Transaktionen mit Kreditkartenbezahlung sicher mittels SSL über das Internet abgewickelt werden können. Allerdings bekommt der Händler, anders als beim Einsatz von *SET*, die Kreditkartennummer zu sehen. Des Weiteren fehlen die in *SET* integrierten Verfahren zur Gewährleistung der Nichtabstreitbarkeit (*non-repudiation*) (siehe Abschn. 9.1.2.1) der getätigten Geschäfte.

Wie SSL funktioniert   Wie funktioniert nun eine SSL-Verbindung? Eine SSL-Verbindung wird immer über den Client eingeleitet. Indem der Client das Protokoll HTTPS anstatt http benutzt wissen beide Seiten, dass eine sichere Sitzung gefordert wird. Im Detail geschieht folgendes:

1. Der Client fordert ein sicheres Dokument an, indem er in der URL das Protokoll HTTPS spezifiziert: *https://server.domain.com/....*

2. Der Server sendet daraufhin sein Zertifikat an den Client.

3. Der Client überprüft, ob das Zertifikat von einer vertrauenswürdigen Certificate Authority (CA) ausgegeben wurde.

---

[1] Siehe http://www.mersch.com/research/xchange/ssl.htm

4. Der Client überprüft, ob die Daten im Zertifikat mit den Daten der Seite übereinstimmen.

5. Der Client teilt dem Server mit, welche Verschlüsselungsverfahren er beherrscht.

6. Der Server wählt das sicherstmögliche Verfahren aus und informiert den Client.

7. Der Client generiert einen Sitzungsschlüssel (*session key*).

8. Der Client verschlüsselt diesen Sitzungsschlüssel mit dem abgestimmten Verschlüsselungsverfahren und dem öffentlichen Schlüssel des Servers und sendet ihm den verschlüsselten Sitzungsschlüssel.

9. Der Server entschlüsselt den Sitzungsschlüssel mit seinem privaten Schlüssel.

10. Nun haben der Client und der Server den sicheren Sitzungsschlüssel und können ihn für den Austausch sensitiver Daten verwenden.

Mehr Informationen über SSL sind verfügbar auf der WWW-Seite: *http://home.netscape.com/eng/ssl3/ssl-toc.html*.

9.5.4   Zusammenfassung

SET hat sich für den Bereich Kreditkarten-Transaktionen durchgesetzt. Einerseits haben die umfangreichen Sicherheitsmechanismen, andererseits die finanzielle Kraft und Marktmacht von *VISA*, *MasterCard* u. a. für den Marktdurchbruch gesorgt.   *Marktdurchdringung erreicht*

Auch SSL wird zukünftig weiterhin eine große Rolle spielen – jetzt als Internet-Standard *RFC2246* mit dem Namen *TLS (Transport Layer Security)*.   *Von SSL zu TLS*

10   Der Marktzugang:
        Wege zum E-Business

Alles hängt am Internet. Alles drängt ins Internet. Forscher und Studenten waren schon immer im Internet. Firmen sind seit geraumer Zeit im Internet. Und wie kommt Otto Jedermann ins Internet? Wer ins Internet will (weil ihn die Goldgräberstimmung in Cyberland lockt) oder ins Internet muss (weil die Konkurrenz schon lange dort ist), dem bieten sich mehrere Wege. Im Wesentlichen gibt es zwei Arten von Internet-Zeitgenossen. Zum einen hätten wir die Konsumenten, die Neugierigen, die Forscher, eben zusammengefasst all diejenigen, die im Internet etwas suchen und salopp als „Surfer" bezeichnet werden. Getrieben werden diese Gruppen von Internet-Nutzern teilweise von ernsthaften Informationsbedürfnissen, teilweise von der Sehnsucht nach Infotainment, Unterhaltung und Zeitvertreib. Neben der Gruppe der Konsumenten und Surfer wäre dann als zweite prinzipielle Kategorie an Internet-Bewohnern, die immer größer werdende Schar der Produzenten, der Anbieter, zu nennen. Für Produzenten und für Konsumenten gibt es unterschiedliche Zugangsmöglichkeiten zum Internet. *Unterschiedliche Zugangsmöglichkeiten je nach Bedarf*

Gehen wir zunächst der Frage nach, wie die Konsumenten ins Internet kommen. Fünf Dinge braucht der Surfer dazu. Erstens braucht der zukünftige Internet-Surfer Geduld! Selbst wenn alle in der Folge genannten Ingredenzien vorhanden, installiert und in Betrieb genommen sind, bedarf es eines gewissen Stehvermögens. Von besonderem Wert sind Freunde und Helfer, die einem mit Trost und Rat zur Seite stehen, wenn man partout nicht vorankommen und bei jedem Lüftchen vom Surfbrett fällt. *Anschluss-möglichkeiten für Internet-Nutzer*

Zweitens ist ein Computer notwendig, der gewissen Minimalanforderungen genügt. Geräte aus der PC-Klasse sollten mindestens über einen Pentium mit 200 MHz verfügen und über 96 MByte Arbeitsspeicher besitzen. Da die Inhalte des beliebtesten Internet-Dienstes World Wide Web multimedial und bunt sind, sollte der Rechner außerdem über eine Soundkarte (Soundblaster-kompatibel), eine hochauflösende Grafikkarte mit 4 MB Grafikspeicher und einen Farbbildschirm verfügen (mit einer Auflösungsfähigkeit von mindestens 800x600 Pixel). *Minimal-anforderungen an die Hardware*

Drittens braucht der Internet-Besucher die geeignete Internet-Software. Die Kosten für die Software sind kaum der Rede wert. Einerseits sind die jüngeren Versionen der marktüblichen Betriebssysteme, wie beispielsweise *MS-Windows*, *Unix/Linux* und *Mac OS* fast ausnahmslos von Haus aus mit der notwendigen Internetsoftware bestückt, andererseits gibt es nahezu alle Internet Add-Ons in den verschiedensten Ausführungen als Free- oder Shareware. *Internet-Software*

Viertens braucht der Surfer ein Modem. Ob internes oder externes Modem spielt keine Rolle und kann nach Gusto ausgesucht werden, da auch die Preisunterschiede nicht *Analoges Modem* gravierend sind. Externe Modems haben den Vorteil, jederzeit leicht austauschbar zu sein oder mal eben kurz an den zweiten Rechner angeschlossen werden zu können. Vorteil der internen Modems: Sie belasten nicht den spärlichen Platz auf dem Schreibtisch. Wichtig ist, dass das Modem Hayes-kompatibel[1] ist, denn die Erfahrung zeigte, dass Hayes-kompatible Modems in aller Regel einfach zu konfigurieren sind. Noch wichtiger ist die vom Modem zur Verfügung gestellte Übertragungsgeschwindigkeit: 28.800 Baud sollten es mindestens sein.

ISDN

Wer die Internet-Nutzung professionell betreiben möchte, sollte einen ISDN- oder ADSL-Anschluss wählen, denn langsame Modems oder andere knappe Rechner-Resourcen, wie zum Beispiel mangelnder Hauptspeicher, töten rasch die Lust am Surfen und degradieren das Netz zum teuren Frustrationsspender, weil die langen Übertragungszeiten die Telefonkosten nach oben treiben. Mit Hilfe des Modems wird der Computer direkt an die Telefonleitung angeschlossen. Nutzt man hierfür den einzigen Hauptanschluss, so kann man während der Verbindung mit dem Internet weder telefonieren noch Faxe empfangen. Aktive Viel-Surfer sind mit einem zweiten Hauptanschluss gut beraten. Auch aus diesem Grund kann sich schon ISDN empfehlen, da beim Internet-Surfen in der Regel nur ein B-Kanal belegt wird und das Büro oder der Haushalt über den zweiten B-Kanal noch erreichbar sind.

Internet-Provider

Fünftens braucht der Internet-Aspirant noch einen sogenannten Internet-Provider. Der Provider ist gewissermaßen derjenige, der die Auffahrt auf den Daten-Highway zur Verfügung stellt. Der Computer des Providers, im Jargon als Internet-Server bezeichnet, ist die Schaltstelle, die den Kontakt nach außen in die weite Welt des Netzes vermittelt. Provider gibt es heute in Deutschland wie Sand am Meer. Die Schätzungen schwanken hier zwischen 200 und 800 Providern. Das Angebot reicht von nur lokal arbeitenden Kleinstfirmen bis hin zu multinationalen Internet-Anbietern. Langfristig wird sich diese hohe Anzahl von Providern nicht halten. Es steht zu befürchten, dass sich nach einer heißen euphorischen Phase der Providermarkt beruhigt und damit das Angebot überschaubar bleibt.

Zugangskosten altes Preismodell

Was heute kaum durchschaubar ist, ist das Preisgefüge der Anbieter. Es gibt Provider, die eine Monatsgebühr von dreissig, vierzig EURO aufwärts verlangen und dafür zeitlich unbeschränkten Zugang zum Netz bieten. Zusätzlich hat man nur noch für die Online-Zeit die Kosten der Telefonverbindung zum Provider zu bezahlen. Ist der Einwahlknoten des Providers am Wohn- oder Dienstort des Surfers, so ist für die Telefonverbindung zum Provider nur der Citytarif zu bezahlen, selbst wenn man dann nach dem Eintritt ins Internet mit Tokio in Verbindung steht. Andere Provider erheben eine geringere Grundgebühr für den Internet-Zugang, verrechnen aber eine zeitabhängige Gebühr für die Dauer der Internet-Nutzung. Wesentliche Faktoren, von denen der Preis für den Internet-Zugang abhängt, ist zum einen der Grad des Internet-Zugangs und damit die Anzahl der verfügbaren Internet-Applikationen. Zum anderen ist die Geschwindigkeit der Datenübertragung ein maßgeblicher Kostentreiber. Die vom Provider angebotenen Geschwindigkeiten können bis hin zu mehreren Megabit/s reichen. Bei niedrigen Geschwindigkeiten lässt sich praktisch nur elektronische Post zur Informationsbeschaffung aus dem Internet nutzen. Ganz andere Möglichkeiten

---

[1]Der Befehlssatz des Modem-Herstellers Hayes hat sich im Laufe der Jahre als Standardbefehlssatz für Modems herauskristallisiert.

hat der Internet-Nutzer bei den höheren Übertragungsgeschwindigkeiten: Unter einer grafischen Benutzeroberfläche lassen sich per Mausklick Multimedia-Daten (Sound, Bild, Video) abrufen.

Zeit- und volumenabhängige Internet-Zugangsgebühren sind heute nicht mehr opportun! Mit der Erfindung der Flat-Rate spielt die Dauer der Verbindung zwischen dem Web-Client und dem Internet keine Rolle mehr. Ebenso ist das transferierte Volumen unbedeutend. Der Zugangsprovider stellt für ein pauschale Monatsgebühr für deutlich unter fünfzig Euro die Verbindung zum Internet her. In aller Regel sind mit der Flat-Rate auch die Telefonverbindungskosten abgedeckt. Damit steht einer intensiven Internet-Nutzung nichts mehr im Wege.

Flat-Rate

10.1 Zugang mittels Wähl-IP-Verbindung

Aufgehoben wird diese Limitation durch eine Wähl-IP-Verbindung (Dial-Up-IP), am geschicktesten über ISDN oder ADSL. Beim Zugang mit Hilfe einer Wähl-IP-Verbindung wird anstelle eines Terminal- oder Kommunikationsprogramms die Implementierung des Internet-Protokollstacks gebraucht: Es muss IP über die serielle Leitung laufen. Zusätzlich müssen jetzt auch die Internet-Applikations-Clients (also *FTP, Telnet, WWW*, usw.) auf dem lokalen Computer vorhanden sein. Da das Internet-Protokoll IP ursprünglich nicht für den Betrieb über eine serielle Datenleitung entworfen wurde, ist eine spezialisierte Implementierung dieses IP-Protokolls notwendig, nämlich SLIP (*Serial Line IP*) oder die jüngere, flexiblere und leistungsfähigere Variante PPP (*Point-to-Point-Protocol*). Diese IP-Protokoll-Software und auch die Internet-Clients gibt es für nahezu alle Betiebssysteme und Prozessorplattformen als Shareware und auch in kommerziellen Paketen.

IP-Protokoll über serielle Leitung

Diese Anbindung an das Internet kann bereits für kommerzielle Nutzer interessant sein! Ingenieur-Büros und Kleinbetriebe beispielsweise, die selbst keine Internet-Server zur permanenten Informationsveröffentlichung betreiben wollen, können damit einen ungehinderten, jederzeit möglichen Ausgang ins Internet nutzen. Im Unterschied zu einer Internet-Anbindung via Remote Login benötigt hier der eigene Computer eine Internet-Adresse – diese kann allerdings dynamisch vom Internet-Provider vergeben werden. Wir wollen diesen Sachverhalt im Folgenden detaillierter ausleuchten.

Interessant für Kleinbetriebe

10.1.1 Dynamische IP-Adresszuweisung

Die für die Wähl-IP-Verbindung notwendige Zugangs-Software erhält man üblicherweise kostenlos vom Provider, falls sie nicht ohnehin schon Teil des verwendeten Betriebssystems ist. Diese Zugangs-Software generiert einen logischen TCP/IP-Netzwerkport, der auf den vorhandenen DFÜ-Kanal aufsetzt. Die Kommunikation zwischen Anwender und Provider erfolgt, wie oben erwähnt, über das PPP-Protokoll. Wählt die Workstation des Anwenders den Provider an, so wird zunächst die Zugangsberechtigung des Anwenders verifiziert. Dazu werden die Authentisierungsprotokolle CHAP (*Challenge Handshake Authentication Protocol*) oder PAP (*Password Authentication Protocol*) benutzt. Bei den beiden Protokollen handelt es sich

Zugangssoftware sorgt für Login über PPP mit PAP oder CHAP

im Wesentlichen um sogenannte Login-Prozeduren die sicherstellen, dass sich nur autorisierte Client-Computer im Internet-Server des Providers anmelden können.

Dynamische IP-Adresszuweisung

Sobald ein Computer am Internet aktiv ist, muss er über eine eindeutige Adresse ansprechbar sein, da die Server des Internet sonst nicht auf Anfragen antworten können. Deshalb übermittelt der Server nach der erfolgreichen Anmeldung eine IP-Adresse für den logischen Netzwerkport der Anwender-Workstation. Zusätzlich übergibt der Provider-Server weitere wichtige Adressen, wie z. B. die IP-Nummer des Namensservers und des Standard-Gateways, falls diese nicht schon der Client-Software bekannt sind. Die vom Provider übergebene IP-Nummer gilt nur für die aktuelle Verbindung. Bei einer erneuten Anwahl wird in aller Regel eine andere Nummer übergeben.

Was für einen Computer funktioniert, soll auch für ein ganzes LAN funktionieren

Grund dafür ist die ursprüngliche Knappheit der IP-Adressen, da es weltweit weitaus mehr potenzielle Internet-Benutzer, als mögliche[2] IP-Adressen gibt. Jeder Internet-Provider verfügt nur über einen begrenzten Pool offizieller Internet-Adressen. Dieser Pool enthält in der Regel weniger IP-Adressen, als er Zugangsberechtigungen verkauft hat. Deshalb können sich auch nicht alle Teilnehmer gleichzeitig einloggen. Solange man sich mit einem einzelnen Client-Computer beim Provider-Server anmeldet, bemerkt man von dieser dynamischen Zuweisung nichts. Was aber tun, wenn man mehrere Stationen über einen Zugang an das Internet bekommen will?

10.1.2   Anbindung kleiner LANs mit IP-Masquerading

Feste IP-Adressen und eine Firewall

Es gibt mehrere Möglichkeiten, ein LAN an das Internet anzubinden. Eine Möglichkeit besteht darin, sich vom Provider feste IP-Adressen für die anzuschließenden Computer des LANs geben zu lassen. Dabei ist zu beachten, dass ein festes IP-Adress-Segment relativ teuer ist. Hinzu kommt, dass nach der Herstellung einer PPP-Verbindung über das Modem zum Server des Providers auf jeden Computer im LAN vom Internet aus zugegriffen werden kann. Dieser Zustand ist aus Sicherheitsgründen nicht erwünscht. Um den offenen Zugriff zu reglementieren, muss eine Firewall eingesetzt werden. Eine Firewall besteht im Allgemeinen aus einem eigenen Computer, der mit entsprechender Firewall-Software ausgestattet ist.

Spezielle IP-Adressen für private Netze

Eine andere Lösung besteht im Einsatz eines intelligenten Routers. Das LAN verwendet intern ein IP-Adress-Segment, das von der *Internet Assigned Numbers Authority* (IANA) für private Netze[3] (Intranet) reserviert wurde. Die Verbindung vom LAN zum Internet übernimmt der Router. Der Router besitzt eine offizielle, feste IP-Adresse. Da die internen privaten IP-Adressen nicht nach außen gelangen dürfen, maskiert der Router Anfragen nach außen zum Internet. Sendet ein LAN-Computer ein IP-Paket zur Weiterleitung ins Internet an den Router, so entfernt dieser die interne IP-Adresse und sendet das Paket mit seiner offiziellen IP-Nummer zum Provider. Die zurückkehrende Antwort erfährt auf umgekehrtem Weg durch den Router den Austausch der

---

[2]Die Aussage trifft auf die IP-Version 4 (IPv4) zu. Bei der IP-Version 6 (IPv6) gibt es diese Knappheit nicht mehr: IPv6 bietet 128 Adressbits im Gegensatz zu 32 Adressbits bei IPv4.

[3]Siehe *RFC 1597, Section 3: Private Address Space.* Es handelt sich dabei um folgende Adressräume: 10.0.0.0 bis 10.255.255.255, 172.16.0.0 bis 172.31.255.255 und 192.168.0.0 bis 192.168.255.255. Siehe auch: http://sunsite.unc.edu/mdw/HOWTO/mini/IP-Masquerade

offiziellen IP-Nummer gegen die private IP-Adresse, so dass die Antwort aus dem Internet den LAN-Computer erreichen kann.

Solche Router sind als Komplettgeräte oder Software-Pakete im Handel ab etwa 300 EURO erhältlich. Software-Router gibt es für unter 250 EURO. Die Aufgabe der Routers kann dann auch durch einen *Linux-* oder *Windows 95*-PC wahrgenommen werden. Ein solcher Computer wird dann als *Masquerading-Gateway* bezeichnet. Im Umfeld von *Windows NT* wird das IP-Masquerading als Network Adress Translation (kurz: NAT) bezeichnet.

Router oder PC als Masquerading-Gateway

IP-Masquerading erlaubt den Maschinen eines LANs gewissermaßen aus dem „Off", versteckt hinter dem Masquerading-Gateway, auf das Internet zuzugreifen. Aus der Sicht des Internet ist das Masquerading-Gateway der einzige Computer am Netz. Damit erfüllt das Masquerading-Gateway auch die Funktion einer Firewall! Auf die Computer im LAN kann von außerhalb nicht zugegriffen werden.

Masquerading-Gateway als Firewall

10.2   Permanente IP-Verbindung

Wer im Internet nicht nur als Konsument und Surfer auftreten möchte, sondern selbst aktiv Informationen und Präsentationen in das Internet stellen möchte, wer Image-Pflege, globales Marketing und weltweiten Vertrieb über das Internet abwickeln will, muss mit seinem Internet-Angebot rund um die Uhr erreichbar sein! In diesem Fall kommt nur der permanente Anschluss eines vollwertigen Internet-Rechners an das Internet in Frage. Da nun eine Standleitung die Verbindung zum Internetprovider hält, entfällt die Notwendigkeit, im Bedarfsfall erst per Anwahl eine Verbindung herzustellen. Zu langsam wäre dieses Verfahren, wenn sich stündlich mehrere hundert oder auch tausend Internet-Nutzer auf das interessante Angebot stürzen. Wie schon für die Wähl-IP-Verbindung, so ist natürlich auch in diesem Fall wieder eine IP-Implementierung notwendig. Darüberhinaus sind neben den Internet-Client-Programmen auch noch die Server-Programme notwendig, d. h., jetzt reicht es nicht mehr, nur einen Web-Browser installiert zu haben, sondern es bedarf auch der Web-Server-Software. Die hierfür notwendige Software gibt es als Shareware oder als kommerzielles Paket.

Anschluss für Internet-Anbieter

10.3   Outsourcing-Modelle

Bisher haben wir die wesentlichen Varianten beschrieben, wie Internet-Surfer, also die Konsumenten, ins Internet kommen. Wie bringt nun der Anbieter sein digitales Kaufhaus ins Internet? Geklärt haben wir bereits, dass der elektronische Markt über eine permanente IP-Verbindung verfügen muss. Reichen für den Einzelanwender oder kleine LANs Bandbreiten von 33,6 Kbs bis 64 Kbs, so wird es für digitale Märkte erst ab 64 Kbs interessant. Für mäßig besuchte elektronische Märkte ist die übliche ISDN-Geschwindigkeit von 64 Kbs durchaus hinreichend. In dem Maße, wie die Besucherzahl zunimmt, muss durch eine entsprechende Kanalbündelung stufenweise ein Vielfaches von 64 Kbs zur Verfügung gestellt werden. Dieses stufenweise

Bandbreite nach Bedarf buchen

Vorgehen ist aus Kostengründen empfehlenswert. Teure, ungenutzte Bandbreiten zehren schnell Budgets auf oder gehen an die finanzielle Substanz. Mit wachsendem Besucherzustrom, lassen sich größere Bandbreiten erschließen: 2 MBit/s, dann ein Vielfaches davon bis zu 34 Mbit/s. Daten-Highways mit 155 Mbit/s sind heute gar nicht mehr so selten. Mit der Verfügbarkeit von ADSL (*Asynchronous Digital Subscriber Line*) werden höhere Brandbreiten zunehmend kostengünstig verfügbar.

Standortvorteil Digitale Internet-Märkte müssen nicht im Haus des Marktbetreibers stehen! Im Prinzip kann der Merchant-Server an einem beliebigen geografischen Ort stehen. Prädestiniert dafür sind die Server-Farmen der Internet-Provider. Da der Internet-Provider über den direkten Internetzugang verfügt, ist es aus Kostengründen ökonomischer, den Merchant-Server softwaremäßig oder mitsamt eigener Hardware beim Provider unterzubringen. Dieser Ansatz bietet vor allem kleineren und mittleren Electronic Malls zahlreiche Vorteile. Eine teure Bandbreite kann ökonomisch mit anderen Inhaltsanbietern gemeinsam genutzt werden. Die für den Server-Betrieb notwendige Infrastruktur, angefangen von Zugangs- und Backbone-Routern über die unterbrechungsfreie Stromversorgung bis hin zu notwendigen Backup- und anderen Systemverwaltungseinrichtungen, muss nicht eingerichtet, organisiert und mit Personal ausgestattet werden. Die Provider-Lokation bietet einen echten Standortvorteil.

Einzelfallprüfung Für große Electronic Malls mit Millionenumsätzen verlieren die Argumente an Zugkraft, da die Kosten-Nutzen-Relation aufgrund der hohen Umsätze anders aussieht. Hier gilt es zu überlegen, ob durch maßgeschneiderten Betrieb einer eigenen Server-Farm oder durch Outsourcing Kosten- und Betriebsvorteile entstehen.

10.3.1   Server-Sharing

Virtueller Web-Server Beim Server-Sharing werden die HTML-Seiten des Anbieters gemeinsam mit den Daten anderer Provider-Kunden auf einem Web-Server des Providers gespeichert. Dieser Ansatz bietet sich an, solange die auf dem Server gemeinsam untergebrachten Web-Sites und Electronic Malls von den Hardware- und Software-Resourcen des Rechners bedarfsgerecht zufriedengestellt werden. Bei nur einigen Dutzend bis mehreren Hundert gleichzeitigen Besuchern im digitalen Kaufhaus können, je nach Leistungsklasse des Servers, durchaus mehrere Web-Sites auf einem Computer gehalten werden. Jeder Kunde des Providers hat so seinen virtuellen Web-Server auf einem gemeinsam genutzten Internet-Computer.

Nicht nur Kostenvorteile Die Vorteile des Server-Sharing liegen auf der Hand: Es sind keine langfristigen Investitionen in Hardware, Netzwerke und Ausbildung der Mitarbeiter erforderlich, um erfolgreich im WWW präsent zu sein. Der Provider kann Geschindigkeit und Bandbreite optimieren. Da der Server beim Provider nicht direkt mit den Kundensystemen verbunden ist, besteht keine Gefahr des unbefugten Zugriffs auf weitere Unternehmensdaten. Außerdem liefert in den meisten Fällen der Provider auch die Statistiken über die Seitenzugriffe und kümmert sich um die regelmäßige Datensicherung. Der Update der HTML-Seiten auf dem virtuellen Server erfolgt über das Internet-Filetransferprotokoll (ftp).

Optimal für den Einstieg Server-Sharing empfiehlt sich in erster Linie für kleinere Electronic Malls. Bei mittleren und größeren Malls ist zum einen der notwendige Speicherplatzbedarf für die multimediale Artikeldatenbank sehr umfangreich und zum anderen erlauben hohe Besucherzahlen keine Verschwendung der CPU-Perfomance an kaufhausfremde Prozesse. Bei mittleren und größeren Electronic Malls wird man aus Performance- und Sicherheitsgründen die Merchant-Server sogar mehrfach auslegen. Fällt der Primär-Server aus, so kann die Bedienung der Kunden durch einen identisch ausgestatteten Sekundär-Server erfolgen. Bei solchen oder ähnlich gestalteten Electronic-Mall-Architekturen bieten sich in Zusammenarbeit mit dem Provider Server-Housing oder Server-Outsourcing an.

10.3.2 Server-Housing

Beim Server-Housing übernimmt der Provider die Aufstellung des Merchant-Servers in seinem Rechenzentrum und sorgt für die vereinbarte Bandbreitenversorgung der Electronic Mall. Daneben ist der Computer in die beim Provider vorhandene Administrationsinfrastruktur eingebunden. Die regelmäßige Datensicherung übernimmt wieder der Provider. Das weitere Service-Angebot sieht ähnlich wie beim Server-Sharing aus, wobei allerdings beim Betreiber der Electronic Mall ein Sachverständiger als Ansprechpartner vorhanden sein muss, denn für den technischen Zustand und die Funktionstüchtigkeit der Electronic Mall ist der Provider in diesem Fall in aller Regel nicht zuständig. *Die Kunden-Hardware steht im Hause des Providers*

Die inhaltliche Verwaltung des Merchant Servers kann über das Internet erfolgen. Um die Artikelausstattung zu ändern, ist kein Besuch des Providers notwendig. Die Artikeldaten werden via ftp in den Merchant Server gestellt. Auf dem gleichen Weg werden die Logfiles mit den Statistikrohdaten für die Messung der Seitenzugriffe geholt. Auch die softwaretechnische Wartung kann über das Internet erfolgen. *Unix*-Systeme sind von Hause aus fernwartbar. *Windows NT*-Systeme lassen sich mit Zusatz-Software fernwartbar machen. *Die Pflege des Server-Inhalts erfolgt im eigenen Hause*

10.3.3 Server-Outsourcing

Wie beim Server-Housing steht auch in diesem Fall der Merchant-Server in den Räumlichkeiten des Providers. Da der Electronic-Mall-Betreiber die Hardware und Software in diesem Fall vom Provider mietet, ist letzterer auch für die Funktionstüchtigkeit des Computers verantwortlich. Wartung und Pflege von Hardware, Betriebssystem und Web-Server- und Merchant-Server-Software obliegen dem Provider. Bei diesem Modell ist der Betreiber der Electronic Mall weitestgehend von der Technik entlastet. Er kümmert sich um sein Kerngeschäft, nämlich um die Gestaltung, die Ausstattung und den Betrieb der Electronic Mall. *Die Verantwortung für den Inhalt bleibt*

10.4 Zusammenfassung

Wie hoch ist der betriebswirtschaftliche Aufwand, um eine Firma ans Internet zu bringen? Die Beantwortung dieser Frage hängt in erster Linie von der Intensität der Nutzung der Internet-Services, der technischen Realisierung der Internet-Anbindung und der Integration der Internet-Services in das Unternehmens-DV-Konzept ab. Dar- *Der betriebswirtschaftliche Aufwand hängt vom Ziel ab.*

aus ergibt sich letztlich auch, ob das Kosten-Nutzen-Verhältnis stimmt. Der Betrieb eines eigenen Internet-Servers, die professionelle Gestaltung der Benutzeroberfläche, des Interaktions- und Informations-Designs, der Entwurf und die Programmierung von Anwendungen oder die Integration mit vorhandener betriebswirtschaftlicher Software ist keine triviale Aufgabe. Für größere Unternehmen rentiert es sich in der Regel, das dafür notwendige Know-How selbst aufzubauen. Kleinere und mittlere Unternehmen können Teilaufgaben an externe Dienstleister übergeben. Benötigt wird in allen Fällen eine Internet-Anbindung. In der Regel geht das über einen sogenannten Internet-Provider und auf eine Art und Weise, wie sie oben beschrieben wurde.

Komplexe
„Gebühren-
Architektur"

Die Kosten für den Internet-Zugang ergeben sich dann aus den Gebühren für die Benutzung der *Telekom*-eigenen Netzleitungen (Telefonleitung, ISDN-Leitung, Frame Relay-Leitung etc.) für die Verbindung zum Provider. Reichen für die private Internet-Nutzung ein PC, die analoge Telefonleitung und ein Hochgeschwindigkeitsmodem als Verbindungsmittel zum Provider, so ist dagegen für die professionelle Nutzung eine ISDN-Verbindung das absolute Minimum. Bei permanenter Verbindung entstehen Kosten von mehreren tausend EURO pro Monat. Semipermanente Verbindungen sind mit niedrigeren Gebühren belegt. Einen weiteren Kostenfaktor stellt der Provider selbst dar. Hier gibt es zur Zeit ein sehr unübersichtliches Angebot verschiedenster Provider mit unterschiedlichster „Gebühren-Architektur", wobei sich die Flat-Rate als Standardgebührenmodell durchsetzen wird. Die Erfahrung zeigt, nicht jeder Provider passt zu jedem Vorhaben. Aus diesem Grund ist es ratsam, beim Einstieg in das Internet-Geschäft zunächst nur kurzfristige Verträge von einigen Monaten mit dem Provider einzugehen. Lassen sich die geplanten Vorhaben mit dem provisorischen Provider nicht realisieren (z. B. wegen überzogener Gebühren, mangelhafter Technik oder zu geringer Netzgeschwindigkeit), so muss ein Wechsel vollzogen werden.

Hardware und
Betriebssystem?

Für die Server-Hardware halten sich die Investitionen in Grenzen. Im Prinzip kommen *Intel*-basierende PCs mit *Windows/NT* oder besser *Unix* als Betriebssystem in Frage. Bei höheren Leistungs- und Zuverlässigkeitsansprüchen wird man auf skalierbare Workstations und Hochleistungs-Server mit *Unix* setzen, insbesondere, wenn der Merchant-Server die Kunden rasch bedienen soll! Software-seitig gibt es für *Unix*-Systeme ein breites Angebot an Server-Software, häufig auch als Freeware mit technisch besten Eigenschaften. Auswahl und Installation verlangen aber in der Regel nach einem Fachmann mit fundierten Kenntnissen in puncto System-Software.

Dynamik auf der
Anbieterseite

Durch die Deregulierung des Telekommunikationsmarktes in Deutschland sind neue Anbieter aufgetaucht. Der damit verbundene Preisrutsch kommt den Telematikanwendern zugute: Telekommunikation über das Internet ist nun auch für mittlere und kleinere Unternehmen finanziell erschwinglich und damit alltagstauglich. Vermutlich wird die Dynamik seitens der Anbieter und des Preisgefüges noch Jahre anhalten – so dürfte sich einerseits die Vielzahl der Provider verringern, andererseits tauchen mit Sicherheit neue Provider aus anderen Marktsegmenten auf, z. B. aus der Energie- und Geld-Wirtschaft.

11 Der Business-Plan: ein Weg in die digitale Wirtschaft

Unsere bisherige Sicht auf das Internet war eine Sicht von „außen" auf das Netz. *Der Anfang* Um beispielsweise im WWW die Marketing-Instrumente *Internet-Sponsoring* oder auch *Internet-Information-Site* zu nutzen, ist es nicht zwingend notwendig, die eigene Firma an das Internet anzuschließen. Wie wir aus Kap. 12 wissen, reicht dazu das Betreiben eines virtuellen Servers beim Internet-Provider.

Wir wollen in der Folge aufzeigen, dass sich auch aus einer zunächst durchaus einfa- *Fundierter* chen Web-Präsenz fast zwingend eine Entwicklungsrichtung für die Unternehmens- *Trend* DV ableiten lässt. Dieses Phänomen ist neu! Bisher hat es in der Geschichte der Unternehmens-DV praktisch stets divergierende Trends, häufig genug nur kurzlebige Moden gegeben, gegründet auf proprietären Produktlinien einiger mächtiger Computer-Hardware- und Software-Hersteller.

Das Frappierende an der aktuellen Technologie-Mixtur, bestehend aus Internet und *Vorteile ohne* Java, ist die Tatsache, dass sich damit uralte Wunschträume von Technologen und *Ende* Anwendern gleichermaßen erfüllen lassen – und das mit allen wünschenswerten Attributen: plattformübergreifend, flexibel, preisgünstig, Client/Sever- und objektorientiert, benutzerfreundlich, administrierbar und . . . und . . . und. Wir werden auf unübersehbare und gewichtige Vorteile im Einzelnen eingehen, nachdem wir den Weg von der Web-Präsenz hin zum vernetzten elektronischen Markt skizziert haben.

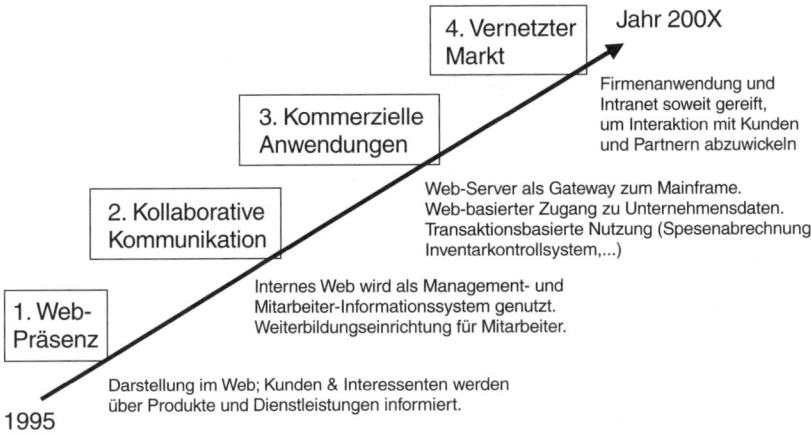

Abb. 11.1: *Von der Web-Präsenz zum elektronischen Markt*

11.1   Die Web-Präsenz

*1. Schritt: die
Information-Site*

Neben der reinen Firmenpräsentation bietet sich für ein Unternehmen die Einrichtung einer breiten Palette von Informationsdiensten als Kunden- oder Interessenten-Informationssystem an. Inhalte solcher Informationssysteme können Prospekte, Produkt- und Leistungsbeschreibungen, die Geschäfts- und Lieferbedingungen, Preislisten, Händlerverzeichnisse, Sonderangebote und vieles andere mehr sein. Diese einmal erfassten Dokumente lassen sich – sofern notwendig – im Minutentakt aktualisieren und häufig mit einem Minimum an Personalaufwand realisieren und á jour halten. Der Versand von Prospekten und Preislisten kann damit reduziert werden oder in speziellen Fällen auch ganz entfallen.

*Gesteigerte
Reichweite*

Gleichzeitig erhöht sich die Reichweite der Informationen ungemein. Nachdem diese Informationen einmal ins Internet gestellt wurden, sind sie weltweit sichtbar und nutzbar. Jetzt kann auch der Berliner die südbadische Weinkarte studieren und direkt beim Internet-Winzer bestellen. Oder: Hotelketten können Reisenden die Suche eines Hotelzimmers erleichtern. Der Interessent sieht im Web nicht nur, ob ein Zimmer frei ist, er kann es auch betrachten. Solche Informationssysteme sind zum einen ein nützlicher Dienst am Kunden und zum anderen helfen sie meist auch den Unternehmen, Geld zu sparen.

*Daten fließen in
die Unter-
nehmung*

Wird eine Information-Site erfolgreich im WWW betrieben, so fließen aus der Firmen-Repräsentanz im Internet wertvolle Daten in die Firma: Der Interessent fordert z. B. zusätzliche Informationen und hinterlässt zu diesem Zweck Anschrift,

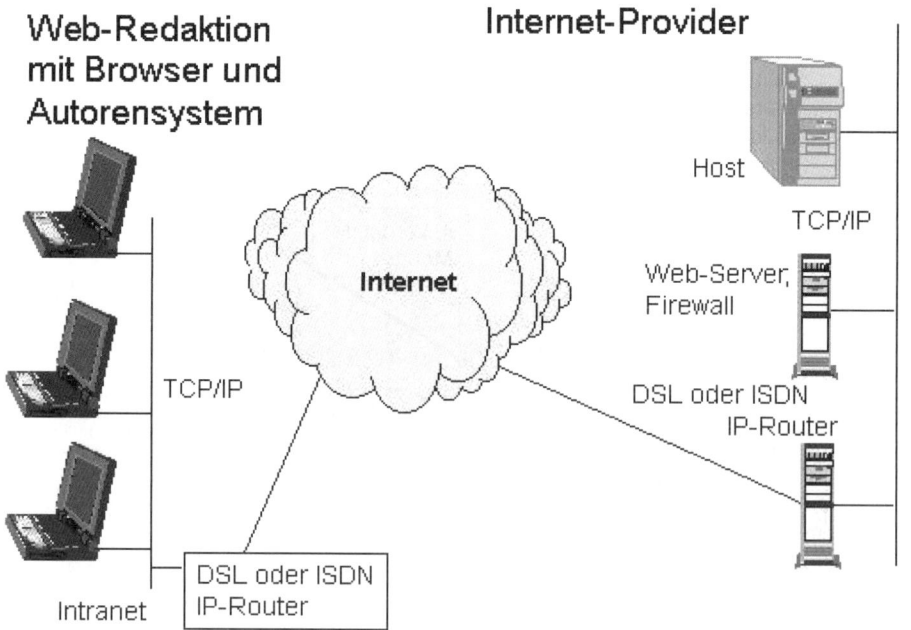

Abb. 11.2: *Die Web-Redaktion arbeitet im Intranet*

Telefon- und Faxnummer. Da der Ausdruck dieser Daten beim Provider nicht sehr zweckmäßig ist, da diese Daten in der Firma wieder erfasst werden müssten, ist es besser, mindestens eine E-Mail-Anbindung an das Internet zu betreiben. Damit wird auch ein Dialog mit Interessenten, Kunden, Zulieferern, Brokern usw. möglich.

Je erfolgreicher die Information-Site, desto schneller wird offensichtlich, dass eine einzelne E-Mail-Empfangsstation nicht ausreichend ist und ein nur gelegentliches Abarbeiten der eingetroffenen E-Mails den weiteren Erfolg vereiteln wird. Bei der Pflege einer Information-Site, der Aktualisierung der Web-Seiten, taucht wieder die Frage auf, in welcher Infrastruktur lässt sich das am effizientesten bewerkstelligen? In welcher Infrastruktur sollen die Mitarbeiter der Web-Redaktion für die Weiterentwicklung der Web-Präsenz sorgen? *Eine E-Mail-Station reicht nicht*

11.2   Das Intranet

Technisch und organisatorisch lässt sich das am wirkungsvollsten auf im Hause eingeführter Internet-Technologie bewerkstelligen, d. h. die Arbeitsplatzrechner der Web-Redaktion sind idealerweise mit Hilfe von TCP/IP vernetzt. Die Redakteure, Autoren und Content-Lieferanten können so hausintern mit den typischen Internet-Diensten von E-Mail bis WWW miteinander kommunizieren. Ein solches hausinternes Local Area Network auf der Basis von Internet-Technologie wird als *Intranet* bezeichnet. *Intranet*

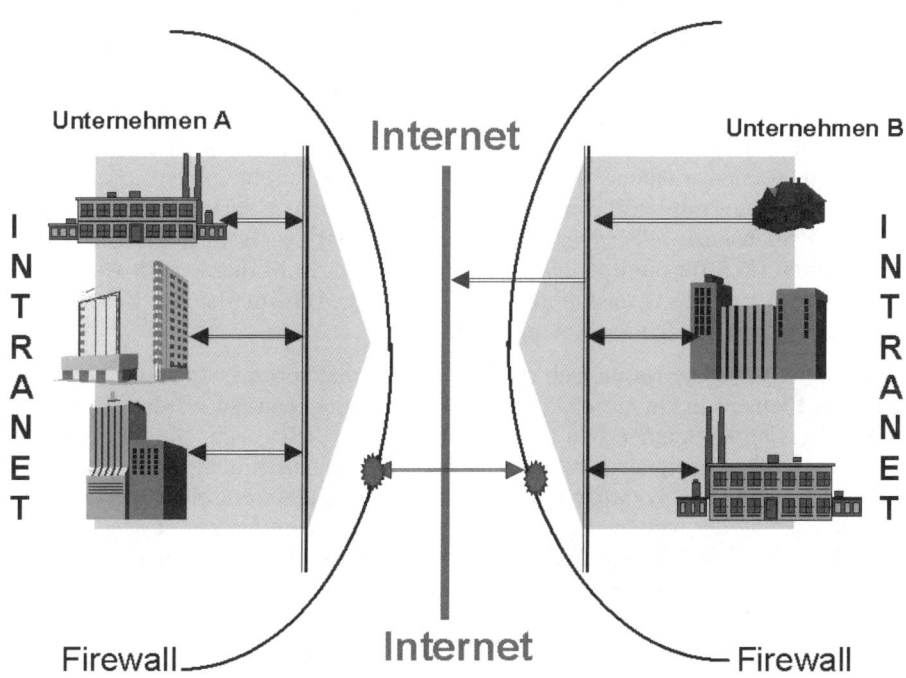

Abb. 11.3: *Intranet und Internet können voneinander getrennt sein*

Dieses Intranet kann seinerseits beispielsweise über einen DSL- oder ISDN-Router mit dem Internet-Provider verbunden sein. Im ersten Ansatz ist es dabei nicht notwendig, aus dem Internet Besucher in das eigene Intranet zu lassen. Eine Firewall sorgt dafür, dass fremde Internet-Nutzer das Intranet nicht betreten können. Der ISDN-Router wird in unserem Beispiel ausschließlich dazu genutzt, die entwickelten Web-Seiten auf den Internet-Server des Providers zu transferieren.

11.3 Kollaborative Kommunikation

Der 2. Schritt: Mitarbeiter- und Management-Informations-Systeme; Profit-Center-Marketing

Das für die Pflege der Web-Präsenz eingerichtete Intranet lässt sich sukzessive erweitern. Neben der Web-Redaktion hängen zweckmäßigerweise die Geschäftsführung und die Mitarbeiter der Marketing- und Vertriebsabteilung am noch kleinen Intranet. Seinen besonderen Wert erhält dieses sich in den Anfängen befindende Intranet dadurch, dass sich mit relativ moderatem Aufwand Intranet-Applikationen entwickeln und einführen lassen, die auf der einen Seite produktivitätsfördernd sind und auf der anderen Seite auch noch kostensparend wirken. Genannt seien hier beispielsweise Mitarbeiter- und Management-Informationssysteme oder Systeme für das firmeninterne Profit-Center-Marketing.

Enterprise-Messaging-System

Mit dieser Technologie ist es letztendlich möglich, ein umfassendes *Enterprise-Messaging-System* zu realisieren, bei dem die Informationsverteilung innerhalb der Firma einfach, schnell und zu vertretbaren Kosten möglich ist. Teure Server sind meist in nur einfacher Ausführung notwendig und die massenhaft notwendigen Clients an den einzelnen Arbeitsplätzen sind sehr preiswert, insbesondere, wenn es sich um dedizierte *Thin Clients* handelt.

Groupware- und Workflow-Applikationen über das Intranet laufen lassen

Hinzu kommt, dass die bisher bereits im Corporate Network verwendeten Technologien wie Groupware- und Workflow-Applikationen durch das Intranet ganz andere Dimensionen erhalten. Unschwer zu erkennen: Die rasche Implementierung der Internet-Nutzung mit paralleler Einrichtung eines Intranet dürften erfolgskritische Faktoren für nahezu alle Unternehmungen sein. Marktbeobachter berichten, dass 1996 in den USA für die Entwicklung der Intranets 3,13 Milliarden US-Dollar ausgegeben wurden. Das ist fast dreimal soviel wie das, was im gleichen Zeitraum für Internet-Vorhaben aufgebracht worden ist.

Geschäfts-prozesse auf das Intranet abbilden: Business-Process-Reengineering

Alle Internet-Dienste lassen sich nutzen, um Geschäftsprozesse darauf abzubilden bzw. als Element in ein Geschäftsprozess-Modell eingebaut zu werden. Das Internet erfolgreich kommerziell zu nutzen, bedeutet die Vielzahl der Möglichkeiten zu erkennen und in geeigneter Weise für die eigene Unternehmung umzusetzen. Erfolgskritisch für den kommerziellen Einstieg in den elektronischen Markt ist die Verschmelzung der weiterreichenden Möglichkeiten des Internet mit den Anforderungen der eigenen Kunden und den Zielen des firmeneigenen Informatik-Konzepts. Dieser Verschmelzungsprozess, bei dem Betriebsprozesse optimiert und auf das Intranet abgestimmt werden, erfolgt zweckmäßigerweise in einem definierten Business-Process-Reengineering-Projekt.

Im Folgenden sollen einige der weiterreichenden Möglichkeiten des Internet in einem betriebswirtschaftlichen Umfeld andiskutiert werden.

11.4   Integration von kommerziellen Anwendungen mit dem Intranet

Nach dem Erreichen der oben skizzierten Infrastruktur im Unternehmen lassen sich das Intranet und die Unternehmens-DV miteinander integrieren. Zu diesem Zweck könnte ein Web-Server als Gateway zum Mainframe eingesetzt werden. Damit sind die Weichen richtig gestellt für einen kontrollierten Web-basierten Zugang zu Unternehmensdaten und die transaktionsorientierte Nutzung des Intranet. Jetzt ist es möglich, im Internet angebotene Informationen bedarfsweise aus der Produkt- oder Vertriebsdatenbank zu holen und Bestellungen sofort in die relevanten *SAP*-Module einzuspeisen.   *Der 3. Schritt: Intranet und Unternehmens-DV integrieren*

Die Bestellannahme ist nach dem Informations- und Auskunftssystem die nächste Komfortstufe, die der Internet-Kaufmann seinen Kunden und Interessenten bieten kann. Unabhängig von der Größe des Vertriebsnetzes oder der Zahl der Filialen lassen sich auf der Basis von Internet weltweit Geschäfte tätigen. Der Kunde kann sich rund um die Uhr informieren und bestellen, ohne dass dies dem Anbieter zusätzliche Kosten verursacht.   *Die integrierte Online-Bestellannahme*

Handelsunternehmen, deren Kunden Zugriff auf das Internet haben, können das Netz für die Bestellannahme nutzen. Versender wie *Neckermann*, *Otto* und *Quelle* nehmen Bestellungen per Internet schon seit geraumer Zeit entgegen. Insbesondere   *Handelshäuser sind Vorreiter*

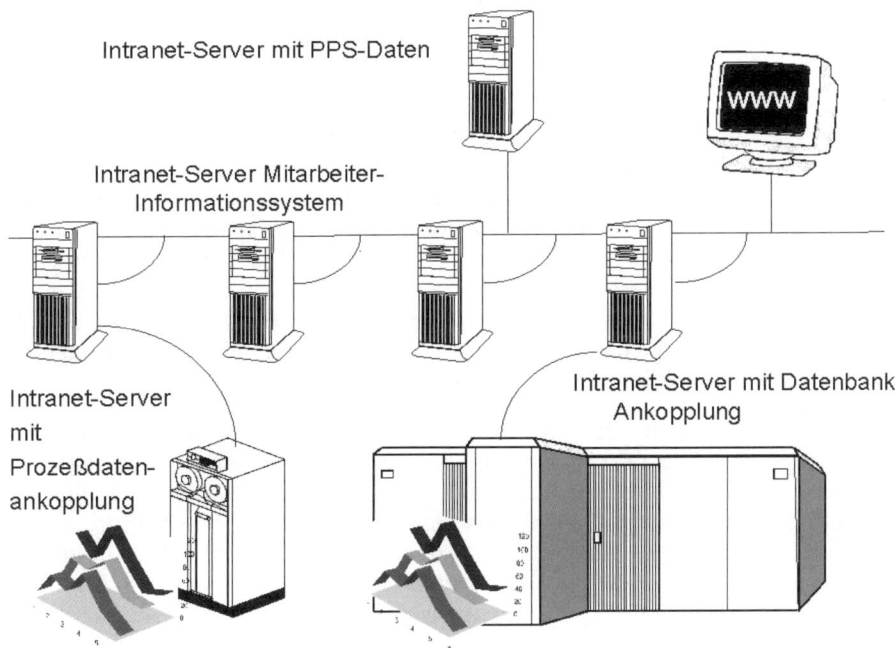

Abb. 11.4: *Inseln werden an das Corporate Intranet angebunden*

in den USA, wo der Vertrieb über Mail-Order eine größere Tradition besitzt, haben einzelne Firmen auf Internet-Basis bereits eigenständige und lukrative Vertriebsstrukturen etabliert. Als Beispiel kann hier das CD-Versandunternehmen *CDNOW*[1] (http://www.cdnow.com) genannt werden. Eigenen Angaben zufolge erzielt *CDNOW* per Internet einen Umsatz in der Größenordung eines großen Ladengeschäfts in einer Großstadt. Ein Einzelfall ist *CDNOW* sicherlich nicht!

Komplette Transaktionsabwicklung

Elektronisch über Internet eingegangene Bestellungen können zunächst manuell bearbeitet werden. Effizienter ist aber die oben schon erwähnte, komplett computerbasierte Transaktionsabwicklung, so dass sich die Integration von Internet und kommerzieller Datenverarbeitung auf alle Fälle lohnt. Die per Internet eingegangene Bestellung lässt sich dann beispielsweise sofort in das Fakturierungs- und Versandsystem einspeisen, um so ohne Verzögerung bei den per DV gesteuerten innerbetrieblichen Abläufen und Prozessen berücksichtigt zu werden. Der Besteller erhält automatisch, natürlich wieder über Internet, Informationen über die Verfügbarkeit der Ware und das voraussichtliche Lieferdatum. Bekommt der Besteller als Antwort auf seine Bestellung auch eine Bearbeitungsnummer, so kann er bedarfsweise mit Hilfe dieser Nummer Auskunft über den Status seiner Bestellung einholen. Realisiert ist ein solches Tracking-System beispielsweise beim Kurierdienst *UPS*. Auf der Web-Seite *http://www.ups.com* bietet *UPS* seinen Kunden die Möglichkeit, den Status einer Sendung in Sekundenschnelle abzufragen. Mit Hilfe der Bearbeitungsnummer kann der Auftraggeber selbständig ermitteln, ob die Sendung bereits beim Empfänger eingetroffen ist und wer sie in Empfang genommen hat.

11.5   Extranet

Kein Verfahrensbruch

Bei richtiger Vorbereitung und Planung ist der Sprung ins Netz der Netze mit geringem Risiko und hoher Erfolgsaussicht verbunden. Das Internet entwickelt sich mit rasanter Geschwindigkeit zum globalen Marktplatz und im gleichen Maße empfiehlt sich die Internet-Technik für die unternehmensinterne Vernetzung! Mit einem solchen internet-basierenden Unternehmensnetz ist der Grundstein gelegt, die zwischen dem Internet und der Unternehmung ablaufende Marktkommunikation optimal in die Geschäftsprozesse zu integrieren. Die oben andiskutierten Beispiele sollten verdeutlichen, dass bei erfolgreicher Internet-Anbindung ein Verfahrens- und Medienbruch durch manuelle Interaktion nicht zu bewältigen ist!

Defensive Strategie mit Extranet

Bevor sich Unternehmen dem globalen Markt öffnen, können, bei einer defensiven Strategie, Erfahrungen mit Partnerunternehmen oder eigenen Geschäftsstellen gesammelt werden. Die beiden Partnerunternehmen verfügen über je ein eigenes Intranet. Die Intranetsysteme der Partner sind als solche nicht geöffnet für den allgemeinen Zutritt aus dem Internet. Die einzige Ausnahme, der man den Zutritt über das Internet gestattet, ist der jeweilige Partner. Dadurch lassen sich dedizierte Geschäftstransaktionen über das Internet abwickeln – wir sprechen in einem solchen Fall vom Extranet.

---

[1] Im Jahr 2000 von *Bertelsmann* aufgekauft.

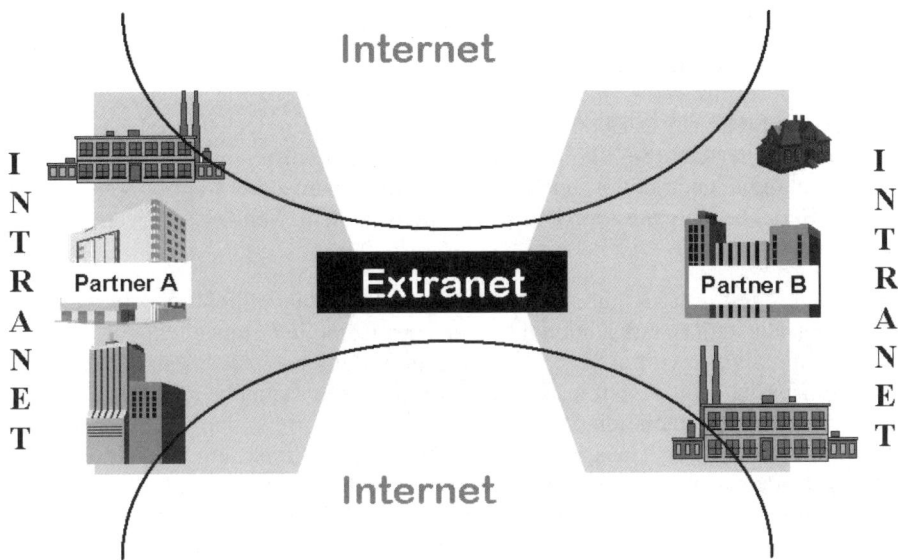

Abb. 11.5: *Extranet: Aus dem Internet werden nur die Partner in das Intranet gelassen*

Da sowohl im öffentlichen Internet, wie auch in den beteiligten Corporate Intranets *Keine* die eingesetzten Datenformate und Protokolle identisch sind, können alle aus- und *Konvertierung* eingehenden Daten ohne aufwendige Konvertierung weiterverarbeitet werden. Kundenanfragen oder Bestellungen können nun mittels E-Mail oder mit Hilfe von WWW-Formularen entgegengenommen werden. Auch Wareneingangs-/ausgangsscheine bis hin zu Finanztransaktionen lassen sich auf diesem Wege abwickeln.

Bei hinreichender Erfahrung mit einem Intranet oder einem Extranet empfiehlt sich – *Vernetzter* nach der Implementierung entsprechender Sicherheitsvorkehrungen – die generelle *elektronischer* Öffnung hin zum Internet. In diesem Zustand lassen sich dann alle Handelstrans- *Markt* aktionen mit allen interessierten Kunden und Partnern über das Internet abwickeln: Interne und externe Kommunikation können so integriert werden.

11.6 Gute Gründe für den Einstieg in das E-Business

Nun sind in einer betrieblichen Umgebung ein ganzes Bündel von Gründen notwen- *Ein Bündel von* dig, um von möglicherweise bewährten Einrichtungen abzurücken, oder vielleicht *Gründen* auch nur nicht mehr in dem Maße in diese Einrichtungen zu investieren wie bisher, um gegebenenfalls mit einer flexiblen Migrations-Strategie zu neuen Ufern – sprich Intranet – aufbrechen zu können.

11.6.1 Unterstützung betrieblicher Ziele: Strategische Aspekte

Unterstützung betrieblicher Ziele; strategische Aspekte

An oberster Stelle dieses Bündels mag die Frage stehen, in welchem Maße das neue Paradigma in der Lage ist, die betrieblichen Ziele zu realisieren. Wie flexibel ist das neue Paradigma, auch mittel- und langfristig, um neuen, zukünftigen Erkenntnissen aus den Bereichen Organisation und Betriebswirtschaft als Vehikel zur Zielerreichung zu dienen?

Proprietäre Techniken führen in die Sackgasse

Vor einiger Zeit war es üblich, diese Fragestellung ausschließlich mit „seinem" Computer-Hersteller zu diskutieren. Seitens des Computer-Herstellers ging es dann stets darum, als Antwort auf eine solche Fragestellung nachzuweisen, dass man die Fähigkeit besitzt, mit seinen in der Regel proprietären Techniken Standards durchzudrücken und zu etablieren, die dann wieder in aller Regel natürlich nur auf den Maschinen der eigenen Hausmarken verfügbar sind. Das funktioniert heute aus mehrerlei Gründen nicht mehr. Zum einen sind die Nachteile proprietärer Computertechnik hinlänglich bekannt. Zum anderen ist die Informatik- und Telekommunikationslandschaft komplexer geworden, so dass sich schon aus diesem Grund homogene DV-Landschaften nicht mehr verwirklichen lassen. Hinzu kommt, dass uns die Erfahrung lehrt: Technologischer Fortschritt kommt nicht ausschließlich von den Großen der Branche – dort herrscht manchmal sogar lähmende Einfallslosigkeit und Umsätze werden offensichtlich nur deswegen generiert, weil ein Teil der gläubigen Klientel sich ähnlich paralysiert verhält.

Lastenverbund

Welche strategischen Aspekte unterstützt nun Intranet als Corporate LAN? Die Gründe für die Einführung von Corporate LANs sind in aller Regel vielfältig. Computer-Server können zum Zwecke eines Lastenverbundes über ein LAN miteinander verbunden werden, damit, je nach Zustand und Auslastung der einzelnen Computer im Netz, die Computer-Aufträge im Sinne einer optimalen Kapazitätsauslastung auf das Gesamtsystem verteilt werden können.

Leistungs- verbund

In einem *Leistungsverbund* sollen rechenintensive Aufträge zerlegt, parallelisiert und dann auf die einzelnen Netzknoten verteilt werden, damit auf diese Art die Leistungsgrenzen eines einzelnen Rechners wirkungsvoll umgangen werden können. Beispiel hierfür wäre die Zerlegung von Modellsimulationen, etwa bei der Motorenentwicklung oder die Verteilung von Rendering-Aufgaben auf mehrere Computer im Rahmen synthetischer Film-Produktionen.

Sicherheits- verbund

In einem *Sicherheitsverbund* wird zum Beispiel durch die gegenseitige Sicherung räumlich getrennter Computer versucht, den Ausfall von Rechnern des Verbundsystems abzufangen und deren Aufgaben auf eben die Hot-stand-by-Knoten zu verlagern, die über die notwendigen Programme, Datenbestände und Status-Snapshots verfügen.

Kommuni- kations-Verbund

Andere Verbund-Ideen sind im Bereich der Organisation von Arbeitsgruppen verwurzelt. Sinn und Zweck eines *Kommunikationsverbundes* ist es, allen Netzwerknutzern die Kommunikation untereinander, z.B. über elektronische Post, zu ermöglichen. In kommunikationsintensiven Arbeitsbereichen, wie z.B. Software-Design und -Entwicklung oder Marketing und Vertrieb, um nur einige zu nennen, lassen sich damit deutliche Effizienzsteigerungen erzielen.

Bei einem *Datenverbund* können Datenbestände unabhängig von ihrem Ort der Speicherung im Netz jedem autorisierten Benutzer zugänglich gemacht werden: Logische Datenbestände können physisch getrennt gespeichert werden. Informationsflüsse lassen sich so optimieren.   *Datenverbund*

In einem *Funktionsverbund* (auch Geräte-/Betriebsmittelverbund) werden Programm- und Gerätefunktionen gemeinsam von mehreren Netzknoten verwendet. Teure oder nicht permanent benötigte Peripheriegeräte können in einem Funktionsverbund von mehreren Netzknoten aus gemeinsam genutzt werden. Scanner, Farblaserdrucker oder auch Anwendungsprogramme, spezielle Compiler usw. können so auf bequeme Art erreichbar gemacht werden, ohne an jedem Netzknoten direkt verfügbar zu sein.   *Funktionsverbund*

An all die Verbundarten kann man nun mit der Forderung herantreten, dass die Leistungsmerkmale eines bestimmten Verbund-Typs nicht nur den Mitarbeitern innerhalb eines hausinternen LANs zur Verfügung stehen, sondern weltweit genutzt werden können, sobald die Notwendigkeit dafür besteht! Zum Beispiel sollen sich in einem globalen Lastenverbund Computer-Server in München und Chicago die Last teilen können. Weltweit verteilte Arbeitsgruppen in einem Joint-Engineering-Projekt sollen natürlich nicht nur in ihrem lokalen Kommunikationsverbund, sondern weltweit elektronische Post austauschen können.   *Globalisierung der Leistungsmerkmale*

Organisatorische Überlegungen führen zu einer prozessorientierten Modellierung der computergestützten Informationsflüsse. Die Konsequenzen, die sich aus dieser Modellierung ergeben, sind von unternehmensstrategischer Bedeutung. Hier wird der enorme Vorteil eines Intranet offensichtlich: Wo eine Öffnung und Globalisierung notwendig und zweckmäßig ist, kann dieses Vorhaben effizient und kostengünstig umgesetzt werden. Wo die Integration computergestützter Informationsflüsse wünschenswert ist, wird sie auf der Basis einer vereinheitlichten, auf Web-Technologie basierenden standardisierten Informationsinfrastruktur ohne unüberwindbare technische Hindernisse und Unwägbarkeiten möglich! Daraus resultieren neben signifikanten Kostenreduktionen auch eine erheblich erhöhte Produktivität. Insgesamt hat man also die Chance, leistungsfähigere Geschäftsprozesse zu formen und eine prozessorientierte Unternehmensführung überhaupt erst zu ermöglichen: *Integration computergestützter Datenflüsse und leistungsfähigere Geschäftsprozesse*

„*Die Betriebsparameter im Unternehmen können durch Intranets mit geringem Aufwand erfaßt und überwacht und bei Bedarf rasch angepaßt und modifiziert werden (Process Reengineering). Bisher war die Integration von Informationsflüssen lediglich mit aufwendigen Data-Warehouse-Anwendungen möglich, die individuell auf die unterschiedlichen Datenschnittstellen im Unternehmen angepaßt werden mussten und damit sehr teuer in der Einführung und inflexibel im Betrieb waren.*" [Kyas]

11.6.2   Fundamentale Trends: technologiebezogene Qualitäten

Technologische Qualitäten als fundamentale Trends

Für den DV-Entscheider in einer Unternehmung bedeutet das, er muss versuchen, fundamentale technologische Trends von Modeerscheinungen abzugrenzen und er muss prüfen, inwiefern sein Informatik-Partner diese fundamentalen Trends ebenfalls erkennt, mitträgt und mitgestaltet. Diese Frage ausschließlich mit seinem Computer-Hersteller zu diskutieren, kann für die Unternehmung, wenn auch in den meisten Fällen nicht tödlich, so doch sehr teuer sein! Für das neue Paradigma müssen also fundierte technologische Aspekte sprechen, die von mehr oder weniger der gesamten IuK-Branche (Informations- und Kommunikationsbranche) getragen werden: Die neuen Paradigmen sollten technologisch auf offenen Standards basieren.

Client/Server-Architektur

Nun zu den Qualitäten im Einzelnen, die für ein Intranet als Corporate LAN sprechen. Intranet-Applikationen sind, wie wir schon weiter oben genau durchleuchtet haben, Client/Server-Applikationen, bei denen in aller Regel der operative Part und die Datenhaltung im Server-Teil und die Benutzerschnittstelle im Client-Teil implementiert sind.

Unabhängikeit von Betriebssystem und Hardware-Plattform

Intranet-Applikationen sind insgesamt von einer starken Tendenz in Richtung Unabhängigkeit von Betriebssystemen und Hardware-Plattformen gekennzeichnet. Ein wesentlicher Beitrag dazu ist das portable, speicherplatzsparende und hypermediafähige Dokumentenformat HTML. Dieser vielleicht wichtigste technologische Trend wird vor allem durch den Einsatz der objektorientierten Programmiersprache Java eminent beschleunigt. Java-Applikationen laufen auf allen Plattformen, die über einen Java-Interpreter verfügen. Dieser kann entweder in das Betriebssystem eingebaut werden oder über entsprechende Java-fähige Web-Browser realisiert werden. Damit bezieht sich die Hardware- und Betriebssystemunabhängigkeit nicht mehr nur auf die Verteilung der Information (z. B. im HTML-Format) oder auf den Zugriff mittels eines Web-Browsers, sondern auf die Applikationsprogramme selbst! Die in der Programmiersprache Java geschriebenen Applikationen lassen sich über das Intranet/Internet übertragen und je nach Bedarf auf beliebigen Client-Maschinen zur Ausführung bringen.

Daten und Applikationen sind plattform-unabhängig

Applikationen müssen also nicht mehr auf allen Clients auf Verdacht vorgehalten werden, sondern werden bei Bedarf (*on demand*) automatisch über das Intranet besorgt. Diese Vorgehensweise reduziert nicht nur den Ausbaubedarf der Clients (zu *Fat Clients*), sondern minimiert auch den Systemverwaltungsaufwand und vereinfacht die Komplexität von IT-Strukturen, da jetzt Daten und Anwendungsprogramme plattformunabhängig sind. Damit ist die Möglichkeit gegeben, dass eine Vielzahl von effizienzsteigernden Anwendungen auf breiter Fläche realisiert und eingesetzt werden können, ohne an eine singuläre Plattform gekettet zu sein – zweifellos ein Vorteil für Software-Produzenten, da sich deren Absatzmarkt vergrößert. Zweifellos auch ein Vorteil für den Software-Anwender: Das Angebot vergrößert sich, und die nutzbaren Hardware- und Betriebssystemplattformen sind nicht eingeschränkt.

11.6.3   Anwendungsbezogene Aspekte

Workflow-, Groupware- und Data-Warehouse-Anwendungen lassen sich auf Intranet- *Informations-*
Basis überhaupt erst elegant und mit minimalem technischen und finanziellen Auf- *flüsse*
wand realisieren. In letzter Konsequenz können auf Intranetbasis erstmals Informati- *durchgängig*
onsflüsse und in weiterer Folge Unternehmensprozesse durchgängig erfasst, gesteu- *erfassbar*
ert und modifiziert werden, so dass damit ein modernes geschäftsprozess-orientiertes
Unternehmens-Management umgesetzt werden kann. In diesem Fall ist es nur konsequent, wenn in einem solchen Kontext ehemals papiergestützte Informationsflüsse auf
das Medium Intranet übertragen werden. Im ersten Schritt lässt sich die im nächsten
Abschnitt angesprochene Transformation der Informationsflüsse auf interne Daten
und Dokumente anwenden. Im zweiten Schritt können Daten von Kunden, Zulieferern und anderen Partnern integriert werden.

11.6.3.1   Aus traditionellen Informationsflüssen werden intranetgestützte Informationsflüsse

Druckmaterialien sind häufig schon veraltet, ehe sie auf den Schreibtisch der be- *Entscheidungen*
troffenen Mitarbeiter kommen. Entscheidungen können aber nicht auf der Grund- *verlangen nach*
lage veralteter und überholter Informationen gefällt werden. Und die Aktualisierung *aktuellen*
papiergestützter Information ist teuer. Durch die Nutzung von Intranets zur elektro- *Informationen*
nischen Bereitstellung von Informationen anstelle der Bereitstellung in gedruckter
Form lassen sich in Firmen entsprechender Größenordnung bereits zweistellige Mil-
lionenbeträge einsparen.

Typische Anwendungen sind Produkt- und Preis-Informationen für den Außendienst *Vom Papier zum*
oder Verfahrens-, Organisations- und Projekthandbücher, Telefonlisten usw. In einem *Intranet*
Intranet stehen diese Informationen auf einem WWW- oder Gopher-Server und der
Anwender holt sich die Informationen mit einem Web-Browser auf den Bildschirm.
Mit einer entsprechenden Katalogisierung und mit Hilfe von Suchwerkzeugen werden
die richtigen Informationen sehr schnell und einfach gefunden.

Durch die Bereitstellung der Informationen auf Intranet-Servern statt auf Papier lässt *Die Reichweite*
sich die Reichweite dieser Information bei sinkenden Kosten drastisch erhöhen: Bei *nimmt zu und die*
entsprechender Berechtigung sind von den Außendienstmitarbeitern die aktuellen *Kosten sinken*
Preislisten von jedem Winkel der Erde zu jedem Zeitpunkt abrufbar. Bei einer intra-
netgestützten Katalogisierung treibt eine Verkürzung der Aktualisierungsintervalle
die Kosten nicht in dem Maße nach oben wie im Falle eines Papierkataloges.

Kyas nennt weitere Beispiele, wo Papier von Intranet übertroffen wird:

- *WWW-Seiten anstelle von Ansprachen und Verlautbarungen,*

- *E-Mail anstelle von Rundschreiben und Hauspost,*

- *WWW-Seiten anstelle von schwarzen Brettern (Stellenausschreibungen, Mit-arbeiterkauf etc.),*

- *E-Mail anstelle von Antragsformularen (Bürobedarfsbestellung, Reiseanträge, Urlaubsanträge etc.),*

- *E-Mail anstelle von Telefax,*

- *E-Mail-Kommunikation anstelle von Telefongesprächen,*

- *Videokonferenzen/Document-Sharing/Newsgruppen anstelle von Meetings (bis zu fünf Teilnehmer).*

Vielfältige Kosten- und Handhabungsvorteile

Die Vorteile ergeben sich nicht nur aus den niedrigeren Erstellungs- und Transportkosten. Auch die Kopierkosten der elektronischen Dokumente sind erheblich niedriger: Innerhalb von Sekunden lassen sich hunderte von Empfängern erreichen. Hinzu kommt, dass durch das elektronische Kopieren keinerlei Qualitätsverlust produziert wird und sich die elektronischen Dokumente mit geringstem Aufwand problemlos weiterverarbeiten lassen: Der Vertriebsmann kann die relevanten Teile der Preisliste in sein Angebotsschreiben einbauen, ohne die Daten manuell übernehmen zu müssen oder Gefahr zu laufen, veraltete Daten zu benutzen. Ebenfalls ohne Medienbruch geht die Archivierung. Archivierungspflichtige Daten werden am Auslagerungstag aus dem Rechner direkt auf magnetische oder magnetooptische Medien übertragen – eine „Sicherung" auf Mikrofilm kann entfallen.

11.6.3.2   Optimierung von Informationsflüssen

Darstellung der Inhalte wird herstellerunabhängig

Sind die Informationsflüsse, wie oben dargestellt, einmal auf das Intranet übertragen, so gewinnt man auf der einen Seite an Performance, an Flexibilität, an Kostenersparnis, an Reichweite, Darstellungsqualität (Intranet-Dokumente können im Gegensatz zu Papierdokumenten multimedial sein). Auf der anderen Seite gewinnt man obendrein an Freiheit. Duch die Übertragung der Daten und Dokumente in das Intranet wird ein Abstraktionsniveau erreicht, auf dem die Darstellung der Inhalte von der darunterliegenden Hardware- und Software-Architektur unabhängig ist: Intranet-Dokumente lassen sich auf einem PC mit *Intel*-Prozessor und dem *Microsoft* Betriebssystem *Windows 95* genauso betrachten wie auf einem *Macintosh*-Rechner von *Apple*, einem *NC* von *Sun Microsystems* oder jeder anderen beliebigen *Unix*-Workstation! Durch die geschickte Auswahl von Client-Systemen lassen sich nochmals direkte monetäre Vorteile erzielen.

11.6.4   Weitere Intranet-Vorteile

Andrew Ward nennt [41] als weitere Vorteile eines Intranet:

- *Schnelle Anwendungsinstallation. Intranet-Anwendungen laufen auf einem Server, nicht auf dem Client. Somit können neue Programme schnell installiert werden, selbst für Tausende von Anwendern.*

- *Nahezu **endlose Skalierbarkeit**. Die Architektur des Intranet ist von Natur aus skalierbar; eine Garantie dafür, dass diese Technologie mit den Anforderungen eines Unternehmens wächst.*

- *Niedrige Unterstützungskosten. Studien belegen, dass Unterstützungskosten für einen Desktop-PC etliche Male höher als der ursprüngliche Kaufpreis*

Abb. 11.6: *Einsatz-Szenarien für das Internet im Unternehmen*

liegen können. Da für die Nutzung des Intranet viel weniger Hardware und Software als bei proprietären Client-Server-Anwendungen benötigt wird, liegen die Unterstützungskosten wesentlich niedriger.

- *Intranet **schützt** vorhandene **IT-Investitionen**. Es gibt Software-Werkzeuge für die Integration vorhandener Anwendungen sowie von Hardware, Servern, Desktops, Netzen, Datenbanken und sogar Erbschaftssystemen in ein Intranet.*

- *Bessere **Wartungsfähigkeit**. Auf Servern laufende Intranet-Anwendungen sind leichter zu warten als auf Desktop-Computern installierte Client-Software.*

- *Bessere **Flexibilität**. Jede Intranet-Anwendung kann von jedem Desktop aus erreicht werden, unabhängig von Hardware oder Betriebssystemen. Intranet-Anwender werden es viel einfacher finden, mit Hardware samt Mitarbeitern umzuziehen, bleiben doch alle Applikationen erreichbar.*

- *Bessere **Mobilität**. Es gibt Technologien zur Nutzung von Intranetzen in Zweigstellenbüros, zu Hause oder gar an mobilen Standorten. Flexible Arbeitsmethoden sind leicht zu unterstützen.*

- *Kostengünstige **Software**. Der enorme Markt für Internet- und Intranet-Software bewirkt, dass die Internet-Software häufig in das Betriebssystem integriert wird oder zu überraschend niedrigen Kosten erhältlich ist.*

- *Breiterer und **leichterer Zugang**. Ein Intranet kann einen einzigen, gemeinsamen Vorrechner bieten, um Informationen und Anwendungen aus einer Vielzahl*

*von verschiedenen Quellen, wie Datenbanken, Mainframes und offenen Syste-
men zu integrieren, ohne Mitarbeiter mit Erfahrung in obskuren Schnittstellen
zu benötigen.*

- **Plattformunabhängigkeit**. *Ein Intranet ist von Desktop-Hardware von nahezu
  jedem Typ und nahezu allen Betriebsystemplattformen aus zugänglich. Es können „schlanke" Clients, wie Netzcomputer, verwendet werden. Es besteht kein
  Bedarf an häufigen Erweiterungen der Client-Hardware und Software.*

11.7   Zusammenfassung

*Intranet als
universelles
Zugriffsmedium*

Intranet und Java bieten viele interessante technische und unternehmerische Chancen. Der Stand der Technik erlaubt es bereits heute, zahlreiche Informationsquellen
zu einem umfassenden Informationsbestand im Intranet zu integrieren und unterneh-
mensweit, oder bei beabsichtigter Öffnung, weltweit öffentlich anzubieten. Neben
den technischen und inhaltlichen Voraussetzungen sind vor allem organisatorische
Aspekte zu beachten, denn Intranet bedeutet vor allem einen Paradigmenwechsel in
der Unternehmenskommunikation: Es ist eine leistungsfähige Alternative zu traditionellen Bürokommunikations- und Informationssystemen. Seine überragende Bedeutung erhält Intranet dadurch, dass es die Fähigkeit besitzt, sich zum universellen
Zugriffsmedium für betriebliche Informationen zu entwickeln.

12 Die Sicherheit elektronischer Märkte

Fallen, Köder, Lockvögel, Würmer, Trojanische Pferde, Viren, Hacker, Metastasen, Tiger Teams – im ersten Moment erinnern diese schaurigen Begriffe an Erzählungen aus Schichtl's Gruselkabinett. Nun, in Wirklichkeit stammen diese Begriffe nicht aus einem Märchenbuch, sondern entspringen dem Vokabular der Computer-Sicherheitsexperten. Die oben erwähnten bösen Geister haben es auf unsere Daten- und Software-Schätze abgesehen. *Bedrohungen sind vielfältig*

Wir befinden uns in einem Dilemma: In dem Maße, wie Unternehmen auf die Computerunterstützung setzen, lassen sie sich auf neue Sicherheitsrisiken ein. Ohne Computerunterstützung kann heute nahezu keine Firma mehr existieren, erst recht kein elektronischer Markt. Der Wert, der in den Servern gespeicherten Daten, ist im Normalfall höher als der Wert der gesamten Netzwerk-Hard- und -Software. Kommt es in computergestützten Firmen bei den betriebsnotwendigen Datenbeständen zu einem Totalausfall, der mehrere Tage andauert, dann sind die finanziellen Folgen dermaßen schwerwiegend, dass die meisten betroffenen Unternehmen binnen eines Jahres aus dem Markt ausscheiden. Kein Wunder: Wie soll ein Unternehmen arbeiten, dessen Datenbestand vernichtet oder korrumpiert wurde? Welche Aufträge sollen ausgeführt werden? Gibt es offene Rechnungen anzumahnen? Was ist noch auf Lager? Läuft die Produktion noch? Bei einem elektronischen Markt sind die Auswirkungen noch dramatischer! *Dilemma*

Insgesamt ist die Thematik „Sicherheit" in Computersystemen und Rechnernetzen so komplex, dass sich Bände füllen lassen. Wir können im Folgenden nur punktuell auf die Problematik eingehen, wollen aber doch auf die größten Gefahren und Angriffsmöglichkeiten hinweisen und den einen oder anderen Lösungsansatz skizzieren. Dabei interessiert uns hier die Sicherheit ausschließlich im Zusammenhang mit dem Schutz der „Privatsphäre" eines Computers oder Netzwerks. Darunter verstehen wir den Schutz der Computer- und Netzwerk-Nutzer, den Schutz der Daten und der Software und Hardware vor Eindringlingen und ungebetenen Gästen, deren illegales, in jedem Fall unerwünschtes Treiben, uns einen unmittelbaren oder mittelbaren Schaden zufügt. *Sicherheit im Computernetz*

12.1 Zunahme der Gefährdung

Der Umgang mit Computern, die Art des Rechnereinsatzes, der Aufbau von System- und Software-Architekturen und das Kommunikationsverhalten zwischen Geschäftspartnern hat sich seit dem kommerziellen Einsatz von datenverarbeitenden Systemen *Closed Shop*

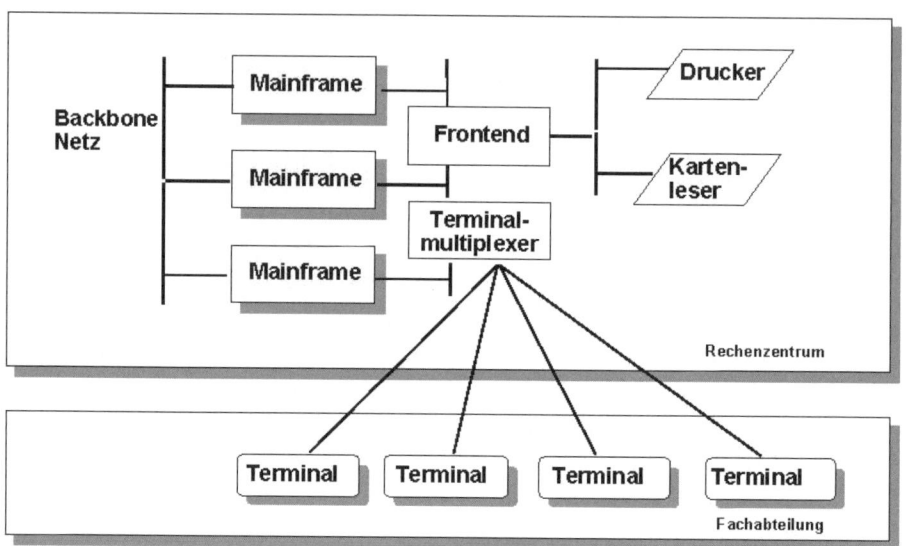

Abb. 12.1: Der Computer verlässt das Rechenzentrum

kontinuierlich verändert. Waren ursprünglich Computersysteme ausschließlich im geschlossenen, intensiv betreuten Rechenzentrum vor jedem äußeren Zugriff geschützt
untergebracht, so streckten einige Jahre später die Computer bald ihre „Fühler" in
Form von Terminals aus dem Rechenzentrum. Der Closed Shop begann sich zu
öffnen. Der Grundstein für die offenen Systeme war gelegt.

Rechenzentren
verlieren ihre
Macht

Von den 70er bis zu den späten 80er Jahren dominierten einerseits proprietäre Architekturen wie zum Beispiel *DECnet* oder *SNA* als Unternehmens-Backbone. Andererseits begannen Anfang der 80er Jahre in den Fachabteilungen die Workstations
und PCs gewissermaßen von außen die proprietären Bastionen der Rechenzentren
allmählich in Bedrängnis zu bringen.

Offene Systeme
ermöglichen
überbetriebli-
chen
Informations-
austausch

Eine IT-gestützte Kommunikation zwischen den Unternehmen konnte aber mit solchen Systemen nur begrenzt Anwendung finden. Die Erfassung und Weitergabe einzelner Vorgänge wie Bestellung, Auftragsbestätigung, Rechnungen usw. fand praktisch nur im eigenen Unternehmen statt. Die Anwender waren es, die sich nicht
weiter gefangen halten lassen wollten in den von den Herstellern proprietärer Systeme gesteckten Grenzen. Zum überbetrieblichen Informationsaustausch mussten
offene Systeme her! Nur so sind Kooperationsfähigkeit, Integrationsfähigkeit, Inves-
titionsschutz und Wirtschaftlichkeit sicherzustellen.

Mehr Vorteile
durch Internet-
anbindung

Wirtschaftliche Überlegungen zwangen seit Anfang der 80er Jahre immer mehr Unternehmen, die oben genannten Vorteile schnellstmöglich zu erreichen. Offene Systeme leisteten dazu einen wesentlichen Beitrag. Und heute sind wir bei der Anbindung
der Unternehmen an das Internet angelangt, weil sich daraus weitere konkrete Vorteile
ergeben. Als Schlagworte seien hier nur genannt globale Präsenz auf elektronischen
Märkten, Online-/Real-Time-Marketing, Teleworking, Virtuelle Unternehmen usw.

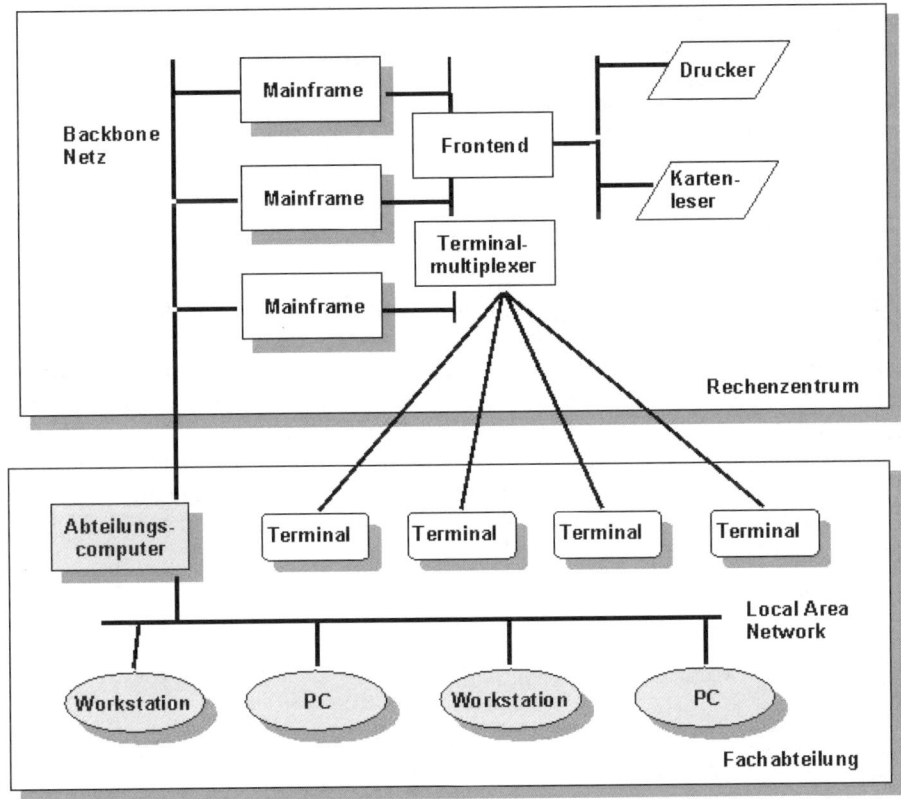

Abb. 12.2: *Die Multivendor-Umgebung forciert den Trend zu offenen Betriebssystemen*

12.2 Elektronische Märkte und Netzwerke sind per se gefährdet

Netzwerke sind als räumlich verteilte Kommunikationsgeflechte per se gefährdet und *Aktive und* aktiven wie passiven Angriffen ausgesetzt. Passive Angriffe bedrohen die Vertraulich- *passive Angriffe* keit der Kommunikation. Es wird zwar in diesem Fall keine Änderung der übertrage- nen Nachricht oder der für die Übertragung der Nachricht eingesetzten Komponenten vorgenommen, aber es werden Nachrichten ausgespäht und nicht legalen Empfän- gern zugeleitet. Mit aktiven Angriffen werden Nachrichten oder Komponenten eines Kommunikationssystems verändert und verfälscht. Oder es werden durch fingierte Nachrichten Sachverhalte vorgetäuscht.

Das Internet wurde entwickelt, um allen angeschlossenen Teilnehmern einen freien *Ursprünglich* Austausch von Informationen, Daten und Dateien zu ermöglichen. Ursprünglich war *homogene* die für diesen Zweck notwendige Offenheit des Netzes und seiner Services kein *Gruppe* Problem: War die über das Internet verbundene Benutzergruppe doch eine ziemlich homogene Gesellschaft aus Wissenschaftlern und Forschern. Andere Nutzer hatten keinen Zugang zum Netz und so störte es auch nicht, dass innerhalb des Netzes Offenheit herrschte; die Klientel des Netzes war sozusagen handverlesen.

Massenmarkt gestattet keine Abschottung

Mit dem Wachstum des Netzes und vor allem seiner Öffnung gegenüber der kommerziellen Welt und dem Massenmarkt war die aus der ursprünglichen Abschottung resultierende Sicherheit im Inneren des Netzes nichts mehr wert. Immer, wenn eine Firma ihr Netzwerk mit dem Internet verbindet, birgt dies Gefahren in sich. Wegen der Offenheit des Internet ist jedes Firmennetzwerk, das mit dem Internet verbunden ist, verwundbar.

Angriffspunkte

Für die Betrachtung und Diskussion von Netzwerken hat sich das ISO-OSI-7-Schichten-Modell als Referenz bewährt. Wir wollen uns im Folgenden ebenfalls an diesem Modell orientieren und skizzieren, mit welchen aktiven und passiven Angriffen ein Netzwerkbetreiber auf den einzelnen Schichten zu rechnen hat. Angriffspunkte können beispielsweise die folgenden Objekte auf den einzelnen Ebenen des ISO-7-Schichten-Modells sein: die Verkabelung (Schicht 1), Brücken (Schicht 2), Router (Schicht 3), Autorisierungskomponenten (Schicht 4), Verbindungen und Prozesse (Schicht 5), Elektronische Unterschriften und Verschlüsselungen (Schicht 6) und Anwendungen (Schicht 7).

7	**Application** (Anwendung)
6	**Presentation** (Darstellung)
5	**Session** (Kommunikationssteuerung)
4	**Transport** (Transport)
3	**Network** (Verbindung)
2	**Data Link** (Sicherung)
1	**Physical** (Bitübertragung)

Abb. 12.3: *OSI-7-Schichten-Modell*

Bit-Über-tragungsschicht

Passive Angriffe setzen in der Regel auf den unteren ISO/OSI-Schichten auf. Durch Ausnutzung der elektromagnetischen Abstrahlung von elektrischen Leitern lassen sich die Signale der Bit-Übertragungsschicht mit entsprechendem Equipment empfangen und aufzeichnen. Bei einer drahtlosen Übertragung sind passive Angriffe meist mit geringerem technischem Aufwand möglich. Hier reicht in vielen Fällen eine entsprechende Antenne, um die übertragenen Nachrichten ebenfalls zu empfangen. Aktive Angriffe auf der Schicht 1 (*Physical Layer*; Bitübertragungsschicht) können beispielsweise durch die Zerstörung von Leitungen erfolgen. Angreifer mit einem direkten Zugang zu den Leitungen können durch das Einfügen entsprechender Geräte den Datenstrom des Netzes modifizieren. Hierzu bieten sich besonders ungeschützte Dosen an, die als Zugangsschnittstellen für die einzelnen IT-Komponenten an den Kabelschächten angebracht sind. Solche Dosen sind meist so konzipiert, dass im laufenden Netzbetrieb Geräte ohne Störung angeschlossen und wieder entfernt werden können. Ein Angriff lässt sich somit nahezu von jeder Dose aus unbemerkt ausführen.

Die für die Schicht 1 angestellten Überlegungen gelten auch für die Schicht 2 (*Data Link Layer*; Sicherungsschicht). Geräte wie Brücken, die nicht den europäischen Bestimmungen für Abstrahlsicherheit oder den Tempest-Vorschriften entsprechen, sind bedingt durch ihre elektromagnetische Abstrahlung ebenfalls passiven Angriffen zugänglich. Potenziellen aktiven Angriffen sind Brücken und Router dann ausgesetzt, wenn sie ungeschützt in leicht zugänglichen Gebäudeteilen, etwa in Kellern oder Treppenhäusern untergebracht sind. Neben der Zerstörung besteht zusätzlich die Möglichkeit, diese ungeschützten Netzwerk-Koppelelemente vor Ort umzukonfigurieren. Gelingt es einem Angreifer, Koppelelemente unbemerkt umzukonfigurieren, so ist es für den Netzwerk-Administrator schwierig, solche Netzangriffe festzustellen und wieder zu beheben. *Sicherungs-schicht*

Auf der Schicht 3 (*Network-Layer*; Vermittlungsschicht) sind natürlich auch abstrahlbedingte passive Angriffe auf Router denkbar. Aktive Angriffe können mit zunehmender Schicht-Höhe perfider werden: Gelingt es dem Angreifer, Routing-Wege umzukonfigurieren, so landen alle Nachrichten-Pakete auf einem bestimmten Rechner des Angreifers, der die Pakete zuerst analysieren und dann weiterrouten kann. *Vermittlungs-schicht*

Auf der Schicht 4 (*Transport-Layer*; Transportschicht) könnte ein Angreifer eine hängende, nicht ordnungsgemäß abgebaute Verbindung wieder aktivieren. Die Vortäuschung einer fremden Identität unterstützt dabei die Aktivierung einer vermeintlich abgebauten logischen Verbindung zwischen Angreifer und Attackiertem. Auf der Schicht 5 (*Session-Layer*; Sitzungsschicht) könnten dann die passiven Angriffe auf die Vorgängerschicht weiter ausgenutzt werden. Ausgehend von der Schicht 4 lassen sich auf dieser Schicht Prozesse überwachen und einsehen. Somit wäre es zum Beispiel möglich, einen nicht geschützten E-Mail-Verkehr, beispielsweise über das SMTP (*simple mail transfer protocol*) mitzuverfolgen oder eine *telnet*-Sitzung miteinzusehen. *Transportschicht*

Auf der Schicht 6 (*Presentation-Layer*; Darstellungsschicht) setzen in der Regel die Software-Verschlüsselungsverfahren auf. Daher wäre folgendes Szenario denkbar: Während der Übertragung über einen unsicheren Kanal gelingt es einem Angreifer, den geheimen Schlüssel, beispielsweise beim Einsatz von *Pretty Good Privacy* (*PGP*), abzufangen und durch einen eigenen zu ersetzen! Auf diese Art erhält der erfolgreiche Spion Zugang auf vermeintlich geschützte, chiffrierte Informationen. *Darstellungs-schicht*

Auch auf der Schicht 7 (*Application-Layer*; Anwendungsschicht) sind sowohl aktive wie passive Angriffe denkbar. Das Spektrum ist hier so vielfältig wie das Angebot an Applikationen. Zu den böswilligen Manipulationen an Dienst- und Anwendungsprogrammen, die man zu Formen des aktiven Angriffs zählen kann, kommen bei dieser Schicht noch die Risiken und Gefahren, die sowohl aus der mangelhaften Implementierung und den Fehlern der Dienste, wie auch aus der normalen Funktionalität der Dienste und Applikationen resultieren können. Als Beispiele, wo Gefahren aufgrund der normalen Funktionalität lauern, könnten *telnet* (Remote Login), *ftp* (*File Transfer Protocol*), *sendmail* (*Mail Transport Agent*), DNS (*Domain Name Service*), HTTP (*Hypertext Transfer Protocol*), CGI (*Common Gateway Interface*), *Java* (Netzwerk- *Anwendungs-schicht*

Programmiersprache von *Sun*) und *JavaScript* (Script-Sprache von *Netscape*; hieß früher *LiveScript*) aufgezählt werden.

Kritische Punkte   So übertragen *telnet* und ftp beim Remote-Login das Passwort unverschlüsselt im Klartext. Bei anonymem ftp, wo ein Passwort keine Rolle spielt und der eben anonyme Zugang zu dedizierten Datenbereichen für jedermann möglich ist, besteht die Gefahr eines Denial-of-Service-Angriffs, wodurch absichtliches Überfüllen eines Speichermediums ein Dienstangebot sabotiert werden soll. *Sendmail* erlaubt durch die Verwendung eines „Wizard"-Passwortes die Bedienung eines Kommando-Interpreters auf einem entfernten System, ohne sich dort einloggen zu müssen. DNS-Server sind latent der Gefahr ausgesetzt, durch Änderung der Konfigurationsdateien oder durch Einspielen falscher Informationen in den Cache des Name Servers manipuliert zu werden. Im Zusammenhang mit HTTP ergeben sich vielfältige Gefahrenquellen. Neben der Übertragung von HTML-basierten (Hypertext Markup Language) Texten können mit dem Hypertext-Transfer-Protokoll gekapselte Java-Applets, JavaScripte sowie generell jede weitere Form von Dateien übertragen werden. Die mit HTML verbundenen Risiken können deswegen der Server-Seite, der Client-Seite oder speziell der Komponente Java zugeschlagen werden. Serverseitig können z. B. Probleme durch fehlerhafte oder unzureichend geschützte CGI-Programme induziert werden. CGI dient z. B. zur Anbindung von Applikationen an das World Wide Web. Client-seitig besteht die Gefahr, dass Viren und Trojanische Pferde eingeschleust werden. Die unkontrollierte, automatische Ausführung von Programmen und Funktionen durch Add-Ons und Plug-Ins, *Java* und JavaScript oder andere Scriptsprachen stellen zweifellos ein Gefahrenpotenzial dar. Software-Hersteller etwa könnten der Versuchung verfallen, in den Rechnern ihrer Kunden ferngesteuert herumzuschnüffeln.

Viren und   Auch Viren und Trojanische Pferde sind Gefahren, denen man sich u. a. bei der Da-
Trojanische   teiübertragung aussetzt. Ein Virus ist eine nicht selbständige Programmroutine, die
Pferde   in einem sogenannten Wirtsprogramm untergebracht ist und sich durch die Benutzung des Wirtsprogramms selbst reproduziert, d. h. sich andere Programme als Wirte aussucht und sich dort einnistet. Schaden entsteht, wenn der Virus neben der Reproduktion auch Löschaktionen oder nicht kontrollierbare Manipulationen an Daten, Programmen oder im Systembereich vornimmt. Trojanische Pferde sind Programme, die auf den ersten Blick Nützliches leisten, daneben aber durch versteckte Zusatzfunktionen Störungen und Schäden verursachen.

Internet   Die Tatsache, dass im Internet-Umfeld einige Dienste nur unzureichende Sicher-
bescherte seinen   heitsmaßnahmen beinhalten, liegt in der Historie des TCP/IP-Protokolls begründet.
Schöpfern eine   Das Design der TCP/IP-Protokollfamilie wurde zwar im Hinblick auf eine feindlich
unvorhersehbare   gesinnte Umgebung konzipiert, dabei wurde aber der Fokus auf mögliche Hardware-
Entwicklung   Ausfälle gelegt und weniger auf versteckte Attacken von berechtigten Netzwerk-Benutzern. Weiterhin wurde das Design des IP-Protokolls nicht unter Sicherheitsaspekten, wie beispielsweise der Authentifikation, entwickelt. Primäres Ziel war die ausfallsichere Übertragung von Daten-Paketen. Natürlich entwickelt sich das IP-Protokoll auch weiter, so sind in zukünftigen Versionen Verbesserungen auf dem Gebiet der Sicherheit zu erwarten.

12.3 Risiken durch Anwendungsprogramme

Nicht nur systemnahe Software kann durch Sicherheitslöcher bedrohliche Auswirkungen haben! Müßig zu erwähnen, dass es fehlerfreie Software praktisch nicht gibt. Anwendungen können sich als Zeitbomben herausstellen. Anfang 1996 schreckte die Entdeckung eines solchen Sicherheitslochs die Gemeinde der *Lotus Notes* Anwender. Einem Softwarehaus aus Hannover gelang es mit Hilfe eines Trojanischen Pferdes, die Sicherheitsmechanismen von *Lotus Notes* zu umgehen. Einer als harmlos getarnten E-Mail wurde ein Programm angehängt (in Form eines OLE-Objekts), das die Fähigkeit besaß, die Tastatureingaben des Benutzers aus dem Tastaturpuffer wieder auszulesen und dem Versender der E-Mail wiederum unerkannt zukommen zu lassen. Auf diese Weise gelang es dem Eindringling, die noch vom Anmeldevorgang vorhandenen Informationen wie Benutzerkennung und Passwort aus dem Tastaturpuffer zu holen. Der Eindringling erhält damit die Benutzerrechte des Opfers und kann unter dessen Namen weitere Schäden anrichten. Ist das Opfer ein Systemadministrator, so ist der Notes-Server in größter Gefahr.

(Missbrauch von) System-Know-How macht es möglich

Aber nicht nur PC-Software weist bekannte (und unbekannte) Sicherheitsmängel auf. *SAP* etwa hinterlegt alle Benutzer- und Unternehmensdaten unverschlüsselt in der jeweils verwendeten Datenbank. Eine entsprechende Verschlüsselungsmöglichkeit der Daten sowie ein entsprechender Zugriffsschutz auf die Daten werden, wenn überhaupt, von der verwendeten Datenbankplattform zur Verfügung gestellt. Ein besonders gesichertes Datenbanksystem wird von *SAP* nicht mitgeliefert. Das *R/3*-System verfügt zwar über ein Autorisierungskonzept, in dem sich alle Benutzer durch Passwörter identifizieren müssen, aber die Mindestlänge von drei Zeichen bei den Passwörtern entspricht nicht den heutigen Sicherheitsansprüchen. Weiterhin ist eine unterschiedliche Konfigurierbarkeit der Änderungsintervalle von Passwörtern für die jeweiligen Benutzergruppen nicht möglich. Und dort, wo aus Gründen der Einfachheit Gruppenzugangskennungen vergeben werden, lassen sich Passwortänderungen überhaupt nur schwer realisieren. Nun sind diese Probleme natürlich nicht unlösbar. Sowohl das Lotus-Notes- wie auch das *SAP*-Problem lassen sich aus der Welt schaffen. Voraussetzung ist allerdings, dass man solche Untiefen überhaupt wahrnimmt!

Auch „prominente" Produkte sind nicht ohne ...

12.4 Risiken durch Partner und den Faktor Mensch

Nicht unerwähnt bleiben soll das Risikopotenzial außerhalb der eigenen Technik und Organisation. So ist Sicherheit in einer global vernetzten Welt in hohem Maße auch bestimmt durch die Anbieter von Online-Services und durch die Internet-Service-Provider (ISP). Je nach Anbindungsart (rein client-seitige Internet-Beziehung oder symmetrische Internet-Anbindung) können vom ISP verschiedene Gefahren ausgehen, die unter Umständen Sicherheitslücken im Unternehmen entstehen lassen können. Die Informationen laufen zwar aufgeteilt in einzelne Pakete auf durchaus unterschiedlichen Wegen über das Internet ihrem Ziel entgegen, aber sie liegen auf dem Host des Providers noch in ihrer Gesamtheit komplett vor, bevor sie auf den Weg durch das Netz geschickt werden. Auch könnte der ISP durch Mitprotokollierung der

Service-Provider müssen zuverlässig sein

ungeschützt übertragenen Daten diese Informationen unrechtmäßig weiterverwenden. Oder: Unzureichend implementierte Schutzmaßnahmen seitens des ISP können für transferierte Firmendaten Gefahren darstellen. So kann beispielsweise die Infrastruktur des ISPs selbst Angriffsziel sein. Damit ist denkbar, dass Firmendaten von Hackern aus dem ISP-Computer gestohlen werden.

*Sicherheits-
politik ist
notwendig*

Mitarbeiter sind statistisch die größte Gefahrenquelle. Ca. 60% aller Anschläge gehen von den eigenen Mitarbeitern aus. Es beginnt bei der unsachgemäßen Bedienung von Computern und Netzwerken, geht über Sabotage und Vandalismus bis zur Spionage. Ersteres kann in einer schlechten oder mangelhaften Ausbildung wurzeln, aber auch in einem mangelnden Sicherheitsbewusstsein bei Mitarbeitern und im Management. Demzufolge erfüllen Sicherheitssysteme ihre Anforderungen auch nur unzureichend. Eine Sicherheitspolitik wird nicht ernst genommen oder auch gar nicht erst eingerichtet. Sabotage und Vandalismus können ihre Wurzel in frustrierten und mangelhaft geführten Mitarbeitern haben. Spionage dagegen wird häufig mit finanziellen Problemen begründet.

12.5 Sicherheit in elektronischen Märkten ist machbar

*Geschäfte
blühen an
sicheren Orten*

Im Umfeld elektronischer Märkte gibt es mehrere Gruppierungen, die ein hohes Sicherheitsinteresse haben. Zum einen sind es alle Wirtschaftssubjekte als Teilnehmer an einer Markttransaktion, also z. B. Verkäufer, Käufer und Finanz-Intermediäre wie Banken, Kreditkarteninstitute und die Herausgeber elektronischer Zahlungssysteme. Auch für die Infrastrukturbetreiber ist das Thema Sicherheit erfolgskritisch: Schäden aufgrund von Sicherheitsmängeln sorgen für ein schlechtes Renommée und vertreiben Kunden.

12.6 Technische Lösungsansätze

*Technik ist nicht
alles*

Um den oben skizzierten Gefahren und Problemen vorzubeugen, gibt es nun ein ganzes Maßnahmenbündel aus organisatorischen und technischen Ansätzen. Wir werden zunächst die technischen Ansätze skizzieren, möchten aber bereits hier darauf hinweisen, dass die technischen Maßnahmen in einem umfassenderen Kontext unternehmensstrategischer Sicherheitsansätze zu sehen sind. Nur so lässt sich in elektronischen Märkten Sicherheit erzielen.

12.6.1 Virenscanner und Virenkiller

*Vielfältige
Methoden*

Virenscanner sind Programme, die Dateien auf Viren hin überprüfen und Alarm schlagen, wenn sie Viren finden. Diese Programme arbeiten nach verschiedenen Methoden. Eine Möglichkeit ist es, die Größe von Dateien zu überwachen. Andere Scanner suchen nach bekannten Virus-Kennzeichnern (*v-marker*, *virus marker*) in Dateien. Viren hinterlassen i. d. R. eigene Kennzeichner in infizierten Dateien, um sich so für später zu merken, dass eine Auseinandersetzung mit dieser Datei nicht mehr notwendig ist. Manche Viren-Scanner arbeiten ständig im Hintergrund, andere nehmen ihre Arbeit nur nach explizitem Start auf. Viren-Killer entfernen die vom Viren-Scanner gefundenen Viren aus den Dateien. Manchmal ist es aber nicht möglich, aus einem infizierten Programm den Virus zu entfernen. In solchen Fällen muss das Programm gelöscht werden, um den Virus zu entfernen.

12.6.2 Firewalls

Gegen Einbrüche aus dem Internet in das Firmennetzwerk können beispielsweise Firewalls eingerichtet werden. Firewalls gestatten es den Mitarbeitern der Firma, das Internet zu benutzen, halten aber gleichzeitig Hacker und andere Angreifer aus dem Internet davon ab, Zugang zum Firmennetz zu bekommen und dann dort Schaden anzurichten. Firewalls sind Kombinationen aus Hardware und Software, die aus Routern, Servern und verschiedenen Programmen aufgebaut werden. Firewalls befinden sich an der empfindlichsten Stelle, nämlich an der Verbindung von Firmennetz und Internet. *Der virtuelle Zaun*

Die Funktionsweise und der Funktionsumfang der einzelnen auf dem Markt erhältlichen Firewalls unterscheidet sich zum Teil erheblich. Durch den variierenden Funktionsumfang (zum Beispiel zusätzlich implementierter kryptografischer Schutz bei der Übertragung oder Schutz vor Computer-Viren) sind Firewall-Produkte in verschiedener Form erhältlich. Neben kommerziellen Softwarelösungen und Kombinationslösungen aus Hard- und Software, sind auch Lösungen auf Basis von Public-Domain-Software verfügbar. Die eingesetzte Hardware- bzw. Betriebssystem-Plattform spielt hierbei eine wichtige Rolle. Die Sicherheit der Firewalls lässt sich somit nur in einer Gesamtbetrachtung aller eingesetzten Komponenten beurteilen. Das *National Institute of Standard and Technology (NIST)* hat zu diesem Zweck in den USA einen Report veröffentlicht, in dem anhand von 14 Empfehlungen Firewall-Technologien allgemein bewertet werden können (Weidenhammer 15ff): *Unterschiedliche Funktionsweisen*

1. Alles was nicht ausdrücklich erlaubt ist, ist verboten.

2. Das System muss eine vorgegebene Sicherheitspolitik unterstützen, aber selbst keine eigene vorgeben.

3. Der Firewallrechner sollte flexibel sein und sich an neue Dienste sowie eine geänderte Sicherheitsstrategie anpassen lassen.

4. Er muss Authentisierungstechniken verwenden oder aber Schnittstellen für ihre Integration vorsehen.

5. Das Firewall-System muss Filtertechniken bieten, um bestimmte Dienste nur ausgewählten Hosts zu erlauben oder zu verbieten.

6. Das Firewall-System muss eine flexible, einfache Filtersprache besitzen, um viele Attribute filtern zu können.

NIST-Empfehlungen („goldene Firewall-Regeln")

7. Proxy-Services mit starker Authentisierung für Dienste wie FTP oder Telnet müssen Bestandteil des Produkts sein. Falls erforderlich, sollten auch Proxy-Services für NNTP, X.11, HTTP oder Gopher enthalten sein.

8. Die Firewall sollte die Option der Zentralisierung von SMTP-Zugriffen bieten, um direkte E-Mail-Verbindungen zwischen internen und externen Hosts auszuschließen.

9. Der Firewall-Rechner sollte den sicheren Einsatz von öffentlich zugänglichen Informations-Servern ermöglichen.

10. Das System sollte Dial-in-Zugriffe beinhalten und diese auch filtern können.

11. Datenverkehr und Einbruchsversuche müssen protokollierbar sein und für deren Auswertung leicht handhabbare Routinen zur Verfügung stehen.

12. Eine speziell gesicherte Version des verwendeten Betriebssystems sollte in der Firewall enthalten sein.

13. Das System muss verifizierbar entwickelt werden, so dass es leicht verständlich bleibt und einfach zu betreuen ist.

14. Die Firewall muss ebenso wie das darunterliegende Betriebssystem ständig auf dem aktuellen Stand sein.

Firewall-
Paradigmen

Die Umsetzung der entsprechenden Regeln in den Konfigurationsdateien der Firewall-Systeme zeichnet sich zunächst durch die sogenannten Firewall-Paradigmen aus. Hierbei sind prinzipiell zwei Varianten möglich:

Paradigma 1

- *Es ist verboten, was nicht ausdrücklich erlaubt ist.*

Alle Dienste, Anwendungen, Protokolle und Adressen werden von der Firewall abgelehnt. Eine gewünschte Freischaltung der einzelnen Dienste, Anwendungen etc. muss durch entsprechende Einstellungen vom Administrator an der Firewall konfiguriert werden.

Vorteile	Nachteile
• Klare Regelung darüber, welche Protokolle, Dienste, Anwendungen und Adressen erlaubt sind. • Bisher unbekannte Schwachstellen werden geschützt. • Höherer Schutz als bei Firewall-Paradigma 2.	• Hoher Administrationsaufwand bei der Konfiguration und bei Änderungen. • Erfordert detailliertes Wissen über das lokale Netzwerk. • Mögliches Unverständnis der Anwender.

Paradigma 2

- *Es ist erlaubt, was nicht ausdrücklich verboten ist.*

Alle Dienste, Applikationen, Protokolle und Adressen werden von der Firewall unterstützt. Es muss explizit in den Regeln angegeben werden, welche Dienste und Adressen abgelehnt werden sollen.

Vorteile	Nachteile
• Erfordert meist kein detailliertes Wissen über das lokale Netzwerk. • Meist weniger Änderungen bei laufendem Betrieb.	• Angreifer haben Zugang zu allen, nicht durch Filterregeln erfassten Protokollen, Diensten, Anwendungen und Adressen. • Performance-Einbußen durch (zu)viele Filterregeln. • Einbrüche sind nur schwer zu erkennen.

Firewallsysteme lassen sich generell nach verschiedenen Kriterien unterteilen. Bellovin und Cheswick nennen dabei drei Hauptkategorieren (61):   *Kategorien*

- Paketfilter (*Screening Router*)

- Vermittler- oder Transportschicht-Gateway (*Circuit Level Gateway*)

- Anwendungsschicht-Gateway (*Application Level Gateway*).

Oft treten die genannten Techniken als Mischformen in den Produkten auf, wobei   *Produkte sind* die Kombination wesentliche Auswirkungen auf die Performance, Transparenz der   *meist* Dienstnutzung und vor allem auf die zu erzielende Sicherheit hat.   *Mischformen*

Firewalls arbeiten typischerweise auf den höheren Schichten des ISO/OSI-Modells   *Zuordnung zum* (Hare und Siyan 194). Abbildung 12.4 zeigt die Zuordnung der verschiedenen   *ISO/OSI* Firewall-Techniken zum ISO/OSI-Schichten-Modell[1]. Screening Router werden da-   *Schichtenmodell* bei oft nicht als vollständige Firewall bezeichnet, da sie nur nach Paketen beziehungsweise Diensten auf ISO/OSI-Ebene 3/4 filtern können [Ellermann, sowie Hare und Siyan, 194].

Abb. 12.4: *Firewalls und das ISO/OSI-Schichtenmodell*

Der Terminus Firewall wird von vielen Herstellern unterschiedlicher Systeme glei-   *Oberbegriff* chermaßen verwendet. Dieser Oberbegriff dient dabei als Bezeichner für Verschlüsselungs-Hardware, Screening Router oder Application Level Gateways.

---

[1]Nähere Informationen zum ISO/OSI-Schichten-Model finden sich in ISO 7498-1984.

Wirkung der Maßnahmen

Maßnahmen, die durch den Einsatz solcher Systeme realisiert werden, wirken in beide Richtungen, sowohl für das sichere (lokale) als auch das unsichere Netz. Dabei unterliegen nicht nur die Benutzer, welche extern über die Firewall Zugang zum LAN erhalten, Restriktionen und Einschränkungen. Die verfügbaren Sicherheitsmechanismen der Firewallsysteme lassen sich auch zum Schutz der internen Netzsegmente einsetzen. Das *Universitätsspital* in Zürich setzt beispielsweise Firewall-Mechanismen ein, um die einzelnen Bereiche (was einzelnen LAN-Segmenten entspricht – zum Beispiel Radiologie, Augenklinik) voreinander zu schützen. Damit soll u. a. der Anforderung einer höchstmöglichen Sicherheit entsprochen werden. Doch besonders der Schutz der internen Netzsegmente untereinander bewirkt nach Meinung der Anwender oft auch eine Beeinträchtigung der Arbeitsweise. Besonders wenn Sicherheitsmaßnahmen nicht völlig transparent für die Benutzer sind (zum Beispiel erneutes, wiederholtes Anmelden an dasselbe System, wenn dieses nach einem bestimmten Zeitintervall erneut angesprochen wird), kann dies zu einem Reizthema zwischen Administrator und Anwender werden. Es gehört viel Überzeugungsarbeit dazu, die Benutzer für vorhandene oder geplante Sicherheitsmaßnahmen zu sensibilisieren. Die Implementierung einer Firewall erfordert meist die Umsetzung weiterer technischer Maßnahmen, welche sich implizit auch in organisatorischen Maßnahmen niederschlagen.

12.6.2.1 Screening Router

Pakete werden gefiltert

Eine der einfachsten Firewall-Arten ist der sogenannte *Screening Router*, der auf der Basis der Paketfilterung arbeitet. Der Screening Router untersucht die Header aller Datenpakete, die zwischen Internet und dem Firmennetz ausgetauscht werden. Die untersuchten Header enthalten bestimmte Verwaltungsinformationen, wie z. B. die IP-Adressen des Senders und des Empfängers und den Internet-Dienst, für den das Paket bestimmt ist. Je nach Konfiguration des Screening Routers können nun Pakete mit bestimmten Absenderadressen aussortiert und verworfen werden. Der Router könnte bspw. auch nur die Pakete, die E-Mail betreffen, durchlassen und die Pakete aller anderen Internet-Dienste abweisen.

12.6.2.2 Proxy-Server

Ein Stellvertreter als Torwächter

Proxy-Server sind ein weiterer Bestandteil von Firewalls. Will jemand aus dem Firmennetzwerk einen externen Server im Internet ansprechen, so schickt der Computer des Nachfragers eine Anforderung an den Proxy-Server. Dieser nimmt dann seinerseits Kontakt mit dem eigentlich adressierten Internet-Server auf. Der Proxy-Server sendet dann die Daten, die er vom externen Internet-Server erhält, an den eigentlich anfragenden Computer im Firmennetz. Der Proxy-Server ist also ein Stellvertreter für den eigentlichen Server und kann in dieser Eigenschaft als „Torwächter" arbeiten: Der Proxy-Server kann den gesamten Verkehr zwischen Firmennetz und Internet protokollieren. Desweiteren kann er auch jede IP-Adresse, Datum und Uhrzeit eines jeden Zugriffs, URLs, Anzahl der übertragenen Bytes und anderes mehr festhalten. Diese Informationen können zur Analyse von Angriffen auf das Firmennetzwerk einen wertvollen Beitrag leisten. Proxy-Server können aber noch mehr: So könnte beispielsweise ein Proxy-FTP-Server so konfiguriert werden, dass man zwar aus dem Firmennetz Dateien in das Internet übertragen kann, die umgekehrte Transferrichtung aber nicht unterstützt wird.

12.6.3 Verschlüsselung und Kryptografie

Einer der wirkungsvollsten technischen Lösungsansätze zum Schutz von Informa- *Ein Schlüssel*
tionen vor unbefugtem Zugriff und auch vor Verfälschungen ist die Verschlüsselung *steuert*
der Daten: Der Klartext wird nach einem bestimmten Algorithmus in eine scheinbar
sinnlose Zeichenfolge umgewandelt. In der Regel wird diese Umwandlung durch
einen sogenannten Schlüssel gesteuert. Bei gleichem Algorithmus erzeugen unterschiedliche Schlüssel aus gleichen Quellzeichenfolgen unterschiedliche Zielzeichen-
folgen. Zum Dechiffrieren bedarf es eines weiteren Schlüssels. Je nachdem, ob zum
Chiffrieren und Dechiffrieren der gleiche oder aber verschiedene Schlüssel notwendig sind, unterscheidet man in symmetrische oder asymmetrische Verschlüsselungsverfahren.

12.6.3.1 Symmetrische Verschlüsselung

Symmetrische Verschlüsselungsverfahren (*Private-Key-Verfahren*) benutzen zur Ver- *Private-Key-*
schlüsselung und zur Entschlüsselung von Daten denselben Schlüssel. Im Folgenden *Verfahren*
werden die beiden wichtigsten Algorithmen (DES und IDEA) für symmetrische Verfahren vorgestellt. Darüber hinaus gibt es noch ROT13, RC2, RC4, RC5, Skipjack
und das Original *UNIX* crypt (nicht zu verwechseln mit dem crypt für das Chiffrieren der *UNIX*-Passwörter). Diese werden hier jedoch nur der Vollständigkeit halber
erwähnt.

Der DES-Algorithmus wurde vor ca. 20 Jahren von *IBM* und dem jetzigen *NIST* ent- *DES-*
wickelt und stellt damit einen der am längsten verwendeten Algorithmen dar. Durch *Algorithmus*
Permutationen und Substitutionen etc. werden Bitgruppen in mehreren Durchgän-
gen verändert. Obschon sich der Algorithmus seither bewährt und sich de facto zum
Standard entwickelt hat, geht man heute aufgrund seiner Schlüssellänge von effek-
tiv 56 Bits mehr und mehr dazu über, Verfahren mit größerer Schlüssellänge oder
DES-Varianten zu verwenden. Letztere erlauben die Verdoppelung beziehungsweise
Verdreifachung der Schlüssellänge und sind unter dem Namen Double DES und
Triple DES bekannt.

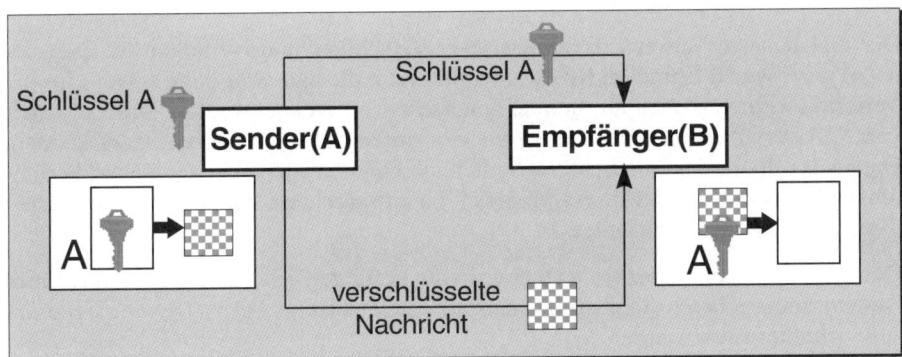

Abb. 12.5: *Symmetrisches Verschlüsselungsverfahren*

IDEA-
Algorithmus

Ein weiterer wichtiger und etwas jüngerer Algorithmus ist der International Data Encryption Algorithm (IDEA), der 1990 veröffentlicht wurde. Er arbeitet ebenfalls auf Bit-Blöcken, verwendet aber eine Schlüssellänge von 128 Bits und führt mehr Operationen auf dem zu verschlüsselnden Text als DES aus. Der Algorithmus gilt als der Bessere.

Aufgrund der identischen Schlüssel ergeben sich folgende Anforderungen an Private-Key-Verfahren:

1. Sicherer Austausch des Schlüssels (auf keinen Fall über das Medium, auf dem später auch die Verschlüsselung angewendet wird – am besten persönlich),

2. sichere Aufbewahrung der Schlüssel,

3. Schlüssel-Management, da für jeden Kommunikationspartner (Sender und Empfänger) ein Schlüssel vorhanden sein muss,

4. Wechsel der Schlüssel nach einer gewissen Zeit (Gefahr von Replay-Attacken).

12.6.3.2   Asymmetrische Verschlüsselung

Public-Key-
Verfahren

Asymmetrische Verschlüsselungsverfahren (*Public-Key-Verfahren*) benutzen zur Verschlüsselung und zur Entschlüsselung von Daten zwei verschiedene Schlüssel. Eine Nachricht kann mit einem öffentlichen Schlüssel (*Public Key*) verschlüsselt und nur mit dem jeweils anderen nichtöffentlichen Schlüssel (*Private Key*) entschlüsselt werden. Der Private Key ist im Gegensatz zum Public Key auf jeden Fall geheim zu halten.

Schlüssel-
beschaffung

Gegenüber den symmetrischen Verfahren besitzen asymmetrische Verfahren den Vorteil, dass auch sicher mit Personen kommuniziert werden kann, mit denen noch kein geheimer Schlüssel vereinbart wurde. Diese besorgen sich einfach den öffentlichen Schlüssel entweder direkt von dem gewünschten Kommunikationspartner, von einem sogenannten Key-Server oder mittels finger-Befehl. Hierzu können alle zur Verfügung stehenden Quellen ausgenutzt werden. Dazu muss der Public Key in der Datei *.project* oder *.public* (in $HOME) untergebracht sein.

RSA-Verfahren

Der bekannteste Vertreter asymmetrischer Verschlüsselungsverfahren ist *RSA*, benannt nach seinen Erfindern Rivest, Shamir und Adleman. *RSA* kann sowohl für die Verschlüsselung als auch als digitale Unterschrift verwendet werden. Die Sicherheit von *RSA* beruht auf der Schwierigkeit, sehr große Zahlen faktorisieren zu können. Daraus resultiert, dass die Schlüssel erheblich länger als bei symmetrischen Verfahren sind. Außerdem sind sie im Vergleich zu entsprechend sicheren symmetrischen Verfahren erheblich langsamer.

Weitere
Verfahren

Der Vollständigkeit halber sollen hier noch die Verfahren von Diffie-Hellmann (reines System zum sicheren Schlüsselaustausch), ElGamal und DAS (*Digital Signature Algorithm*) erwähnt werden.

Wie Abb. 12.6 und 12.7 zeigen, gibt es grundsätzlich zwei Verschlüsselungsmethoden bei asymmetrischen Verfahren.

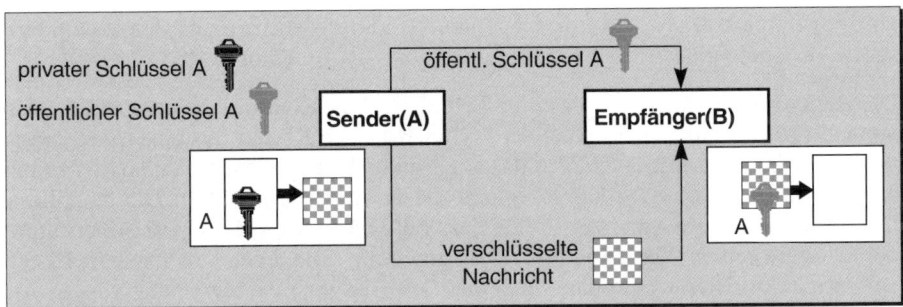

Abb. 12.6: *Asymmetrische Verschlüsselung mit dem privaten Senderschlüssel*

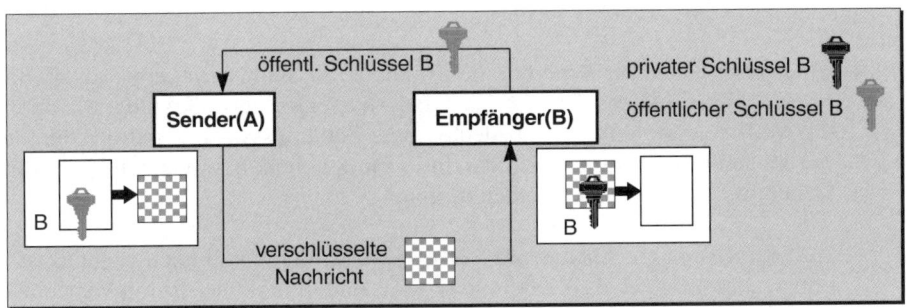

Abb. 12.7: *Assymmetrische Verschlüsselung mit dem öffentlichen Empfängerschlüssel*

Der Sender verschlüsselt die Nachricht mit seinem privaten Schlüssel, wobei der öffentliche Schlüssel dem Empfänger zur Entschlüsselung bekannt gemacht wird. Der Empfänger entschlüsselt die übersandte Nachricht mit dem öffentlichen Schlüssel des Senders. Die Verschlüsselung mit dem Privatschlüssel des Senders wird zur Erstellung von digitalen Signaturen benutzt. *Verschlüsselung mit dem privaten Sender-Schlüssel (Abb. 12.6)*

Die andere Variante ist die Verschlüsselung mit dem öffentlichen Empfängerschlüssel. Hierbei wird die Nachricht vom Sender mit dem öffentlichen Empfängerschlüssel verschlüsselt und der Empfänger entschlüsselt die Nachricht mit seinem Privatschlüssel. *Verschüsselung mit dem öffentlichen Empfänger-Schlüssel (Abb. 12.7)*

Die Verschlüsselung mit dem öffentlichen Empfängerschlüssel dient vor allem der Nachrichtenvertraulichkeit. So kann beispielsweise der Sender (Kunde) die Kreditkartennummer mit dem öffentlichen Schlüssel des Kreditkartenunternehmens verschlüsseln, und für die Auftragsdaten (Produkte, Lieferungsbedingungen u. a.) den öffentlichen Schlüssel des Anbieters verwenden. Somit können die Marktpartner nur den Teil der Nachricht entschlüsseln, der für sie relevant ist. Der andere Nachrichtenteil bleibt vertraulich. *Nachrichtenvertraulichkeit*

Die Ver- und Entschlüsselung ist im Vergleich zu symmetrischen Verschlüsselungen aufwendiger, was bei den heutigen Rechnerleistungen jedoch im Sekundenbereich liegt und daher fast vernachlässigbar ist. Neben der Realisierung digitaler Signaturen *Asymmetrische Verschlüsselung ist aufwendiger* wird im Bereich des SchlüsselManagements und der Zertifizierung den asymmetrischen Verfahren eine große Bedeutung beigemessen [Isselhorst, 19].

RSA-Chiffre Die RSA-Chiffre, benannt nach ihren Erfindern R. L. Rivest, A. Shamir und L. Adleman, ist das wichtigste Beispiel der asymmetrischen Krypto-Systeme (*http://www.rsa.com*). Sie ist „heute zweifellos das am gründlichsten erforschte und in der Praxis am häufigsten eingesetzte Kryptosystem dieser Art" [Fumy, 343]. Die detaillierte Überprüfung von RSA hat zur Folge, dass bei einem Angriff auf den Algorithmus der Erfolg in keinem Verhältnis zum Aufwand steht[2]. Die Sicherheit von RSA basiert auf dem Faktorisierungsproblem, d. h. der Schwierigkeit der Zerlegung von großen Zahlen in ihre Primfaktoren.

Nationale Restriktionen Hinsichtlich der geografischen Anwendung der Kryptografie bestehen bisher noch Einschränkungen:

- Einerseits besteht für Kryptografie-Produkte mit Schlüsseln länger als 40 Bit ein Exportverbot der USA und Kanada [Anderer], da dort Kryptografie unter das Waffengesetz fällt. Dies bedeutet, dass Zahlungssysteme und -protokolle mit längeren Kryptografie-Schlüsseln in Europa nicht bzw. nur mit spezieller Genehmigung verwendet werden dürfen.

- Andererseits ist die Anwendung von Kryptografie in Frankreich generell verboten. Dies bedeutet, dass Zahlungssysteme und -protokolle, die mit Verschlüsselung arbeiten (und das sind mit wenigen Ausnahmen alle), in Frankreich nur begrenzt Anklang finden.

Ein hybrides Verfahren Ein Nachteil der asymmetrischen Verfahren ist ihre Komplexität, die – wie bereits oben erwähnt – zu relativ langer Verschlüsselungsdauer führt. Folgender Ansatz bietet einen Kompromiss: Die Daten werden mit einem neu gewählten symmetrischen Nachrichtenschlüssel verschlüsselt, den der Empfänger noch nicht kennt. Dieser Schlüssel wird mit dem öffentlichen Schlüssel des Empfängers verschlüsselt und der Nachricht beigelegt. Der Empfänger kann dann mit seinem privaten Schlüssel den Nachrichtenschlüssel dechiffrieren und anschließend mit diesem Schlüssel die Daten entschlüsseln. Die Datenmenge, die mit dem asymmetrischen Verfahren verschlüsselt wird, ist damit minimal.

12.6.3.3   Hash-Algorithmen

Vom Begriff zur Zahl Hash-Algorithmen werden im Bereich der Verschlüsselung häufig angewandt. Der Hauptzweck von Hash-Algorithmen ist die eindeutige Abbildung eines beliebigen Begriffs auf eine (kleine) Zahl. Sie dienen als Ersatz für das eventuell umfangreiche Dokument und bieten so bei weiteren Verschlüsselungsschritten eine Zeitersparnis.

Hash-Algorithmen werden auch für die Beschaffung einer zufälligen Zahl verwendet: z. B. bei blinden Signaturen für einen elektronischen Umschlag [Chaum 1987, 268ff.]. [Wayner, 34ff.] beschreibt mehrere Hash-Algorithmen.

---

[2]vgl. http://www.esd.de/de/secu/secu.htm#30

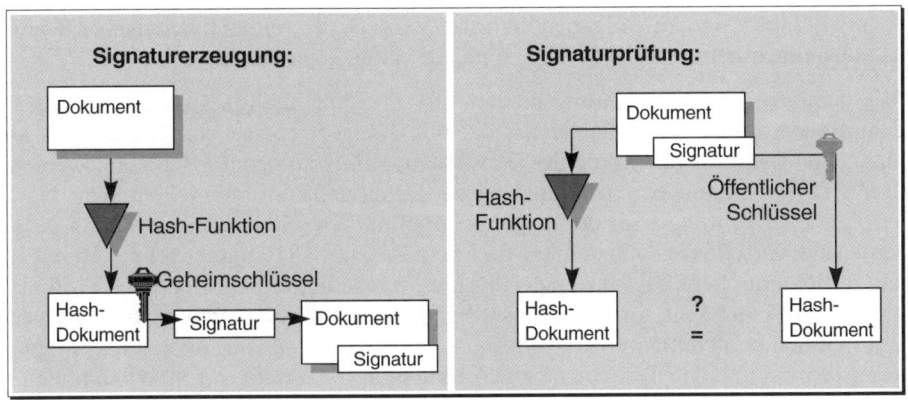

Abb. 12.8: *Erstellen und Überprüfen digitaler Signaturen [vgl. Heuser 96, 58]*

12.6.3.4 Digitale Signaturen

Eine digitale Signatur (digitale Unterschrift) wird mit asymmetrischen Kryptografie-Algorithmen erstellt und sichert die Integrität des versandten Dokuments. Wenn der Text nach dem Signieren modifiziert wird, fällt dies bei der Signaturprüfung auf.

Sicherung der Integrität des Dokuments

Die Erstellung und Überprüfung einer digitalen Signatur läuft folgendermaßen ab: Zuerst wird das zu unterschreibende Dokument komprimiert (z. B. mit einem Hash-Algorithmus) und anschließend mit einem Privatschlüssel nach einem kryptografischen Algorithmus verschlüsselt. Das entstandene Bit-Muster wird als digitale Signatur bezeichnet und wird zum (eventuell verschlüsselten) Dokument hinzugefügt. Der Empfänger entschlüsselt die Signatur mit dem öffentlichen Schlüssel des Senders und verifiziert sie somit [Kruse, 18–19]. Die Überprüfungsdauer einer digitalen Signatur liegt bei etwa 0,1 Sekunden [Reif].

„Gehasht" und verschlüsselt

Die Akzeptanz der digitalen Signatur und ihre Rechtsverbindlichkeit stellen ein Problem dar. Ausführliche Informationen bezüglich dieser Thematik sind in [Bundesnotarkammer] und [Glade/Reimer/Struif] erläutert. Um die Rechtsverbindlichkeit der digitalen Signatur zu erlangen, ist die Einbindung von vertrauenswürdigen Dritten (*Trust Center*) erforderlich. Auch für einen zweifelsfreien Nachweis der Identität des Unterzeichnenden (Authentizitäts-Nachweis) werden Trust Center benötigt. Neben der Datenintegrität und der Senderauthentizität sind die Unfälschbarkeit und der Echtheitsnachweis weitere Einsatzgebiete der digitalen Signatur [Heuser 96, 59]. Die Forderung nach Trust Centern führt zum nächsten Thema, der Zertifikation.

Trust Center stellen Zertifikate aus

12.6.3.5 Zertifikation

Als Zertifikation wird die Bestätigung der Korrektheit einer bestimmten Information durch eine vertrauenswürdige dritte Instanz verstanden. Beim Zertifizierungsgegenstand kann es sich beispielsweise um Schlüssel handeln. Die besonders vertrauenswürdigen Instanzen werden auch als „Trusted Third Party" (TTP), „Certification Authority" (CA) oder auch als „Notariatsdienst" bezeichnet. Die Aufgabe von Notariatsdiensten muss nicht nur das Ausstellen von Zertifikaten beinhalten, sondern

Vertrauenswürdige Instanzen

kann vielfältige andere Aufgaben umfassen, so z. B. die Authentisierung von Transaktionsteilnehmern und die Sicherstellung der Non-Repudiation.

Zertifizierte
Schlüssel

Wie kann nun der Zertifizierungsprozess z. B. für einen Schlüssel konkret aussehen? Um ein Zertifikat zu erhalten, muss der öffentliche Schlüssel mit Name, Adresse und gegebenenfalls der Kopie des Personalausweises an den TTP gesandt werden. Der TTP übernimmt eine Überprüfung der Daten auf konventionellem Weg. Nach erfolgreicher Prüfung wird der eingereichte öffentliche Schlüssel mit einer Gültigkeitsdauer versehen und mit dem privaten Schlüssel des TTPs unterzeichnet. Damit ist ein zertifizierter Schlüssel entstanden. Es muss nun lediglich der öffentliche Schlüssel des TTP bekannt sein, um den öffentlichen Schlüssel des Kommunikationspartners auf Echtheit und Gültigkeit zu überprüfen. Detaillierte Angaben über den Zertifizierungsprozess und den Test eines Zertifikats sind in [Federrath u. a. 120f] zu finden.

12.6.3.6   PGP: Pretty Good Privacy

PGP als
Mischtechnik

Pretty Good Privacy ist ein Programm, das für die sichere Übertragung von Informationen (vornehmlich E-Mails) sowohl symmetrische (IDEA) als auch asymmetrische (RSA) Verschlüsselungsverfahren einsetzt. Der Autor[3] Phil Zimmermann stellt den Source-Code frei zur Verfügung, wobei *PGP* selbst plattformunabhängig ist. Durch die Einsicht in den Source-Code wird gleichzeitig einer allgemeinen Forderung von Verschlüsselungs-Experten Rechnung getragen, die Software zur Verschlüsselung auf eventuelle Schwachstellen überprüfen zu können.

PGP-
Funktionen

Im Wesentlichen können durch *PGP* zwei wichtige Funktionen realisiert werden:

- die Verschlüsselung von Daten, wobei ausschließlich der Empfänger in der Lage ist, diese auch zu entschlüsseln,

- das Versehen einer Information mit digitalen Unterschriften, so dass die Authentizität gewährleistet ist.

Funktionsweise

Für den Benutzer stellt sich *PGP* hauptsächlich als asymmetrisches Verfahren dar, da für die Übertragung von Informationen zunächst ein Schlüsselpaar erzeugt werden muss. Dieses Schlüsselpaar besteht aus einem öffentlichen und einem nichtöffentlichen Schlüssel, wobei es gewollt ist, dass möglichst viele Personen Kenntnis von einem öffentlichen Schlüssel besitzen. Mit dem öffentlichen Schlüssel von Person B kann Person A ihre Nachrichten an B verschlüsseln, wobei nur B diese wieder mit ihrem nichtöffentlichen Schlüssel entschlüsseln kann. Selbst A kann die einmal chiffrierte Nachricht an B nicht mehr dechiffrieren (vgl. Abb. 12.9).

Digitale
Unterschrift

Die Möglichkeit der digitalen Unterschrift (siehe auch Abschn. 12.6.3.4) besteht darin, eine Nachricht mit seinem eigenen nichtöffentlichen Schlüssel verschlüsselt zu versenden. Jeder, der im Besitz des dazu passenden öffentlichen Schlüssels ist, kann diese Nachricht dann wieder entschlüsseln. Damit kann nachgewiesen werden, dass diese E-Mail tatsächlich von dem Absender geschrieben wurde. Dies mag auf den ersten Blick unsinnig erscheinen, da dieser Schlüssel (absichtlich) an eine ganze Reihe von Personen verteilt worden ist (und die Nachricht somit von jeder dieser Personen

---

[3]Die Software wurde von anderen Autoren weiterentwickelt.

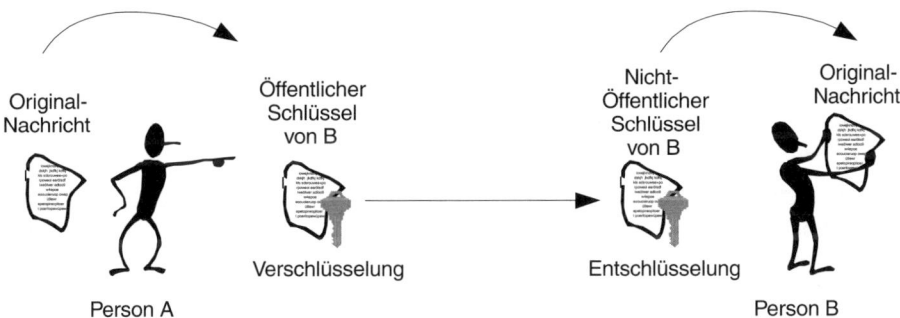

Abb. 12.9: *Versenden von verschlüsselten Nachrichten mit PGP*

lesbar wäre), aber schließlich ist auch eine Kombination von Verschlüsselungen denkbar, die diesem Problem entgegenwirkt.

Zum Beispiel könnte die Person A eine Nachricht an Person B durch die Verschlüsselung mit ihrem eigenen nichtöffentlichen Schlüssel unterschreiben (verschlüsseln). Die unterschriebene Nachricht kann jetzt weiterhin mit dem öffentlichen Schlüssel

Authentizität gewährleisten

```
From daemon Tue Aug 6 09:59:52 1996
From: Wolfgang Ley <ley@cert.dfn.de>
Subject: Re: Liste deutscher Firewallanbieter
To: ziegelba@alpha.fh-furtwangen.de (Holger Ziegelbauer)
Date: Tue, 6 Aug 1996 09:38:05 +0200 (MET DST)
Cc: info@cert.dfn.de (DFN-CERT information requests)
Reply-To: info@cert.dfn.de (DFN-CERT information requests)
In-Reply-To: <32068F31.10D8@alpha.fh-furtwangen.de>
from \qut{Holger Ziegelbauer} at Aug 5, 96 05:17:53 pm
Organization: DFN-CERT (Computer Emergency Response Team, Germany)
Content-Type: text
Content-Length: 1596
-----BEGIN PGP SIGNED MESSAGE-----
Hallo Holger,
der Meeting-Termin in New York passt.
Mit freundlichen Gruessen
 Wolfgang Ley (DFN-CERT)
- --
Wolfgang Ley, DFN-CERT, Vogt-Koelln-Str. 30, 22527 Hamburg, Germany
E-Mail: ley@cert.dfn.de Phone: +49 40 5494-2262 Fax: +49 40 5494-2241
PGP-Key available via finger ley@ftp.cert.dfn.de any key-server or via
WWW from http://www.cert.dfn.de/~ley/ ...have a nice day
-----BEGIN PGP SIGNATURE-----
Version: 2.6.2i
iQCVAwUBMgb2WgQmfXmOCknRAQEGVAQAwbGUtbTpRc3pSZmgbA85k9SfIuHRv5Ja
JPkNY89DA/kQp05/3lDlHviOj9UP5ccAfEBzkt10r9sDUSYlwDUtD7FX6OtpNTiS
ZEy+5N8+rYsI46dKx0Y9pTRX3NC59WAhK/6d+Ys3BfSOWQuCxPkZWWqXUBQGGrR2
pHg81aMMNh4=
=1FPp
-----END PGP SIGNATURE-----
```

Abb. 12.10: *Beispiel einer digitalen Unterschrift mit PGP erzeugt*

von B verschlüsselt und anschließend versandt werden. Somit ist gewährleistet, dass nur B die Nachricht entschlüsseln kann und dass die digitale Unterschrift auch gleichzeitig die Authentizität der Nachricht belegt. Abbildung 12.10 zeigt ein Beispiel für eine digitale Unterschrift (hier noch chiffriert), wobei in diesem Fall darauf verzichtet wurde, die ganze E-Mail zu verschlüsseln.

Kopplung der Verfahren

Um die Schnelligkeit von symmetrischen Verschlüsselungsverfahren mit den Vorteilen der etwas weniger performanten asymmetrischen Verfahren zu verbinden, wird beim PGP zunächst der eigentliche Text mit dem IDEA-Algorithmus verschlüsselt, wobei der Schlüssel zufällig erzeugt wird und auch nur für diese Übertragung gültig ist (*Session Key*). Dieser Vorgang ist für den Benutzer transparent. Der öffentliche Schlüssel des Empfängers wird dann wiederum benutzt, um diesen temporären IDEA-Schlüssel nur dem Empfänger zur Verfügung zu stellen. Dieser entschlüsselt nach Empfang in umgekehrter Reihenfolge (vgl. Abb. 12.11).

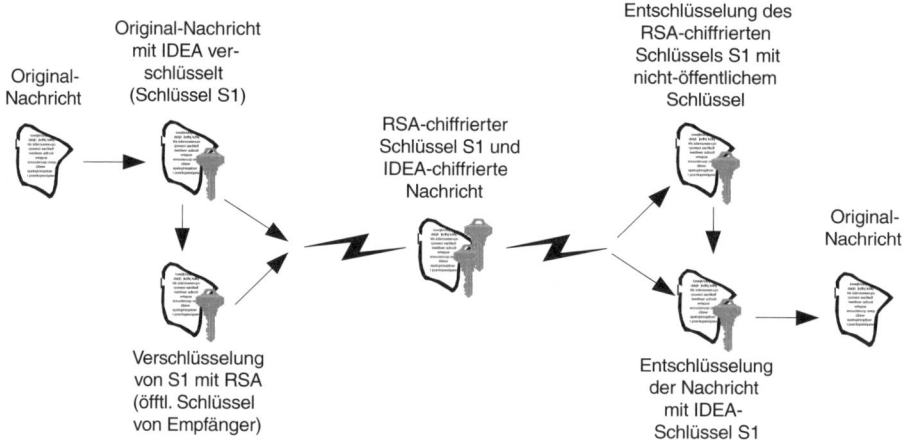

Abb. 12.11: Symmetrische und asymmetrische Verschlüsselung bei PGP

Vorteile von PGP

Der Vorteil liegt also darin, dass ein unter Umständen aufwendiges Austauschen, wie bei dem Gebrauch von symmetrischen Schlüsseln, entfällt. Allerdings lauern auch ähnliche Gefahren bei dem erstmaligen Austausch des öffentlichen Schlüssels. Ein Hacker H könnte das erstmalige Übermitteln eines öffentlichen Schlüssels $S_{pö}$ von Person P abfangen und ihn durch einen eigens erstellten öffentlichen Schlüssel $S_{hö}$ austauschen und weiterleiten. Im weiteren Verlauf kann sich H dann als P ausgeben, indem er ankommende E-Mails für P zuerst mit seinem gefälschten nichtöffentlichen Schlüssel S_{hn} liest (dies ist möglich, da er diesen ja selbst erstellt hat) und die Nachricht anschließend mit dem eigentlich richtigen öffentlichen Schlüssel $S_{pö}$ verschlüsselt an P weiterleitet. Es muss also auch hier gewährleistet werden, dass ein bestimmter öffentlicher Schlüssel zu der entsprechenden Person gehört.

Key-Server

Inzwischen gibt es eine Reihe von Key-Servern, welche die Verteilung der öffentlichen Schlüssel übernehmen. Bei der Auswahl solcher Server sollte man aber vorher deren Vertrauenswürdigkeit evaluieren. Key-Server können drei verschiedene Schnittstellen haben. Die WWW-Schnittstelle ist sicherlich die populärste. Daneben existieren ftp- und E-Mail-Schnittstellen. Weitere Informationen zur Schlüsselverteilung über die E-Mail-Schnittstelle erhält man durch eine E-Mail mit Subject: HELP an einen der folgenden Server:

- pgp-public-keys@keys.pgp.net

- pgp-public-keys@informatik.uni-hamburg.de

- pgp-public-keys@dsi.unimi.it

Key-Server mit einer WWW-Schnittstelle können über folgende URLs erreicht werden:

- *www.pca.dfn.de/dfnpca/pgpkserv*

- *wwwkeys.de.pgp.net*

Ein Verzeichnis weiterer europäischer Key-Server befindet sich unter *www.pgp.net/pgpnet*. Da die Key-Server untereinander kommunizieren, muss der öffentliche PGP-Schlüssel nur bei einem Key-Server hinterlegt werden. Kommunikationspartner können sich dann den hinterlegten Schlüssel nach kurzer Zeit bei einem beliebigen Key-Server abhholen.   *Key-Server kommunizieren miteinander*

12.7 Strategische Lösungsansätze

Soweit einige technische Lösungsansätze. Um es aber deutlich zu sagen: Ausschließlich technische Ansätze, wie die Installation einer Firewall, liefern in keinem Fall die wünschenswerte IT-Sicherheit für elektronische Märkte. Die Lösung besteht in der Etablierung einer Sicherheitspolitik, die vom Management initiiert, von der Systemadministration umgesetzt und von der gesamten Belegschaft einer Electronic Mall getragen wird.   *Technische Maßnahmen alleine reichen nicht*

Der Grad der Sicherheit eines IT-Systems hängt sehr stark von der zugrundeliegenden IT-Strategie und der darin enthaltenen Sicherheitspolitik ab. Darin wird das Ziel der angestrebten Sicherheit festgelegt, welches unter anderem von Faktoren wie der Größe der Electronic Mall oder der Wichtigkeit der Daten beeinflusst wird. Keine Firma im elektronischen Markt kann es sich heute leisten, ohne durchdachtes Sicherheitskonzept zu agieren. Die totale Abhängigkeit des elektronischen Marktes von der Computer- und Netzinfrastruktur, von den Daten und der Software macht den Verzicht auf ein Sicherheitskonzept zum sträflichen Leichtsinn.   *IT-Strategie*

Grob vereinfacht beschreibt die Sicherheitspolitik eines Unternehmens, welche Ressourcen mit welcher Begründung wie zu schützen sind und wer dafür verantwortlich ist. Dabei gibt es eine ganze Reihe von Faktoren, die die Sicherheitspolitik maßgeblich beeinflussen. Zu nennen sind hier technische, organisatorische und rechtliche Faktoren. Darüberhinaus können auch marketing-politische Entscheidungen Einfluss auf die Sicherheitspolitik haben. So ist es beispielsweise für eine Bank wichtig, eine   *Sicherheitspolitik*

Sicherheitspolitik vorweisen zu können, die das Vertrauen Dritter (Vertragspartner, Kunden, Behörden u. a.) gewinnt.

Sicherheits-
anforderungen

Die innerhalb einer Sicherheitspolitik auszuformulierenden Sicherheitsanforderungen legen fest, wann ein System oder das Firmennetzwerk als sicher betrachtet werden können. Um solche Anforderungen zu definieren, bedarf es einer auf das Unternehmen zugeschnittenen Risiko-Bedrohungsanalyse.

IT-Strategie und
Sicherheitspoli-
tik

In Bezug auf Netzwerksicherheit legt eine solche Politik fest, nach welchen Regeln und Verfahren die Datenübermittlung, Datenverarbeitung und Datenspeicherung erfolgt. Weiterhin ist auch festzuhalten, wie auf mögliche Verstöße gegen die vereinbarte Sicherheitspolitik zu reagieren ist.

Weitere
Einflussfaktoren

Neben technischen Faktoren und eine durch die Unternehmensziele gegebene Beeinflussung der Sicherheitspolitik gibt es noch eine Reihe weiterer Einflussgrößen. Infrastrukturelle Faktoren reichen von räumlichen Gegebenheiten über die Art der verwendeten Computer und benutzten Übertragungsmedien bis hin zur eingesetzten Software. Organisatorische Einflussfaktoren legen fest, welche Mitarbeiter oder externe Partner an bestimmten betrieblichen Prozessen beteiligt sind. Rechtliche Aspekte müssen berücksichtigt werden. Hier gilt es unternehmensinterne Richtlinien einzubeziehen, Abmachungen mit externen Partnern zu bedenken und gesetzliche Bestimmungen (Bundesdatenschutzgesetz, Datenschutzverordnungen u. ä.) zu berücksichtigen.

12.7.1 IT-Strategie für elektronische Märkte

IT-Strategie und
Sicherheits-
politik

Der Grad der Sicherheit eines Systems hängt stark von der zugrundeliegenden IT-Strategie und der darin enthaltenen Sicherheitspolitik ab. Dabei wird eine Stoßrichtung für die angestrebte Sicherheit festgelegt, welche unter anderem von Faktoren wie der Größe der Firma oder der Wichtigkeit der Daten beeinflusst wird. Einrichtungen im Umfeld elektronischer Märkte können es sich aber nicht leisten, ohne durchdachtes Sicherheitskonzept auszukommen. Dies wird insbesondere durch die Abhängigkeit des elektronischen Marktes von der DV, den Corporate Networks und den offenen internationalen Netzen offensichtlich. Die Notwendigkeit von Netzsicherheit spiegelt sich aber deshalb nicht automatisch in der Akzeptanz derselben wieder. Vor allem das Management scheint gegenüber dem jeweiligen Fachpersonal in den Unternehmen, die Bedeutung von Netzsicherheit zu unterschätzen (vgl. Abb. 12.12). Dies hängt oftmals mit den erhöhten DV-Ausgaben ohne direkt messbaren Nutzen zusammen.

Festlegung von
Inhalten und
Verantwortlich-
keiten

Grob vereinfacht beschreibt die Sicherheitspolitik eines Unternehmens, welche Resourcen mit welcher Begründung zu schützen sind und wer dafür verantwortlich ist. In Bezug auf Netzwerksicherheit legt eine solche Politik fest, nach welchen Regeln und Verfahren die Datenübermittlung, -verarbeitung und -speicherung erfolgt. Weiterhin wird auch festgehalten, wie auf mögliche Übertretungen der vereinbarten Sicherheitspolitik reagiert wird. Die zunehmende Vernetzung der Firmen bedingt meist gleichzeitig eine weitere Dezentralisierung der Computersysteme. Aus diesem Grund kann die Verantwortung für ein sicheres System nicht länger bei einer zentralen Stelle oder gar einer einzigen Person liegen, sondern muss auf die einzelnen Stellen (Abteilungen) bis hin zum konkreten Mitarbeiter verlagert werden.

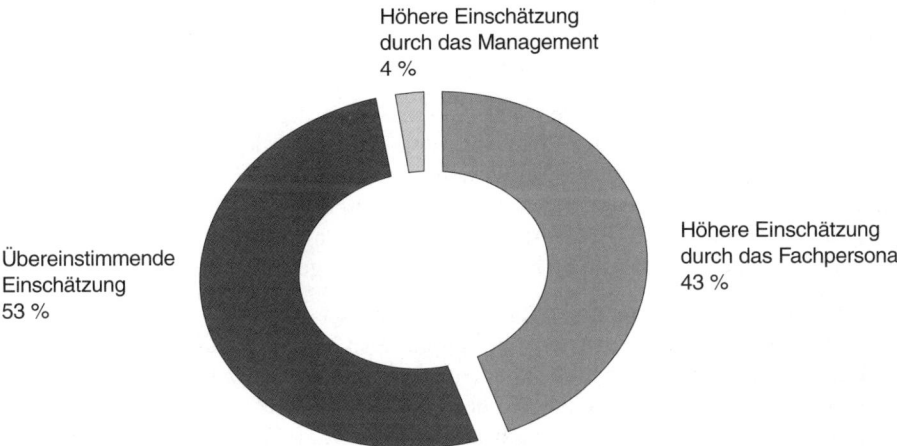

Abb. 12.12: *Einschätzung der Bedeutung des Themas ‚Netzwerksicherheit' durch das Management und das Fachpersonal*

Die Inhalte und die Art der Darstellung einer solchen Politik unterscheiden sich naturgemäß von Unternehmen zu Unternehmen. Zumeist handelt es sich aber um ein zentrales Dokument, welches die Richtlinien für ein angemessenes Verhalten in Bezug auf Sicherheit festhält. *ITSEC* stellt Sicherheitsanforderungen in Form von Vertraulichkeit, Integrität und Verfügbarkeit an ein System [Pohl und Weck, *ITSEC* 427].

Sicherheits- anforderungen

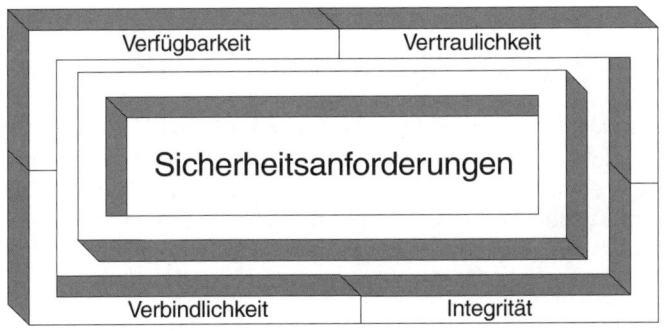

Abb. 12.13: *Sicherheitsanforderungen an ein System*

Vertraulichkeit bedeutet Schutz von Informationen vor unberechtigtem Zugriff. Es gibt eine Reihe von Ansätzen zur Gewährleistung von Vertraulichkeit. Zwei bekannte Verfahren sind die Zugriffskontrollen „Mandatory Access Control" (MAC) und „Discretionary Access Control" (DAC). Der Zugriffsschutz beim DAC ist vom Benutzer frei wählbar, wohingegen beim MAC die Zugriffsrechte vom Sicherheitsbeauftragten vorgegeben werden. Der Benutzer kann in letzterem Fall nur innerhalb einer gewissen Bandbreite den Zugriffsschutz selbst bestimmen. In besonderem Maße gilt

Vertraulichkeit

die Forderung nach Vertraulichkeit auch für Daten während der Übertragung auf einem Netzwerk. Diverse Netzwerkanalysewerkzeuge ermöglichen die Auswertung von Verkehrsflüssen ohne aufzufallen.

Integrität Die Forderung nach Integrität entspricht dem Schutz der Informationen (auch Programme) vor Änderung oder Löschung ohne Erlaubnis des Besitzers. Auch hier müssen Manipulationsversuche berücksichtigt werden, die möglicherweise während einer Datenübertragung stattfinden. Im Gegensatz zu dieser Datenintegrität bezieht sich die Systemintegrität auf das reibungslose Zusammenspiel der Hardware mit der Software, die gemeinsam die Sicherheit des Systems gewährleisten sollen.

Verfügbarkeit Ein System wird allgemein als verfügbar betrachtet, wenn dem autorisierten Benutzer die jeweiligen Dienste zum Zeitpunkt des Gebrauchs zur Verfügung stehen [Abrams 3.4.1]. Hierunter fällt vor allem der Schutz des Systems vor unbefugter Beeinträchtigung der Funktionalität. Dies impliziert Maßnahmen wie die Wiederherstellung oder Reparatur des Systems nach erfolgten Angriffen. Pohl und Weck weisen die Verfügbarkeit sogar als mögliches Oberziel von Vertraulichkeit und Integrität aus. Sowohl die Forderung nach unverfälschten Informationen als auch Mechanismen zur Erreichung der Vertraulichkeit können unter dem Ziel der Verfügbarkeit subsummiert werden [vgl. Pohl/Weck, Kap. 12].

Verbindlichkeit Meli-Isch fügt den drei Forderungen nach Vertraulichkeit, Integrität und Verfügbarkeit eine weitere, nämlich die der Verbindlichkeit hinzu (44). Verbindlichkeit zeigt enge Verwandtschaft mit der Integrität, erweitert diese aber durch die Aspekte der Nicht-Abstreitbarkeit des Sendens oder Empfangens einer Nachricht. Wenn man bedenkt, dass Informationen bei dem Versenden über das Netzwerk oft über mehrere (teilweise unbekannte) Stationen gelangen, ist die Gewährleistung der Verbindlichkeit ein wichtiges Kriterium.

12.7.2   Sicherheitspolitik in elektronischen Märkten

Einflussfaktoren Es gibt eine ganze Reihe von Faktoren, welche die Sicherheitspolitik maßgeblich beeinflussen. Ruland teilt diese in die Kategorien technische, organisatorische und rechtliche Einflussfaktoren ein (282). Darüberhinaus können auch marketingpolitische Entscheidungen Einfluss auf die Sicherheitspolitik haben. So ist es beispielsweise für eine Bank wichtig, eine Sicherheitspolitik vorweisen zu können, die auch das Vertrauen Dritter (Vertragspartner, Großkunden) gewinnt.

Technische Einflussfaktoren Technische Einflussfaktoren spiegeln sich in den Gegebenheiten des Unternehmens wider. Dabei reicht das Spektrum von den räumlichen Gegebenheiten, der Art der eingesetzten Computer oder den verwendeten Übertragungsmedien bis hin zu der Art der Software. In den meisten Fällen kann man technische Einflussfaktoren nur bedingt umgehen, da sie bei der Erstellung oder Überarbeitung der Sicherheitspolitik bereits vorgegeben sind.

Organisatorische Einflussfaktoren Die Organisation legt fest, welche Mitarbeiter oder externen Partner an bestimmten betrieblichen Prozessen beteiligt sind. Hierbei muss vor allem geklärt werden, wie die Zugriffsrechte auf einzelne Einheiten definiert sind und ob einzelne Arbeitsabläufe einer starken Mitarbeiterfluktuation unterliegen.

Einen großen Stellenwert nehmen auch die rechtlichen Faktoren ein, die sich sowohl auf gesetzliche Bestimmungen als auch auf Abmachungen mit externen Partnern oder gar auf unternehmensinterne Richtlinien beziehen. Unternehmen müssen bei der Formulierung ihrer Sicherheitspolitik unter anderem das im Grundgesetz verankerte Fernmeldegeheimnis, das Bundesdatenschutzgesetz oder die Datenschutzverordnung für Teledienst-Unternehmen berücksichtigen. Letztere bezieht sich unter anderem auf die Protokollierung von Verbindungsdaten und gilt für private Anbieter von Netz- und Mehrwertdiensten. Neben der Verantwortung zum Schutz von personenbezogenen Daten kommen die gesetzlichen Aspekte vor allem dann zum Tragen, wenn es um die Festlegung von durchzuführenden Maßnahmen bei Übertretungen der Sicherheitspolitik kommt. Vertragliche Vereinbarungen mit anderen Firmen beinhalten meist die Gewährleistung des Schutzes der anvertrauten Daten. *Rechtliche Einflussfaktoren*

Die in einer Sicherheitspolitik aufgestellten Anforderungen legen fest, dass bei deren Erfüllung ein System als sicher betrachtet werden kann. Um solche Anforderungen zu definieren, bedarf es einer auf das Unternehmen zugeschnittenen Risiko- und Bedrohungsanalyse. Deshalb ist die Erstellung einer Sicherheitspolitik ein Prozess, der die speziellen Belange und Resourcen in einem Unternehmen berücksichtigen muss. Für die erfolgreiche Umsetzung sind im Wesentlichen die Verständlichkeit der Inhalte und deren Einsichtigkeit und somit die Benutzerakzeptanz erforderlich. Regeln werden oftmals erst befolgt, wenn die Gründe für die Wichtigkeit verstanden sind. Als Konsequenz bedeutet dies, dass entgegen dem inhaltlichen Charakter, eine Sicherheitspolitik nicht ähnlich einem Gesetzestext zu lesen sein soll. Darüberhinaus ist eine gewisse Identifikation jedes Einzelnen mit dem Geschriebenen erstrebenswert. *Risiko- und Bedrohungsanalyse als Grundlage*

Dies kann durch die Einbeziehung in das Design oder die Implementierung einer Sicherheitspolitik geschehen. Durch die frühzeitige Bildung von Projektgruppen können Vertreter einzelner Abteilungen zusammengefasst werden, die als Ansprechpartner für weitere Entscheidungen sowohl in der entsprechenden Abteilung als auch nach außen hin fungieren. Es ist für die spätere Akzeptanz der Sicherheitspolitik wichtig, dass bei deren Erstellung sowohl Vertreter des Top-Managements als auch der Fachabteilungen und Netzwerkadministratoren beteiligt sind. So erwecken die Inhalte der Politik nicht von vornherein den Eindruck, als wären sie „von oben" herab diktiert worden. Die Formulierung einer akzeptablen Sicherheitspolitik braucht viel Fingerspitzengefühl und Diplomatie! Letztlich müssen nämlich auch Netzteilnehmer überzeugt und für die Sicherheitspolitik gewonnen werden, über die man nicht per Anweisung und Befehl verfügen kann. Es ist auch darauf zu achten, dass durch die Sicherheitspolitik keine Beeinträchtigung der Funktionsfähigkeit stattfindet. Das führt in der Regel zu der Umgehung der Sicherheitsrichtlinien durch die Mitarbeiter. *Beteiligte Personen*

Als Anhaltspunkt und gleichzeitig Obergrenze für die Höhe der finanziellen Ausgaben für den Schutz des Netzwerkes, kann die Summe herangezogen werden, welche nötig sein würde, um ein System nach einem erfolgten Angriff wieder herzustellen. *Kostengrenze*

Die angestrebte Sicherheit kann in verschiedenen Szenarien aufgezeigt werden. Sie orientieren sich an den finanziellen Ausgaben, die zur Erfüllung des angestrebten Sicherheitsniveaus notwendig sind. *Kosten versus Sicherheit*

Szenario 1: Es wird nicht versucht, durch Methoden oder Maßnahmen, welche über die herkömmlichen Schutzmechanismen hinausgehen, die Sicherheit des Systems zu verbessern.

In diesem Fall entstehen keine zusätzlichen Kosten. Vielmehr wird auf die herstellerseitigen Default-Mechanismen vertraut.

Szenario 2: Einen Schritt weiter als Szenario 1 geht das Prinzip der „Security through obscurity" [Chapman und Zwicky 3ff]. Danach wird angenommen, dass ein System sicher ist, weil (angeblich) niemand außerhalb der Implementierungsgruppe etwas über die System-Interna weiß (Inhalte, Sicherheitsgrad etc.).

Aus Kostengesichtspunkten kann durch geringen Aufwand zunächst eine relativ gute Sicherheit erreicht werden. Auf Dauer ist dieser Ansatz allerdings nicht haltbar, da früher oder später damit gerechnet werden muss, dass Informationen durchsickern.

Szenario 3: Durch den Einsatz angemessener Finanzmittel soll eine über dem Durchschnitt liegende Sicherheit gewährleistet werden. Die finanziellen Ausgaben liegen in einer Bandbreite von 15–30%, gemessen an der firmenspezifischen Obergrenze.

Szenario 4: Die Wahrscheinlichkeit für die Sicherheit des Systems (der Standfestigkeit der Sicherheitsbarrieren) sollte so nah wie möglich bei 100% liegen.

In diesem Fall entspricht der finanzielle Aufwand der Obergrenze der Ausgabe für Netzwerksicherheit. Dabei ist zu beachten, dass sich jede weitere kleine Annäherung an die 100%-Marke in exponentiell steigenden Kosten niederschlägt.

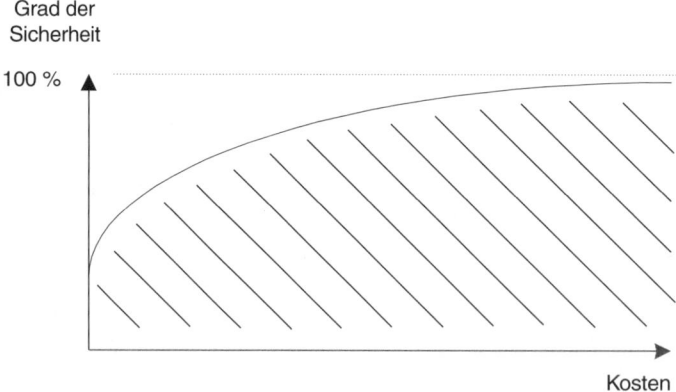

Abb. 12.14: Kosten und Grad der Sicherheit

Notwendigkeit einer Sicherheitspolitik

Eines der größten Probleme bei der Erstellung einer Sicherheitspolitik ist es, die Geschäftsleitung von der Notwendigkeit einer solchen zu überzeugen. Neben der Kostenfrage zur Erreichung der angestrebten Sicherheit hängt dies auch damit zusammen, dass bei der Sicherheitsfrage oft der notwendige Druck für den Beginn eines solchen Projekts fehlt. Baer macht folgende Vorschläge, wie man Entscheidungsträger für das Thema Sicherheit sensibilisieren kann (55):

- Drastische Schilderung von Ereignissen und ihren Konsequenzen,

- Zusammenstellung von knapp vermiedenen Unfällen im eigenen Unternehmen.

12.7.3 Risiko-Bedrohungsanalyse

Bevor eine Sicherheitspolitik konkret formuliert werden kann, ist eine Analyse durchzuführen, die alle möglichen Bedrohungen aufzeigt, diese in ihren Auswirkungen bewertet und Gegenmaßnahmen vorschlägt. Das Ziel, hierbei diejenigen Maßnahmen herauszufinden, die den größten Nutzen versprechen, stellt sich häufig als sehr schwierig dar. Hinzu kommen Zeit- und Budgetrestriktionen. Aus dieser Erkenntnis heraus empfiehlt es sich, das Maßnahmen-Potenzial zu kategorisieren in „realisierte Maßnahmen", „geplante Maßnahmen", „wünschenswerte Maßnahmen" und „geeignete, aber kaum realisierbare Maßnahmen". *Bedrohungsanalyse und Maßnahmenkatalog*

Ausgehend von der Bedrohungsanalyse und dem daraus entwickelten Maßnahmenkatalog wird die Sicherheitspolitik des Unternehmens festgeschrieben. Diese wiederum steckt den Rahmen ab für die konkreten IT-Sicherheitsmaßnahmen. Prinzipiell lässt sich das Maßnahmenbündel drei Feldern zuordnen. Es gibt Maßnahmen zu treffen im organisatorischen Bereich, im personellen Bereich und im technischen Bereich. *Sicherheitspolitik*

Die Maßnahmen zur Netzwerksicherheit, die im organisatorischen Bereich umgesetzt werden, resultieren in der Etablierung von Funktionen, Abläufen und Standards. Bei Know-How-Engpässen empfiehlt sich die Zuhilfenahme externer Fachleute und Einrichtungen. Grundlegende Sicherheitslücken lassen sich vielfach durch relativ kostengünstige Einführung und Umsetzung organisatorischer Maßnahmen vermeiden. Ebenso kann die Umsetzung technischer Maßnahmen vereinfacht und erleichtert werden. *Organisatorische Aspekte*

Die erfolgreiche Umsetzung der IT-Sicherheitsmaßnahmen im personellen Bereich ist von entscheidender Bedeutung. Alle weiteren Maßnahmen machen nämlich wenig Sinn, wenn diese nicht durch die Mitarbeiter akzeptiert, verstanden und ernstgenommen werden. Ziel sollte es daher sein, die von den IT-Sicherheitsmaßnahmen betroffenen Benutzer für die vorhandenen und geplanten Sicherheitsmaßnahmen zu sensibilisieren und zu motivieren. Um dieses Ziel zu erreichen, sind Schulungsmaßnahmen angebracht. Mitarbeitern bis hin zum Top-Management kann so die Notwendigkeit der implementierten bzw. geplanten Sicherheitsmaßnahmen verständlich dargelegt werden. Wichtig ist dabei der Hinweis auf mögliche negative Folgen für das Unternehmen, die durch das Nichteinhalten der Maßnahmen entstehen können. So gesehen ist ein wichtiges Schulungsziel das Herstellen eines Mitverantwortungswillens bei der Belegschaft. *Personelle Aspekte*

Die möglichen Maßnahmen im technischen Bereich sind vielfältig. Im Prinzip gibt es für alle oben angesprochenen Risiken eine Lösung. Die Darstellung von Verfahren, Werkzeugen und Produkten (wie zum Beispiel Verschlüsselung, Proxy-Dienste, *Technische Aspekte*

Firewalls, Screening Router, Netz-Scanner, Sicherheitstools wie COPS, Crack, TCP-Wrapper usw.) ist hier nicht so bedeutsam und würde den vorgegebenen Rahmen sprengen. Wichtig ist, dass für die technischen Maßnahmen durch eine konkrete Unternehmens-Sicherheitspolitik die Basis gegeben ist!

Herkömmliche Modelle

In herkömmlichen Modellen wird „Risiko" allgemein als das Produkt der Schadenshöhe (Auswirkung) und der Eintrittswahrscheinlichkeit definiert. Für die Ermittlung der Eintrittswahrscheinlichkeit werden Statistiken und Erfahrungswerte herangezogen. Die Schadenshöhe berücksichtigt die Behebung aller Schäden und Folgeschäden, unabhängig von ihrer Art. Obwohl diese Risiko-Definition auf den ersten Blick plausibel erscheint, so kann diese Formel nur begrenzt Anwendung finden, da sich im praktischen Gebrauch einige Probleme ergeben.

Probleme mit herkömmlichen Modellen

Die Schwierigkeiten liegen in der Bezifferbarkeit der Faktoren Auswirkung und Eintrittswahrscheinlichkeit. Zum Beispiel: Die Eintrittswahrscheinlichkeit kann sowohl nach einem festen Zeitraum und einer variablen Häufigkeit (wie oft tritt ein Schadenereignis in einem bestimmten Zeitraum ein) als auch nach einem variablen Zeitraum und einer festen Häufigkeit (nach welcher Zeit tritt ein Ereignis ein) festgelegt werden. Unabhängig davon kann jedoch ein Ereignis jederzeit eintreten. Anders als bei Versicherungsunternehmen, die mit Statistiken arbeiten, um Wahrscheinlichkeiten zu bestimmen, greifen solche Berechnungen für ein einzelnes Unternehmen nicht! Versicherungen arbeiten in der Regel mit mehreren tausend Objekten, die es zu versichern gilt und für die eine Ermittlung der Eintrittswahrscheinlichkeit aufgrund der Vielzahl der Objekte durch Statistiken möglich und sinnvoll ist. Es kann jedoch trotz aller Statistiken und Wahrscheinlichkeitsberechnungen niemand voraussagen, ob und wann ein Schadenereignis für eine bestimmtes Unternehmen eintritt.

12.7.4   Neue Ansätze

Risiken und Gegenmaß-nahmen sind nicht linear verknüpfbar

Aufgrund der Mängel in der oben genannten Risikoformel, wurde versucht, neue Ansätze zu finden. Ausgangspunkt ist die Tatsache, dass die Risiken mit den Gegenmaßnahmen nicht linear verknüpfbar sind. Vielmehr sind viele Risiken mit vielen Gegenmaßnahmen zu neutralisieren. Ziel ist also die Bewältigung der Komplexität der umfangreichen Ursache-Wirkungsbeziehungen inklusive ihrer Gegenwirkungen unter Zuhilfenahme der drei Größen „unmittelbare Bedrohung", „unmittelbare Auswirkung" und „Sicherheitsmaßnahmen".

Notwendig: Security-Change-Management

Eine einmal erstellte Sicherheitspolitik muss in regelmäßigen Abständen Überprüfungen und Reviews unterzogen werden, da die einmal formulierte Politik ständigen Veränderungen ihres Umfeldes und ihrer Einflussfaktoren gerecht werden muss. Man wiegt sich in falscher Sicherheit, werden neue Komponenten oder personelle Veränderungen nicht laufend in die Sicherheitspolitik integriert. Neue Hardware oder neue Anwendungen bringen gleichzeitig neue Gefahren mit sich. Die Konsequenz: Es bedarf eines Security-Change-Managements, das auf die Belange einer sich verändernden Umgebung eingeht und die Integration in eine bestehende Sicherheitspolitik vornimmt.

12.8   Sicherheitsgremien und Sicherheitsstandards

Derzeit existieren unterschiedliche und teilweise uneinheitliche Sicherheitsstandards. *ITSEC und* Während in den USA das *National Computer Security Center (NCSC)* und das *Na-* *ITSEM* *tional Institute of Standard and Technology (NIST)* die zentralen Institutionen für Sicherheitsstandards im IT-Bereich sind, gibt es in Europa die *Information Technology Security Evaluation Criteria (ITSEC)*. Die Sicherheitskriterien der *ITSEC* wurden in Europa von Großbritannien, Frankreich, der Bundesrepublik Deutschland und den Niederlanden gemeinsam erarbeitet. Es handelt sich hierbei um ein Konglomerat verschiedener nationaler Ansätze, wobei die besten im Zuge einer „Kriterien-Harmonisierung" in *ITSEC* miteingeflossen sind. Die Thematik der Kommunikationssicherheit ist im Kriterienkatalog, dem *Information Technology Security Evaluation Manual (ITSEM)*, aufgeführt. Kommunikation wird in diesem Zusammenhang generell als Datenübertragung beschrieben. Dazu zählt auch der Datentransfer zwischen Tastatur und Rechner. Im Wesentlichen geht es in diesem Katalog um Daten, die unter Zugangsgesichtspunkten kontrolliert werden müssen (vgl. Ruland 146).

Die Aufgaben der Informationssicherheit werden in der Bundesrepublik Deutschland *BSI* vom *Bundesamt für Sicherheit (BSI)* seit dem Jahre 1991 wahrgenommen. Davor hatte die damalige *Zentralstelle für Sicherheit in der Informationstechnik (ZSI)* diese Aufgaben wahrgenommen [Kersten, 1993, XIII ff].

Abbildung 12.15 zeigt den historischen Zusammenhang der verschiedenen wichtigsten Sicherheitsstandards.

Seit dem Jahre 1992 gibt es eine Arbeitsgruppe zur Spezifikation der sogenannten *Common* *Common Criteria (CC)* zwischen der EG und Nordamerika. In diese Spezifikation *Criteria* fließen neben den kanadischen und amerikanischen Richtlinien auch die europäischen *ITSEC*-Kriterien ein [vgl. Kersten, 1995, 20].

12.8.1   National Computer Security Center (NCSC)

Eine erste Klassifizierung von Sicherheitsstandards für *Remote*-Access und *Resource-* *NCSC* *Sharing Computer Systems* wurde bereits im Oktober 1967 von einer eigens dafür eingerichteten Task Force initiiert. Im Laufe der folgenden Jahre waren verschiedene Gremien und Arbeitsgruppen damit beschäftigt, diverse Sicherheitsstandards zu erarbeiten (*DoD 5200.28-STD 7ff*). Das *National Computer Security Center (NCSC)* wurde dann schließlich 1981 von dem *Department of Defence (DoD)* gegründet. Zunächst war die Arbeit des *NCSC* bis in das Jahr 1984 auf den militärischen Bereich beschränkt. Es sollte ein Rahmenwerk geschaffen werden, das die „ . . . *Voraussetzungen für den Einsatz sicherer DV-Systeme im Zuständigkeitsbereich des DoD . . .* " beschreibt [Kersten, 1993, XII].

Durch ein US-Gesetz wurde dann das *National Institute of Standard and Techno-* *NIST* *logy (NIST)* mit umfangreichen Kompetenzen ausgestattet. *NIST* übernahm hierbei nahezu alle Aufgaben und Funktionen des *NCSC* mit Ausnahme der Sicherung der sogenannten „Classified Information" im militärischen Bereich [Kersten, 1993, XII].

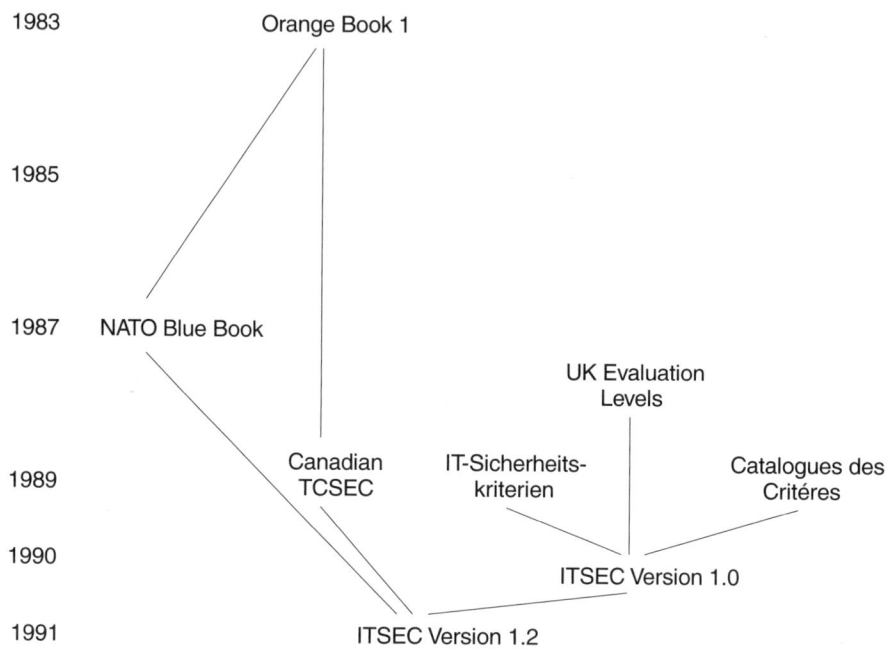

Abb. 12.15: *Einige wichtige Sicherheitsstandards*

Darüber hinaus betreibt das *NIST* ein Computer Security Resource and Response Center, das Hilfestellungen für Sicherheitsfragen im IT-Bereich anbietet [Hare und Siyan, 166].

Orange Book und andere Guidelines

Als eines der wesentlichen Ergebnisse der *NCSC* wurden die *Trusted Computer Systems Evaluation Criteria* (*TCSEC*) erarbeitet. Neben dem *Orange Book*, wie das *TCSEC* wegen des orangefarbigen Einbands auch bezeichnet wird, existieren einige weitere Veröffentlichungen zur IT-Sicherheit:

- *Yellow-Book:* Implementation Guidelines
- *Red-Book:* Trusted Network Systems Evaluation Criteria (Network Interpretation)
- *Green-Book:* Authentication/Password Management
- *Grey-Book:* Trusted Database Evaluation Criteria (classified).

Das *Orange-Book* gliedert Computersysteme nach ihrem Sicherheitsniveau in vier wesentliche Klassen (*Divisions*) auf:

Division D

Minimal Protection. Hierzu zählen alle Systeme, welche die Anforderungen für eine höhere Klasse (in diesem Fall C, B und A) nicht erfüllen (*DOD 5200.28-STD 13*). Die Hardware und das Betriebssystem beinhalteten keinerlei Schutzvorrichtungen. Es gibt keine Kontrollmechanismen, die den Zugang und die Berechtigung für den Zugriff auf gespeicherte Informationen prüfen.

Discretionary Protection. Diese Klasse wird in zwei weitere Unterklassen (C1 und *Division C* C2) untergliedert. Systeme, die diesem Standard entsprechen, verfügen über einen gewissen definierten Schutz. Neben der Audit-Fähigkeit verfügen die Systeme auch über eine Zugangskontrolle und eine Ausführungskontrolle *(DOD 5200.28-STD 14ff)*.

Die Klasse C1, *Discretionary Security Protection System*, beschreibt Sicherungsmechanismen, die typischerweise auf *UNIX*-Systemen zu finden sind. Dazu gehören unter anderem Zugangskontrollen zu Dateien und Verzeichnissen, sowie die Legitimation durch Benutzername und Passwort.

In der Klasse C2, *Controll Access Protection*, werden neben den Dateirechten und Verzeichnisrechten auch Berechtigungsklassen definiert. Systeme der Klasse C2 verfügen über ein Auditing. C2 Systeme verfügen über die Voraussetzungen von C1.

Mandatory Protection. Diese Systeme verfügen über die Fähigkeit, mit geheim klas- *Division B* sifizierten Informationen umzugehen und diese Informationen dementsprechend zu kennzeichnen. Die Klasse B wird in drei Unterklassen[4] geteilt [Hare und Siyan 78f]:

Klasse B1, *Label Security Protection*. Systeme der Klasse B1 verfügen über die Voraussetzungen der Klasse C2 und die Fähigkeit, ein Objekt unter eine zwingende Zugangskontrolle zu stellen, wobei diese Rechte vom Besitzer des Objekts nicht verändert werden können.

Klasse B2, *Structured Protection*. Neben den Voraussetzungen der Klasse B1 kann man jedes Objekt mit einem Etikett versehen. Geräte wie Bänder, Festplatten etc. können einer einzelnen oder mehreren Sicherheitsklassen zugewiesen werden.

Klasse B3, *Security Domain Level*. Aufbauend auf B2 sind hier Anforderungen des Speicher-Managements, der Sicherheits-Domain und der physikalisch sicheren Pfade, beispielsweise die der Terminals, zu erfüllen.

Verified Protection. Diese Klasse besteht derzeit nur aus der Unterklasse A1, *Veri-* *Division A* *fied Design*. Neben der Erfüllung der Kriterien aus der Klasse B3 muss die gesamte Entwicklung des Systems genauestens beschrieben und geprüft werden. Es müssen alle Aspekte der Sicherheitsanforderungen in der Design-, Entwicklungs- und Implementierungsphase erfüllt werden *(DOD 5200.28-STD 40ff)*.

12.8.2   Sicherheitskriterien des BSI

Das deutsche *Bundesamt für Sicherheit* ist neben der beratenden Tätigkeit für Sicher- *Aufgaben des* heitsfragen in der Informationstechnik (hauptsächlich im Behördenbereich) auch für *BSI* die Evaluierung und Zertifizierung von IT-Produkten tätig [Kersten, XIII]. Das *BSI* zertifiziert hierbei unterschiedliche Produktgruppen. Neben Großrechnersystemen (wie beispielsweise die *BS2000-SC* von *Siemens-Nixdorf*) werden auch Sicherheitsprodukte, zum Beispiel Firewall-Systeme, geprüft. Um eine Mehrfach-Zertifizierung desselben Produkts in verschiedenen Staaten zu vermeiden, wurden vom *BSI* diverse Vereinbarungen mit den staatlichen Zertifizierungsstellen anderer europäischen Länder getroffen.

---

[4]Eine detaillierte Information über die Klasse B findet sich in *DOD 5200.28-STD 19ff*.

Funktions-
klassen

Die Sicherheitskriterien des *BSI* sind nach sogenannten Funktionsklassen aufgeglie-
dert. Thaller stellte die Funktionsklassen des *BSI* und die Klassen des *Orange-Book*
wie folgt gegenüber [241]:

Funktionsklasse nach den IT-Sicherheitskriterien	Klasse nach dem Orange-Book
F1	C1
F2	C2
F3	B1
F4	B2
F5	B3/A1

Derzeit kommen wöchentlich mehrere neue Sicherheitslösungen für alle IT-Bereiche
auf den Markt. Es bleibt abzuwarten, ob das *BSI* oder andere Gremien die hohe Zahl
der neuen Produkte noch annähernd evaluieren kann.

13   Zu guter Letzt

Die kommerzielle Welt befindet sich im Aufbruch in die Virtualität. Räume, die phy- *Organisationen*
sisch nicht existieren, nur pures Bitmuster sind, werden Orte von Handlungen. Bevor *werden sich*
ein traditionelles Unternehmen von den Vorteilen elektronischer Märkte profitieren *ändern*
kann, sind Veränderungen in der herkömmlichen Organisation notwendig. Die Interaktion von Unternehmen erfolgt auf der Basis digitaler Datennetze in einer besonders
verzahnten Weise. Kunde und Lieferant arbeiten unter Umständen dergestalt gemeinsam an einem Projekt, dass nicht mehr gesagt werden kann, wo die eine Firma aufhört
und die andere anfängt. Um dies zu bewältigen, müssen Organisationsstrukturen auf
der Basis digitaler Netze flacher und flexibler werden, um an Reaktionsschnelligkeit
zu gewinnen.

Auf der Führungsebene ist kooperatives Management angezeigt und für die Mitar- *Virtuelle*
beiter sind es life-long-learning und Teamwork. Kooperatives Management meint *Organisationen*
die Einbeziehung des geistigen Potenzials der Mitarbeiter, um übergeordnete Pro-
zessverbesserung zu erreichen. Insgesamt sind die Zeiten langfristig stabiler und
immer träger werdender Strukturen vorbei. Notwendig ist ein Management-Modell,
das organisiert ist wie das Gehirn. Seine Nervenzellen können unabhängig voneinander und ohne Führung durch eine zentrale Kontrollinstanz handeln. Virtuelle
Organisationen als Managementmodell und adäquate Organisationsstruktur werden
nicht nur in elektronischen Märkten zu finden sein. Instrumentell optimal unterstützte
Teamarbeit, Abbau von Hierarchien, global funktionierende Kommunikations- und
Dialogtechnik – durch sie wird ein Klima aufgebaut werden, in dem die traditionellen,
auf mechanischer Kontrolle basierenden Strukturen, durch offene Kooperation ersetzt
werden. In einem solchen Umfeld werden Teleworking, virtuelle Unternehmen und
elektronische Märkte Alltag sein – und Menschen Arbeit geben.

A   Online-Anhang

Zum Buch gibt es eine Internet-Support-Site, die einerseits als Online-Anhang dient und andererseits als Kommunikationsplattform für Diskussionen zu den Themen E-Business und E-Commerce genutzt weden kann. Sie finden Sie Site unter der URL www.university-web-de/illik/ec2002. Im Folgenden sind die auf der Internet-Support-Site behandelten Kapitel und Unterkapitel aufgelistet.

A.1   Link-Liste: Sammlung aller Links aus dem Buch

Die kommentierte Linkliste ist eine Zusammenstellung aller im Buch verwendeten Links. Die Linkliste wird gepflegt, d. h. so wie uns neue relevante Links bekannt werden, werten wir diese aus und nehmen sie als Ergänzung in die Link-Liste mit auf. Empfehlungen und Hinweise nehmen wir gerne entgegen.

A.2   Historischer Aufbruch: der Bau des Information Superhighways

Das faszinierende Internet in seiner heutigen Form war nie geplant. Hervor ging das Netz der Netze aus den Formeln der Angst! Der Ursprung des Internet geht zurück auf Forschungsarbeiten der Militärs in den USA während der Zeit des Kalten Krieges. Auf der Internet-Support-Site wird die spannende Entstehungsgeschichte des Netzes skizziert.

- Die Entstehung von TCP/IP
- Das DARPA-Projekt „Internetworking"
- Die Internet-Administration

A.3   Internet als Marktplatz – eine Zusammenfassung für das Management

Die integrative Drehscheibe Internet ist die Grundlage für die Unternehmung der Zukunft. Über das Internet werden Kundenprozesse gestartet, mit den eigenen Unternehmensprozessen und denen der Partner und Lieferanten gekoppelt, bis hin zur

Erbringung der Dienstleistung und zur Erstellung des Produkts. In einer komprimierten Management-Zusammenfassung werden folgende Punkte beleuchtet:

- Distant-Selling und elektronische Märkte
- World Wide Web und traditionelle Medien
- Formen von Internet-Marketing und Electronic Commerce
- Bezahlung mit elektronischem Geld
- Vorteile des Internet-Marketings

A.4 Elektronische Marktforschung und Reichweitenmessung

Benutzer hinterlassen bei ihrer Wanderung durch das Internet Daten. Teilweise geschieht dies automatisch, teilweise geschieht dies auf Veranlassung des Marktforschers durch gezielte Aktionen, bei denen die „Untersuchungsobjekte" freiwillig mitmachen. Der Online-Anhang nennt Methoden und Ansätze:

- Meßwerte und Meß-Methoden im Web
- Hits
- Page Views
- Visits
- ViewTime
- AdClick, Click-Through-Rate und Conversion Rate
- Messung per Software
- Counter
- Benutzerprofile

A.5 Weitere Zahlungsmittel für digitale Märkte: Konzepte und Produkte

In Analogie zur realen Welt haben sich in der virtuellen Welt der elektronischen Märkte im Internet mehrere Zahlungssysteme eingestellt. Der Online-Anhang gibt einen umfassenden Überblick über die verfügbaren Technologien:

- Billing-Systeme und Pay-per-use-Mechanismen
- Zahlungssysteme auf Basis elektronischer Münzen
    ECash
    NetCash

- Zahlungssysteme auf Basis von Kreditkarten
    First Virtual
    CyberCash
- Zahlungssysteme auf Scheck-Basis
    NetCheque
    NetBill
- Zahlungssysteme auf SmartCard-Basis
- Zahlungssysteme auf EDI-Basis
    TeleCounter
- Zahlungssysteme auf Kontenbasis
    CyberCoin
- Digitales Lastschriftverfahren pay-on.net/ELV
- Zahlungsprotokolle
    IKP: Internet Keyed Payment Protocols
    MilliCent Protokoll
- Integration elektronischer Zahlungssysteme
    JEPI: Joint Electronic Payment Inititative
    OTP: Open Trading Protocol
    OBI: Open Baying on the Internet
    HBCI: Homebanking Computer Interface
    BIPS: Bank Internet Payment System

A.6 Internet-Technologien: Dienste, Protokolle und M-Commerce

Das Internet ist keine statische Einrichtung – auch nicht hinsichtlich der verfügbaren Dienste und Protokolle. Der Online-Anhang skizziert die interessantesten Ansätze:

- Traditionelle Internet-Dienste
- World Wide Web: das Hypermediasystem
- XML: Extended Markup Language
- WAP: Wireless Application Protocol
- WEB-EDI (EDI: Electronic Data Interchange)
- Audio, Video und Virtual Reality
- Streaming Audio und Streaming Video
- Videokonferenzen und NetCams
- Mbone (virtual multicast backbone)

- Virtual Reality
- Web-Casting
- Mobile Commerce

Neben den hier vorgestellten Ergänzungen im Online-Anhang befinden sich unter
der Internet-Support-URL www.university-web.de/illik/ec2002 noch weitere Features für die Kommunikation der Leser untereinander, wie z. B. eine „Schwarzes
Brett", Online-Chat, usw..

Glossar

3G Network (Third Generation Networks) Mobilfunknetze der dritten Generation. Dabei handelt es sich um digitale Mobilfunknetze, bei denen im Anfangsstadium ISDN-ähnliche Übertragungsraten und im letzten Stadium Übertragungsraten von bis zu 2 Megabits pro Sekunde möglich werden sollen. → UMTS und WCDMA sind zu 3G Network zu zählen.

Access Eine Online-Verbindung zum Internet haben.

Access-Provider → Service-Provider

Access-Server → Einwahl-Router

Account Zugangsberechtigung für einen Computer oder ein Online-Angebot. Der Account wird beim → Service-Provider zur Verfügung gestellt. In der Regel besteht der Account aus Benutzername und Passwort.

ActiveX Microsofts Antwort auf → Java; ActiveX Controls sind Programmteile die der → Browser vom → Web-Server lädt und automatisch ausführt.

Adresse → Netzwerk-Adresse

Adressmaske, auch: **Subnet-Maske** Bitkombination, die angibt, ob ein Netzwerkadressteil eine Subnet- oder eine Computer-Adresse ist.

Adress Spoofing (*Adressenbetrug*) Jemand schwindelt mit einer falschen → Internet-Adresse eine fremde Identität vor.

ADSL (*Asymmetric Digital Subscriber Line*) ADSL ist eine Technik für die Übertragung von Fernsehbildern über Telefonkabel mit einer Geschwindigkeit von 6 Mbit/s. Wird als Internetzugang für alle Haushalte angeboten.

Agent Software, die für eine Applikation Anfragen generiert und Antworten in Empfang nimmt, z. B. → Mail Transfer Agent, → Mail User Agent. Auch: Intelligente Software, die im Auftrag eines Users im Internet nach Inhalten sucht oder Aufträge ausführt. „Agenten" werden häufig auch als „Spider", „Robot", „Knowbot" oder „Crawler" bezeichnet.

Alpha Geek Mitarbeiter, der am meisten über die aktuelle Online-Technik Bescheid weiß (→ Nerdspeak).

Animated GIF → GIF-Variante, bei der mehrere Einzelbilder in einer Datei gespeichert sind und filmähnlich hintereinander ablaufen.

Anonymous Anonymer Zugriff auf einen Server (z. B. ftp, WWW oder News) ohne speziellen → Account.

Applet   In → Java geschriebenes Programm, das der Browser automatisch vom Server lädt und ausführt.

Archie   Ein Internet-Programm, das netzwerkweit den Inhalt von Anonymous → FTP Servern anzeigt.

ARPANET   Vorgänger des Internet. Startete 1969 mit Unterstützung der US-amerikanischen Verteidigungsbehörde *Advanced Research Project Agency.*

ASCII   (*American standard code for information interchange*) Der ASCII-Zeichensatz ist ein weltweiter de facto-Standard für PC- und Workstation-Computer.

ATM   (*Automatic Teller Machine*) Geldausgabeautomat.

ATM   (*Asynchronous Transfer Mode*) Ist die Basis für Breitband-ISDN als digitales Hochgeschwindigkeitsnetz für die Übertagung von Daten, Bildern, Videos und Sprache. Fünf europäische Netzbetreiber haben sich auf ATM als Standard geeinigt. Ermöglicht unterschiedliche Übertragungsgeschwindigkeiten und Netzausdehnungen.

Attachment Eine Datei als Anhang mit einer E-Mail versenden.

AU   Audioformat, ursprünglich von Sun definiert.

Auto-Responder   Ein E-Mail-Programm, das ankommende E-Mails automatisch nach Stichworten durchforstet und dann selbständig umgehend antwortet.

B

B2B   (*Business-to-Business*) Wird oft im Zusammenhang mit Commerce benutzt (B2B-Commerce). Hierunter versteht man den elektronischen Geschäftsverkehr zwischen Unternehmen.

B2C   (*Business-to-Consumer*) Wird oft im Zusammenhang mit Commerce benutzt (B2C-Commerce). Hiermit ist der Online-Handel zwischen Unternehmen und Privatpersonen bezeichnet.

Backbone   Hochgeschwindigkeitsnetzwerk, an das mehrere andere Netzwerke angeschlossen sind. Hauptleitung, die ein Provider im Netz unterhält.

Backbonerouter   Dieses Gerät fasst alle bestehenden Verbindungen von aktiven Kunden eines Providers zusammen, um möglichst effizient und bandbreitensparend die Rückanbindung an das → Backbone des Providers zu realisieren. Mit dem Provider sind die Kunden bspw. über einen → Einwahl-Router verbunden.

Banner-Werbung   Ein Werbetreibender platziert gegen eine Gebühr auf vielbesuchten Web-Seiten eine Werbebotschaft, i. d. R. gemeinsam mit dem Firmenlogo.

Bandbreite Beschreibt den Durchsatz einer Verbindungsleitung (Angabe normalerweise in → bps).

BAPIs

Baud Einheit der Signalgeschwindigkeit. Zahl der Signalereignisse bzw. unterschiedlichen Zustände pro Sekunde. Wenn jedes Signalereignis ein → Bit darstellt, ist baud synonym zu → bps.

BBS (*Bulletin Board System*) Ein Computersystem, in das man sich mittels → Modem einloggt, um Mitteilungen zu lesen oder selbst zu veröffentlichen, um Dateien zu übertragen (von und zum BBS) und zu diskutieren.

BGP (*Border Gateway Protocol*) Ein externes Routing-Protokoll, das aber auch als internes Routing-Protokoll eingesetzt wird, wie z. B. im T3-Backbone (45 mbps) des → NSFNET.

Bit Abkürzung für ‚*binary digit*‘, den englischen Begriff für ‚Binärziffer‘. Ein Bit ist die kleinste digitale Informationseinheit und wird durch 1 oder 0 dargestellt.

Bluetooth Standard, der in erster Linie den Aufbau von mobilen Netzen in einem kleinen Umkreis (also ca. 10 Meter) ermöglichen soll. Verschiedene Geräte wie Computer, Drucker, Tastatur usw. können in einem solchen Netz ohne Kabelverbindung miteinander kommunizieren. Mehr als 700 Firmen sind an der Entwicklung dieses Standards beteiligt.

Bookmarks Lesezeichen, die man benutzt, um Seiten auf WWW- und ftp-Servern wiederzufinden.

bps (→ *Bits per Second*) Anzahl der → Bits, die innerhalb einer Sekunde über eine Leitung übertragen werden kann (üblich sind auch Kbps (Kilobits) für 1.000 bps und Mbps (Megabits) für 1.000.000 bps).

Bouncing (*Aufprall*) Rücksendung einer E-Mail wegen eines Fehlers.

Breitbandkommunikation Bezeichnet den Austausch von Informationen mit einer Bandbreite zwischen einem und fünf MHz. Zum Beispiel für die Übertragung von Video und Sound.

BRI (*Basic Rate Interface*) Schnittstelle an einer TK-Anlage oder an einem Router, die nach internationaler Norm in der Lage ist, folgende Verbindungen aufzunehmen: einen ISDN-Wählanschluss mit 2 Basiskanälen zu je 64 Kbps, eine vorbestellte Dauerwählverbindung oder eine Standardfestverbindung (64S, 64S2) sowohl mit 64 Kpbs als auch mit 128 Kpbs.

Bridge Hardware-Einrichtung, die zwei oder mehrere Netze miteinander verbindet.

browsen Sichten von Informationsquellen im Internet.

Browser Programm zum Navigieren im Web und zum Abrufen von Web-Seiten im → HTML-Format (z. B. Netscape Navigator, Microsoft Internet Explorer, Mosaic etc.). Stellt Informationen aus dem Internet oder Intranet auf dem PC dar.

Button   Grafisches Element zum Anklicken, mit dem → Button vergleichbar, nur kleiner.

Byte   Eine Gruppe von acht → Bits. Damit können insgesamt 256 Zeichen (Buchstaben, Ziffern, Sonderzeichen, Interpunktion) dargestellt werden. Ein Kilobyte umfasst 1024 Byte. Ein Megabyte umfasst 1024 Kilobyte und ein Gigabyte sind 1024 Megabyte.

C

C2C   (*Consumer-to-Consumer*) Wird oft im Zusammenhang mit Commerce benutzt (C2C-Commerce). Hierbei handelt es sich um den Kauf bzw. Verkauf von Waren und Dienstleistungen zwischen Privatpersonen.

CA   (*Certificate Authority*) Zertifizierungsstelle, die Schlüssel zur Übermittlung vertraulicher Daten, zum Schutz vor Manipulationen und zur Identitätsprüfung des Urhebers vergibt.

Cache   Lokales Verzeichnis, in dem der → Web-Browser die heruntergeladenen Daten zwischenspeichert, um sich ggf. ein erneutes Laden vom Server zu sparen. Dadurch ergeben sich wesentliche Geschwindigkeitsvorteile. Ein Cache kann sich statt auf der Festplatte auch im Arbeitsspeicher befinden.

CAPI   (*Common ISDN Application Interface*) Schnittstelle zwischen Kommunikationssoftware (z. B. Terminalprogramm) und ISDN-Hardware (z. B. ISDN-Karte).

CHAP   (*Challenge Handshake Authentication Protocol*) Login-Prozedur für die Authentifikation (→ User Authentication) eines Anwender-Computers (Client) bei seinem Internet-Server. CHAP läuft i. d. R. über das → PPP-Protokoll. Sicherer als → PAP.

CD-ROM   (*Compact Disc-Read Only Memory*) Eine CD-ROM besitzt eine hohe Speicherkapazität von bis zu 650 Megabyte. Die einmal auf die CD-ROM übertragenen Daten können nicht mehr überspielt werden.

Chatten   Im Internet „plaudern".

Chips & Salsa   Netzjargon für Hard- und Software (→ Nerdspeak).

Click   Interaktiver Werbemittelkontakt. Ein Internet-Nutzer kann auf ein Werbefeld klicken, um mehr vom Werbetreibenden zur Verfügung gestellte Informationen abzurufen. Clicks sind als Maßzahl für die Nutzeraktivitäten auf einer Web-Seite ein besseres Maß als die → Hits.

Client   Ein Programm oder Computer, der mit einem zugehörigen → Server zum Austausch von Informationen kommuniziert.

Circuit Switched Networks   → Leitungsvermittlung

CERN (*Conseil Europeen pour la Recherche Nucleaire*) Europäisches Labor für Teilchenphysik. Die eigentlichen Erfinder des → WWW, der CERN-Web-Server wird heute noch recht häufig eingesetzt.

CGI (*Common Gateway Interface*) Protokoll über das sich → Web-Server mit externen Programmen koppeln lassen (bspw. um Benutzereingaben in einer Datenbank zu speichern).

Circuit Relay Ermöglicht den Betrieb von auf TCP bzw. UDP aufsetztenden Applikationen wie z. B. WWW ohne durchgehende Kommunikationsverbindung auf Protokollebene. Das Circuit-Relay dient dabei als Vermittlungsstelle. Alle eingehenden Verbindungen enden hier und werden, nachdem die Zulässigkeit überprüft wurde, am gegenüberliegenden Ausgang neu aufgebaut (→ Firewall).

Client Allgemeiner Begriff für ein Programm, das sich die Dienste eines → Servers zunutze macht (bspw. ein → Web-Browser oder ein ftp-Programm).

COM (*Common Object Model*) Componentware-Konzept von Microsoft zum Schreiben von (programmiersprachunabhängigen) Bausteinen für Client-Anwendundungen. Für Serveranwendungen wird → DCOM (*Distributed Common Object Model*) und → COM+ verwendet. Im Gegensatz zu → JavaBeans definiert COM einen binären Standard.

COM+ (*Common Object Model Plus*) Zusammenführung der Modelle → COM und → DCOM (seit Windows 2000)

Communicon → Emoticon

Content **Provider** Firma, die Inhalte (z. B. News-Dienste, Infos im Allgemeinen) im Online-Bereich anbietet.

Cookies Informationen, die der → Web-Server auf der Platte des Internet-Surfers ablegt, beispielsweise eine Kundennummer, über die der Benutzer bei einem Folgebesuch identifiziert werden kann. Aus Sicherheitsgründen bedenklich.

CORBA (*Common Object Request Broker Architecture*) Architekturbeschreibung für ein sprachunabhängiges Componentware-Konzept zur Implementierung von Client- und Server-Anwendundungen. Die Kommunikation zwischen den Objekten der Anwendungen vermittelt der sogenannte ORB (Objekt Request Broker). Im Gegensatz zu → COM+ und → EJB sind CORBA Komponenten plattformunabhängig, sprachunabhängig und herstellerunabhängig.

Cross Selling Das Cross-Selling nutzt bestehende Kundenkontakte für den Hinweis auf andere zusätzliche Angebote. Zum Beispiel: Wer eine Videokamera kauft, bekommt die Ledertasche als Zubehör angeboten.

CyberCash Elektronisches Geld der Firma CyberCash. Im Jahr 2001 wurde die Firma CyberCash von der Firma VeriSign übernommen.

Cybernaut Reisender im → Cyberspace

Cyberspace Aus dem Werk ‚Newromancer' des Science-Fiction-Autors William Gibson stammender Begriff. Für Gibson stand der Begriff ursprünglich für nur in Computern existenten Welten. Heute ist Cyberspace ein Synonym für das Internet.

D

Daemon Prozess auf einem Server, der bestimmte Dienste zur Verfügung stellt und im Hintergrund läuft. Zum Beispiel ftpd (ftpd-Daemon, also ftp-Server) oder httpd (WWW-Daemon).

Datenkompression Maßnahme zur Reduktion von Datei-Größen. Komprimierte Audio- und Video-Dateien lassen sich so schneller übertragen. → FTP-Server lagern vorzugsweise komprimierte Dateien.

DCOM (*Distributed Common Object Model*) Siehe → COM.

DDNS (*Dynamic Domain Name Service*) Vergibt zusätzlich zur → IP-Adresse (→ DHCP) auch dynamisch einen → Domain-Namen innerhalb eines → TCP/IP-Netzes.

DE-NIC (*Deutsches → Network Information Center*) Mit Sitz in Karlsruhe (http:// www.nic.de); u. a. für die Vergabe von → Domains mit der Endung .de zuständig.

DES (*Data Encryption Standard*) Beim DES-Algorithmus handelt es sich um eine Produktverschlüsselung, bei der die lekmentaren Verschlüsselungsarten „Substitution" und „Permutation" verwendet werden. Bei der Permutation wird die Reihenfolge der Bits/Bitgruppen verändert, während bei der Substitution Bitgruppen durch andere vollständig ersetzt werden. Die Schlüssellänge beträgt 64 Bits, von denen aber nur 56 Bits signifikant sind. Die restlichen 8 Bits sind Paritätsbits. Je 7 Bits werden mit ungerader Parität versehen. Bei **Double DES** ist die Schlüssellänge doppelt so lange; bei **Triple DES** ist der Schlüssel dreimal solange.

DHCP (*Dynamic Host Configuration Protocol*) Weist einem → Client im → TCP/IP-Netz dynamisch eine → IP-Adresse zu.

Diskussionsforum → Newsgroup

DNS → (*Domain Name System*)

DMS (*Demilitarized Zone*) Isoliertes Netzwerksegment an der → Firewall, auf dem z. B. die im Internet sichtbaren Server für WWW und E-Mail platziert werden.

Domain-Namen Untergliederungseinheit der hierarchisch aufgebauten Computernamen im Internet; der Name imri-100.imri.fh-furtwangen.de beispielsweise enthält die → Toplevel-Domain de, die (Secondary) Domain fh-furtwangen, die Sub-Domain imri und den Rechnernamen imri-100. Während Toplevel-Domains fest vorgegeben sind, kann man Secondary-Domain-Namen bei den zugehörigen Verwaltungsstellen (→ NIC, → DE-NIC) beantragen. Die weitere Untergliederung in Sub-Domains nimmt der Domain-Namen-Inhaber selbst vor.

Domain Name System (DNS) Bezeichung von für das im Internet benutzte System hierarchisch organisierter Bereichsnamen. Über die auf jedem Internet-Server vorhandene Domain-Name-Datenbank wird die Zuordnung der symbolischen Domain-Namen zu numerischen → Netzwerk-Adressen vorgenommen.

Download ‚Herunterladen‘, Kopieren einer Datei von einem WWW-oder ftp-Server auf den eigenen Computer.

Durchsatz Tatsächlich erreichte Datentransferrate bei der Übertragung im Internet, hängt von der Bandbreite, der Performance des Modems/Adapters und der Anzahl der gleichzeitig surfenden Teilnehmer ab.

E

ECash (*Electronic Cash*) Elektronische Bezahlung per Internet über spezielle Dienstleister, die in der Regel eine Art Konto für ihre Kunden führen.

EDGE (*Enhanced Data Rates for GSM Evolution*) Die Edge-Technik erlaubt in GSM-Netzen eine paketorientierte Datenübertragung mit Bandbreiten von bis zu 384 kBit/s. Sie stellt die letzte Vorstufe zu → UMTS dar.

EDI (*Electronic Data Interchange*) Normierter Datenaustausch im Business-Bereich über Computer-Netzwerke.

Edutainment Kunstwort aus den Stammwörtern *Education* (Erziehung, Ausbildung) und *Entertainment* (Unterhaltung). Zielt auf unterhaltsame Wissensvermittlung mit Hilfe von Online-Medien.

Egosurfing Internet und Datenbanken nach Verbindungen zum eigenen Namen durchkämmen (→ Nerdspeak).

Einwahlknoten Ein Computer der via → Modem und zugehöriger Telefonnummer erreichbar ist und die Verbindung zum Internet herstellt, wenn er angewählt wird. Einwahlknoten sollten im City-Bereich des Online-Nutzers liegen, da dann nur Ortsgesprächsgebühren anfallen.

Einwahl-Router (*Access Server*) Über den Einwahl-Router gelangen die Kunden in das Netz des Providers. Der Einwahl-Router wickelt auch die Teilnehmererkennung ab, so dass Benutzer entsprechend ihrer Registrierung den Zugang nutzen können.

EJB → *Enterprise JavaBeans*.

Electronic Customer Care   Auf der Basis von Informationstechnik (insbesondere Internet) realisierte innovative Services für alle Phasen der Kunden-Lieferanten-Beziehung.

Electronic Mall   Verkaufseinrichtung im Internet mit umfassendem Angebot, i. d. R. mit Hilfe mehrerer Einzelshops unter einem gemeinsamen organisatorischen Dach realisiert.

Elektronischer Markt   Mit Hilfe der Telematik realisierter → Marktplatz.

Elektronischer Postkasten   Eine Datei, in der die eingehenden → E-Mail-Nachrichten gesammelt werden.

Emoticon   Kombination aus Buchstaben und Symbolen zum Ausdruck von Stimmungen.

E-Mail   Elektronische Post. Mit Hilfe von E-Mail können kurze Textnachrichten aber auch umfangreichere Dateien, z. B. mit Bildmaterial, versendet werden. Der Empfänger muss über eine → E-Mail-Adresse und einen → elektronischen Postkasten verfügen.

E-Mail-Adresse   → Netzwerk-Adresse. Die E-Mail-Adresse wird i. d. R. vom → Provider zur Verfügung gestellt. E-Mail-Adressen sehen so aus: illik@ambit.de

Enterprise JavaBeans   Componentware-Konzept zum Schreiben von Java-Bausteinen für Server-Anwendundungen. Enterprise JavaBeans dürfen nicht mit → JavaBeans verwechselt werden! Enterprise JavaBeans, kurz EJB, und JavaBeans haben nichts gemeinsam, ausser dem Namen und dass sie mit der Programmiersprache → Java realisiert werden.

E-Procurement/E-Purchasing   Optimierung der Prozesse in der Beschaffung von indirekten → MRO-Produkten mit Hilfe eines elektronischen Netzes.

E-Shop   Elektronischer Shop. Eine internet-basierte Verkaufseinrichtung mit geringerem Angebot als eine → Electronic Mall.

E-Sourcing   Suchen, Auswählen und Binden von Lieferanten auf der Basis der Informationstechnologie.

E-Tailing   → B2C-Commerce mit Online-Shops, virtuellen Einkaufszentren u. ä. Im Unterschied zu → Internet-Trading wird in der Regel nicht mit dynamischen Preisen, sondern mit Festpreisen gehandelt.

Extension   Dateiendung, s. a. → Helper Application, → Plug-in.

Extranet   Mit Hilfe des → Internet verbundene → Intranets mehrerer Kooperationspartner.

E-Zine   Online-Magazin, z. B. → HTML-Basis oder auch als Text per → E-Mail versandt.

F

FAQ   (*Frequently Asked Questions*) Häufig gestellte Fragen (im Internet meist zusammen mit den passenden Antworten).

Festverbindung   Im Gegensatz zu einer → Wählleitung eine kontinuierliche Kommunikationsverbindung.

Filetype   Dateityp, s. a. → Helper Application, → Plug-in.

Firewall   Wörtlich übersetzt: Brandschutzmauer; spezielle Hard- und/oder Software, die das Netz einer Firma vor Eindringlingen aus dem Internet schützt (bspw. über → Proxies). Die interne Firmenkommunikation über das Internet (→ Intranet) ist damit für Außenstehende nicht (frei) zugänglich. Für Firewalls gibt es drei wesentliche Zugriffkontrollmechanismen: → Paketfilter (*Screening Router*), → Circuit-Relays (Vermittler- oder Transportschicht-Gateway) und Application-Gateways.

Flame   Online-Gezeter und Geschimpfe gegen einen anderen Onliner.

Flash   Technik (von Macromedia) für die Gestaltung multimedialer Web-Oberflächen. Flash basiert auf Vector-Grafik und ist damit im Gegensatz zu Bitmap-Images nicht auf eine bestimmte Auflösung festgelegt. Damit passen Flash-Grafiken für unterschiedliche Display-Größen und Auflösungen. Ein weiterer Vorteil: Die multimedialen Flash-Dateien sind verhältnismäßig klein und damit schnell über das Internet transportierbar.

Flexible Sourcing: Marktorientierte Form der Beschaffungspolitik. Bestellungen sowie zum Teil auch der Güter- oder Dienstleistungstransfer werden z. B. über einen Marktplatz abgewickelt. Dies bietet den Vorteil, in der Wahl der Lieferanten/Kooperationspartner flexibler zu sein und Kosten teilweise nach außen zu verlagern.

Forum   Diskussionsgruppe im Bereich der → Usenet.

Forms   Formulare auf → HTML-Seiten (mit Eingabefeldern, Radio-Buttons und Checkboxen, Drop-Down-Listen etc.).

Frames   Unterteilung von → HTML-Seiten in mehrere Teildokumente.

Freeware   Software, die beliebigen Benutzern ohne Lizenzgebühren zum freien Gebrauch überlassen wird und häufig direkt über das Internet bezogen werden kann (→ download).

FSN   (→ *Full Service Network*)

ftp   (*File Transfer Protocol*) Standard zur Datenübertragung via Internet (auf der Grundlage von → TCP/IP); wird von fast allen Browsern unterstützt.

ftp-Server   Ein System, das Daten für den → Download via ftp bereithält.

Full Service Network   Im Sinne einer → Electronic Mall werden dem Netzbenutzer zahlreiche elektronische Dienste angeboten, wie z. B. → elektronischer Einkauf, → Telebanking, Auskunftsdienste (Eisenbahnfahrpläne und Flugpläne u. v. m.), Reisebuchungen, → streaming Video und → streaming Audio.

G

Gateway   Ein Computer, der ein Netzwerk mit einem anderen verbindet. Ein Gateway kümmert sich darum, dass die Daten in einer für das Zielnetzwerk verständlichen Art weitergereicht werden.

GIF   (*Graphics Image Format*) Im WWW häufig benutztes Grafikformat mit maximal 256 Farben, das mit Datenkompression arbeitet, um kleine, schnell zu übertragende Dokumente zu erzielen (→ Animated GIF).

Glasfaserkabel   Über haarfeine Glasfasern (weniger 1/10 mm Durchmesser) können mittels Laserdioden in sehr hoher Frequenz Lichtimpulse übertragen werden. Theoretisch lassen sich Datenübertragungsraten im Terabit-Bereich erreichen.

Gopher   Ein hierarchischer Informationsdienst zur Lokalisierung und Lieferung von Dateien. Der Benutzer bedient ausschließlich Menüs („Gopherbaum").

GPRS   (*General Packet Radio Service*) Die erste paketorientierte Datenübertragungstechnik in GSM-Netzen. GPRS erlaubt Bandbreiten von bis zu 115 kBit/s (Markteinführung 2000/2001).

Groupware   Softwaresystem für Arbeitsgruppen und Unternehmen zur effizienteren Gestaltung von gruppen- und unternehmensinternen Kommunikationsabläufen und -prozessen.

GUI   (*Graphical User Interface*) Grafische Benutzerschnittstelle eines Softwaresystems

H

HBCI   (*Homebanking Computer Interface*) Internet-Schnittstellen-Standard für deutsche Banken.

Helper   **Application** Hilfsprogramm, das ein → Client heranzieht, um Dateien zu bearbeiten, die er selbst nicht kennt.

Hits   Anzahl der Dateizugriffe auf einen → Web-Server (alle HTML-Seiten, Grafiken, Sounds, Videos, Applets usw. zusammen und daher nicht sehr aussagekräftig). Besser ist die Angabe in → Clicks, → Visits und → Page Views.

Homepage   Meint zugleich Leitseite von Firmen und die persönliche „Visitenkarte" von Privatpersonen im WWW.

Host Ein Computer, der für mehrere andere Computer gleichzeitig eine Verbindung zum Internet herstellt. → Provider stellen ihren Kunden einen → Einwahlknoten als Host zur Verfügung.

HSCSD (*High Speed Circuit Switched Data*) Diese Technik erreicht Bandbreiten bis zu 43,2 kBit/s durch die Bündelung mehrerer GSM-Sprachkanäle.

HTML (*Hypertext Markup Language*) Dateiformat der WWW-Dokumente. → ASCII-Text, der von einem → Web-Browser interpretiert wird. Die in HTML geschriebenen Web-Seiten sind hardware- und betriebssystemunabhängig.

HTTP (*HyperText Transport Protocol*) Standardisiertes Protokoll, über das → Web-Server und → Web-Browser miteinander Daten und Dokumente austauschen.

HTTPS HTTP über → SSL

Hyper-G Von der Uni Graz entwickeltes Hypertext-System, gegenüber → HTML verfeinert, bislang aber noch nicht verbreitet (auch: Hyper wave).

Hyperlink → Link

Hypermedia Eine Verallgemeinerung des → Hypertext-Konzepts. Sprungmarken verweisen nicht nur auf andere Texte, sondern können auch auf Grafiken, Videos und Sounds verweisen.

Hypertext Text, der Sprungmarken (→ Link) auf andere Texte enthält (→ HTML, → SGML, → PDF). Damit lassen sich verkettete Dokumente mit multimedialen Bestandteilen realisieren.

Hypertext-Verbindung → Link

I

ICMP (*Internet Control Message Protocol*) Protokoll zur Kontrolle von IP-Verbindungen. Wird z. B. von → ping benutzt.

Indirekte Produkte Alle Produkte, die im administrativen Bereich eines Unternehmens verbraucht werden, wie z. B. Büromaterial.

InetD Internet-Daemon, ein ‚Super'-Daemon unter Unix und OS/2, der andere → Daemons starten und kontrollieren kann.

Information Highway Populistische Bezeichnung für Weitverkehrs-Computernetze im Allgemeinen und das Internet im Besonderen.

Information Superhighway Subventions-Programm der Clinton-Regierung, um die Computervernetzung in den USA über schnelle Leitungen mit öffentlichen Geldern zu fördern.

Information Retrieval System Ein System, das Informationen, meist aus Dokumenten, anhand gezielter Fragen zur Verfügung stellt.

Inline-Image Ein in eine WWW-Seite integriertes Bild.

Internet   Weltweites, dezentralistisches Rechnernetz; ursprünglich von Militärs
                   als nicht zerstörbares Nachrichtensystem geplant. Läuft auf → TCP/IP-
                   Basis. Inzwischen das populärste Netz der Welt mit geschätzten 50 Mio.
                   teilnehmenden Anwendern. Zum Internet werden auch Netze hinzuge-
                   zählt, die über das → UUCP-Protokoll internet-gleiche Dienste anbie-
                   ten.

Internet-Adresse   → Netzwerk-Adresse

Internet-Provider   → Provider

IRC   (*Internet Relay Chat*) Eine Internet-Anwendung, die es Nutzern er-
                   laubt, in Echtzeit per Tastatur über das Internet mit mehreren anderen
                   gleichzeitig zu kommunizieren.

Internet-Trading   Das Handeln von Waren und Dienstleistungen über das Inter-
                   net, wobei die Preisbildung dynamisch erfolgt und das Abwickeln der
                   Transaktion im Vordergrund steht.

Intranet   Firmeninternes Netz auf → Internet-Technologie und → TCP/IP ba-
                   sierend. Grundlage der firmeninternen Kommunikation und durch An-
                   bindung von externen Partner erweiterbar zum → Extranet.

IP   (*Internet Protocol*) IP ist das standardisierte Übertragungsprotokoll des
                   Internet, das den Datenaustausch zwischen Rechnern unterschiedlicher
                   Bauart ermöglicht.

IP-Adresse   Eindeutig zugewiesene Adresse eines Internet-Rechners im Stil von
                   141.28.218.100; wird vom → Provider entweder fest oder dynamisch
                   (→ DHCP) vergeben.

IPng   (*IP next generation*) → IPv6

IP-Nummer → IP-Adresse

IPv6   Internet-Protokoll Version 6. Neues IP-Protokoll mit größerem und
                   hierarchischem Adressraum. IPv6-Adressen bestehen aus acht Hexa-
                   dezimalziffern, z. B. FDA:977:0:2E:0:FFDD:77:799. IPv6 verfügt über
                   eingebaute Sicherheitsmechanismen, wie z. B. die verschlüsselte Über-
                   tragung.

IRC   (*Internet Relay Chat*) Internet-Dienst für öffentliche und private Online-
                   Konferenzen.

ISAPI   (*Internet Server Application Programming Interface*) Protokoll, über
                   das sich → Web-Server mit externen Programmen koppeln lassen; von
                   Process Software und Microsoft als leistungsfähigere Alternative zu →
                   CGI entwickelt (s. a. → NSAPI).

ISDN   (*Integrated Services Digital Network*) Digitales Netzwerk als Substitut
                   für das herkömmliche analoge Telefonleitungsnetz. Per ISDN werden
                   Daten mit einer Geschwindigkeit von 64.000 → bps übertragen.

ISV   (*Independent Software Vendor*) Unabhängiger Software-Hersteller.

J

Java	Von Sun Microsystems entwickelte objektorientierte Programmiersprache; da Java-Programme nicht auf Maschinen-Code, sondern einem speziellem Bytecode, basieren, laufen sie auf jeder Plattform (sofern ein Java-Interpreter für die Plattform existiert).
JavaBeans	Componentware-Konzept zum Schreiben von Java-Bausteinen für Client-Anwendundungen. Das JavaBeans-Modell hat das Ziel, das Zusammenfügen von Komponenten mit Hilfe von visueller Programmierung zu ermöglichen. (Nicht zu verwechseln mit → Enterprise JavaBeans, kurz EJB.)
JavaScript	Ursprünglich von Netscape definierte Skriptsprache, die vom Browser interpretiert wird.
JPEG	Ein von der *Joint Photograph Experts Group* definiertes und im WWW weit verbreitetes Bildformat; kann im Gegensatz zu GIF beliebig viele Farben darstellen. Ein spezieller, verlustbehafteter Kompressions-Algorithmus sorgt dafür, dass die Bilder trotzdem klein bleiben.

K

Kompatibilität	Fähigkeit von Systemen und Geräten, mit anderen Systemen und Geräten zusammenzuarbeiten.
Kryptografie	Wissenschaft von der Verschlüsselung von Nachrichten, so dass kein Unbefugter sie lesen kann.

L

LAN	(→ *Local Area Network*)
Leitungsvermittlung	(*Circuit Switching*, *Line Switching*) Zum Aufbau einer Verbindung wird ein fester Leitungsweg gesucht (calling). Dieser wird für die gesamte Dauer der Verbindung reserviert (preallocation) und ausschließlich für die Kommunikation der beteiligten Partner genutzt, unabhängig davon, ob Daten übertragen werden oder nicht.
Link	Verweis in → HTML-Seiten auf ein anderes Dokument; im Browser meist farblich oder unterstrichen hervorgehoben. Wird auch als Hypertext-Verbindung bezeichnet.
Listserv	Ein Programm, das bestimmte E-Mails automatisch beantwortet und versendet.
Log off	Sich vom Netz oder dem Computer abmelden.
Log on/Log in	Sich im Netz oder dem Computer anmelden.
LiveAudio	Dateiformat, welches das Abspielen von Audio-Streams während der Downloads vorsieht.

Local Area Network (*LAN*) Ein räumlich begrenztes Netzwerk von Computern innerhalb eines Unternehmens.

Login   (→ *Log on*)

Logging   Beobachten und Protokollieren der Besucher- und Kundenaktivitäten in einer → Web-Site, einem → Portal oder einem → E-Shop. Aus den Logging-Daten lassen sich Kundenprofile gewinnen, die über Vorlieben der Besucher Aufschluss geben (siehe auch → Profiling).

M

Mailbox   Nimmt eingetoffene → E-Mail auf. Datei, die als „Postkasten" für die elektronische Post fungiert.

Mailing list   Eine Gruppendiskussion mit Hilfe von → E-Mail. Die ausgetauschten Mitteilungen landen in der → Mailbox und nicht in einer → Newsgroup. Alle Teilnehmer erhalten die elektronische Post, die an die List gesandt wurde.

Marktplatz   (→ Portal) Elektronische Marktplätze sind Portale im Internet, welche Unternehmensdaten und Kataloge beinhalten. Die Marktplätze nutzen die Kommunikations- und Informationstechnologien zum Handeln von Gütern und Dienstleistungen. Über diese Marktplätze können auch Bestellprozesse abgewickelt werden. Funktion eines Marktplatzes ist es, die elektronischen Beschaffungs- und Verkaufsprozesse von Unternehmen zu unterstützen oder zu automatisieren.

Meatspace   Gegensatz zu Cyperspace: die echte Welt aus Fleisch und Blut. (→ Nerdspeak)

Merchant Server   Elektronisches Kaufhaus. Serversoftware mit der Funktionalität zur Abwicklung aller Schritte einer Kauftransaktion von der Informationsbeschaffung über die Bestellung bis zur Bezahlung und dem Bezug des Gutes, falls es in digitaler Form vorliegt.

Messaging   Oberbegriff für den Nachrichtenaustausch innerhalb eines Unternehmens über das → Intranet oder zwischen Firmen über das → Extranet oder → Internet.

Message Switching   Der Transport von beliebigen Nachrichten erfolgt als Ganzes. Hinzu kommen zusätzliche → Routing- und Steuerinformationen. Beim Empfänger kommt die Nachricht als Ganzes an.

MHS   (*Message Handling System*) ITU X.400 Empfehlung für die Kommunikation zwischen verteilten Applikationen.

MIDI   (*Music Instruments Digital Interface*) kommt im WWW auch als Dateiformat für Hintergrundmusik zum Einsatz.

MIME   (*Multipurpose Internet Mail Extension*) Erweiterungen der → E-Mail-Standards im Internet zur Übertragung von 8-Bit-Datenströmen, File-Attachments etc.

Modem   Abkürzung für Modulator-Demodulator. Hardware für die Ankopplung eines Computers an eine (analoge) Telefonleitung. Das Modem wandelt die digitalen Daten des Computers um in analoge Signale und umgekehrt.

MPEG   (*Motion Pictures Experts Group*) Per Datenkompression funktionierender Standard zur Darstellung von Bewegtdaten (→ QuickTime).

MRO-Produkte (*Maintenance Repair Operating-Produkte*) Sie dienen als Hilfsmittel in der Produktion.

MTA   (*Mail Transfer Agent*) Ein Software-System, das z. B. die zu übertragende E-Mail vom → Mail User Agent bekommt und sich dann um die Postzustellung, ggf. über das Netzwerk, kümmert (z. B. sendmail).

MUA   (*Mail User Agent*) Die Software-Applikation (z. B. elm, pine, Netscape E-Mail Client), mit der ein Benutzer seine → E-Mail schreibt und liest. Der MUA reicht eine vom Benutzer geschriebene E-Mail an den → Mail Transfer Agent weiter.

MUD   (*Multi-User-Dungeon*) Virtuelle Lokationen im Internet, an denen die Netzteilnehmer kommunizieren und auch (Abenteuer-)Spiele austragen können.

Multimedia Computergestützte Integration verschiedener Darstellungs- und Kommunikationsparadigmen. Spielt im WWW eine wichtige Rolle; neben Text beinhalten viele Sites auch Bilder (→ JPEG, → GIF, → PNG), Tondateien (→ AU, → LiveAudio, → WAV, → MIDI), Animationen (→ Shockwave, → Flash) und → Quick-Time-Filme.

N

Nameserver Auch → Domain Name Server genannt; Rechner im Internet, der eine Tabelle mit Domain-Namen und den zugehörigen → IP-Adressen enthält. Wird in der Regel vom → Provider gestellt.

NCSA   (*National Center for Supercomputing Applications*) Neben dem → CERN eine der ursprünglichen Entwicklungsstätten des → WWW. Der NCSA-Web-Server ist immer noch weit verbreitet.

Nerdspeak   Netz-Jargon, „Freaksprache"

Netfind   Internet-Suchdienst zum Auffinden von E-Mail-Adressen.

Netiquette Kunstwort aus ‚Network Etiquette'; definiert ‚korrekte' Verhaltensweisen im Internet.

NetNews   → Usenet

Netscape   Internet-→ Browser vom Hersteller gleichen Namens.

Newsarticle (*Posting*) Eine in → Usenet verbreitete Nachricht, die alle Empfänger lesen können, die die → Newsgroup abonniert haben, an die der Newsarticle gesandt (Jargon: ‚gepostet') wurde.

Newsgroup Diskussionsforum nach Sachgebieten geordnet. Zum Lesen der Diskussionsbeiträge ist ein Newsreader-Programm notwendig. Ein solcher
Newsreader ist in den guten → Web-Browsern enthalten. Organisatorisch ist die Newsgruppe der unterste Teil der → Newsgruppen-
Hierarchie des → Usenets, in die ein → Newsartikel gepostet werden
kann.

Newsgruppe→ Newsgroup

Newsgruppen-Hierarchie Hierarchie der Newsgruppen, in der diese im → Usenet
geordnet sind.

Netzwerk-Adresse Identifikationsgröße für einen Computer oder eine Internet-
Seite. Internet-Adressen können numerisch (z. B. 141.28.218.100) oder
alphanumerisch (z. B. www.fh-furtwangen.de) sein.

NIC (*Network Information Center*) Unter anderem für die Vergabe von →
Domains mit der Endung .com zuständig (s. a. → DE-NIC).

NNTP (*Network News Transport Protocol*) Übertragungsprotokoll für
→ News-Artikel über TCP/IP.

NOC (*Network Operation Center*) Einrichtung für die technische und organisatorische Betreuung und Verwaltung von Netzwerken.

Node Netzknoten. Allgemeiner Begriff für einen Computer oder ein dediziertes Gerät, mit Zugang zu einem Netzwerk.

NSAPI (*Netscape Server Application Programming Interface*) Protokoll, über
das sich → Web-Server mit externen Programmen koppeln lassen; von
Netscape als leistungsfähigere Alternative zu → CGI entwickelt (s. a.
→ ISAPI).

NSF (*National Science Foundation*) Das NSFnet der NSF war füher der
zentrale → Backbone des US-amerikanischen Teils des Internet.

O

Offline Der benutzte Computer ist nicht an das Netzwerk angeschlossen.

OLE (*Object Linking and Embedding*) Jüngst in → ActiveX unbenannt;
Microsoft-Standard für den Datenaustausch und die Kommunikation
zwischen Programmen.

Online Der benutzte Computer ist an das Netzwerk angeschlossen.

Online-Community Eine organisierte Gruppierung von Netzbenutzern an einem
bestimmten Ort im → Cyberspace. Einrichtung im Sinne des → *Electronic Customer Care*.

Online-Dienst Proprietäres Datennetzwerk mit redaktionell betreuten Strukturen
und Inhalten. Als geschlossene Netze bieten Online-Dienste weder

die Dynamik noch das Innovationspotenzial des Internet. Die meisten Online-Dienste bieten jedoch einen Internet-Zugang an.

OSI (*Open System Interconnection*) Internationales Standardisierungsgremium der ISO und ITU/CCITT zur Entwicklung von Netzwerkstandards, die Interoperabilität mit Geräten beliebiger Hersteller garantieren.

P

P2P (*Private-to-Private*) → C2C

Paketfilter Der Informationsaustausch im Internet erfolgt über Datenpakete, die auch Beschreibungen über Quelle, Ziel und Diensttyp enthalten. Aufgrund dieser Informationen ist ein → Router in der Lage, unerwünschte Daten selektiv auszufiltern. Paketfilter sind in der Lage, nach folgenden Kriterien auszufiltern: Sendeadresse, Empfangsadresse, Protokolle, Protokollports und benutzerdefinierten Bitmasken. Einer der drei grundlegenden → Firewall-Typen.

PAP (*Password Authentication Protocol*) Einfache Login-Prozedur für die Authentifikation (→ User Authentication) eines Anwender-Computers (Client) bei seinem Internet-Server. PAP läuft i. d. R. über das → PPP-Protokoll. Nicht so sicher wie → CHAP.

Packet Switching Nachrichten werden vor dem Transport über das Netz in Pakete zerlegt. Hinzu kommen zusätzliche → Routing- und Steuerinformationen. Die Einzelpakete werden dann ggf. über verschiedene Übertragungswege transferiert. Beim Empfänger werden die Einzelpakete zur Gesamtnachricht zusammengebaut.

PageViews Anzahl der Abrufe einer bestimmten Seite eines → Web-Servers.

Passwort Geheimes Codewort, mit dem sich ein Computerbenutzer dem Computersystem gegenüber identifizieren kann.

PDA (*Personal Digital Assistant*) Ein kleiner, etwa handflächengroßer Computer mit der Funktionalität eines Terminkalenders, Adressbuchs und Notizblocks für die Erfassung kleinerer Datenmengen. Ausgerüstet mit einem Funkmodem kann der PDA auch das Senden und Empfangen von Faxen erlauben und den Internet-Zugang bieten.

PDF (Portable Document Format) plattform-unabhängiges Dateiformat, das über Acrobat von Adobe beschrieben wird. Über → Plug-in auch in vielen → Browsern darstellbar.

Peering Datenaustausch zwischen den Internet-Teilnetzen.

Perl Scriptsprache, mit der sich recht einfach kleine Programme zur Erweiterung eines → Web-Servers schreiben lassen (→ CGI).

Personal Certificates Digitale Unterschrift für Transaktionen.

PGP   → Pretty Good Privacy

ping   (*Packet Interface Group*) Kommando zur Kontrolle, ob TCP/IP-Netz-knoten aktiv am Netz hängen. Nutzt die → ICMP Echo Message und die Antwort darauf.

Pixel   Ein Bildpunkt. Die kleinste adressier- und darstellbare Einheit auf einem Computer-Grafik-Bildschirm.

Plug-in   Hilfsprogramm zur Erweiterung von z. B. → Web-Browsern und -Servern durch weitere Funktionen; oft von Drittherstellern entwickelt (ActiveX Controls, → Java).

PNG   (*Portable Network Graphic*) Bildformat, das ähnlich wie → GIF auf einem Kompressionsalgorithmus basiert, um möglichst kleine Dateien zu erzeugen.

PoP   (*Point of Presence*) Lokaler Einwählknoten eines Internet-Anbieters. Dient zur Senkung der Telekommunikationskosten des Kunden.

POP3   (*Post Office Protocol*) Standard zum Empfang von → E-Mails.

Portal   Vernetzung von zusammengehörigen, themenspezifischen Informationen und die Zusammenfassung von Verknüpfungen zu solchen Informationen auf der Benutzerebene (Context). Der Benutzer erhält eine unmittelbare Übersicht über die Information und kann bei Interesse die vollständige Information anfordern (Content). Um geschäftliche Transaktionen (Commerce) durchzuführen, werden Kunden und Partnern individualisierte Informationen angeboten, oder sie können in Interessengemeinschaften, sogenannte Communities, eingebunden werden.

Posten   Eine Mitteilung in einer Newsgruppe des Internet veröffentlichen.

Postmaster   Genereller Ansprechpartner für die Netzanbindung einer Organisation. Die Adresse des Postmasters lautet in der Regel <postmaster@domain-adresse> und gehört dem System- oder Netzverwalter.

PPP   (*Point to Point Protocol*) Ein Protokoll für die Realisierung des → IP-Protokolls über serielle Leitungen (z. B. Telefonleitung). Technisch besser als → Slip.

Presence Provider   → Provider, der für seine Kunden Internet-Präsenz einrichtet.

Pretty Good Privacy   → Kryptografie-Programm zur Gewährleistung der Authentizität und zur Verschlüsselung von E-Mails und anderen Daten. Sehr sicher. Verschlüsselungstiefe kann beliebig bestimmt werden. Mit einem Public Key verschlüsselte Nachrichten können nur mit dem zugehörigen Private Key einer Person entschlüsselt werden.

PRI   (*Primary Rate Interface*), auch *Primärmultiplexanschluss* genannt. Pro PRI stehen 30 ISDN-Leitungen zur Verfügung. Alle können unter derselben Telefonnummer erreicht werden. Damit können bis zu dreißig Anrufe gleichzeitig angenommen werden.

Profiling Gewinnung von Besucher- und Kundendaten (→ Logging) um auf der Grundlage dieser Daten Vorlieben, Neigungen und Kaufverhalten von Web-Site-Besuchern feststellen zu können.

Protokoll Eine definierte Menge von Operationen und festgelegten Datenformaten, um den Datentransfer und andere Netzwerkaktivitäten innerhalb eines Netzwerks abzuwickeln.

Protokollstack Hierarchisch organisierte Sammlung von → Protokollen.

Provider Anbieter von Internet-Dienstleistungen. Der Provider stellt insbesondere für Privatkunden und Unternehmen die Anbindung an das Internet her.

Proxy Zwischenstation für das Abrufen von Internet-Daten (z. B. Web-Seiten); → Provider setzen Proxies häufig ein, um die aus dem Internet geladenen Daten ihrer Kunden zwischenzuspeichern, damit sie bei einem erneuten Zugriff nicht nochmals geladen werden müssen. Firmen setzen Proxies häufig als → Firewall ein, um den Datenfluss in die Firma hinein und aus der Firma heraus besser kontrollieren zu können.

Public Domain Programme und andere Veröffentlichungen, die der Allgemeinheit für die kostenlose Benutzung überlassen werden.

Public Key Encryption Verfahren zur sicheren Verschlüsselung und Authentifizierung von Daten, bei dem kein geheimer Schlüssel der dechiffrierenden Stelle gegeben werden muss.

Push-Technologie Verfahren, um sich ändernde Daten im Internet rundfunkähnlich an die Benutzer zu verteilen. Im Gegensatz dazu werden mit der Pull-Technologie (z. B. → WWW) ausschließlich Daten auf Veranlassung des Benutzers geholt.

Q

QuickTime Von Apple definierter Standard zur Übertragung von Bild- und Tondaten; wird meist für kleine Filme verwendet.

Querverweis → Link

R

RealAudio Technik von Progressive Networks, über die sich Audiodaten (Ton) in Echtzeit via Internet übertragen lassen.

Registry Eine lokale Vertretung in einem Land oder einer Region des Geltungsbereichs von → RIPE NCC. Die Registries verfügen über eigene IP-Adressräume zur Weitervermietung.

RE-Mailer Zu diesen Internet-Hosts werden E-Mails geschickt, die dort anonymisiert und anschließend zum eigentlichen Empfänger weitergeleitet werden.

Remote Login   Sich über das Netzwerk auf einem anderen Computer einloggen (→ log in).

Remote Terminal Service   → telnet

Resolver   Teil der Netzwerksoftware, die den → Nameserver nach der Zuordnung von Internet → Domain-Namen zu → IP-Adressen befragt.

Reverse Mapping   Liefert zu einer gegebenen IP-Adresse den zugehörigen Namen.

RFC   (*Request for Comments*) Dokumente, die vorwiegend für die Definition der Protokolle und anderer Kommunikationsangelegenheiten des Interent verwendet werden. Manche RFCs sind vom IAB (*Internet Activity Board*) zum Standard erhoben worden.

RIP   (*Routing Information Protocol*) Gehört zum Standardlieferumfang der meisten Unix-Implementierungen. Eignet sich als Routing-Protokoll insbesondere für kleinere bis mittlere Netze.

RIPE NCC   (*Réseaux IP Européenne*) Europäische Internet Interessensgemeinschaft. Hauptaufgabe ist die Regelung der Adressvergabe (Zuteilung von → IP-Adressen) durch die Koordination der lokalen nationalen Vertretungen (→ Registry).

rlogin   Terminal-Emulation, standardmäßig in → Unix enthalten.

Router   Spezialisierter Computer, der die Vermittlung von Datenpaketen erledigt. Auch: Dediziertes Gerät, das auf der OSI-Schicht 3 arbeitet und entscheidet, welchen von verschiedenen möglichen Wegen ein Datenpaket nehmen muss.

Routing   Wegewahl für Übertragung von Nachrichten oder einzelner Pakete von Nachrichten (→ message switching, → packet switching)

S

Seite   Anderes Wort für WWW-Dokument.

Serielle Leitung   (*Serial Line*) Verbindung, über die Daten nacheinander → Bit für Bit übertragen werden.

Server   **Hosting** ‚Unterstellen‘ eines Computers bei einem Internet-Provider.

Server   Recht allgemeiner Begriff für Computer bzw. Programm, das anderen Computern bzw. Programmen Dienste und Informationen anbietet (für WWW, ftp, E-Mail, News usw.). Der Kommunikationspartner wird i. d. R. als → Client bezeichnet.

Server   **Renting** Mieten eines Servers zur exklusiven Nutzung; dem gegenüber steht der meist wesentlich günstigere Aufbau eines → virtuellen Servers.

Service   **Provider** → Provider, der seinen Kunden den Internet-Zugang ermöglicht.

SET   (*Secure Electronic Transaction*) Standard zur Abwicklung elektronischer Zahlungstransaktionen auf Kreditkartenbasis.

SGML   (*Standard Generalized Markup Language*) Hypertextsprache, aus der → HTML und → WML hervorging. Wegen ihrer Komplexität wurde → XML als Teilmenge aus SGML definiert.

Shareware   Software, die für den Test kostenlos über das Netz bezogen werden kann. Kommt die Software dauerhaft zum Einsatz, so wird erwartet, dass eine Bezahlung erfolgt.

Shockwave   Multimedia-Datenformat, von Macromedia geschaffen, dient der Darstellung von Animationen auf HTML-Seiten.

SHTTP   Secure → HTTP; Standard zur sicheren Datenübertragung.

Site   Synonym für eine umfangreiche WWW-Darstellung. Auch: Synonym für einen → Host im Netzwerk.

Slip   (*Serial Line Internet Protocol*) Ein Protokoll für die Realisierung des → IP-Protokolls über serielle Leitungen (z. B. Telefonleitung). Technisch nicht so gut wie → PPP.

Smiley   → Emoticon

Snail-Mail   Normale Briefpost, die wegen ihrer relativen Trägheit im Vergleich zur schnellen E-Mail als Schneckenpost bezeichnet wird.

SMTP   (*Simple Mail Transfer Protocol*) Standard zum Versand von → E-Mails.

SNMP   (*Simple Network Management Protocol*) Standard zur Verwaltung von Netzwerken und der Erfassung von Daten im Netz.

Supply Chain   Früher Logistikkette, heute Wertschöpfungskette. Die klassischen Prozesse sind Produzieren – Transportieren – Lagern. Kernaufgabe des Supply Chain Management ist die ganzheitliche Gestaltung und Steuerung der Logistik. Teilnehmer am Supply Chain-Prozess sind die Lieferanten (Beschaffungsprozesse) und die Abnehmer (Distributionsprozesse). Kernprozess ist das Bestands-Management, d. h. die Definition der Abfolge von Produktions- oder Transport- und Lagerprozessen.

Spamming   → Newsgroups und elektronische Briefkästen mit unerwünschten Werbeinfos überschütten.

Spoofing   Netzwerkattacke, bei der sich der Angreifer durch eine manipulierte IP-Adresse als scheinbar interner Benutzer Zutritt verschafft. Vortäuschen einer falschen Internet-Adresse.

SSI   (*Server Side Include*) Technik zum dynamischen Integrieren von Dateien in HTML-Dokumente.

SSL   (*Secure Socket Layer*) Von Netscape entwickeltes Protokoll zur gesicherten Übertragung von sensiblen Daten (Kreditkartennummern etc.) über das Internet. Damit wird eine sichere Übertragung von Applikationsprotokollen wie → HTTP erreicht (→ HTTPS).

Store and Forward   Verfahren zur Weiterleitung von Daten, wobei die zu übertra-
genden Daten auf den jeweiligen Zwischenstationen solange gespeichert werden, bis weitervermittelt werden kann. Das → UUCP-Netz
arbeitet nach diesem Prinzip.

Standleitung   (*Leased Line*) Mietleitung (dedizierte Verbindung) für die Datenübertragung. Verfügt in der Regel über höhere → Bandbreite.

Suchmaschine   Software-System, das im Internet nach Vorgabe von Suchbegriffen
im → World Wide Web oder auf → ftp-Server und → Diskussionsforen
relevante Informationen sucht und die Fundstellen auflistet.

S.W.I.F.T.   (*Society for Worldwide Interbank Financial Telekommunication*) betreibt Netzwerk für den internationalen Zahlungsverkehr zwischen Kor-
respondenzbanken.

T

Tag   Befehl innerhalb der HTML-Sprache.

TCP/IP   (*Transport Control Protocol/Internet Protocol*) Grundlage der Internet-
Dienste.

Telnet   Programm, das die Verbindung für ein → Remote Login auf einem
anderen Computer herstellt.

TIME Industrie   Eine von Kurt Rohner geprägte Abkürzung für in den Bereichen
Telekommunikation, Informationstechnik, Medien und Entertainment
operierende Industrie.

Top   **Level Domain** Übergreifende → Domain für Länder sowie .com =
Commercial, Firmen; .edu = Educational, schulische oder universitäre
Einrichtingen; .gov = Regierungsinstitutionen; .int = Internationale Institutionen; .mit = Military, .net = Network Provider; .org = Organisa-
tionen/Vereine.

Topologie   Der physikalische und geografische Aufbau eines Netzwerks.

Touch-Screen   Berührungsempfindlicher Bildschirm, der an einen Computer angeschlossen ist und gleichzeitig als Ausgabe- und Eingabegerät fungiert.

Tracing   → Tracking

Tracking   Einrichtung zur Verfolgung des Lieferzustandes einer Bestellung Über
die Homepage des E-Shop-Betreibers hat der Besteller Zugang zum
Trackingsystem und erfährt den Status seiner Bestellung nach der Eingabe einer bestellspezifischen Referenznummer.

Transfervolumen   Bewegte Datenmenge, die über eine Leitung, etwa von und
zu einem → Web-Server übertragen wird (normalerweise erfolgt die
Angabe des Transfervolumens für den Zeitraum von 1 Monat).

Trust Center   Einrichtung zur Verwaltung von öffentlichen und geheimen Schlüsseln, um beispielsweise einen authentischen, vertraulichen und anonymen E-Mail-Verkehr zu garantieren. Trust Center können auch beim Einsatz von elektronischem Geld eine Rolle spielen.

U

UDP   (*User Datagram Protocol*) Verbindungslose Transportschicht, die auf → IP aufsetzt.

UMTS   (*Universal Mobile Telecommunications System*) UMTS ist ein Teil von IMT-2000, einem Framework der ITU für die 3. Generation der Mobilfunknetze (→ 3G Network) weltweit. Die Technik verspricht mobiles Multimedia weltweit und erreicht die Teilnehmer im Mobilfunknetz über Bandbreiten von (theoretisch) bis zu 2 Mbit/s.

Unix   Highperformance-Netz-Betriebssystem mit multi-user- und multitasking-Eigenschaften für PCs, Workstations und Computer der obersten Leistungsklasse.

Upload   Kopieren von Daten von einem Client auf einen Server (z. B. zum Aktualisieren eines → Web-Servers).

URL   (*Uniform Resource Locator*) Standardisiertes Darstellungsverfahren von Internet-Adressen. Beginnt immer mit dem zuständigen Protokoll, etwa
http://www.ambit.de oder ftp://ftp.fh-furtwangen.de/pub.

User   **Authentication** Überprüfung von Benutzer (→ Account) und Zugriffsrechten, um bestimmte Server-Bereiche vor nicht erlaubten Zugriffen zu schützen. Nachweis der tatsächlichen Identität eines Benutzers oder Clients.

Usenet   Auch Newsgroups genannt. Ansammlung zahlreicher Diskussionsforen zu allen erdenklichen Themen. Usenet fasst die Gruppenkonferenzsysteme im Internet und im → UUCP-Netz zusammen.

UUCP   (*Unix to Unix Copy*) Ein Übertragungsprotokoll nach dem → store-and-forward-Prinzip. Das Protokoll ist neben → TCP/IP standardmäßig in → Unix-Systemen enthalten. Auf der Basis von UUCP lassen sich z. B. die Internet-Services → E-Mail und → Usenet/News realisieren. Auch ein Synonym für Netzwerk aus UUCP-Nutzern.

V

VBScript   Abgespecktes Visual Basic (ähnlich → JavaScript) zur Steuerung von → ActiveX-Controls.

VDO   Videoformat (→ QuickTime)

Veronica   Internet-Dienst, um im → Gopher(-Space) nach Informationen und Begriffen zu suchen. Ermöglicht spezielle Gopherbäume.

Virtual Community → Online-Community

Virtueller Server Einer von mehreren Server-Prozessen, die gleichzeitig auf einem Rechner beim → Provider laufen.

Visits Anzahl der Besuche auf einem → Web-Server.

Virtual Server Dienstleistung von Internet Service Providern. Die HTML-Seiten der Web-Präsentanz eines Kunden des Providers liegen auf dem → Server-Computer des Providers.

Virtuelle Realität Dreidimensionale, per Computer simulierte Räume, in denen sich der Computeranwender bewegen kann. Wahrnehmbar sind die simulierten dreidimensionalen Räume beispielsweise mit Hilfe einer speziellen Brille. Wird virtuelle Realität am Computerbildschirm dargestellt, so kann der Computernutzer einen sogenannten → Avatar als Stellvertreter durch die Räume wandeln lassen.

VPN (*Virtual Privat Network*) Ein privates virtuelles Netz, das auf der vorhandenen Struktur eines oder mehrerer anderer Netze aufsetzt.

VR → Virtuelle Realität

VRML (*Virtual Reality Markup Language*) Sprache zur Beschreibung von virtuellen Szenarien und Animationen im WWW. Erlaubt Darstellung und Manipulation von 3-D-Objekten.

W

WAIS (*Wide Area Information Service*) Ein verteiltes → Information Retrieval System für Volltextrecherchen im Internet.

WAN (*Wide Area Network*) Im Gegensatz zum → LAN ein über große Entfernungen (Land, Kontinent) verteiltes Netzwerk.

WAP (*Wireless Application Protocol*) Über WAP-Protokolle können Mobiltelefone und andere Handhelds interaktive Transaktionen ausführen. Der WAP-Protokoll-Stack ähnelt dem des Internet-Protokolls → http und wurde vor allem aufgrund der geringen Display-Größe der Geräte entwickelt. WAP ist ein Set von Kommunikationsprotokollen, um spezielle Internet-Inhalte (→ WML-Seiten) unabhängig von darunter liegenden Übertragungsprotokollen (Bearers) auf mobilen Endgeräten darstellen zu können.

WAP-Gateway (*Wireless Application Protocol-Gateway*) Das WAP-Gateway übersetzt die Anfragen eines WAP-Clients vom WAP-Protokoll-Stack in den WWW-Protokoll-Stack und schickt die Anfrage als HTTP-Request an einen bestimmten Web-Server weiter. Im umgekehrten Fall wird der HTTP-Response in WAP umgewandelt und zum WAP-Client zurückgesendet. Viele WAP-Gateways verfügen außerdem über einen HTML/WML-Konverter.

WAV   Wave, Audioformat

Wählleitung Im Gegensatz zu einer → Festverbindung wird die Kommunikations-
                verbindung nur bei Bedarf hergestellt.

Web   Kurzform von World Wide Web

Web-Browser Programm zur Darstellung von HTML-Dokumenten, die vom →
                 Web-Server übertragen werden. Der Web-Browser interpretiert die
                 HTML-Dokumente und sorgt für deren multimediale Darstellung am
                 Bildschirm des Benutzers.

Webmaster   Verwalter eines → Web-Servers.

Web-Server   Programm, das die vom → Web-Browser verlangten → HTML-Dateien
                 überträgt.

Web-Site   Online-Präsenz von Unternehmen, Institutionen und Personen im →
                 World Wide Web.

Winsock   Standardschnittstelle für alle IP-Implementierungen unter Windows.
                 Diese Schnittstelle wird mit Hilfe der Librarydatei WINSOCK.DLL
                 realisiert. Internet-Anwendungen unter Windows setzen für ihre Funk-
                 tion die Winsock-Schnittstelle voraus.

WML   (*Wireless Markup Language*) Eine auf → XML basierende Beschrei-
                 bungssprache, mit der → WAP-Inhalte dargestellt werden.

WMLScript   (*Wireless Markup Language-Script*) Eine Skriptsprache mit der client-
                 seitig auf verschiedene Ereignisse (z. B. Benutzereingaben) reagiert
                 werden kann. Es stehen verschiedene Standardbibliotheken zur Verfü-
                 gung. WMLScript ist vergleichbar mit → JavaScript.

World   **Wide Web (WWW)** Der multimediale und zweitbeliebteste Dienst
                 (nach → E-Mail) des Internet. WWW basiert auf der Seitenbeschrei-
                 bungssprache → HTML.

X

XML   (*Extensible Markup Language*) Nachfolger von HTML mit erweiterten
                 Möglichkeiten. Ist eine Untermenge von → SGML.

X Window   Basis-Software auf Unix-Systemen für netzverteilte grafische Anwen-
                 dungen wie z. B. → Web-Browser.

X.21   ITU-Empfehlung für ein Protokoll zur Kommunikation zwischen lei-
                 tungsvermittelten Netzen (→ circuit switched networks) und Endgerä-
                 ten.

X.25   ITU-Empfehlung für die Paketform beim Dateitransfer über öffentliche
                 paketvermittelte (→ packet switching) Netze.

X.400   ITU-Empfehlung für den Austausch von → E-Mail.

X.500   ITU-Empfehlung für die netzverteilte Wartung von Verzeichnisstrukturen, Daten und anderen Netzobjekten.

Y

Yahoo   Eine beliebte → Suchmaschine.

Z

Zugangsberechtigung   → *Account*

Literatur

Abrams, D. Marshall: Symbiosis among IT security standards, policies and criteria. In: *Security and Control of Information Technology*. Working Conference, Hg. Universität Stockholm, 1993.

Altobelli, C.F., Hoffmann, S.: *Werbung im Internet*. München: MGM MediaGruppe, 1996.

Anderer, Boris: *Sicherheit im Internet-Banking*. Geldinstitute, Nr. 11–12, 1995, S. 22–29.

Andreessen, Marc and The Netscape Product Team: *THE NETSCAPE INTRA-NET VISION AND PRODUCT ROADMAP*. Version 1.2. *http://home.netscape. com/comprod/at_wo...e_paper/intranet/vision.html#fullserve* 16. Juli 1996.

Arnold, O. u. a.: *Virtuelle Unternehmen als Unternehmenstyp der Zukunft?* In: HMD. 185/1995. 8–23.

Bangemann, Martin: *Auf dem Weg in die Informationsgesellschaft*. Mai 1994: *http://www.cec/en/comm/20c/bange.html*.

Basseler, Ulrich, Heinrich, Jürgen, Koch, Walter: *Grundlagen und Probleme der Volkswirtschaft*. Köln: Wirtschaftsverlag Bachem, 1988.

Becker, Jochen: *Marketing Konzeption: Grundlagen des strategischen Marketing Managements*. München: Vahlen, 1993.

Becker, Lutz: *Viele haben längst die Kontrolle über ihre Systeme verloren*. Computerwoche 11 (1996): 8.

Behme; Mintert. *XML in der Praxis*. München: Addison-Wesley, 2000.

Bellovin, Steve M., Cheswick,William R.: *Firewalls und Sicherheit im Internet*. Bonn [u. a.]: Addison-Wesley, 1996.

Beutelspacher, Albrecht: *Kryptologie*. Braunschweig: Vieweg, 1991.

Beutelspacher, A., Hueske, T., Pfau, A.: *Kann man mit Bits bezahlen?* In: Informatik Spektrum (1993) 16. 99–106.

Bhimani, Anish: *Securing the Commercial Internet*. In: Communications of the ACM, June 1996, S. 29–35.

Biesel, Helga: *Zwischen nice to have und Must*. Seite 37. In: Computerwoche Nr. 50 vom 15. Dezember, 1995.

Block, Valerie, Kingson Bloom, Jennifer, Kutler, Jeffrey: *Soon, home will be where the Smart Card is.* In: American Banker, July 24, 1996. Publiziert in: e-payments (Diskussionsliste).

Boedicker, Dagmar: Stolpersteine bei der Stellensuche. In: Süddeutsche Zeitung Nr. 98, 27./28. April 1996.

Bogaschewsky, Ronald: *Elektronischer Einkauf. Erfolgspotentiale, Praxisanwendungen, Sicherheits- und Rechtsfragen.* Gernsbach: Deutscher Betriebswirte-Verlag, 1999.

Bogaschewsky, Ronald: *Internet – Intranet – Extranet. Strategische Waffen für die Beschaffung.* Gernsbach: Deutscher Betriebswirte-Verlag, 1999.

Bonnert, Erich: *Sun hofft auf Internet-Boom durch Electronic Commerce.* In: Computer Zeitung (02.06.95).

Booz Allen & Hamilton: *Zukunft Multimedia*, Frankfurt, 1995.

Borenstein, Nathaniel, et al.: *Perils and Pitfalls of Practical Cybercommerce.* In: Communications of the ACM, June 1996, S. 36–44.

Brenner, Th.: *Digital Life: Die Geburt eines neuen Glaubens.* In: Spiegel Special: Die Multimedia Zukunft. 3/1996. 42–47.

Brenner, W. *Home-Shopping: Der Handel muss reagieren.* In: Computerwoche Nr. 29 vom 19.07.1996. München: Computerwoche Verlag GmbH, 1996. 33–35.

Breilmann, Markus: *Schlüsselposition.* In: *iX* 10/96: 102–105.

British Telecom: *Teleworking – A Glimpse of the Future.* British Telecom, 2. 25. Juli 1995.

British Telecom.: *Teleworking – BT's Inverness Experience: A report on the key results of BT's teleworking experiment in Inverness.* British Telecom, 1994.

Bues, Manfred: *Offene Systeme: Strategien, Konzepte und Techniken für das Informationsmanagement.* Berlin u. a.: Springer Verlag, 1994.

Bullinger, H., Bretterich-Teichmann, W., Fröschle, H.: *Koordination zwischen Markt und Hierarchie: Das virtuelle Unternehmen.* In: Office Management. 12/1995. 18–22.

Bundesministerium für Wirtschaft (Hrsg.): *Die Informationsgesellschaft.* Bonn, 1995.

Bundesnotarkammer (Hrsg.): *Elektronischer Rechtsverkehr: digitale Signaturen und Rahmenbedingungen.* Köln, 1995.

Byrne, John A. u. a.: *The virtual corporation.* In: Business Week, 8.2.1993.

Cady, J.F.: *Marketingstrategien der Informationsindustrie.* Buzzell, R.D. Marketing im Zeitalter der „Compunications". Wiesbaden: Gabler, 1988.

Cameron, Debra: *Implementing the Internet for Business.* Charleston, South Carolina: Computer Technology Research Corp., 1995.

Chamoni, Peter / Gluchowski, Peter [Hrsg.]: *Analytische Informationssysteme.* Data Warehouse, On-Line Analytical Processing, Data Mining. Berlin [u. a.]: Springer, 1998.

Chaum, David: *Blind signatures for untraceable payments.* Advances in Cryptology, Proc. Crypto '82, New York Plenum 1983, S. 199–203.

Chaum, David: *Sicherheit ohne Identifizierung.* Informatik Spektrum, Nr. 10, 1987, S. 262–277.

Chaum, David: *Archiving Electronic Privacy.* Scientific American, August 1992, S. 96–101, URL: *http://www.digicash.com/publish/sciam.html.*

Chavez, A., Maes, P.: *Kasbah: An Agent Marketplace for Buying and Selling Goods.* MIT Media Lab.

Chorafas, D. N.: *Electronic Banking – eine langfristige Strategie von menschlichen Resourcen zu Produktentwicklung und Informationssystemen.* Wiesbaden: Gabler, 1989.

Cringely, R.X.: *Unternehmen Zufall.* Bonn: Addison-Wesley, 1992.

Cox, H. u. a.: *Handbuch des Wettbewerbs. Wettbewerbstheorie – Wettbewerbspolitik – Wettbewerbsrecht*, München 1981.

Czurda, Henrik: *Run auf Digital-Money und Cyberbucks.* Schweizer Bank, Nr. 6, 1996, S. 48–51.

Dallmer, Heinz: *Erfolgsbedingungen der Kommunikation im Direct-Marketing.* Wiesbaden: Gabler, 1979.

Davidow, William H., Malone, Michael S.: *The Virtual Corporation.* New York: Harper Collins Publishers, 1992.

Davidow, William H.: *Das virtuelle Unternehmen: der Kunde als Co-Produzent.* New York, 1993.

Demmer, C., Aigner, M.: *Net Shopping.* Global Online. 1/1996. 46–49.

DIHT203: Btx Leitfaden. Hg. Deutscher Industrie- und Handelstag. Köln: Gebrüder Kopp o.H.G, 1982.

Diller, Hermann, Hg.: *Vahlens Großes Marketing Lexikon. Ungekürzte Ausgabe.* München: Deutscher Taschenbuchverlag, Oktober 1994.

Dolmetsch, Ralph: *eProcurement.* München, Addison-Wesley Verlag, 2000.

Ernst, Heiko: Die unstillbare Neugier auf Sinn. 22–25. Psychologie Heute, Oktober, 1994.

Ellermann, Uwe: *IPv6 and Firewalls.* *http://www.cert.dfn.de/team/ue/fw/ipv6fw/ node1.html* bis node8.html. Stand: 12. August 1996.

Federrath, Hannes, Jerichow, Anja, Pfitzmann, Andreas, Pfitzmann, Birgit: *Mehrseitig sichere Schlüsselerzeugung.* In: Trust Center. Proceedings der Arbeitskonferenz Trust Center 95, DuD Fachbeiträge, S. 117–131, Wiesbaden: Vieweg, 1995.

Flach, Detlef: *ISDN-Programme und CAPI-Versionen: ein Würfelspiel.* Seite 41. Computerwoche Nr. 28 vom 12.07.1996. München: Computerwoche Verlag GmbH, 1996.

Flohr, Udo: *Electric Money.* BYTE, Nr. 6, 1996, S. 74–84.

Foremski, Tom: *Payment systems – Revolutionary Potenzial.* Financial Times, 04.09.1996, S. VI.

Frotscher, Thilo: *Bezahlen im WWW.* Seminar im WS 1995/96, URL: *http://www.informatik.th-darmstadt.de/VS/Lehre/WS95-96/Proseminar/frotschi.*

Fumy, Walter: *Kryptografie: Entwurf, Einsatz und Analyse symmetrischer Kryptoverfahren.* München, Wien: Oldenbourg, 1994.

Gastner, R., Heicking, W.: *Entscheidung: Portfolio-Analyse für die DV-Strategie.* iX Multiuser Multitasking Magazin. Juli 1995. 144–147.

Gerken, Gerd: *Abschied vom Marketing: Interfusion statt Marketing.* Düsseldorf, Wien, New York: ECON Verlag, 1991.

Gerken, Gerd: *Die Trends für das Jahr 2000: Zukunft des Business in der Informations-Gesellschaft.* Düsseldorf, Wien, New-York: Econ Verlag, 1989.

Gieskes, Hanna: *Internet macht das Shopping bequem.* Die Welt, 28.2.1996, Seite 13.

Glade, Albert, Reimer, Helmut, Struif, Bruno (Hrsg.): *Digitale Signatur & Sicherheitsintensive Anwendungen.* Braunschweig, Wiesbaden: Vieweg & Sohn GmbH, 1995.

Glassman, Steve, Manasse, Mark, Abadi, Martin, Gauthier, Paul, Sobalvarro, Patrick: *The Millicent Protocol for Inexpensive Electronic Commerce.* 1995, URL: *http://www.research.digital.com/SRC/millicent/papers/millicent.w3c4/millicent. html* (Stand 1995).

Goleman, D.: *Emotionale Intelligenz.* München und Wien: Carl Hanser Verlag, 1996.

Gutmann, Melanie: *Elektronische Beschaffung – Analyse, Prozessoptimierung und Entwicklung eines Phasen-Modells zur EPS-Einführung in Unternehmen,* Diplomarbeit, Fachbereich Wirtschaftsinformatik, Fachhochschule Furtwangen, Sommer 2000.

Guptara, P.: *The Basic Arts of Marketing*, Hutchinson, London 1988.

Haeckel, S.H.: *Marketingstrategien für die neuen Technologien: Ein Kommentar.* In: Buzzell, R.D. Marketing im Zeitalter der „Compunications". Wiesbaden: Gabler, 1988.

Hagel, John III, Armstrong, Arthur G.: *Net Gain – Profit im Netz.* Wiesbaden: Gabler Verlag, 1997.

Hahn u. a.: *Innovationstätigkeit und Unternehmensnetzwerke.* In: Zeitschrift für Betriebswirtschaft. 65. Jahrgang (1995). 247–266.

Hammel, Christian von, Borcherding, Malte: *Digitales Geld – Bezahlen im Internet.* In: HMD 199/1998, S. 38–53. Hüthig, Heidelberg.

Hanker, J.: *Die strategische Bedeutung der Informatik für Organisationen.* Stuttgart: Teubner, 1990.

Hansen, Robert: *Wirtschaftsinformatik I: Einführung in die betriebliche Datenverarbeitung.* 7., neubearb. und stark erw. Aufl. Hg. F. X. Bea, E. Dichtl und M. Schweitzer. Lucius & Lucius Verlag Stuttgart: 1996.

Hanser, P.: *Multimedia überwinden.* Interview mit Thomas Laukamm, Consulting Trust, Ratingen. In: Absatzwirtschaft. 4/96. 46–49.

Hare, Chris, Siyan, Karanjit: *Internet Firewalls & Netzwerksicherheit.* Haar: SAMS, 1995.

Haas, Rolf, Ziegelbauer, Holger: *Konzept zur Netzwerksicherheit für eine IP-Umgebung,* Diplomarbeit, Fachbereich Wirtschaftsinformatik, Fachhochschule Furtwangen, Herbst 1996.

Haslinger, Franz: *Volkswirtschaftliche Gesamtrechnung.* München: Oldenbourg, 1978.

Heckl, H.: *Telearbeit aus Sicht der IT-Industrie.* In: HMD. 185/1995. 47–57.

Heinen, Edmund: *Industriebetriebslehre: Entscheidungen im Industriebetrieb.* 9., vollst. Neu bearb. und erw. Aufl. Wiesbaden: Gabler, 1991.

Hensche, D.: *Telearbeit – Die soziale Herausforderung.* Bundesministerium für Wirtschaft (Hrsg.). In: Die Informationsgesellschaft. Bonn, 1995. 44–45.

Hildebrand, Knut: *Informationsmanagement. Wettbewerbsorientierte Informationsverarbeitung.* München[u. a.], Oldenbourg, 1995.

Himberger, A., Reck, M., Schmid, M.: *Telematisierung von Märkten.* In: Arbeitsbericht IM2000/CCEM/1. St. Gallen: Institut für Wirtschaftsinformatik, 1990.

Himberger, Andreas: *Der Elektronische Markt als Koordinationssystem: Überlegungen zur Beschreibung und Gestaltung alternativer Möglichkeiten der Abstimmung von Handlungen und Plänen aus system- und koordinationstheoretischer Sicht unter Berücksichtigung informationstechnologischer Auswirkungen.* Dissertation, St. Gallen, 1994. Hallstadt: Rosch-Buch, 1994.

Himmelspach, Andrea: *Entwicklung eines Gesamtkonzepts elektronischer Zahlungssysteme für offene elektronische Märkte,* Diplomarbeit, Fachbereich Wirtschaftsinformatik, Fachhochschule Furtwangen, Herbst 1996.

Hindle, Tim, Thomas, Michael: *Marketing. Erfolgreich werben und verkaufen von A bis Z.* Deutscher Taschenbuch Verlag, München 1994.

Hirschmann, Petra: *Wertorientiertes Management unternehmensübergreifender Geschäftsprozesse.* In: Berkau, Carsten, Hirschmann, Petra (Hrsg.): *Kostenorientiertes Geschäftsprozessmanagement,* München, 1996.

Hitachi Research Institute: *Payment Systems – Strategic Choices for the Future.* Institute of Advanced Business Systems Hitachi, Ltd. (Hrsg.), USA, F.I. ALLG. Financial Publishing Co.: 1993.

Hoch, Marc: *Kompass der Kopflosen,* Süddeutsche Zeitung Nr. 122, 31.Mai./01. Juni 1997.

Hoffmann, Y.: *Electronic Purses – Who will take the Lead?* In: Card Forum International, S. 34–45, 1997.

Hommerich, Brigitte, Maus, Manfred, Creusen, U.: *Wieviel Management braucht der Mensch: Abschied vom Machbarkeitswahn.* Wiesbaden: Gabler, 1995.

Illik, J. Anton: *Programmieren mit C unter Unix,* Sybex, Düsseldorf, 1990.

Illik, J. Anton: *UUCP electronic mail und file transfer,* Oldenbourg, München, 1993.

Illik, J. Anton: *Standards für offene Systeme.* In: Zilahi-Szabó: Kleines Lexikon der Informatik, München, Oldenbourg, 1995.

Illik, J. Anton: *Datensicherung.* In: Zilahi-Szabó: *Kleines Lexikon der Informatik,* München, Oldenbourg, 1995.

Illik, J. Anton: *Internet – das Netz der Netze: Startrampe für Electronic Business.* In: NET, Januar/Februar 1997, S. 40–42, Hüthig, Heidelberg.

Illik, J. Anton: *Intranet-Dienste und -Anwendungen: Wirtschaftsräume der Zukunft.* In: NET, März 1997, S. 52–54, Hüthig, Heidelberg.

Illik, J. Anton, Haas, Rolf, Ziegelbauer, Holger: *Internet & Intranet: Netzwerksicherheit für IP-Umgebungen.* In: W&S, Heft 3/1997, S. 54–56, Hüthig, Heidelberg.

Illik, J. Anton: *Electronic Commerce – eine systematische Bestandsaufnahme.* In: Theorie und Praxis der Wirtschaftsinformatik, HMD Heft 199, Februar 1998, S. 10–24, d-punkt/Hüthig, Heidelberg.

Isselhorst, Hartmut: *Ein Beitrag zur Verwendung rationaler Zahlen in Public-Key Kryptosystemen.* Heidelberg: Hüthig, 1988.

Jansen, Christoph: *Zahlungsprozesse im Internet,* Diplomarbeit, Hochschule St. Gallen, Herbst 1995.

Janson, Phil, Michael Waidner.[1996a]: *Electronic Payment Systems*. SEM-PER Activity Paper, 30.01.96. URL: *http://www.zurich.ibm.com:80/Technology/ Security/extern/ semper/index.html*.

Janson, Phil, Michael Waidner. .[1996b]: *Elektronische Zahlungssysteme*. In: Computerworld, Nr. 21/1996, S. A6, A8, A22.

Jünemann, Bernhard, Schütte, Christian, u. a.: *Electronic Cash – Vollkommen umge-krempelt*. In: WirtschaftsWoche, Nr. 31, 27.07.1995, S. 12–16.

Keenan, Vernon: http://www.keenanscope.com/html/content/access_conf/access_ conference.htm (Stand 03. Oktober 2000).

Kersten, Heinrich: Überblick über internationale Sicherheitskriterien. *Internationale Sicherheitskriterien – Kriterien zur Bewertung der Vertrauenswürdigkeit von IT-Systemen sowie Entwicklungs- und Prüfumgebungen*. Hg. Hartmut Pohl und Gerhard Weck. Band 5. München, Wien: Oldenbourg, 1993.

Kersten, Heinrich: *Sicherheit in der Informationstechnik*. Hg. Hartmut Pohl und Gerhard Weck. 2. Aufl. München, Wien: Oldenbourg, 1995.

Königes, H.: *Berufswelt 2000: Kein Feierabend oder arbeitslos*. In: Computerwoche Nr. 44 vom 3.11.1995. München: Computerwoche Verlag GmbH, 1995.

Kosiol, Erich: *Die Unternehmung als wirtschaftliches Aktionszentrum*. 4. Auflage. Reinbeck: Rowohlt, 1978.

Kotler, Philip.: *Marketing-Management. Analyse, Planung und Kontrolle, dt. Übers.*, 4. Aufl,. Stuttgart 1982.

Kotler, Philip, Bliemel, Friedhelm: *Marketing-Management: Analyse, Planung, Umsetzung und Steuerung*, Poeschel, Stuttgart 1995.

Kox, K.K.: *Marketing in the 1980s – Back to Basics*. 241–248. In: Kox, K.K. und McGinnis V.J.: Strategic Market Decisions: A Reader. Englewood Cliffs: Prentice-Hall, 1982.

Krause, Jörg; Somm, Felix: *Online-Marketing: Die perfekte Strategie für Ihren Internet-Auftritt*. München, Wien: Carl Hanser Verlag, 1998.

Krähenmann, Noah: *Ökonomische Gestaltungsanforderungen für die Entwicklung elektronischer Märkte*. Dissertation, Hochschule St. Gallen: HSG, 1994.

Krähn, Josef: *Rechtliche Rahmenbedingungen eines Electronic Data Interchange: eine institutionenökonomische Analyse*. Lehmann, Michael (Hrsg.). München, VVF: 1993.

Krelle, Wilhelm: *Volkswirtschaftliche Gesamtrechnung*. Berlin: Duncker & Humboldt, 1967.

Krueger, Myron W.: *Artificial Reality II. Reading u. a.*: Addison Wesley Publishing Company, 1991.

Kruse, Dietrich: *Chipkarte statt Füllfederhalter*. In: NET, April 1996, S. 18–20, Hüthig, Heidelberg.

Kyas, Othmar: *Unternehmensstrategie Intranet* in Online 2/97.

Lang, Rainer: *Aufbruch in die neue Computer-Ära*. In: Südwestpresse, 6.2.1996, Seite 4.

Lay, Rupert: *Die Macht der Moral: Unternehmenserfolg durch ethisches Management*. Düsseldorf, Wien, New-York: Econ Verlag, 1991.

Lincke, D.-M.: *Ein Ansatz für verteilte Architekturen intelligenter elektronischer Produktkataloge*. In: Arbeitsbericht Businessmedia/54, Institut für Wirtschaftsinformatik, Universität St. Gallen, August 1997.

Lindemann, Markus: *Internet-Dienste für den Elektronischen Datenaustausch (EDI) – Anwendungsbeispiele aus technischer Sicht*. In: Arbeitsbericht IM HSG/CCEM/34, Hochschule St. Gallen, August 1996.

Linehan, M., Tsudik, G.: *Internet Keyed Payments Protocol (iKP)*. Internet draft, Juli 1995, URL: *http://www.zurich.ibm.com/Technology/Security/extern/ ecommerce/ draft-tsudik-ikp-00.txt* (Stand Juli 1995).

Link, Jörg: *Wettbewerbsvorteile durch Online Marketing – Die strategischen Perspektiven elektronischer Märkte*. Springer Verlag, Berlin, Tokyo, Barcelona, New York u. a. 1998.

Malek, Bernd, Rohrer, Marc: *Erschließung elektronischer Märkte,* Diplomarbeit, Fachbereich Wirtschaftsinformatik, Fachhochschule Furtwangen, Herbst 1996.

Martin, Andreas: *Die Auswirkungen des Chips auf die Zahlungssysteme der Kreditwirtschaft*. In: Karten, Februar 1996, S. 32–36.

Mausberg, Paul: *Die elektronische Abwicklung des Zahlungsverkehrs privater Kunden auf Basis eines standardisierten Nachrichtenaustauschs*. In: Beat Schmid, Teubner, Stuttgart, 1995.

Medvinsky, Gennady, Neuman, Clifford: *NetCash: A design for practical electronic currency on the Internet*. First ACM Conference on Computer and Communications Security (Paper), November 1993, S. 1–5, URL: *http://nii.isi. edu/info/netcheque/documentation.html*.

Maerz, Michael: *Elektronische Märkte im Internet*. International Thomson Publishing, Bonn, 1996.

Meli-Isch, Hans: *Sicherheitsmanagement in offenen Kommunikationssystemen – Sicherheitsarchitektur für eine Electronic Mall*. Dissertation, Hochschule St. Gallen, 1995.

Meyer, A., Blümelhuber, C.: *No Frills!: Service-Konzepte ohne Wildwuchs und Schnickschnack*. In: Absatzwirtschaft. Sondernummer Oktober 1995. 30–40.

Meyer, J.-A.: *Computer Integrated Marketing*. München: Vahlen, 1992.

Meyer, J.B.: *Die Schnellen werden die Langsamen fressen*. Seite 7. In: Computerwoche Nr. 11 vom 14.03.1996. München: Computerwoche Verlag GmbH, 1995.

Miles, R.E., Snow, C.C.: *Organizations: New Concepts for new Forms*. In: California Management Review. 3/1986. 62–73.

Müller, S., Geppert, D.: *Mangelnde Begeisterung: Tele-Shopping*. In: Absatzwirtschaft. 2/1996. 88–92.

Murphy, P.E., Enis, B.M.: *Classifying Products strategically*. In: Journal of Marketing. Vol 50 (Juli 1986). 24–42.

Muther, Andreas, Österle, Hubert: *Electronic Customer Care – Neue Wege zum Kunden*. In: Wirtschaftsinformatik. 40. Jhrg., Heft 2 (April 1998). 105–113.

Naether, Frank-Thomas: *Goldene Zeiten für Marktforscher*? In:. Absatzwirtschaft. 12/1995. 62–66.

Negroponte, Nicholas: *Total Digital*, C. Bertelsmann Verlag, München, 1995.

Netlaw [1997]: Az: 2HK O 3755/97. *Beschluß des Landgerichts Traunstein*. Siehe: http://www.netlaw.de/urteile/lgts_02.htm.

o.V.: *PGP for Personal Privacy*, Network Associates, Inc., Santa Clara, *http://www.nai.com*; *http://www.pgpi.com;1998*.

o.V.: *CMI-Report: Das Networking der Zukunft wird von ATM dominiert*. Seite 27. In: Computerwoche Nr. 35 vom 1. September 1995.

o.V.: *Internet-Makler drohen den Handel zu verdrängen*. In: Computerwoche Nr. 27 vom 5.07.1996. München: Computerwoche Verlag GmbH, 1996. Seite 12.

o.V.: *Vebacom betreibt ATM-Netz*. Seite 13. In: Computerwoche Nr. 27 vom 05.07.1996. München: Computerwoche Verlag GmbH, 1996.

Oenicke, Jens: *Online-Marketing*. Stuttgart: Schäffer-Pöschel Verlag, 1996.

Oesterle, H., Saxer, R., Hüttenhain, T.: *Organisatorisches Monitoring als Grundlage für das Business Process Redesign*. Arbeitsbericht IM2000/CCEM/2, Hochschule St. Gallen, April 1993.

Otte, Peter: *The Information Superhighway: Beyond the internet*. Indianapolis, Que Corporation, 1994.

Pfeiffer, C.: *Das Ende des Geldes*. In: Focus 23 (1995): 128–132.

Pilgrim, V.E., Mend, A.: *Das Paradies der Väter: Versprechen und Verbrechen*. Reinbeck: Rowohlt, 1987.

Pohl, Hartmut, Weck, Gerhard, (Hrsg).: „Information Technology Security Evaluation Criteria (ITSEC)“. *Internationale Sicherheitskriterien – Kriterien zur Bewertung der Vertrauenswürdigkeit von IT-Systemen sowie Entwicklungs- und Prüfumgebungen.* Band 5. München, Wien: Oldenbourg, 1993.

Popcorn, Faith:. *Clicking, Der neue Popcorn Report. Trends für unsere Zukunft.* München: Wilhelm Heine Verlag, 1996.

Pressman, R.S., Herron, S.R.: *Software-Schock: Risiko und Chance.* München, Wien: Carl Hanser Verlag, 1991.

Projektgruppe CCEM: *Elektronische Märkte.* In: Elektronische Märkte, Newsletter des Kompetentenzzentrums Elektronische Märkte 1, Sept. 1991: 1 bis 2.

PZ97: Messung der Werbeträgerleistung von Online-Medien, *http://www.pz-online.de/pmonl/medonl/verfahren. htm*; 06/97.

Reichard, Peter: *Ende des Jugendlichkeitswahns.* Seite 62. In: Impulse 9/1996.

Reif, Holger: *Cyber-Dollars: Elektronisches Geld im Internet.* In: c't 5, 1996: 144–149.

Rieger, F.: *Denn sie wissen, WAS WIR TUN.* In: Spiegel Special: Die Multimedia Zukunft. 3/1996. 24–27.

Rockwell, Robert: *Vom Chat zur Zivilisation. Die Evolution digitaler Gemeinschaft.* In: White Paper von Blaxxun Interactive AG, München, 1997.

Ruh, Andrea: *Electronic Commerce – Chancen für Fachverlage in der Informationsgesellschaft,* Diplomarbeit, Fachbereich Wirtschaftsinformatik, Fachhochschule Furtwangen, Frühjahr 2000.

Ruf, Christine: *Sicherheitsaspekte beim elektronischen Zahlungsverkehr im World Wide Web.* Diplomarbeit Technische Universität München, August 1996.

Schmid, Beat, u. a.: *Electronic Mall: Banking und Shopping in globalen Netzen.* Stuttgart: Teubner, 1995.

Schmid, Beat: *Electronic Mall Bodensee.* In: HMD 185 (1995): 59–67.

Schmid, M., Zbornik, S.: *Kommunikationsmodelle und Architekturkonzepte für Elektronische Märkte.* In: IM2000/CCEM/12. St. Gallen, 1991.

Schmid, Marcel: *Elektronische Märkte auf der Basis von Electronic Data Interchange.* In: IM2000/CCEM/2. St. Gallen, 1990.

Schmid, Marcel: *Kommunikationsmodelle für Elektronische Märkte und mögliche Infrastrukturen zu deren Realisierung.* Dissertation HSG. St. Gallen, 1992.

Schneck, Ottmar: *Lexikon der Betriebswirtschaft.* 2. Aufl., München, 1994.

Schröter, Hans Georg: *Computer-Industrie wirft Netz der Netze über die Kundschaft aus.* In: Frankfurter Rundschau, 9.3.1996, Seite 9.

Seeger, H.: *Angestrengte Spurensuche.* In: Global Online. 1/1996. 50–53.

Siebert, H.: *Einführung in die Volskwirtschaftslehre*, Kohlhammer, Stuttgart 1991.

Silberer, G.: *Marketing mit Multimedia im Überblick.* In: Silberer, G. (Hrsg.). Marketing mit Multimedia. Stuttgart: Schäffer-Pöschel Verlag, 1996.

Sissors, J. Z.: *What is a market?* In: Journal of Marketing 30/1966. 17–21.

Skudelny, H.: *Auf elektronischem Weg zum kundenbestimmten Handel.* In: Computerwoche Nr. 29 vom 19.07.1996. München: Computerwoche Verlag GmbH, 1996. Seite 42.

Sommergut, Wolfgang: *Das Intranet als Gleichmacher für die Unternehmens-DV.* In: Computerwoche 26 (1996): 9–10.

Steinbach, Christine: *Die Schmalspur bestimmt den Datenfluß.* 37–41. In: Computerwoche Nr. 50 vom 15. Dezember, 1995.

Steiner, T., Teixeira, D.: *Technology in Banking.* Homewood, I11., 1990. Zitiert in: Wieland, Bernhard. *Telekommunikation und vertikale Integration.* Heidelberg: Physika, 1995.

Straub, Eduard: *Electronic Banking: Die elektronische Schnittstelle zwischen Banken und Kunden.* Bern, Stuttgart: Haupt, 1990.

Szyperski, N., Klein, S.: *Informationslogistik und virtuelle Organisationen.* In: Die Betriebswirtschaft. 2/1993. 187–208.

Tanaka, Tatsuo: *Possible Economic Consequences of Digital Cash,* In: first monday, URL: *http://www.firstmonday.dk/issues/issue2/ digital_cash/index.html.*

Tapscott, Don: „*Die digitale Revolution*", Gabler Verlag, Wiesbaden, 1996.

Télécom, France: *La télématique.* Information über die France Télécom.

Thaller, Georg Erwin: *Computersicherheit.* DuD-Fachbeiträge 18. Braunschweig, Wiesbaden: Friedr. Vieweg & Sohn, 1993.

Theisen, P: *Grundzüge der Beschaffungspolitik.* Berlin: Duncker & Humboldt, 1970.

Tietz, B.: *Marketing.* Tübingen: Mohr, 1978.

Tittel, Silke: *Der vielbeschworene Sturm aufs Internet ist ohne Frauen nur ein laues Lüftchen.* In: Computerzeitung vom 29.05.1996.

Toffler, Alvin: *Machtbeben: Wissen, Wohlstand und Macht im 21. Jahrhundert.* Düsseldorf, Wien, New-York: Econ Verlag, 1991.

Trommsdorff, V., Schneider, P.: *Grundzüge des betrieblichen Innovationsmanagement.* In: Trommsdorff, V. (Hrsg.). Innovationsmanagement. 1–25. München: Vahlen, 1990.

Uechtritz, M. von: *Bewertungsnebel: Netzwerke unter betriebswirtschaftlichen Aspekten*. In: iX Multiuser Multitasking Magazin. Mai 1994. 174–178.

Waidner, Michael: *Development of a Secure Electronic Marketplace for Europe*. SEMPER Activity Paper, 19.02.96, URL: *http://www.zurich.ibm.com:80/ Technology/Security/extern/semper/info/index.html*

Ward, Andrew: *Das Unternehmensnetz* in *IBM Businesspower, RS/6000 und AIX Magazin*, Ausgabe III, Herbst 1996.

Wayner, Peter: *Digital Cash: Commerce on the Net*. London, Academic Press Limited, 1996.

Weiler, R. M.: *Money, transactions, and trade in the Internet*. Imperial College, London, England, 1995. URL: *http://graph.ms.ic.ac.uk/results*. Zitiert in: Panurach, Patiwat: *Money in Electronic Commerce*. In: Communications of ACM, June 1996, S. 45–50.

Weisman, David, Trevino, Victor, Sweet, Susan: *Payments on the Web*. 01.03.1996. Forrester Reseach Inc., URL: *http://www.forester.com*.

Welfens, Paul, Graak, Cornelius: *Telekommunikation – Deregulierung, Privatisierung und Internationalisierung*, Springer Verlag, Berlin, 1996.

Wessendorf, Guido: *Das 6bone. Ein weltweites IPv6-Testnetzwerk*. In: DFN Mitteilungen, Heft 43, März 1997, Berlin, Verein zur Förderung des Deutschen Forschungsnetzes e. V.

Zbornik, S.: *Elektronische Märkte, elektronische Hierarchien und elektronische Netzwerke*. Konstanz: Universitätsverlag Konstanz, 1996.

Index